KB193017

엑스포지멘터리

모세오경 개론

엑스포지멘터리 모세오경 개론

초판 1쇄 발행 2012년 2월 25일
개정판 1쇄 발행 2024년 4월 1일

지은이 송병현

펴낸곳 도서출판 이엠
등록번호 제25100-2015-000063
주소 서울시 강서구 공항대로 222, 1014호
전화 070-8832-4671
E-mail empublisher@gmail.com

내용 및 세미나 문의 스타선교회: 02-520-0877 / EMail: starofkorea@gmail.com / www.star123.kr

ISBN 979-11-93331-04-0 93230

「이 도서의 국립중앙도서관 출판시 도서목록(CIP)은 서지정보유통지원시스템 홈페이지(http://seoji.nl.go.kr)와 국가자료공동목록시스템(http://www.nl.go.kr/kolisnet)에서 이용하실 수 있습니다. (CIP제어번호:CIP2015000753)」

엑스포지멘터리

모세오경 개론

| 송병현 지음 |

EXPOSItory comMENTARY

한국 교회를 위한 하나의 희망

저의 서재에는 성경 본문 연구에 관한 많은 책이 있습니다. 그중에는 주석서들도 있고 강해서들도 있습니다. 그러나 그중에 송병현 교수가 시도한 이런 책은 없습니다. 엑스포지멘터리, 듣기만 해도 가슴이 뛰는 책입니다. 설교자와 진지한 성경 학도 모두에게 꿈의 책이 아닐 수 없습니다. 이런 책이 좀 더 일찍 나올 수 있었다면 한국 교회가 어떠했을까를 생각해 봅니다. 저는 이 책을 꼼꼼히 읽어 보면서 가슴 깊은 곳에서 큰 자긍심을 느꼈습니다.

이 책은 지금까지 복음주의 교회가 쌓아 온 모든 학문적 업적을 망라하고 있을 뿐만 아니라 한국 교회 강단이 목말라하는 모든 실용적 갈망에 해답을 던져 줍니다. 이 책에서는 실제로 활용할 수 있는 충실한 신학적 정보가 일목요연하게 제시됩니다. 그러면서도 또한 위트와 감탄을 자아내는 감동적인 적용들도 제공됩니다. 얼마나 큰 축복이며 얼마나 신나는 일이며 얼마나 큰 은총인지요. 저의 사역에 좀 더 일찍 이런 학문적 효과를 활용하지 못한 것이 아쉽기만 합니다. 진실로 한국 교회의 내일을 위해 너무나 소중한 기여라고 생각합니다.

일찍이 한국 교회 1세대를 위해 박윤선 목사님과 이상근 목사님의 기여가 컸습니다. 그러나 이제 한국 교회는 새 시대의 리더십을 열어야 하는 교차로에 서 있습니다. 저는 송병현 교수가 이런 시점을 위해 준비된 선물이라고 생각합니다. 진지한 강해 설교를 시도하고자 하는 모든 이와 진지한 성경 강의를 준비하고자 하는 모든 성경공부 지도자에게 어떤 대가를 지불하고서라도 우선 이 책을 소장하고 성경을 연구하는 책상 가까운 곳에 두라고 권면하고 싶습니다. 앞으로 계속 출판될 책들이 참으로 기다려집니다.

한국 교회는 다행스럽게 말씀과 더불어 그 기초를 놓을 수 있었습니다. 이제는 그 말씀으로 어떻게 미래의 집을 지을 것인가를 고민하고 있습니다. 이 〈엑스포지멘터리 시리즈〉는 분명한 하나의 해답, 하나의 희망입니다. 이 책과 함께 성숙의 길을 걸어갈 한국 교회의 미래가 벌써 성급하게 기다려집니다. 더 나아가 한국 교회 역사의 성과물 중의 하나인 이 책이 다른 열방에도 나누어졌으면 합니다. 이제 우리는 복음에 빚진 자로서 열방을 학문적으로도 섬겨야 하기 때문입니다. 이 책을 한국 교회에 허락하신 우리 주님께 감사와 찬양을 드립니다.

이동원 | 지구촌교회 원로목사

총체적 변화를 가져다줄 영적 선물

교회사를 돌이켜 볼 때, 교회가 위기에 처해 있었다면 결국 강단에서 하나님의 말씀이 제대로 선포되지 못한 데서 그 근본 원인을 찾을 수 있습니다. 영적 분별력이 있는 사람이라면 모두 이에 대해 동의할 것입니다. 사회가 아무리 암울할지라도 강단에서 선포되는 말씀이 살아 있는 한, 교회는 교회로서의 기능이 약화되지 않고 오히려 사회를 선도하고 국민들의 가슴에 희망을 안겨 주었습니다. 백 년 전 영적 부흥이 일어났던 한국의 초대교회가 그 좋은 예입니다. 이러한 영적 부흥은 살아 있는 하나님의 말씀이 강단에서 영적 권위를 가지고 "하나님께서 이렇게 말씀하셨다"라고 선포되었을 때 나타났던 현상입니다.

오늘날에는 날이 갈수록 강단에서 선포되는 말씀이 약화되거나 축소되고 있습니다. 이런 상황 속에서 출간되는 송병현 교수의 〈엑스포지멘터리 시리즈〉는 한국 교회와 전 세계에 흩어진 7백만 한인 디아스포라에게 주는 커다란 영적 선물이 아닐 수 없습니다. 이 시리즈는 하나님의 말씀을 쉽게 이해할 수 있도록 풀이한 것으로, 목회자와 선교사는 물론이고 평신도들의 경건생활과 사역에도 큰 도움이 될 것입니다. 무엇보다도 저는 이 시리즈가 강단에서 원 저자이신 성령님의 의도대로 하나님 나라 복음이 선포되게 하여 믿는 이들에게 총체적 변화(total transformation)를 다시 경험할 수 있는 계기를 마련해 주리라 확신합니다.

송병현 교수는 지금까지 구약학계에서 토의된 학설 중 본문을 석의하는 데 불필요한 내용들은 걸러내는 한편, 철저하게 원 저자가 전하고자 하는 메시지를 현대인들이 가장 잘 이해할 수 있도록 전하고자 부단히 애를 썼습니다. 이 시리즈를 이용하는 모든 이에게 저자의 이런 수고와 노력에 걸맞은 하나님의 축복과 기쁨과 능력이 함께하실 것을 기대하면서 이 시리즈를 적극 추천합니다.

이태웅 | GMTC 초대 원장, 글로벌리더십포커스 원장

주석과 강해의 적절한 조화를 이뤄낸 시리즈

한국 교회는 성경 전체를 속독하는 '성경통독' 운동과 매일 짧은 본문을 읽는 '말씀 묵상'(QT) 운동이 세계 어느 나라 교회보다 활성화되어 있습니다. 얼마나 감사한 일인지 모릅니다. 그러나 상대적으로 책별 성경연구는 심각하게 결핍되어 있는 것이 사실입니다. 때때로 교회 지도자들 중에도 성경해석의 기본이 제대로 갖춰져 있지 않아 성경 저자가 말하려는 의도와 상관없이 본문을 인용해서 자신이 하고 싶은 말을 하는 분들이 적지 않음을 보고 충격을 받은 일도 있습니다. 앞으로 한국 교회가 풀어야 할 과제가 '진정한 말씀의 회복'이라면 이를 위해 가장 중요한 것은 바른 말씀의 세계로 인도해 줄 좋은 주석서와 강해서를 만나는 일일 것입니다.

좋은 주석서는 지금까지 축적된 다른 성경학자들의 연구 결과가 잘 정돈되어 있을 뿐 아니라 저자의 새로운 영적·신학적 통찰이 번뜩이는 책이어야 합니다. 또한 좋은 강해서는 자기 견해를 독자들에게 강요하는(impose) 책이 아니라, 철저한 본문 석의 과정을 거친 후에 추출되는 신학적 • 사회과학적 연구가 배어 있는 책이어야 할 것이며, 글의 표현이 현학적이지 않은, 독자들에게 친절한 저술이어야 할 것입니다.

그러나 솔직히 말씀드리면, 저는 서점에서 한국인 저자의 주석서나 강해서를 만나면 한참을 망설이다가 내려놓게 됩니다. 또 주석서를 시리즈로 사는 것은 어리석은 행동이라는 말을 신학교 교수들에게 들은 뒤로 여간해서 시리즈로 책을 사지 않습니다. 이는 아마도 풍성한 말씀의 보고(寶庫) 가운데로 이끌어 주는 만족스러운 주석서를 아직까지 발견하지 못했기 때문일 것입니다. 그러나 제가 처음으로 시리즈로 산 한국인 저자의 책이 있는데, 바로 송병현 교수의 〈엑스포지멘터리 시리즈〉입니다.

송병현 교수의 〈엑스포지멘터리 시리즈〉야말로 제가 가졌던 좋은 주석서와 강해서에 대한 모든 염원을 실현해 내고 있습니다. 이 주석서는 분명 한국 교회 목회자들과 평신도 성경 교사들의 고민을 해결해 줄 하나님의 값진 선물입니다. 지금까지 없었던, 주석서와 강해서의 적절한 조화를 이뤄낸 신개념의 해설주석이라는 점도 매우 신선하게 다가옵니다. 또한 쉽고 친절한 글이면서도 우물 깊은 곳에서 퍼 올린 생수와 같은 깊이가 느껴집니다. 이 같은 주석 시리즈가 한국에서 나왔다는 사실에 저는 감격하지 않을 수 없습니다. 이 땅에서 말씀으로 세상에 도전하고자 하는 모든 목회자와 평신도에게 이 주석 시리즈를 적극 추천합니다.

이승장 | 예수마을교회 목사, 성서한국 공동대표

시리즈 서문

"너는 50세까지는 좋은 선생이 되려고 노력하고, 그 이후에는 좋은 저자가 되려고 노력해라." 내가 미국 시카고 근교에 위치한 트리니티복음주의신학교(Trinity Evangelical Divinity School) 박사 과정을 시작할 즈음에 지금은 고인이 되신 스승 맥코미스키(Thomas E. McComiskey)와 아처(Gleason L. Archer) 두 교수님이 주신 조언이다. 너무 일찍 책을 쓰면 훗날 아쉬움이 많이 남는다며 하신 말씀이었다. 박사 학위를 마치고 1997년에 한국에 들어와 신학대학원에서 가르치기 시작하면서 나는 이 조언을 마음에 새겼다. 사실 이 조언과 상관없이 당시에 곧장 책을 출판하기는 불가능한 일이었다. 중학생이었던 1970년대 중반에 캐나다로 이민 가서 20여 년 만에 귀국해 우리말로 강의하는 일 자체가 그 당시 나에게 매우 큰 도전이었던 만큼, 책을 출판하는 일은 사치로 느껴질 뿐이었다.

세월이 지나 어느덧 선생님들이 말씀하신 쉰 살을 눈앞에 두었다. 1997년에 귀국한 후 지난 10여 년 동안 나는 구약 전체에 대한 강의안을 만드는 일을 목표로 삼았다. 나 자신에게 동기를 부여하기 위해 몸담고 있는 신대원 학생들에게 매 학기 새로운 구약 강해 과목을 개설

해 주었다. 감사한 것은 지혜문헌을 제외한 구약 모든 책의 본문 관찰을 중심으로 한 강의안을 13년 만에 완성할 수 있었다는 점이다. 앞으로 수년에 거쳐 이 강의안들을 대폭 수정해 매년 2–3권씩을 책으로 출판하려 한다. 지혜문헌은 잠시 미루어 두었다. 시편 1권(1–41편)에 대해 강의안을 만든 적이 있는데, 본문 관찰과 주해는 얼마든지 할 수 있었지만 무언가 아쉬움이 남았다. 삶의 연륜이 가미되지 않은 데서 비롯된 부족함이었다. 그래서 지혜문헌에 대한 주석은 예순을 바라볼 때쯤 집필하기로 했다. 삶을 조금 더 경험한 후로 미루어 둔 것이다. 아마도 이 시리즈가 완성될 즈음이면, 자연스럽게 지혜문헌에 대한 책을 출판할 때가 되지 않을까 싶다.

이 시리즈는 설교를 하고 성경 공부를 인도해야 하는 중견 목회자들과 평신도 지도자들을 마음에 두고 집필한 책이다. 나는 이 시리즈의 성향을 'exposimentary'('해설주석')이라고 부르고 싶다. Exposimentary라는 단어는 내가 만든 용어다. 해설/설명을 뜻하는 'expository'라는 단어와 주석을 뜻하는 'commentary'를 합성했다. 대체로 expository는 본문과 별 연관성이 없는 주제와 묵상으로 치우치기 쉽고, commentary는 필요 이상으로 논쟁적이고 기술적일 수 있다는 한계를 의식해 이러한 상황을 의도적으로 피하고 가르치는 사역에 조금이나마 실용적이고 도움이 되는 교재를 만들기 위해 만들어낸 개념이다. 나는 본문의 다양한 요소와 이슈들에 대해 정확하게 석의하면서도 전후 문맥과 책 전체의 문형(文形, literary shape)을 최대한 고려해 텍스트의 의미를 설명하고 우리 삶과 연결하고자 노력했다. 또한 히브리어 사용은 최소화했다.

이 시리즈를 내놓으면서 감사할 사람이 참 많다. 먼저, 지난 25년 동안 내 인생의 동반자가 되어 아낌없는 후원과 격려를 해 준 아내 임우민에게 감사한다. 아내를 생각할 때마다 참으로 현숙한 여인(cf. 잠 31:10–31)을 배필로 주신 하나님께 감사할 뿐이다. 아빠의 사역을 기도와 격려로 도와준 지혜, 은혜, 한빛에게도 고마운 마음을 표한다. 평생

기도와 후원을 아끼지 않는 친가와 처가 친척들에게도 감사하다는 말을 전하고 싶다. 항상 옆에서 돕고 격려해 주는 평생 친구 장병환·윤인옥 부부에게도 고마움을 표하며, 시카고 유학 시절에 큰 힘이 되어 주신 이선구 장로·최화자 권사님 부부에게도 이 자리를 빌려 평생 빚진 마음을 표하고 싶다. 우리 가족이 20여 년 만에 귀국해 정착할 수 있도록 배려를 아끼지 않으신 백석학원 설립자 장종현 목사님에게도 감사드린다. 우리 부부의 영원한 담임 목자이신 이동원 목사님에게도 고마움을 표하고 싶다.

2009년 겨울 방배동에서

감사의 글

『엑스포지멘터리 모세오경 개론』을 허락하신 하나님께 감사 드립니다. STAR선교회의 사역에 물심양면으로 헌신하여 오늘도 하나님의 말씀이 온 세상에 선포되는 일에 기쁜 마음으로 동참하시는 김성남, 김형국, 이시남, 백영걸, 조선호, 정진성, 장병환, 이명순, 임우민 이사님들께 감사의 마음을 전하고 싶습니다. 이사님들의 헌신이 있기에 세상은 조금 더 살맛 나는 곳이 되고 있습니다.

2011년 대강절에 방배동에서

일러두기

엑스포지멘터리(exposimentary)는 '해설/설명'을 뜻하는 엑스포지토리(expository)와 '주석'을 뜻하는 코멘터리(commentary)를 합성한 단어다. 본문의 뜻과 저자의 의도와는 별 연관성이 없는 주제와 묵상으로 치우치기 쉬운 엑스포지토리(expository)의 한계와 필요 이상으로 논쟁적이고 기술적일 수 있는 코멘터리(commentary)의 한계를 극복해 목회 현장에서 가르치고 선포하는 사역에 실질적으로 도움을 주는 새로운 장르다. 본문의 다양한 요소와 이슈에 대해 정확하게 석의하면서도 전후 문맥과 책 전체의 문형(文形, literary shape)을 최대한 고려해 텍스트의 의미를 설명하고 성도의 삶과 연결하고자 노력하는 설명서다. 엑스포지멘터리는 다음과 같은 원칙을 바탕으로 인용한 정보를 표기한다.

1. 참고문헌을 모두 표기하지 않고 선별된 참고문헌으로 대신한다.
2. 출처를 표기할 때 각주(foot note) 처리는 하지 않는다.
3. 출처는 괄호 안에 표기하되 페이지는 밝히지 않는다.
4. 여러 학자가 동일하게 해석할 때는 모든 학자를 표기하지 않고 일부만 표기한다.

5. 한 출처를 인용해 설명할 때 설명이 길어지더라도 문장마다 출처를 표기하지 않는다.
6. 본문 설명을 마무리하면서 묵상과 적용을 위해 "이 말씀은…"으로 시작하는 문단(들)을 두었다. 이 부분만 읽으면 잘 이해되지 않는 것들도 있다. 그러나 본문 설명을 읽고 나면 이해가 될 것이다.
7. 본문을 설명할 때 유대인들의 문헌과 외경과 위경에 관한 언급을 최소화한다.
8. 구약을 인용한 말씀은 장르에 상관없이 가운데 맞춤으로 정렬했으며, NAS의 판단 기준을 따랐다.

주석은 목적과 주된 대상에 따라 인용하는 정보의 출처와 참고문헌 표기가 매우 탄력적으로 제시되는 장르다. 참고문헌 없이 출판되는 주석도 있고, 각주가 전혀 없이 출판되는 주석도 있다. 또한 각주와 참고문헌 없이 출판되는 주석도 있다. 엑스포지멘터리 시리즈는 이 같은 장르의 탄력적인 성향을 고려해 제작된 주석이다.

선별된 약어표

개역	개역한글판
개역개정	개역개정판
공동	공동번역
새번역	표준새번역 개정판
현대	현대인의 성경
아가페	아가페 쉬운성경
BHK	Biblica Hebraica Kittel
BHS	Biblica Hebraica Stuttgartensia
ESV	English Standard Version
CSB	Nashville: Broadman & Holman, Christian Standard Bible
KJV	King James Version
LXX	칠십인역(Septuaginta)
MT	마소라 사본
NAB	New American Bible
NAS	New American Standard Bible
NEB	New English Bible

NIV	New International Version
NRS	New Revised Standard Bible
TNK	Jewish Publication Society Tanakh
TNIV	Today's New International Version
AAR	American Academy of Religion
AB	Anchor Bible
ABCPT	A Bible Commentary for Preaching and Teaching
ABD	The Anchor Bible Dictionary
ABR	Australian Biblical Review
ABRL	Anchor Bible Reference Library
ACCS	Ancient Christian Commentary on Scripture
AJSLL	American Journal of Semitic Languages and Literature
AJT	Asia Journal of Theology
ANET	J. B. Pritchard, ed., The Ancient Near Eastern Texts Relating to the Old Testament. 3rd ed Princeton: Princeton University Press, 1969
ANETS	Ancient Near Eastern Texts and Studies
AOTC	Abingdon Old Testament Commentary
ASORDS	American Schools of Oriental Research Dissertation Series
ASTI	Annual of Swedish Theological Institute
BA	Biblical Archaeologist
BAR	Biblical Archaeology Review
BASOR	Bulletin of the American Schools of Oriental Research
BBR	Bulletin for Biblical Research
BCBC	Believers Church Bible Commentary
BCL	Biblical Classics Library
BDB	F. Brown, S. R. Driver & C. A. Briggs, A Hebrew and

	English Lexicon of the Old Testament Oxford: Clarendon Press, 1907
BETL	Bibliotheca Ephemeridum Theoloicarum Lovaniensium
BETS	Bulletin of the Evangelical Theological Society
BibOr	Biblia et Orientalia
BibSac	Bibliotheca Sacra
BibInt	Biblical Interpretation
BJRL	Bulletin of the John Rylands Library
BJS	Brown Judaic Studies
BLS	Bible and Literature Series
BN	Biblische Notizen
BO	Berit Olam: Studies in Hebrew Narrative & Poetry
BR	Bible Review
BRS	The Biblical Relevancy Series
BSC	Bible Student Commentary
BT	The Bible Today
BTCB	Brazos Theological Commentary on the Bible
BV	Biblical Viewpoint
BZAW	Beihefte zur Zeitschrift für die alttestamentliche
CAD	Chicago Assyrian Dictionary
CBC	Cambridge Bible Commentary
CBSC	Cambridge Bible for Schools and Colleges
CBQ	Catholic Biblical Quarterly
CBQMS	Catholic Biblical Quarterly Monograph Series
CB	Communicator's Bible
CHANE	Culture and History of the Ancient Near East
CJ	Concordia Journal

DSB	Daily Study Bible
EBC	Expositor's Bible Commentary
ECC	Eerdmans Critical Commentary
EncJud	Encyclopedia Judaica
EvJ	Evangelical Journal
EvQ	Evangelical Quarterly
ET	Expository Times
ETL	Ephemerides Theologicae Lovanienses
FCB	Feminist Companion to the Bible
FOTL	Forms of Old Testament Literature
GCA	Gratz College Annual of Jewish Studies
GKC	E. Kautszch and A. E. Cowley, Gesenius' Hebrew Grammar. Second English edition. Oxford: Clarendon Press, 1910
GPT	Growing Points in Theology
GTJ	Grace Theological Journal
HALOT	L. Koehler and W. Baumgartner, The Hebrew and Aramaic Lexicon of the Old Testament. Trans. by M. E. J. Richardson. Leiden: E. J. Brill, 1994–2000
HBT	Horizon in Biblical Theology
HMS	Hearing the Message of Scripture: A Commentary on the Old Testament
HSM	Harvard Semitic Monographs
HOTC	Holman Old Testament Commentary
HR	History of Religions
HUCA	Hebrew Union College Annual
IB	Interpreter's Bible

IBC	Interpretation Bible Commentary
IBS	Irish Biblical Studies
ICC	International Critical Commentary
IDB	Interpreter's Dictionary of the Bible
ISBE	G. W. Bromiley (ed.), The International Standard Bible Encyclopedia. 4 vols. Grand Rapids: 1979–88
ITC	International Theological Commentary
J–M	P. Joüon–T. Muraoka, A Grammar of Biblical Hebrew. Part One: Orthography and Phonetics. Part Two: Morphology. Part Three: Syntax. Subsidia Biblica 14/I–II. Rome: Editrice Pontificio Istituto Biblico, 1991
JAAR	Journal of the American Academy of Religion
JANES	Journal of Ancient Near Eastern Society
JNES	Journal of Near Eastern Studies
JBL	Journal of Biblical Literature
JBQ	Jewish Bible Quarterly
JESOT	Journal for the Evangelical Study of the Old Testament
JJS	Journal of Jewish Studies
JSJ	Journal for the Study of Judaism
JNES	Journal of Near Eastern Studies
JSOT	Journal for the Study of the Old Testament
JSOTSup	Journal for the Study of the Old Testament Supplement Series
JPSTC	JPS Torah Commentary
LB	Linguistica Biblica
LCBI	Literary Currents in Biblical Interpretation
LJRC	Listening: Journal of Religion and Culture

MHUC	Monographs of the Hebrew Union College
MJT	Midwestern Journal of Theology
MOT	Mastering the Old Testament
MSG	Mercer Student Guide
MSJ	The Master's Seminary Journal
NAC	New American Commentary
NCB	New Century Bible Commentary
NCBC	New Collegeville Bible Commentary
NEAEHL	E. Stern (ed.), The New Encyclopedia of Archaeological Excavations in the Holy Land. 4 vols. Jerusalem: Israel Exploration Society & Carta, 1993
NIB	New Interpreter's Bible
NIBC	New International Biblical Commentary
NICOT	New International Commentary on the Old Testament
NIDOTTE	W. A. Van Gemeren, ed., The New International Dictionary of Old Testament Theology and Exegesis. Grand Rapids: Zondervan, 1996
NIVAC	New International Version Application Commentary
OBC	Oxford Bible Commentary
Or	Orientalia
OTA	Old Testament Abstracts
OTE	Old Testament Essays
OTEv	Old Testament for Everyone
OTG	Old Testament Guides
OTL	Old Testament Library
OTM	Old Testament Message
OTS	Oudtestamentische Studiën

OTWAS	Ou–Testamentiese Werkgemeenskap in Suid–Afrika
PBC	People's Bible Commentary
PEQ	Palestine Exploration Quarterly
PRR	The Presbyterian and Reformed Review
PSB	Princeton Seminary Bulletin
RevExp	Review and Expositor
RTR	Reformed Theological Review
SBJT	Southern Baptist Journal of Theology
SBLDS	Society of Biblical Literature Dissertation Series
SBLMS	Society of Biblical Literature Monograph Series
SBLSymS	Society of Biblical Literature Symposium Series
SHBC	Smyth & Helwys Bible Commentary
SJOT	Scandinavian Journal of the Old Testament
SJT	Scottish Journal of Theology
SSN	Studia Semitica Neerlandica
TBC	Torch Bible Commentary
TynBul	Tyndale Bulletin
TD	Theology Digest
TDOT	G. J. Botterweck and H. Ringgren (eds.), Theological Dictionary of the Old Testament. Vol. I–. Grand Rapids: Eerdmans, 1974–
TGUOS	Transactions of the Glasgow University Oriental Society
THAT	Theologisches Handwörterbuch zum Alten Testament. 2 vols. Munich: Chr. Kaiser, 1971–1976.
TJ	Trinity Journal
TOTC	Tyndale Old Testament Commentaries
TS	Theological Studies

TWAT	Theologisches Wörterbuch zum Alten Testament. Stuttgart: W. Kohlhammer, 1970–
TWBC	The Westminster Bible Companion
TWOT	R. L. Harris, G. L. Archer, Jr., and B. K. Waltke (eds.), Theological Wordbook of the Old Testament, 2 vols. Chicago: Moody, 1980
TZ	Theologische Zeitschrift
UBT	Understanding Biblical Themes
VE	Vox Evangelica
VT	Vetus Testament
VTSup	Vetus Testament Supplement Series
W–O	B. K. Waltke and M. O'Connor, An Introduction to Biblical Hebrew Syntax. Winona Lake: Eisenbrauns, 1990
WBC	Word Biblical Commentary
WBCom	Westminster Bible Companion
WCS	Welwyn Commentary Series
WEC	Wycliffe Exegetical Commentary
WTJ	The Westminster Theological Journal
ZAW	Zeitschrift für die alttestamentliche Wissenschaft

차례

선별된 참고문헌

(Select Bibliography)

Aalders, G. Ch. *A Short Introduction to the Pentateuch*. London: Tyndale, 1949.

Albright, W. F. *Yahweh and the Gods of Canaan: A Historical Analysis of Two Contrasting Faiths*. Garden City, NY: Doubleday, 1969.

Alexander, D. *From Paradise to the Promised Land: An Introduction to the Pentateuch*. 2nd. ed. Grand Rapids: Baker, 2002.

Allis, O. T. *The Five Books of Moses*. Philadelphia: Presbyterian & Reference, 1953.

Alter, R. *The Art of Biblical Narrative*. New York: Basic Books, 1981.

Anderson, G.; S. M. Olyan, eds. *Priesthood and Cult in Ancient Israel*. JSOTSup. 125. Sheffield: Sheffield Academic Press, 1991.

Archer, G. L. *A Survey of Old Testament Introduction*. Rev. ed. Chicago: Moody, 1974.

Auld, A. G. *Joshua, Moses and the Land: Tetrateuch-Pentateuch-Hexateuch in a Generation since 1938*. Edinburgh: T. & T. Clark, 1980.

Bailey, L. R. *The Pentateuch: Interpreting Biblical Texts*. Nashville:

Abingdon, 1981.

Baker, D. W. *Dictionary of the Old Testament: Pentateuch*. Downers Grove, Ill.: InterVarsity, 2003.

Baltzer, K. *The Covenant Formulary*. Philadelphia: Fortress, 1971.

Barton, J.; J. Muddiman. *The Pentateuch*. OBC. Oxford: Oxford University Press, 2010.

Bentzen, A. *Introduction to the Old Testament*. 6th ed. Copenhagen: G. E. C. Gad, 1961.

Berlin, *A. Poetics and Interpretation of Biblical Narrative*. Sheffield: Almond, 1983.

Blenkinsopp, J. *The Pentateuch. Anchor Bible Reference Library*. New York: Doubleday, 1992.

Boorer, S. *The Promise of the Land as Oath: A Key to the Formation of the Pentateuch*. BZAW 205. Berlin: de Gruyter, 1992.

Bright, J. *A History of Israel*. Philadelphia: Westminster, 1972.

Brin, G. *Studies in Biblical Law: From the Hebrew Bible to the Dead Sea Scrolls*. Trans. By J. Chipman. JSOTSup 176. Sheffield: Sheffield Academic Press, 1994.

Brinkman, J. *The Perception of Space in the Old Testament: An Exploration of the Methodological Problems of Its Investigation, Exemplified by a Study of Exodus 25 to 31*. Kampen: Kok Pharos, 1992.

Brueggemann, W. *Genesis*. Interpretation. Atlanta: John Knox, 1982.

Brueggemann, W. *The Land*. Philadelphia: Fortress, 1977.

Calvin, J. *A Commentary on Genesis*. Edited and translated by J. King. London: Banner of Truth, 1965.

Campbell, A. M. O'Brien. *Sources of the Pentateuch: Texts, Introductions, Annotations*. Philadelphia: Augsburg, 2000.

Carmichael, C. M. *The Origins of Biblical Law: The Decalogues and the Book of the Covenant*. Ithaca: Cornell University Press, 1992.

Childs, B. S. *Introduction to the Old Testament as Scripture*. Philadelphia: Westminster, 1979.

Clines, D. A. *The Theme of the Pentateuch*. JSOT Sup. 10. Sheffield: JSOT Press, 1978.

Crüsemann, F. *The Torah: Theology and Social History of Old Testament Law*. Trans. by A. W. Mahnke. Minneapolis: Fortress, 1996.

Currid, J. E. *Ancient Egypt and the Old Testament*. Grand Rapids: Baker, 1997.

Davies, G. I. *The Way of the Wilderness: A Geographical Study of the Wilderness Itineraries in the Old Testament*. Cambridge: Cambridge University Press, 1979.

Dorsey, D. A. *The Literary Structure of the Old Testament: A Commentary on Genesis-Malachi*. Grand Rapids: Baker, 1999.

Dozeman, T. B. *God at War: Power in the Exodus Tradition*. New York: Oxford University Press, 1996.

Dozeman, T. B.; K. Schmid; T. Römer. *Pentateuch, Hexateuch, or Enneateuch?: Identifying Literary Works in Genesis through Kings*. Atlanta: SBL, Press, 2011.

Dumbrell, W. J. *Covenant and Creation: An Old Testament Covenantal Theology*. Exter: Paternoster, 1984.

Eissfeldt, O. *The Old Testament: An Introduction*. Trans. by P. R. Ackroyd. New York: Harper & Row, 1965.

Erdman, C. R. *The Pentateuch*. Old Tappan, NJ: Revell, 1968.

Fohrer, G. *Introduction to the Old Testament*. Trans. by D. E. Green. Nashville: Abingdon, 1968.

Frankel, D. *The Murmuring Stories of the Priestly School: A Retrieval of Ancient Sacerdotal Lore*. VTSup 89. Leiden: Brill, 2002.

Friedman, Richard Elliott. *Commentary on the Torah*. San Francisco: HarperCollins, 2001.

Garrett, D. *Rethinking Genesis: Sources and Authorship of the First Book of the Pentateuch*. Grand Rapids: Baker, 1991.

Gettys, J. M. *Survey of the Pentateuch*. Atlanta: John Knox, 1962.

Gnuse, R. *No Other Gods: Emergent Monotheism in Israel*. JSOTSup 241. Sheffield: Sheffield Academic Press, 1997.

Gooder, P. *Pentateuch: A Story of Beginnings*. T&T Clark Approaches to Biblical Studies. Edinburgh: T & T Clark, 2005.

Gordon, C. H. *Ancient Near East*. New York: Norton, 1965.

Gottwald, N. K. *The Tribes of Yahweh: A Sociology of the Religion of Liberated Israel, 1250-1050 B.C.E.* Maryknoll, NY: Orbis, 1979.

Green, W. H. *The Higher Criticism of the Pentateuch*. Grand Rapids: Baker, 1978 rep.

Grosby, S. *Biblical Ideas of Nationality Ancient and Modern*. Winona Lake, Ind.: Eisenbrauns, 2002.

Hamilton, V. P. *The Book of Genesis*. 2 vols. NICOT. Grand Rapids: Eerdmans, 1990, 1995.

Hamilton, V. P. *Handbook on the Pentateuch*. Grand Rapids: Baker, 1982.

Harrison, R. K. *Introduction to the Old Testament*. Grand Rapids: Eerdmans, 1969.

Hoffmeier, J. K. *Ancient Israel in Sinai: The Evidence for the Authenticity of the Wilderness Tradition*. Oxford: Oxford University Press, 2005.

Hoffmeier, J. K. *Israel in Egypt: The Evidence for the Authenticity of the Exodus Tradition*. New York: Oxford University Press, 1997.

Engnell, I. *A Rigid Scrutiny: critical essays on the Old Testament*. Nashville: Vanderbilt University Press, 1969.

Kikawada, I. M.; A. Quinn. *Before Abraham Was: A Provocative Challenge to the Documentary Hypothesis*. Nashville: Abingdon, 1985.

Kitchen, K. A. *Ancient Orient and Old Testament*. Downers Grove, Ill.: InterVarsity, 1966.

Kitchen, K. A. *The Bible in Its World*. Downers Grove, Ill.: InterVarsity, 1966.

Knoppers G. N.; Levinson, B. M. *The Pentateuch as Torah: New Models for Understanding Its Promulgation and Acceptance*. Winona Lake, Ind.: Eisenbrauns, 2007.

Levine, M. *The Tabernacle: Its Structure and Utensils*. 4th ed. London: Soncino, 1989.

Livingston, G. H. *The Pentateuch in Its Cultural Environment*. Grand Rapids: Baker, 1974.

Lohr, J. N. *Chosen and Unchosen Conceptions of Election in the Pentateuch and Jewish-Christian Interpretation*. Winona Lake, Ind.: Eisenbrauns, 2009.

Lohfink, N. *Theology of the Pentateuch: Themes of the Priestly Narrative and Deuteronomy*. Edinburgh: T. & T. Clark, 1994.

Marks, J. H. *The Pentateuch*. Nashville: Abingdon, 1983.

McComiskey, T. E. *The Covenants of Promise: A Theology of Old Testament Covenants*. Grand Rapids: Baker, 1985.

McDermott, J. J. *Reading the Pentateuch: A Historical Introduction*. Mahwah, NJ: Paulist Press, 2002.

McEntire, M. *Struggling with God: An Introduction to the Pentateuch*. MSG. Savannah, GA: Mercer University Press, 2008.

McEvenue, S. E. *Interpreting the Pentateuch*. OTS 4. Collegeville, Minn.: Liturgical Press, 1990.

McCarthy, D. J. *Treaty and Covenant: A Study in Form in the Ancient Oriental Documents and in Old Testament*. Rome: Pontificial Biblical Institute, 1978.

Mendenhall, G. *Law and Covenant in Israel and the Ancient Near East*. Pittsburg: Biblical Colloquium, 1955.

Montgomery, R. M. *An Introduction to Source Analysis of the Pentateuch*. New York: Abingdon, 1971.

Mulder, M. J., ed. *Mikra: Text, Translation, Reading and Interpretation of the Hebrew Bible in Ancient Judaism and Early Christianity*. Minneapolis: Fortress, 1990.

Newell, W. R. *Studies in the Pentateuch*. Grand Rapids: Kregel, 1983.

Nicholson, E. *The Pentateuch in the Twentieth Century: The Legacy of Julius Wellhausen*. Oxford: Oxford University Press, 2003.

Niehaus, J. J. *God at Sinai*. Grand Rapids: Zondervan, 1995.

Noth, M. *A History of Pentateuchal Tradition*. Trans. by B. W. Anderson, Englewood Cliffs, NJ: Prentice-Hall, 1972.

Patrick, D. *Old Testament Law*. Atlanta: John Knox, 1985.

Polzin, R. M. *Moses and the Deuteronomist: A Literary Study of the Deuteronomic History*. New York: Harper, 1981.

Pritchard, J. B. *Ancient Near Eastern Texts Relating to the Old Testament*. Princeton: Princeton University, 1950.

Rendsburg, G. A. *The Redaction of Genesis*. Winona Lake, IN: Eisenbrauns, 1986.

Rendtorff, R. *The Problem of the Process of Transmission in the Pentateuch*. Trans. by J. J. Scullion. JSOTSup 89. Sheffield: Sheffield

Academic Press, 1990.

Rendtorff, R. *The Old Testament: An Introduction*. London: SCM, 1986.

Ryle, H. E. *The Canon of the Old Testament*. London: Macmillan, 1892, 1909.

Sailhamer, J. H. *The Pentateuch as Narrative*. LBI. Grand Rapids: Zondervan, 1992.

Sailhamer, J. H. *The Meaning of the Pentateuch: Revelation, Composition, and Interpretation*. Downers Grove, Ill.: InterVarsity, 2009.

Ska, Jean-Louis. *Introduction to Reading the Pentateuch*. Trans. by Sr. Pascale Dominique. Winona Lake, Ind.: Eisenbrauns, 2006.

Soggin, J. A. *Introduction to the Old Testament*. Trans. by J. Bowden. Philadelphia: Westminster, 1976.

Sternberg, M. *The Poetics of Biblical Narrative: Ideological Literature and the Drama of Reading*. Bloomington: Indiana University, 1987.

Suelzer, A. *The Pentateuch*. New York: Herder and Herder, 1964.

Thompson, R. J. *Moses and the Law in a Century of Criticism Since Graf*. VTSup 3 vols. Leiden: Brill, 1970.

Thompson, T. L. *The Origin Tradition of Ancient Israel*. JSOTSup. 55. Sheffield: JSOT Press, 1987.

Tucker, G. M. *Form Criticism of the Old Testament*. Philadelphia: Fortress, 1971.

Unger, M. f. *Archaeology and the Old Testament*. Grand Rapids: Zondervan, 1954.

Van Der Woude, A. S., ed. *The World of the Old Testament*. Bible Handbook, vol. 2. Trans. by S. Woudstra. Grand Rapids: Eerdmans, 1989.

Van Seters, J. *Abraham in History and Tradition*. New Haven, CT: Yale University Press, 1975.

Van Seters, J. *In Search of History: Historiography in the Ancient World and the Origins of Biblical History*. New Heaven: Yale University Press, 1983.

Van Seters, J. *The Life of Moses: The Yahwist as Historian in Exodus-Numbers*. Louisville: Westminster John Knox, 1994.

Van Seters, J. *Pentateuch: A Social-Science Commentary*. Edinburg: T. & T. Clark, 2004.

Vaux, R. de. *Ancient Israel*. Trans. by J. McHugh. 2 vols. Reprinted. New York: McGraw–Hill, 1965.

Von Rad, G. *Genesis*. OTL. Translated by J. H. Marks. Philadelphia: Westminster, 1972.

Von Rad, G. *The Problem of the Hexateuch*. New York: Harper & Row, 1966.

Waltke, Bruce K.; and Cathi J. Fredricks. *Genesis: A Commentary*. Grand Rapids: Zondervan, 2001.

Whybray, R. N. *The Making of the Pentateuch: A Methodological Study*. JSOTSup 53. Sheffield: Sheffield Academic Press, 1987.

Wiseman, J. D.; E. Yamauchi. *Archaeology and the Bible: An Introductory Study*. Grand Rapids: Zondervan, 1979.

Wolf, H. *An Introduction to the Old Testament Pentateuch*. Chicago: Moody Press, 1991.

Wright, G. E. *Biblical Archaeology*. Philadelphia: Westminster, 1957.

Wynn–Williams, D. J. *The State of the Pentateuch: A Comparison of the Approaches of M. Noth and E. Blum*. BZAW. Berlin: De Gruyter, 1998.

Young, E. J. *An Introduction to the Old Testament*. Grand Rapids: Eerdmans, 1949.

엑스포지멘터리
모세오경 개론

서론

EXPOSItory comMENTARY

Ⅰ. 구약 전반에 대한 서론

1. 문자와 문서

(1) 문자의 발명과 히브리어

인류 문명의 시작은 문자의 발명과 연관이 있다. 인류가 문자를 사용하기 시작한 것은 주전 4000년경 메소포타미아 지역에서였다. 이후 인류가 글을 쓰는 방법은 1,000여 년 동안 발전을 거듭하다가 주전 3000년경에 이르러서는 거의 모든 것을 문서화할 수 있는 비교적 완전한 시스템을 구축하게 되었다. 고대 근동 문화권에서 문서의 기록을 도맡던 서기관들은 "글은 신들의 발명품"이라고 주장했다.

지금까지 발견된 문서들 중 가장 오래된 것은 주전 3100년경에 쓰여진 것으로 생각되며, 우루크(성경의 에렉; cf. 창 10:10)에서 출토되었다. 약 5,000개에 달하는 토판이 이 도시의 신전 쓰레기통에 버려진 채 발굴되었던 것이다. 이 문서들 중 85%는 영수증, 계약서 등 경제 활동에 관련한 것들을 기록하고 있으며, 문학과 관련한 문서는 15%를 차지한다. 문자의 발명이 경제 활동에 따른 필요성 때문에 시작된 것이라 해도 과언은 아니다. 경제가 팽창함에 따라 갖가지 정보와 숫자를 기록해야 하는 필요성이 생겨난 것이다(Hostetter). 우루크에서 북쪽으로 50킬로미터 떨어진 곳에 있었던 파라(Fara)라는 도시에서는 주전 2500년경에 쓰여진 것으로 보이는 사전 종류들이 발견되기도 했다. 이때를 기점으로 문자가 문학의 표현 도구로 사용되기 시작했던 것으로 추정된다.

발굴된 자료들에 의하면 주전 4000년경에 메소포타미아의 문자는 상형문자(pictographic)에서 쐐기꼴(wedge)의 일종인 설형문자(cuneiform)로 바뀌었으며, 여러 가지 소리와 형태를 의미하는 수백 가지 글자로 발전하기에 이르렀다. 그 후 약 2000년 동안 근동 지방의 상형문자와 그림문자(hieroglyph)는 거의 변하지 않았다. 지금까지 발견된 문서들 중 가장 오래된 것들은 주전 3000년경의 것들이며, 고대 근동 지역의 여러 왕조의 시작과 맥을 같이한다.

인류 최초의 알파벳 문자는 주전 2000−1500년쯤에 가나안 땅에서 개발되었다. 이때는 아브라함과 그의 후손들이 가나안을 배회했을 시대다. 게셀(Gezer)에서 발굴된 주전 1700−1600년경의 유물들은 알파벳과 그림문자의 발전 단계를 보여 준다. 가나안 문자는 최대 30개 이내의 알파벳을 지녔다. 처음에는 모두 자음만 표기했으며 모음은 읽으면서 더해졌다. 주전 9세기에 이르러 우가릿 서기관들이 w, y처럼 '약한 자음들'을 모음으로 사용하기 시작했다.

알파벳 문자는 인간의 가장 위대한 발명품으로 평가되며, 발명된 이후 불과 500년 만에, 문자를 접한 모든 메소포타미아 문화권을 장악했다. 알파벳 문자는 곧바로 순서가 정해졌으며, 이 순서는 이후 3,500여 년 동안 거의 바뀌지 않았다. 알파벳의 순서를 기록한 문서 중에서 가장 오래된 것은 우가릿에서 발견되었으며, 주전 14세기의 것이었다. 이스라엘에서 현재까지 발견된 옛 히브리어 알파벳 중 가장 오래된 것은 2005년에 피츠버그 대학교 발굴 팀에 의해 텔자이트(Tel−Zayit; cf. 수 15:42)에서 발굴된 돌에 새겨진 것으로, 주전 10세기에 새겨진 알파벳이 순서대로 표기되어 있어서 "텔자이트 알파벳 표"(Tel-Zayit Abecedary)라고 불린다. 이 표에는 오늘날 우리가 사용하는 히브리어 알파벳 22자가 순서에 따라 새겨져 있으며, 페니키아 문자에서 옛 히브리어 문자로 변화되는 과정을 보여 준다. 성경에서 알파벳 순서에 따라 기록하는 양식은 선지자들의 예언(cf. 나 1:2-11), 종교적인 노래(cf. 시 9-10편), 지혜 문학(cf. 잠 31:10-31) 등에 널리 사용되었다.

알파벳의 모양은 세월이 지나면서 바뀌었다. 고대 히브리 사람들은 옛 히브리어 문자들을 사용했으며, 오늘날 우리가 사용하는 히브리어 문자들과는 형태가 현저히 다르다. 옛 히브리어로 기록된 문서는 주전 9세기 것부터 발굴되었으며, 이스라엘의 두 왕국에서 주로 사용되었다. 오늘날 우리에게 익숙한 히브리어 문자를 사각체(Square)라고 하는데, 이는 주전 3세기경 아람어 알파벳의 형태를 유대인들이 히브리어 글자로 도입한 것으로 "아시리아 글자"라고도 불린다. 그레데(Crete), 노라(Nora) 등에서 발굴된 유물들에 따르면, 이 사각체는 페니키아 상인들에 의해 이미 주전 11세기부터 사용되었다.

북 왕국 이스라엘을 멸망시켰던 신(新)아시리아 제국(neo-Assyrian Empire)의 시대가 주전 8세기에 시작되었을 때, 그들이 사용하던 아람어는 국제어(lingua franca)가 되어 있었다. 그 이전에는 페니키아어가 국제 무역어로 사용되었다. 바빌론 포로생활에서 돌아온 유대인들은 아람어 알파벳의 형태에 기초하여 자신들의 문자를 새롭게 구상하기 시작했다. 그 후 '유대인체/사각체'는 비석, 동상 등에 다양하게 사용되었다. 쿰란에서 발견된 사례에 따르면, 옛 히브리어 문자는 그 사용이 여호와의 이름(YHWH)을 표기하는 것에 제한되어 있었다. 사두개인은 옛 히브리어 문자를 즐겨 사용했던 것으로 알려졌다.

알파벳이 발명되었다고 해서 널리 보급된 것은 아니었다. 주전 1700-300년에 고대 근동에서 글을 읽고 쓸 수 있는 사람들은 소수에 불과했다. 서기관, 제사장 등은 전문적인 글쓰기 훈련을 받은 자들로서 메소포타미아와 이집트의 주요 문화 중심지에서 활동했다. 평민들도 시간이 흐를수록 글 쓰는 능력의 필요성을 느끼고 점차로 글을 배우기 시작했다. 그러나 이 시대에 글을 읽고 쓸 수 있었던 사람들은 전체 인구의 2-5% 수준을 넘지 못했던 것으로 알려졌다.

이스라엘에서는 다윗이 임명한 제사장들과 왕족 관료들이 이스라엘의 글 문화를 주도해 나갔다. 근동의 각 나라들은 주로 왕궁이 있는 도시에 왕의 서기관들을 훈련시키는 학교를 가지고 있었으며, 이곳에서 작품의 질을 평가하는 기준이 세워졌다. 이스라엘에서도 정식 글쓰기 교육 프로그램이 활성화되었던 것으로 알려졌으며, 주전 8-6세기에 이르러서는 이스라엘의 문맹률이 상당히 낮았다고 한다.

(2) 글 쓰는 도구

이스라엘에서 서기관이 되려면 잉크를 준비하는 법(deyo), 종이에 줄과 단을 긋는 법(delet), 두루마리를 자르는 법(megilla)을 배워야 했으며, 서기관들은 항상 필요한 모든 도구를 모아 '필통'(qeset)에 넣고 다녔다. 쐐기문자를 주로 사용했던 고대 근동에서는 토판을 용지 대용으로 가장 널리 사용했지만 이스라엘에서는 거의 사용되지 않았다. 히브리어는 굴곡이 많은 문자인데, 토판은 굴곡이 많은 문자에 적합하지 않았기 때문이다.

이스라엘에서 사람들이 글을 쓰는 데 용지로 사용한 수단은 매우 다양했다. 때로는 매끄러운 돌, 비석 등에 글을 새기기도 했고(cf. 욥 19:24; 출 34:1; 신 27:2-4), 나무판에 글을 새기기도 했다(cf. 사 30:8; 합 2:2). 깨진 항아리 조각은 평민들이 가장 손쉽게 구할 수 있는 수단이었다. 세월이 흐르면서 파피루스가 가장 널리 사용되었다. 이스라엘의 거의 모든 공식 문서는 파피루스에 기록되었으며 파피루스는 전량 이집트에서 수입해 사용했다. 모피 두루마리는 주전 2세기부터 사용되기 시작했으며, 높이는 보통 20-30㎝, 길이는 수십 미터에 달하기도 했다. 쿰란에서 이사야서 전체를 담은 구리 두루마리가 발굴되었는데, 당시 구리 두루마리는 흔한 수단이 아니었다. 오늘날 우리가 사용하는 종이는 주후 2세기 초 중국인에 의해 발명되었다고 한다.

이스라엘의 문서에는 두 종류가 있었다. 첫째, 두루마리(scroll)에 기록한 것이었다. 두루마리는 주로 정결한 짐승의 모피를 사용했지만 부정한 짐승의 모피도 허용되었으며, 표백제와 연장들을 통해 표면을 깨끗하고 평평하게 한 후에 사용했다. 가장 비싼 두루마리는 사슴의 모피였으며, 그 다음 소, 양, 염소 등의 순서로 가격이 매겨졌다. 만일 모세오경을 한 두루마리에 기록한다면, 길이가 33m 정도 되었을 것이다(Ska). 그리스에서는 호머의 『일리아드』(*Iliad*)와 『오디세이』(*Odyssey*)가 50m 길이의 두루마리에 기록되었다는 기록이 있다. 이에 비하면 33m는 상대적으로 짧다고 생각할 수 있겠지만, 이 정도 길이의 문서를 읽으면서 접는 것도 대단한 노동이었을 것이다. 쿰란(Qumran)에서 발견된 두루마리 중 가장 긴 것은 8.75m에 달한다. 이곳에서 발굴된 이사야서 두루마리의 길이는 7.35m다. 세월이 흐르면서 두루마리가 갖는 불편함을 의식하여 점차적으로 길이가 짧아졌던 것이다. 또한 한 달에 한 번씩 썩는 것을 방지하기 위해 펼쳐서 햇볕을 쐬주어야 했다. 또한 두루마리는 원하는 부분을 쉽게 찾을 수 없었기 때문에, 이스라엘은 대안을 찾기 시작했다.

둘째, 두루마리의 불편함을 단번에 해소한 사본(codex)이었다. 사본은 오늘날 '책' 개념의 시작이라 할 수 있다. 파피루스는 수십 미터 길이의 두루마리와 달리, 여러 조각으로 나누어 가지고 다니며 원하는 부분을 쉽게 찾을 수 있었다. 또한 정기적으로 펼쳐서 말릴 필요도 없었다. 사용과 취급이 매우 용이했고 단가도 두루마리에 비해 10% 저렴했기 때문에 쉽게 유행하게 되었다. 특히 그리스도인들이 유행시켰으며, 유대인들은 처음에 잘 사용하지 않다가 주후 4세기에 이르러 대부분 사용하기 시작했다.

잉크는 주로 송진과 오일에 등잔의 그을음을 섞어서 만들었다. 그을음은 '서기관들의 가루'라고 불렸으며, 올리브유의 그을음이 가장 좋은 것으로 여겨졌다.

(3) 서기관과 마소라 사람들

고대 이스라엘에서는 처음에 서기관들만 글을 읽고 쓸 수 있었다. 이로 인해 그들의 사회적 지위는 높이 평가되고 신적인 존재로 여겨지기도 했다. 그들은 성경뿐만 아니라 종교 예식과 교육에 필요한 모든 책을 필사해 주었다. 서기관들은 대체로 나이가 들어 공부를 시작했는데, 이는 서기관이라는 직업이 많은 훈련을 필요로 했기에 가족들에 대한 그들의 경제적 기여로부터 자유로울 때에야 비로소 일을 시작할 수 있었기 때문이다. 따라서 서기관들 중에는 부유한 집안이나 좋은 가문 출신이 많았다.

서기관은 글 쓰는 도구를 홀로 준비할 수 있어야 했기 때문에, 대체로 14-15세가 될 때까지는 여건이 허락하더라도 서기관 교육을 보류했다. 20세가 되면 독립적으로 활동할 수 있었으며, 주로 가르치고 글 쓰는 일을 통해 생계를 이어갔다. 신체적으로 흠 있는 유대인이나 유대교로 개종한 이방인이 쓴 율법책은 부정한 것으로 취급되어 게니자(Geniza)에 넣거나 불에 태웠다. 서기관은 신체적으로도 흠이 없어야 했기 때문이다.

구약 정경 보존에 있어서 서기관들의 역할은 이루 말할 수 없을 정도로 중요했다. 오늘날 구약 성경을 "마소라 사본"(Masoretic Text)이라고 하는데, '마소라'는 '전통'이라는 의미를 지녔으며 주전 1세기부터 주후 11세기까지 대를 이어가며 구약 성경 보존에 평생을 바쳤던 사람들(서기관들)을 가리키는 말이다. 마소라의 근원은 다윗 시대로 거슬러 올라간다(cf. 삼하 8:16-18; 왕상 4:1-6). 유대인들이 바빌론 포로생활에서 돌아올 무렵 대부분의 유대인은 히브리어를 알지 못했다. 그래서 에스라-느헤미야서에는 에스라가 히브리어로 말씀을 읽고 아람어로 강론하는 것이 기록되어 있다. 히브리어는 잊혀져 가는 언어가 되어 버린 것이다.

구약 성경을 포함한 히브리어 문서는 자음으로만 표기되어 있고 모음은 없었다. 모음은 자음 텍스트를 읽을 때 알아서 더하며 읽어야 했다. 이러한 읽기 방법은 히브리어에 익숙한 사람에게는 문제가 없지만, 낯선 사람한테는 어려운 일이다. 결국 히브리어 텍스트의 소리 보존이 문제가 되자 마소라들이 발벗고 나서 1,200여 년의 노력을 통해 구약 성경을 보존하기에 이르렀다. 히브리어 텍스트에서 자음의 아래나 위에 주로 점으로 찍혀 있는 모음은 마소라들이 최대한 히브리어 자음 텍스트를 건드리지 않고 모음 소리를 보존하기 위해 노력한 결과다. 오늘날 우리가 히브리어 텍스트에서 접하는 모음은 주후 7세기에 이르러서야 최종적으로 삽입된 것이다.

히브리어 정경을 자신이 전수 받은 대로 다음 세대에 전수하려 했던 마소라들의 노력은 참으로 눈물겨웠다. 그들은 책 한 권을 필사한 후에 다음 사람을 위해 자신이 원본으로 사용하고 있는 두루마리의 특성을 책 마지막 부분에 기록해 두었다. 어떤 경우에는 자신이 필사한 사본의 총 단어 수를 기록해 두기도 했다. 필사를 하다가 글씨를 잘못 적으면 그 글씨만 칼로 긁어냈지만, 만약 하나님의 이름이 잘못 적히면 그 면은 칼로 도려내 폐기 처분했다. 어떤 마소라는 책의 거룩함을 생각해서 아예 지우는 것을 금하기도 했다. 검증 과정을 거쳐 오류가 없다고 인정받지 못한 사본은 보존이 금지되었다. 다음 사람에게 오류를 전달하는 것을 금하기 위해서였다.

마소라들은 또한 하나님의 이름을 쓰는 펜과 일반적인 내용을 기록하는 펜을 구분했다. 하나님의 이름을 기록하는 거룩한 일과 일반적인 것들을 기록하는 평범한 일을 같은 펜으로 할 수 없다고 생각했기 때문이다. 일을 하다가 점심을 먹으러 가거나 자리를 비워야 할 경우, 하나님의 이름을 적는 데 사용한 펜은 폐기하고 자리를 떴다. 혹시라도 다른 사람이 그 펜으로 경건하지 못한 일을 기록하는 것을 예방하기 위해서였다.

마소라 학파의 헌신과 노력으로 히브리어 성경은 잘 보존된 상태로 오늘날까지 전수되었다. 마소라 사람들을 빼놓고는 히브리어 성경을 논할 수가 없다. 그래서 히브리어 성경 텍스트를 논할 때는, 마소라 사람들을 기준으로 다음 세 시대로 나눈다. (1) 마소라 이전 시대(pre-masoretic), (2) 마소라 시대(masoretic), (3) 마소라 텍스트의 안정 시대(stabilization of the masoretic text). 마소라는 원래 히브리어 텍스트 보존에 기여한 사람들을 뜻하지만, 여기서 '마소라'는 그들에 의해 히브리어 자음 텍스트 주변에 조직적으로 표기된 노트, 액센트, 모음 표기 등을 포함한 시스템을 의미한다. 이 시스템은 마소라 사람들(Masoretes)이 발명하고 개발했던 것이다.

"마소라 학파의 활동은 마카비 시대 이전에 시작되었으며, 주후 1425년에 히브리어 성경이 처음으로 인쇄되면서 막을 내렸다"(Caspar Levias). 그들이 보존하고 전수한 히브리어 자음 텍스트는 구전되던 시대에 이미 확정되었으며 문서화될 때까지 거의 변화가 없었다(Nyberg; Engnell). 마소라 사람들은 특이한 형태로 본문을 보존하기도 했다. "뒤집어진 눈"(nun inversum)은 민수기 10:35-36(×2), 시편 107:21-26, 40(×7) 등에 아홉 번 등장한다. "걸려 있는 문자"(suspended letter)는 사사기 18:30, 시편 80:14, 욥기 38:13, 15 등에 등장한다. 이것들이 정확히 무엇을 의미하는지는 확실하지 않다.

인쇄술이 발명되자 매우 빠르게 출판된 것들 중 하나가 성경이었다. 히브리어 성경은 중세기 랍비 킴키(David Kimchi)의 주석과 함께 시편이 처음으로 이탈리아의 볼로그나(Bologna)에서 1477년에 출판되었다. 이후 모세오경이 온켈로 탈굼(Targum Onkelos)과 함께 1482년에 이탈리아의 볼로그나에서 출판되었다. 구약 전체가 이탈리아의 손치노(Soncino)에서 아브라함 벤 하임(Abraham ben Hayyim dei Tintori)에 의해 출판되었으며, 이 히브리어 성경 개정판이 주후 1491-1493년에 나폴리(Naples)에서 출판되었다. 가장 유명했던 히브리어 성경은 랍비 성경 개정판(Rabbinic Bible Second Edition)이었으며 야곱 벤 하임(Jacob ben Hayyim)에 의해 베니스에서 주후 1524-1525년에 출판되었다. 오늘날 대중화되어 있는 BHS(Biblia Hebraica Sututtgartensia)는 1966년에 처음 출판된 것이며, 이전에는 BH(Biblia Hebraica, 1902년 출판)를 주로 사용했다. 독일성서공회는 2004년에 가장 최근 버전으로 BHQ(Biblia Hebraica Quinta)를 내놓았다.

BHS가 바탕으로 삼은 것은 레닌그라드 사본(Codex Leningradensis)이다. 최근 들어 고센고트스타인(M. Goshen-Gottstein)의 지휘 아래 히브리 대학교(Hebrew University)에서 알레포(Aleppo) 사본을 바탕으로 한 히브리어 성경이 책별로 출판되고 있다. 이 프로젝트는 "히브리 대학교 성경 프로젝트"(Hebrew University Bible Project; HUBP)라고 불린다. HUBP가 준비하는 히브리어 텍스트의 특징은 다음과 같다. (1) BHS보다 칠십인역(LXX), 페쉬타(Peshitta), 불가타(Vulgate), 아퀼라(Aquila), 심마쿠스(Symmachus)에 더 큰 비중을 두고 있다, (2) 쿰란 사본들을 많이 반영한다, (3) 중세기 히브리 사본들을 반영한다, (4) 마소라 사본만이 지닌 특이한 단어들에 대해 다른 사본들과 번역본들의 대안이 제시된다는 점 등이다.

(4) 회당과 성경

회당은 성경이 소장되어 있는 도서관이었다. 물론 사본들의 값이 비싸고 희귀했기 때문에 회당마다 성경 전체를 소장한 것은 아니었고 부분적으로만 보유하고 있었다. 회당에서는 토요일, 월요일, 목요일에 높은 플랫폼에서 성경이 낭독되었다. 성경은 최소한 성인 열 명이 출석한 낮 시간에만 읽을 수 있었으며, 읽기 전과 읽은 후에는 반드시 축복이 선포되었다. 회당에서는 토라(모세오경)와 선지서(전선지서, 후선지서)만 낭독되었으며, 성문서는 낭독되지 않았다. 한 번에 최소한 10절이 낭독되었으며, 3년 정도에 걸쳐 전체가 낭독되도록 했다.

말씀이 낭독될 때는 모든 예배자가 자리에서 일어섰다. 말씀 낭독이 끝나면 앉아서 랍비의 강론을 들었다. 회당에서 서자 등 신분에 결함이 있는 남자들이 율법을 읽는 것은 용납되었지만, 여자들과 아이들은 읽을 수 없었다. 토라를 읽을 때는 모세오경을 모두 포함한 두루마리만 읽을 수 있었다. 그들은 혹시 하나님의 말씀이 분실되거나 권위가 떨어질까 염려하여 두루마리를 나누거나 자르는 것을 금했다.

안식일에는 성경을 읽을 수 없었다. 혹시라도 성경 읽기를 위해 안식일에 하지 말아야 할 일을 하게 될까 염려해서였다. 예를 들면, 양초가 잘 타도록 손을 보아야 한다든가 하는 것들을 말한다. 이런 것들은 안식일에 할 수 없는 일이었기 때문이다.

(5) 일상생활과 성경

기회만 된다면 성경을 집에 소장하는 것은 누구에게나 경제적인 이익을 초월한 영광이었다. '여호와'(YHWH)라는 이름이 나올 때마다 그들은 '주'(adonai)로 대신해서 읽었다. 오늘날도 이렇게 읽는다. 랍비들은 매우 경건한 자세와 마음가짐으로 성경을 접할 것을 규정했다. 옛날에는 다음과 같은 규정이 있었다. 첫째, 나체 상태로는 성경을 만져서는 안 된다. 거룩한 말씀을 경홀히 다루는 것을 금한 것이다. 둘째, 부정할 때는 성경을 만져서는 안 된다. 셋째, 침대에서는 성경을 만져서는 안 된다. 넷째, 토라(모세오경)가 있는 집에서는 성관계를 가져서는 안

된다. 다섯째, 낡아서 더 이상 사용할 수 없는 성경들은 게니자에 저장했으며, 땅에 묻거나 태워서는 안 된다.

이방인들이 성경을 소장하면 그 책은 '포로'가 되는 것으로 간주되었으며, 유대인들은 어떻게 해서든 그 책을 '자유'하도록 하는 의무가 있었다. 그러나 책의 시가보다 더 지불하는 것은 금했다. 소유주가 성경을 볼모로 수익을 올리려는 것을 금하기 위해서였다. 지금도 유대인들은 성경을 떨어뜨리면 집어 들고 제일 먼저 입을 맞춘다. 의도적으로 떨어뜨린 것이 아님을 표현하기 위해서다.

인쇄 기술이 발명될 때까지 성경은 사람들의 손에 의해 필사되어 전수되었다. 용지로 사용된 가죽도 가격이 만만치 않다 보니 성경 두루마리를 모두 갖추는 것은 거의 불가능한 일이었다. 중세기까지만 해도, 구약과 신약 두루마리를 한 벌 갖추면 그 부피가 마차의 3분의 2를 차지했다고 한다. 더 나아가 한 벌의 가격이 1980년대 중반 환율로 미화 10만 달러(오늘날 환율로 1억 3천만 원) 정도 되었다.

우리는 참으로 감사한 시대에 살고 있다. 만 원이면 하나님의 말씀 한 권을 구할 수 있는 시대에 살고 있기 때문이다. 그러나 쉽게 하나님의 말씀인 성경을 구할 수 있는 것과, 성도들이 하나님의 말씀을 읽고 묵상하는 것은 별개의 문제다. 말씀을 읽지 않고 신앙생활을 하겠다고 한다면, 이는 무모하고 어리석은 일이다. 그러나 목사가 되겠다는 신학생이 성경을 배우려 하지 않는다면, 이는 더 무모하고 어리석은 일이다. 더욱이 성경이 하나님의 말씀이라고 설교하는 목사가 성경을 모르고 사역한다면, 이는 가장 무모하고 어리석은 일이다. 오늘날 하나님의 말씀이 우리에게 제대로 전수되게 하기 위해 마소라들은 1,200년 동안 대를 이어가며 수고했다. 그들은 말씀 보존에 생명을 걸었다. 우리는 말씀을 배우고 가르치는 데 생명을 걸어야 할 것이다.

2. 성경과 고고학

사람들은 종종 고고학이 성경의 진실성을 입증하거나 부인한다고 하지만, 성경과 고고학의 관계에 대해서는 매우 신중한 태도를 취해야 한다. 이스라엘과 고대 근동 민족들의 문화, 풍습, 정치, 경제에 대해 아직도 모르는 부분이 너무 많기 때문이다. 어느 시대 유물이든, 오늘날 발굴된 것이 그 시대에 제작되거나 문서화된 것 중 극히 일부이기 때문이다. 게다가 발굴된 유물들 가운데는 완전히 부식되었거나 파손된 것들도 많다.

야마우치(Edwin Yamauchi)에 따르면, 오늘날 '고고학적 증거'의 현실은 이렇다. 첫째, 고고학적 지역(viz., 발굴될 수 있는 가능성을 지니고 있는 장소)의 숫자는 지속적으로 늘고 있다. 팔레스타인 지역의 고고학적 지역은 1944년에 300개에서 1963년에는 5천 개로, 1970년대에는 7천 개로 늘어났고, 지금은 1만 개가 넘는다. 둘째, 이중 극히 제한된 숫자만 발굴이 되었다. 팔레스타인에서는 1963년까지 고고학적 지역 5천 개 중 150개만 발굴이 되었다. 발굴된 150개 중 26개만이 주요 발굴지가 되어 어느 정도 작업이 진행되었고, 나머지는 기초 작업만 진행되었을 뿐이다.

왜 이렇게 더디게 발굴이 진행되는가? 그것은 엄청난 비용과 시간 때문이다. 고고학적 발굴은 많은 인력과 시간을 요구하기 때문에 많은 돈이 필요하다. 그러므로 대대적이고 포괄적인 발굴이 쉽지 않은 것이다. 게다가 발굴된 장소 역시 극히 제한된 범위 안에서 연구된다. 아직도 많은 고고학적 지역에 사람들이 살고 있기 때문이다. 그래서 때로는 사람들이 살고 있는 집의 뜰이나, 화단 등을 발굴하기도 한다.

또한 발굴해야 할 고고학적 지역의 범위가 대단히 넓기 때문이다. 발굴할 지역의 범위가 비교적 좁은 경우도 있다. 예를 들면, 여리고 성은 7에이커(8천 568평), 므깃도는 13에이커(1만 5천 912평) 정도의 규모다. 반면에 하솔은 175에이커(21만 4천 2백 평)에 달한다. 학자들은 오늘날 사용하는 방법으로 이 정도 규모의 지역을 모두 발굴하려면 최소한 800년이 걸릴 것이라는 추측을 내놓았다. 이보다 더 큰 예로 바빌론은 2천 5백 에이커(3백 6만 평)에 달하며 약 8천 년이 걸릴 거라는 계산이 나왔다. 8천 년에 걸쳐 바빌론을 발굴하고 나면, 처음 발굴자들을 발굴해야 하는 시대를 맞게 될 것이다!

이 같은 상황에서 '고고학적 증거'는 우리로 하여금 매우 잘못된 결론을 도출하게 한다. 물론 일부 고고학적 장소는 다른 곳보다 현저하게 많이 발굴된 것이 사실이다. 그러나 전반적인 상황은 고고학적인 자료를 언급할 때 신중해야 함을 암시한다. 예를 들어 1894년부터 1963년까지는, 고고학자들이 청동기 시대에 에베소(Ephesus)에 아무도 살지 않았다고 결론내렸다. 그러나 1963년 터키 기술자들이 에베소 유적지를 방문할 관광객들을 위해 주차장을 만들다가 이 시대(청동기 시대)에 만들어진 공동묘지를 발견했다.

발굴된 유물들 중 극히 제한된 부분만 출판 등을 통해 세상에 드러나는 것도 문제다. 어떤 것들은 발굴된 후에도 박물관 지하실 같은 곳에서 50-100년 동안 대기한다. 예를 들어, 마리(Mari)에서 발굴된 2만 5천 개의 문서 중 지금까지 출판된 것은 약 4천 개밖에 되지 않는다.

아무리 긍정적으로 접근해도 다음과 같은 계산이 나올 수밖에 없다(Yamauchi). 첫째, 우리가 묻힌 곳을 아는 유물은 현존하는 모든 유물 중 10% 정도에 불과하다. 둘째, 이 중 20% 정도가 기초적인 측량을 끝냈다. 셋째, 기초적인 측량을 끝낸 지역 중 2%가 발굴되었다. 넷째, 발굴된 유물들 중 약 10%가 학자들에 의해 연구되었다. 다섯째, 이 연구결과 중 절반 정도만 출판되었다. 이 모든 사항을 숫자로 계산해 보면, 현재 우리에게 주어진 역사적 자료들은 모든 가능성의 0.006%에 불과할 뿐이다. 그러므로 한 학자가 말한 것처럼, 우리는 다음과 같이 현실을 인정해야 한다. "발굴에 직접 참여한 후 나는 발굴 작업이 신뢰할 만하지 못하다는 사실을 인정할 수밖에 없었다. 발굴에서 얻어진 자료들은 매우 제한적이고 선별적인 것에 불과하며, 대체로 다양하게 해석될 수밖에 없는 형편이다"(J. M. Miller).

(1) 구약과 주요 토판

이름	분량	언어	발견 연대	주제	기록 연대	성경적 의미
에블라	17,000	에블라어	1976년	왕의 기록 보관소에 소장되었던 다양한 문서	주전 24세기	주전 3000년대 말의 시리아의 삶과 문화를 조명해 줌
아트라하시스	3	아카디아어	1889년	창조, 인류의 시작, 홍수 등	주전 1635년 사본	창세기와 평행을 이룸
마리	20,000	아카디아어	1933년	마리 왕 지므리림(Zimri-Lim)과 바빌론으로 보낸 그의 사절 사이의 서신 왕래	주전 18세기	나홀의 실재 확증, 하비루 언급, 족장 시대의 상황을 보여줌
에누마 엘리쉬	7	아카디아어	1848–1876년	창조에 대한 다신론적 신화	주전 7세기 사본	창세기와 유사함
길가메쉬 서사시	12	아카디아어	1853년	길가메쉬가 영생의 비밀을 찾고 있음	주전 7세기 사본	창세기의 홍수 이야기와 유사함
보가즈코이	10,000	헷 족어	1906년	헷 제국의 놀라운 업적	주전 16세기	헷 족의 문화
누지	4,000	아카디아어의 후리족 방언	1925–1941년	다양한 가족 문서	주전 16세기	관습과 역사성: 장자권을 파는 것, 하인 상속자 및 임종 시의 유언이 구속력이 있음
우가릿 라스 샴라	1,400	우가릿어	1929–1937년	종교적인 웅장한 시가	주전 15세기	가나안 종교

이름	분량	언어	발견 연대	주제	기록 연대	성경적 의미
아마르나	380	아카디아어	1887년	이집트의 바로에게 도움을 요청하는 팔레스타인 왕들의 편지	주전 14세기	팔레스타인의 상황을 반영함
바빌론 역대기	4	신바빌론어	1956년	신 바빌론 제국의 왕궁 기록들	주전 626-594년	예루살렘 포위(주전 597년)와 이 시대의 역사를 기록하고 있음
고레스 통도장	1	신아카디아어	19세기	고레스의 이방인 해방령	주전 539년	유대인들의 포로에서 고국 귀환과 성전 건축을 확증함
엘리판틴 파피루스	27	히브리어	1893년	엘리판틴에 성전 건축 허락 요청	주전 500-400년	느헤미야 시대에 성전 건축을 희망하는 애굽 거주 유대인 편지
사해 사본	다수	히브리어	1947-1952년	구약 성경 사본들	주전 2세기-주후 1세기	완전한 이사야 사본을 중심으로 한 모든 사본이 있음(에스더서 제외)

(2) 구약과 주요 비문

이름	언어	발견 연대	주제	기록 연대	성경적 중요성
베니하산	상형문자 (그림문자)	1902-1904년	크눔호텝 2세의 무덤 그림	주전 2000년	초기에 이집트에 셈 족이 있었음을 기록함
함무라비 법전	아카디아어	1901년	바빌로니아의 법전	주전 1755년	모세 율법과의 유사점
머넵타 석비	상형문자	1896년	머넵타의 군사적 업적	주전 1220년	'이스라엘'이란 이름을 언급한 최초의 기록
세송크 비문	상형문자	1825년	팔레스타인에서의 세송크 1세의 군사적 업적	주전 920년	르호보암에 대한 침략을 확증, 성읍들의 목록

이름	언어	발견 연대	주제	기록 연대	성경적 중요성
메사 비문	모압어	1868년	모압왕 메사의 군사적 업적	주전 850년	주전 9세기 모압-이스라엘의 관계 조명
'다윗 집안' 비문	아람어	1993년	시리아 사람들의 가나안 원정	주전 9세기	다윗에 대한 최초의 기록
흑석비	아카디아어	1846년	사르만에셀 3세의 군사적 업적	주전 850년	공물을 바치는 예후를 묘사, 아합을 언급함
발람 텍스트	아람어	1967년	발람의 천상어전회의 불만에 대한 예언	주전 8세기	성경의 '발람'과 연관된 것으로 추정
은 두루마리	히브리어	1979년	민수기 6:24-26을 기록한 부적	주전 7세기	성경의 일부를 기록한 가장 오래된 문서
실로암 비문	히브리어	1880년	히스기야의 수도(도관)공사 완료를 기록	주전 701년	언어, 규빗의 길이를 알려줌
산헤립 통도장	아카디아어	1830년	산헤립의 군사적 업적	주전 686년	예루살렘 포위를 기록하고 있음
아라드 항아리 조각	히브리어, 아랍어, 헬라어	1962-1976년	주전 10-6세기에 근원이 된 것으로 보이는 히브리어 문서들	주전 597년	엘리아십이란 사람에게 보내진 히브리어로 기록된 편지 18통.
라기스 편지	히브리어	1935년	라기스에 배치된 유다군 장교의 편지 21통	주전 588년	바빌론 군의 포위를 받은 예루살렘의 최후 상황을 기록하고 있음

3. 구약 정경

히브리어 성경이 언제 정경화되었으며, 성경 속의 다양한 명칭이 언제 어디서 시작되었는지 가늠하는 것은 쉬운 일이 아니다. 대부분의 명칭은 주후 1세기에 주어진 것으로 간주되지만, "율법과 선지자들"(the laws and the prophets)이라는 타이틀은 최소한 주전 1세기로 거슬러 올라간다. 성전은 고대 문명에서 가장 활성화된 문서보관소였으며, 이스라엘에서도 문서를 성전에 보관하는 풍습이 오랫동안 지속되었다. 예루살렘 성전에는 정경, 제사장들과 레위인들의 계보 등이 보관되어 있었다.

성전에 보관된 문서들은 출처나 내용, 혹은 이 두 가지 모두 때문에 거룩하게 취급되었다. 뿐만 아니라 성전에 둔다는 것 자체가 하나님께 봉헌한다는 의미가 내포되어 있었기 때문에 추가로 거룩함이 부여되었다. 성전에 보관되었던 정경에는 모세오경뿐만 아니라 그 외 정경으로서 그 권위가 문제되지 않았던 모든 성경이 소장되었던 것으로 알려졌다. 이러한 사실은 성전이 파괴되기 이미 오래 전부터 구약 성경이 정경화되었음을 의미한다.

실제로 주후 90년에 잠니아(Jamnia)에서 열렸던 잠니아 회의 이전까지 룻기, 아가서, 에스더서 등 세 권의 짧은 책을 제외한 구약의 모든 책이 정경으로 권위가 인정되었음을 알 수 있다. 증거들은 다음과 같다. 첫째, 외경은 모세오경 전체를 거룩한 책으로 인용한다. 외경의 상당수가 주전에 저작된 것이라는 점을 감안할 때, 이는 매우 중요한 단서다. 둘째, 사해 사본에서 출애굽기, 민수기, 신명기 등이 성경으로 인용되고 있다. 셋째, 요세푸스도 전도서를 제외한 구약의 모든 책을 성경으로 인용한다. 요세푸스 시대에 이미 구약에 포함된 책들이 정경으로 전수되었던 것이다.

히브리어 정경은 세 부분으로 구분되어 있다. 율법(모세오경), 선지서, 성문서. 이 세 섹션의 히브리어 이름은 다음과 같다. 율법은 "토라"(תּוֹרָה), 선지서는 "네비임"(נְבִיאִים), 성문서는 "케투빔"(כְּתוּבִים)이다. 이 세 단어의 첫 글자들을 순서대로 나열하고 모음 'a'를 첨부하면 '타낙'이라는 소리가 난다. 그래서 오늘날 유대인들은 구약 성경을 타낙(*Tanakh*)이라고 부르며, 이 명칭이 정경의 세 섹션에 붙여진 이름들의 약자임을 암시하기 위해 히브리어로는 תנייך으로 표기한다.

히브리어 정경을 세 부분으로 구분한 것의 가장 빠른 증거는 주전

2세기에 집필된 것으로 알려진 집회서(Ecclesiasticus)에서 예수 벤 시라(Jesus ben Sira)의 손자에 의해 제시되었다. 예수님 시대에 이르러서는 이러한 구분이 널리 활용되었다. 그렇다면 어떻게 해서 히브리어 정경을 세 섹션으로 구분하게 되었을까?

구약의 정경론에 가장 큰 영향을 미쳤던 학자는 라일(Ryle)이었다. 그는 구약의 세 섹션이 각기 다른 시대에 통일성 있는 정경으로 묶였다고 주장한다. 그의 주장에 따르면 가장 먼저 정경화된 것은 토라이며 주전 5세기에 있었던 일이다. 그 다음 선지서가 주전 3세기에, 성문서는 잠니아에서 주후 90년에 정경화된 것이라고 주장한다. 라일의 책이 출판된 이후 그의 주장은 비평학계의 일반화된 이론이 되었으며, 그 후에 출판된 책들은 거의 모두 라일의 이러한 주장을 바탕으로 한 것들이다.

그러나 한 섹션의 정경화가 끝나고 그 다음 섹션의 정경화 작업이 시작되었다는 증거는 전혀 없다. 집회서가 집필되기 이전에 이미 성문서가 정경화되었다는 주장도 팽배하며, 주전 164년 마카비에 의해 세 섹션으로 구분되었을 가능성도 크다. 게다가 라일의 주장은 종교개혁자들의 성경관과 정면 충돌을 일으킬 수밖에 없다. 종교개혁자들이 자신들의 신학과 입장을 가톨릭으로부터 차별화하면서 외쳤던 '오직 성경'(*sola scriptura*)이 가톨릭의 주장처럼 인간적인 전통에 의해 권위를 인정받은 것밖에 되지 않기 때문이다. 라일이 '주의 백성의 공동체'가 정경을 만들었다고 주장한 반면에, 종교개혁자들은 '주께서 주신 정경'이라는 입장을 취하고 있다.

라일은 또한 성경의 각 책이 다음과 같은 과정을 통해 정경화되었다고 주장했다. (1) 저작, (2) 유통, (3) & (4) 편집과 수집, 혹은 수집과 편집, (5) 정경 인정. 그러나 문제는 그 어디를 봐도 이러한 과정을 입증할 만한 역사적 증거가 없다는 사실이다. 반면에 성경은 어디에서든지 말씀이 선포되는 순간에 하나님의 말씀으로 그 권위를 인정받는 현상에 대해 기록하고 있다.

구약 성경이 세 섹션으로 구분되면서 자연적으로 각 섹션에 속해 있던 책들의 순서도 정리가 되었다. 각 섹션마다 이스라엘의 역사를 정리하는 내러티브가 포함되어 있다. 토라는 창조 때부터 모세의 죽음에 이르기까지의 시대를 정리한다. 선지서는 가나안 입성에서 바빌론 포로생활의 시작까지를 정리하고 있다. 성문서는 포로 시대부터 예루살렘으로 귀향한 이후 시대까지를 정리한다. 룻기가 선지서에 속하지 않고 성문서에 속하게 된 것은 시편의 저자인 다윗과의 관계 때문이다.

각 섹션에 속해 있는 내러티브들은 시대적인 순서로 나열되어 있다. 선지서 섹션에서 내러티브들이 먼저 나오는 것은 모세오경과 여호수아서의 밀접한 연결성 때문이다. 그러나 성문서 섹션에서는 역대기가 마지막 책으로 등장한다. 아담의 계보로 시작해서 포로 후기 시대를 살아가는 사람들의 계보까지 정리하는 역대기가 구약 시대의 역사를 요약하는 역할을 하기 때문이다. 일반적으로 책의 순서는 각 책의 길이로 결정된다. 책이 길수록 앞에 등장하는 것이다. 물론 예외적인 것들도 있다. 이런 경우에는 저작권 등 다른 이유로 인한 것이다.

그래츠(Graetz)가 1871년에 주장한 이후, 잠니아 회의에서 성문서가 정경화된 것을 계기로 히브리어 정경이 완성되었다는 설이 오랫 동안 학계를 지배했다. 그러나 그의 주장은 처음부터 많은 문제를 안고 있었다. 첫째, 잠니아에서 논란이 된 책 중 하나가 에스겔서인데, 이는 잠니아 회의에서 논의된 범위가 성문서의 영역을 벗어나 있음을 보여준다. 에스겔서가 논란이 된 것은 회복된 성전을 말하는 40-48장이 율법과 상반되는 것으로 이해했기 때문이다. 둘째, 성문서는 이미 오래 전에 정경화되었던 증거들이 곳곳에 남아 있다(cf. Beckwith). 셋째, 잠니아 회의의 결정 내용은 전도서와 에스더서에 관한 것들이었다. 전도서는 스스로의 내용을 반박하는 것으로 간주되었으며, 에스더는 이방인과 결혼한 유대인 여자라는 문제를 안고 있었다.

루이스(Lewis)와 라이만(Leiman)의 반론이 그래츠의 주장을 잠재웠다. 첫째, 그들은 잠니아에서 진행된 일에는 회의(council)라는 타이틀이 적절하지 않다고 주장했다. 잠니아 회의를 주도해 나갔던 야브네 학파(Academy at Yavne)는 예루살렘이 파괴되던 주전 70년 바로 전에 랍비 요하난(Yohanan ben Zekkai)에 의해 제정되었으며, 종교적이라기보다는 학원(college)과 입법 회의(legislative body) 성향을 띠었다. 둘째, 잠니아 회의는 이르게는 주후 75년에, 늦게는 117년에 열렸으며, 잠니아 회의가 전도서와 아가서에 대해 논의한 것은 이 책들의 정경 제정 여부가 아니라 이 책들이 손을 부정하게 하는가에 관한 것으로 제한되었다. 손을 부정하게 하는 책은 다음 두 조건을 충족시키는 것들이다. 먼저, 책에 속해 있는 말씀이 "성령 안에서 선포된 것"이어야 한다. 즉, 영감으로 기록된 책이어야 한다. 또한 잉크로 두루마리에 기록된 말씀이어야 하며, 고전 히브리어나 아람어에서 비롯된 사각(square) 문자로 기록되었어야 한다.

그렇다면 어떻게 거룩한 책이 손을 부정하게 하는가? 잘못 취급되는 것을 방지하기 위한 관례였다. 예를 들면, 짐승의 뼈는 정결하지만 사람의 뼈는 부정했다. 무엇보다도 사람의 뼈를 함부로 다루는 것을 억제하기 위한 방지책이었던 것이다. 잠니아 회의는 어떤 책이 정경에 포함되어야 하는지를 결정하는 것이 아니라, 단순히 이미 정경에 속한 책들이 정경화된 과정을 확인하는 작업에 불과했다. 더 나아가 잠니아 회의의 결정은 권위적인 것이 아니었다. 이는 그 후에도 상반된 입장이 계속 지속되었던 것을 보면 알 수 있다.

이미 정경으로 자리를 굳혔지만, 주후 2세기에 이르러 다섯 권의 책이 권위성에 대해 몇몇 랍비의 공격을 받았다. 이는 아가서, 전도서, 잠언, 에스겔서, 에스더서였다. 아가서는 인간의 육체적인 욕망과 사랑을 적나라하게 표현하고 있다는 점이 문제가 되었다. 전도서는 쾌락주의적이며, 회의적이고, 무신론적인 성향이 나타난다는 점이 문제가 되었다. 잠언은 모순된 금언(金言)들을 가지고 있는 점이 문제가 되었다(cf. 잠 26:4-5). 에스겔서는 40-48장에서 제시하는 성전(聖殿)의 모습이 모세오경의 성막과 솔로몬의 성전과 일치하지 않는다는 점이 문제가 되었으며, 에스더서는 하나님의 이름을 언급하지 않는다는 점이 문제가 되었다.

가장 오래된 히브리어 성경 구분에 의하면 구약은 총 스물네 권으로 구성되어 있다. 다음을 참고하라.

토라(다섯 권)	창세기, 출애굽기, 레위기, 민수기, 신명기	
선지서(여덟 권)	전선지서(네 권)	여호수아, 사사기, 사무엘(상·하를 한 권으로), 열왕기(상·하를 한 권으로)
	후선지서(네 권)	이사야, 예레미야, 에스겔, 소선지서(호세아 이하 열두 권을 합하여 한 권으로)
성문서(열한 권)	시가서(세 권)	시편, 잠언, 욥기
	메길롯(다섯 권)	아가, 룻기, 전도, 애가, 에스더
	역사서(세 권)	다니엘, 에스라-느헤미야(합하여 한 권), 역대기(상·하를 한 권으로)

팔레스타인에서는 토라를 3년 주기로 읽기 위해 154섹션으로 나누었다(sedarim). 바빌론에서는 1년 주기로 토라를 읽기 위해 54섹션으로 나누었다. 훗날 바빌론 주기가 팔레스타인 주기를 대체했다.

사해 사본은 우리가 가지고 있는 히브리어 사본들 중 가장 오래된 것이다. 사해 사본이 발견되기 전에 우리가 소장하던 가장 오래된 사본들은 모두 주후 10세기 이후의 것들이었다. 사해 사본은 주전 150-주후 68년에 제작된 것들이다. 1965년에 스케한(Skehan)은 사해에서 창세기와 출애굽기 사본 열 개, 신명기 사본은 스무 개, 그리고 에스더서를 제외한 구약의 모든 책은 최소한 한 개의 사본이 발견되었다고 보고했다. 이 사본들은 마소라 사본과 거의 동일하다. 사해 사본이 마소라 사본과 거의 똑같다는 점은, 그동안 일부 학자들이 주장한 것처럼, 주후

2세기까지 마소라 사본들이 계속 발전한 것이 아니라 최소한 주전 2세기 이전에 완성된 형태로 존재했음을 증명한다(Tov).

성경을 살펴보면 특정한 문서나 말씀이 신적인 권위를 지니고 있으며, 이스라엘을 향한 하나님의 요구인 것으로 인식되는 사례가 곳곳에 기록되어 있다. 성경에는 "주의 말씀"이라는 문구가 자주 사용된다. 말씀이 선포될 때 백성들에게 임했던 공포에 대한 기록들도 있다. 말씀이 선포되자마자 하나님의 말씀으로 간주되고 신앙의 원칙들로 받아들여진 사례들도 많다. 모세가 '율법책'을 읽을 때, 온 이스라엘은 "우리가 그대로 행하겠습니다"라고 고백하기도 한다. 성경은 말씀이 선포되는 순간부터 하나님의 계시로 권위를 갖게 됨을 증언한다.

4. 고대 번역본들

히브리어 성경은 오래 전부터 여러 언어로 번역되어 왔다. 세계 곳곳에 흩어져 살던 유대인 디아스포라(diaspora)를 위해서였다. 히브리어는 주후 2세기까지 팔레스타인 지역의 유대인 지식층 사이에서 사용되었지만, 일반인들은 바빌론 포로생활 중 이미 히브리어를 잊기 시작했다. 에스라-느헤미야 시대에 이르러서는 대부분의 유대인이 당시 통용되던 아람어를 사용했으며, 히브리어는 더 이상 사용되지 못했다. 이들을 위해 히브리어 성경이 여러 언어로 번역되기 시작했다. 히브리어 성경의 주요 고대 번역본들은 다음과 같다.

(1) 탈굼

히브리어 성경을 아람어로 번역해 놓은 것이 탈굼(Targum)이다. 유대인들이 바빌론 포로생활을 하면서 모국어를 잊어버리고 당시 통용되던 아람어를 사용했기 때문에 이들을 위해 성경이 아람어로 번역된 것이다. 회당 예배에서도 히브리어로 성경이 낭독된 다음 곧이어 아람어 번역본인 탈굼이 낭독되었다. 탈굼의 유래가 에스라 시대로 거슬러 올라간다는 학설도 있으나(cf. 느 8:7-8), 확증은 없다. 탈굼은 단순한 번역의 성향을 초월해 의역의 기능도 지녔다. 특히 선지서 등에서는 이러한 의역 작업을 통해 본문의 이해를 도우려 했다.

가장 유명하면서도 권위 있는 탈굼으로 인정받은 것은 온켈로스 탈굼(Targum Onkelos)이다. 바빌론에 거주하던 유대인들은 이 탈굼을 널리 사용했다. 이 탈굼은 주후 3세기 초의 의역을 바탕으로 개정한 것으로 추정되기도 한다. 탈무드는 자주 온켈로스 탈굼을 "우리의 탈굼"이라고 칭하거나 "우리가 번역하기로는"이라는 문구 다음에 온켈로스 탈굼을 인용한다. 온켈로스 탈굼의 특징은 부연 설명 없이 히브리어 텍스트를 번역한다는 점이다.

팔레스타인 탈굼(Palestinian Targum)은 여러 버전이 있으나 온켈로스 탈굼처럼 정확하지는 못하다. 카이로 게니자(Cairo Geniza)에서 발견된 일곱 개의 탈굼 조각들은 모두 팔레스타인 탈굼이다. 요나단 탈굼(Targum Jonathan ben Uzziel)은 여호수아서에서 열왕기까지, 이사야서에서 말라기까지를 다룬 것으로, 주후 4세기에 편집되었다고 추정되며 바빌론에 있는 유대인들에 의해 저작된 것으로 보인다. 이 탈굼의 특징은 의역과 자유로운 해석에 있다. 이 외에 유명한 탈굼은 "가명 요나단 탈굼"(Targum Pseudo-Jonathan)이 있다. 이 탈굼은 주후 650년경에 저작된 것으로, 온켈로스와 미드라쉬(Midrash) 자료들을 섞은 것이다.

(2) 페쉬타

페쉬타(Peshitta)는 구약 성경의 시리아어 번역본이다. 이 번역본이 만들어진 배경에 대해서는 알려진 바가 없다. 학자들은 대부분 온켈로스 탈굼이 형성되던 때쯤 시리아의 그리스도인들이 구약 성경을 그들의 언어로 번역할 필요를 느껴 작업을 시작한 것으로 추정한다. 페쉬타에 대한 가장 오래된 언급은 주후 4세기 문서에서 발견된다.

가장 유명한 번역본은 시리아어 페쉬타(Peshitta Syriac)이다. 이 번역본이 이미 주후 4세기 문헌에서 인용되는 점을 감안할 때, 늦어도 주후 2–3세기에는 완성되었을 것으로 생각된다. 처음에는 히브리어 사본을 직접 번역했으나, 헬라어 번역본인 칠십인역과 좀더 조화를 이룰 수 있도록 하기 위해 여러 차례 개정되었던 것으로 알려졌다. 이 페쉬타는 에뎃사의 감독 라불라(Rabbula of Edessa)의 권위 아래 개정된 이후 시리아어를 사용하는 교회의 공식적인 번역본으로 자리잡았다. 이때가 주후 400년이다. 시리아어 육경(六經, Syriac Hexapla)은 주후 616년에 텔라의 감독 폴(Paul of Tella)에 의해 출판되었다. 내용은 오리게네스의 육경 중 다섯 번째 행(번역)을 번역한 것이다.

(3) 불가타

구약 성경의 라틴어 번역본이 불가타(Vulgate)이다. 로마 제국이 라틴어를 선호했기 때문에 기독교가 팽창하면서 구약을 라틴어로 번역하는 일이 급선무로 떠올랐다. 구(舊)라틴어 번역본(혹은 이탈리아어 번역본이라 불리기도 함)은 주후 첫 2세기 동안 편집되었고 주후 200년경에 완성되었다. 라틴어 성경에 대한 수요는 먼저 북아프리카, 남가울(Southern Gaul) 등 변방 지역에서 생겨났으며 점차 로마로 퍼져갔다.

라틴어 번역본이 존재했다는 것에 대한 가장 이른 증거는 주후 2세기 중반에 있었던 일이다. 이때부터 그리스도인 저자들이 라틴어로 책과 글을 쓰기 시작했다. 그 이전에 그리스도인들은 주로 헬라어로 글을 썼다. 테르툴리아누스(Tertulian, 주후 130–230년)는 아프리카 교회들이 당시에 이미 라틴어만 사용했다고 기록하고 있다. 아우구스티누스는 자기 시대의 그리스도인들이 이미 여러 라틴어 번역 성경을 사용하고 있었다고 기록한다.

여러 라틴어 번역이 나돌자 교부들은 고심하기 시작했으며, 예배와 예식에 사용될 수 있는 권위 있는 하나의 버전이 필요하다는 것을 의식하기 시작했다. 칠십인역에 의존하지 않고 마소라 사본에서 직접 라틴어로 번역한 성경의 필요성도 갈수록 커져만 갔다. 교부들은 유일한 라틴어 번역본이 사용된다면 유대인들과 이단들을 퇴치하는 데 상당한 도움이 될 것으로 기대했다.

교회는 히에로니무스(Eusebius Hieronymus)라는 사람에게 이 일을 맡겼다. 이 사람이 바로 훗날 제롬(Jerome)으로 알려진 사람이다. 그는 이미 주후 380년에 접어들면서 로마에서 학자와 저자로 이름을 날리고 있었다. 그는 구약을 번역하는 데 15년(주후 390-405년)을 투자했다. 처음에는 논란도 있었지만 점차로 그의 번역이 자리잡게 되었으며 1546년 트렌트 공회(Council of Trent)에서 교회의 유일한 버전으로 그 권위를 인정받았다. 제롬(주후 420년 사망)이 공식적으로 번역한 불가타(Vulgate) 외의 라틴어 번역본을 구라틴어(Old Latin) 역본이라 한다.

(4) 칠십인역

구약 성경의 대표적인 헬라어 번역본으로, 주전 250-150년에 이집트의 알렉산드리아에서 번역되었으며, 구약 연구에서 가장 중요한 비중을 차지한다. 전승에 따르면, 이 번역본은 72명의 장로가 72일 동안 완성한 것이라 해서 셉투아진트(Septuagint, '70'이라는 뜻을 지닌 헬라어)라고 하며, 로마 숫자 표기법으로 70을 뜻하는 LXX로 표기한다.

이집트를 다스리던 톨레미 왕조의 톨레미 2세 필라델푸스(Ptolemy Philadelphus, 주전 283-247년)가 연관되어 있는 것으로 보아 이때 완성되었을 가능성이 높다. 위경(Pseudepigrapha)에 속해 있는 "아리스테아스의 편지"(Letters of Aristeas)는 주전 2세기에 저작되었다. 이 문서에 따르면,

필라델푸스는 10만 명의 유대인 포로를 해방하는 대가로 유대인들의 율법서 한 권을 구했고, 이 책을 유대인 장로들에게 헬라어로 번역하도록 지시했다고 한다. 이것이 바로 칠십인역이다. 그러나 이 이야기가 사실인지 아닌지는 아무도 정확히 말할 수 없다.

칠십인역은 히브리어 성경 외에 외경도 포함한다. 또한 책에 따라 마소라 사본과 현저한 차이를 보이기도 한다. 그럼에도 불구하고 두 가지 이유에서 마소라 사본의 본문 비평에 가장 중요한 자료로 사용된다. 첫째, 칠십인역은 가장 오래된 번역본이다. 번역본 중 유일하게 예수님 시대 이전부터 존재했던 것이 칠십인역이며, 신약의 저자들도 구약을 인용할 때 칠십인역을 이용한다. 둘째, 칠십인역이 번역한 것으로 추정되는 히브리어 사본이 마소라 사본과 현저한 차이를 두고 있다. 마소라 사본과 다른 '근원 텍스트'(Urtext)를 반영하기 때문에 본문 비평에 매우 중요하게 작용할 수 있는 것이다.

오리겐의 헥사플라(Origen's Hexapla)는 주후 240년경에 저작되었다. 오리겐은 185–254년에 살았던 사람이며, 당시 사용되던 헬라어 사본들 사이에 꽤 많은 차이점이 존재하고 있음을 인식했다. 그는 히브리어 텍스트의 어떤 부분들은 칠십인역에 번역되지 않아 빠져 있는 것도 발견했다. 오리겐은 이 같은 문제를 인식하고는 히브리어 텍스트와 번역본들을 여섯 개의 평행한 행(column)으로 기록해 내려가며 비교하도록 했다. 첫 번째 행에는 히브리어, 두 번째 행에는 히브리어의 음역, 세 번째 행에는 아퀼라(Aquila)의 헬라어 직역, 네 번째 행에는 시마쿠스(Symmachus)의 다듬어진 헬라어 번역, 다섯 번째 행에는 칠십인역, 여섯 번째 행에는 테오도시온(Theodotion)의 헬라어 번역을 실었다.

헬라어 성경 번역본들 중 바티칸 사본(Codex Vaticanus: B)은 구약과 신약을 거의 모두 포함하며, 주후 325–350년에 기록되었다. 라일랜드 파피루스 458(Rylands Papyrus 458)은 신명기 23–28장을 담고 있으며, 주전 150년경에 제작된 것으로, 한 미이라에서 발굴되었다. 체스터 비티 파피루스(Chester Beatty Papyri)는 이집트의 옥시린커스(Oxyrynchus)에서 발견되었으며, 주후 150년경에 저작된 것이다. 시내 산 사본(Codex Sinaiticus: Aleph)은 구약 부분이 소실되었지만, 신약 전권을 담고 있으며 주후 375-400년에 저작되었다.

(5) 콥트어와 에티오피아어

콥트어는 이집트의 설형문자로부터 발전된 이집트의 방언이었다. 기독교 시대에는 콥트어의 표기법이 헬라어 알파벳으로 대치되었으며, 헬라어 단어들을 많이 도입했다. 콥트어는 5, 6개의 방언으로 나누어지지만 성경은 대부분 사히딕어(Sahidic)나 보하이릭어(Bohairic)로 번역되었다. 콥트어 역본들은 주전 2세기까지 거슬러 올라간다. 에디오피아어 역본(Ethiopic Version)은 주후 4세기에 번역된 것으로 추정된다.

5. 외경, 위경, 탈무드

(1) 외경

외경(Apocrypha)은 외전(外典) 혹은 경외경(經外經)으로 불리기도 한다. 정경(正經)과 대조되며, 그리스어 형용사 아포크리포스(*apokriphos*; lit., '감추어진')에서 유래된 말로, 원래 칠십인역에 포함되어 있지만 히브리어 성경에는 들어 있지 않은 구약 시대 문서들을 가리켰다. 그러다가 이 단어는 일반적으로 주전 2세기-주후 1세기에 쓰인 열네 권 혹은 열다섯 권의 특별한 책, 그러나 정경에는 속하지 못하는 것들을 칭하는 용어가 되었다. 교회 역사에 따르면, 외경에 속한 책들은 처음에는 일반 대중에게 금지되었었다.

외경에 대한 가톨릭과 개신교의 명칭도 서로 다른데, 가톨릭 학자들은 외경을 제2정경(deuterocanonical) 혹은 경전(經典)이라고 부른다. 정경에 준하는 권위를 이 책들에 부여한 것이다. 반면에 개신교에서는 단순히 정경에 들어가지 못한 종교적인 책을 지칭하는 것으로 이해한다. 이 책들에 이렇다 할 권위를 부여하지 않는 것이다.

외경의 형성 경위는 이스라엘 역사 중 바빌론 포로기까지 거슬러 올라간다. 바빌론에서 포로생활을 했던 이스라엘 사람들은 포로기 이후에 성전을 재건하고 히브리어 성경을 보존하는 일에 힘을 기울였다. 히브리어 성경이 디아스포라 유대인들을 위해 헬라어로 번역될 때, 원래 히브리어 정경에는 없는 책 몇 권이 칠십인역에 삽입되었다.

동방 교회는 주후 4세기 이래 외경에 대해 큰 관심을 보이지 않은 반면, 서방 교회는 외경에 큰 비중을 두었다. 이 서방 교회(라틴 교회)의 관심이 오늘날 외경에 대한 가톨릭 교회의 관심으로 이어진 것이다. 외경에 대한 개신교의 이해는 루터의 견해를 빌려 설명할 수 있다. 그는 "외경은 정경과 동등하게 취급될 수 없는 책이지만, 읽어서 유익하고 좋은 책"이라고 말했다. 외경은 교회에 지대한 영향을 끼쳤으며, 특히 신약 성경을 이해하는 데 상당한 공헌을 해 왔다. 외경에 속한 책들은 다음과 같다.

책 이름(종파마다 조금씩 다름)	사용 언어	저작 연대와 장소
제1에스라서 (불가타에서는 제3서)	H(G설도 있다)	주전 2세기 팔레스타인
제2에스라서 (불가타에서는 제4, 5서)	H(혹은 A)	주후 1세기 말기 팔레스타인
토비트(토비아)서	A?	주전 2세기 전후 팔레스타인 (바빌론설, 이집트설)
유딧서	H또는 A	주전 2세기 전후 팔레스타인
에스더서 추가 기사	G (일부는 H 또는 A로 번역?)	주전 2세기말-1세기초 팔레스타인

책 이름(종파마다 조금씩 다름)	사용 언어	저작 연대와 장소
솔로몬의 지혜(지혜서)	G	주전 2세기 후반–주후 1세기 전반 알렉산드리아
집회서	H	주전 2세기 전반 팔레스타인
바룩서	H, 일부는 G	주전 1세기–주후 1세기 팔레스타인
예레미야의 편지	H설, A설, G설	포로시대 이후. 불명
다니엘서의 추가 기사 (아자리아의 기도와 세 아이의 노래)	H 또는 A 불명	불명(주전 2세기 전반?)
다니엘서의 추가 기사 (수산나)	H(G설도 있다)	불명(주전 1세기 전반?)
다니엘서의 추가 기사 (벨과 용)	H(?)	불명(팔레스타인?)
므낫세의 기도	H설과 G설	주전 2세기–주후 2세기. 불명
마카베오 제1서	H	주전 1세기 전반 팔레스타인
마카베오 제2서	G(H설,A설)	주전 1세기경 알렉산드리아(?)

H…히브리어, G…그리스어, A…아람어

외경을 정경에 포함할 수 없는 이유는 다음과 같다. 첫째, 유대인들은 히브리어 성경 스물네 권만을 정경으로 받아들였고, 지금도 그렇게 유지하고 있다. 둘째, 오래된 사본들이 포함하고 있는 외경의 범위에 현저한 차이가 있다. 즉, 일관성 없이 임의로 책을 제외하거나 추가하는 경향이 역력하다. 셋째, 필로(Philo), 요세푸스(Josephus) 등 고대 유대인 사회를 대표할 만한 작가들이 모두 히브리어 성경만 정경으로 인용했다. 넷째, 신약 저자들은 칠십인역을 주로 인용했는데, 칠십인역에 포함된 외경을 인용하는 사례는 없다. 그들도 외경은 정경으로 인정하지 않았던 것이다. 다섯째, 동방 교회와 서방 교회 모두 히브리어 성경만을 정경으로 인정했다. 이러한 전례는 종교개혁 이후에도 지속되었다. 여섯째, 외경에는 역사적, 지리적, 연대적 오류와 시대적인 착오가 많다. 일곱째, 외경은 거짓된 교리를 가르치고, 영감으로 기록된 성경과 다른 관습들을 육성한다.

외경을 결코 정경으로 받아들일 수는 없지만, 외경의 가치와 중요성은 인정해야 한다. 외경은 다음과 같은 이유로 그리스도인들에게 중요하다. 첫째, 구약-신약의 관계를 이해하는 데 큰 도움이 된다. 외경은 신구약 중간기의 공백을 메워 주기 때문이다. 외경은 이 400여 년의 기간 동안 하나님의 백성들에게 어떤 일이 있었는가와 그들 사이에 어떠한 신학적인 흐름이 있었는가를 가늠하게 해준다. 둘째, 외경은 유대교를 이해하는 데도 중요하다. 외경이 중간기 유대교의 영적, 철학적, 지적인 성향을 회고하기 때문이다. 셋째, 외경은 이스라엘의 정치와 역사를 이해하는 데 중요하다. 외경은 중간기의 이스라엘 역사를 정리하는 데 가장 중요한 자료들로 평가된다. 특히 마카베오 제1서는 이 시대의 역사를 이해하는 데 많은 기여를 한다. 넷째, 외경은 당시 이스라엘의 문학적 발전을 이해하는 데 중요하다. 외경이 유대 문학의 다양한 장르 발전과 그 당시 세속적인 유대 문학의 진가를 알 수 있도록 해주기 때문이다.

(2) 위경

위경(僞經, Pseudepigrapha)은 위전(僞典) 혹은 가경(假經)으로도 불린다. 성향에 있어서 외경이나 정경과 비슷하지만, 이 분류(정경과 외경)에 속하지 못한 책들을 일컫는 용어다. 이 책들 중 상당수는 주전 200-주후 200년에 집필된 것으로 추정된다. 책들이 집필된 시대의 유대교 신학, 정경 해석, 유대인 사회, 문화, 풍습 등을 연구하는 데 있어서 외경만큼이나 소중하다. 아직도 간혹 새로운 위경이 발견되곤 하지만, 주요 위경은 다음과 같다.

책 이름(종파마다 조금씩 다름)	사용 언어	저작 연대와 장소
마카베오 제3서	G	주전 1세기경 알렉산드리아
마카베오 제4서	G	(주전 2세기 후반)–주후 1세기(알렉산드리아, 안디옥설)
아리스타아스의 편지	G	주전 100년경 알렉산드리아
아벨서	H 또는 A	주전 100년경 팔레스타인
이사야의 순교와 승천	H(또는 A)	주전 1세기 초기 불명
솔로몬의 시편	H 또는 A	주전 1세기 팔레스타인
시비르(시비라)의 신탁집	불명	최종 편집은 주전 2세기–주후 3세기
에녹 제1서	H 또는 A	주전 2세기–1세기 이디오피아 혹은 팔레스타인
에녹 제2서	G, 일부는 H	주전 1세기 전반 팔레스타인 또는 이집트
모세의 승천기	H(또는 A)	주전 1세기 팔레스타인
12족장의 유언	H(또는 A)	주전 2세기–1세기 팔레스타인

H…히브리어, G…그리스어, A…아람어

(3) 탈무드

유대인들에게 탈무드는 민족의 정신이라 할 수 있을 정도로 중요한 문서다. 탈무드는 2천 년 동안 세계에 흩어져 온갖 수난과 역경을 겪으며 살아야 했던 유대인들을 하나로 묶어 준 정신적 지주였다. 그러나 오늘날에는 모든 유대인이 탈무드를 공부하는 것은 아니다. 그럼에도 불구하고 여전히 상당수의 유대인들이 자신의 정체성과 사상을 탈무드에서 얻고 있으며, 여기에서 생활 규범을 찾아 삶에 적용한다. 탈무드는 유대인에게 유대인으로 사는 것을 가르쳐 온 것이다. 또한 유대인들이 탈무드를 지켜온 것 못지 않게, 탈무드가 유대인들을 지켜 왔다고 해도 과언은 아니다.

탈무드란 말은 "위대한 연구" 혹은 "위대한 학문이나 고전 연구" 등의 뜻을 지니고 있다. 유대인들은 탈무드는 끝없이 넓고 커서 모든 것이 다 그 안에 있다고 한다. 탈무드에 무엇이 있는지조차 알 수 없다 하여 탈무드를 "바다"라고 부르기도 한다. 탈무드는 모두 20권에 달하며 1만 2천 페이지에 이른다. 탈무드에서 사용된 단어 수만도 무려 250만 개 이상이다. 그러므로 탈무드가 어떻게 만들어졌으며, 어떤 내용의 책인가를 설명하기란 실로 매우 어려운 일이다. 너무 간단하게 말해 버리면 탈무드가 뜻하는 진정한 의미에서 벗어나기 쉽고, 상세하게 설명하자니 끝이 없기 때문이다. 사실 탈무드는 책이 아니고 문학이다.

1만 2천여 페이지에 이르는 탈무드는 주전 500년부터 저작되기 시작하여 주후 500년까지 천 년 동안 구전으로 전수되어 왔다. 수많은 학자들이 10여 년에 걸쳐 수집하여 편찬한 것이 탈무드이며, 이는 유대인들의 축적된 지혜이자 지식의 보고다. 탈무드는 유능한 정치가나 과학자 또는 철학자, 저명 인사들이 아니라 학식 있는 학자들에 의해 문화, 종교, 도덕, 전통 등이 망라되어 엮였다. 탈무드를 가장 쉽게 설명하자면, 고대 이스라엘 사람들과 그들의 삶에 대한 백과사전이라고 할 수 있다.

6. 구약과 비평학

성경 비평학은 오경, 특히 창세기에 대한 문제 제기로 시작되었다. 전통적으로 성경의 처음 다섯 권은 모세가 저작한 것으로 간주되었으며, 이러한 이유로 인해 지금까지도 이 다섯 권을 "모세오경"(Pentateuch of Moses)이라고 부른다. 18세기 계몽주의의 품에서 태어난 합리주의 철학이 학문을 지배하기 전까지는, 전통적인 입장, 즉 이 책들을 주전 15세기에 이스라엘을 이집트에서 인도해 냈던 모세가 기록했다는 견해가 학계를 지배하다시피 했다. 다만 극소수의 유대인들만이 제한된 범위 내에서 이러한 관점에 문제를 제기했다. 만일 모세가 오경을 모두 기록했고 오늘날까지 그대로 보존되었다면, 왜 곳곳에 그를 3인칭으로 묘사하는 텍스트들이 있는 것인가? 신명기 마지막 부분에 기록된 모세의 죽음에 대한 이야기는 어떻게 이해할 것인가? 하는 의문이 그들이 제기한 문제들의 주류를 이루었다.

(1) 시작

구약 비평의 선봉자는 17세기에 스페인에 거주했던 스페인계 유대인 철학자이자 성경 연구가였던 스피노자(Baruch Spinoza)였다. 그는, 1670년에 익명으로 출간된 자신의 저서 『신학–정치론』(*Tractatus Theologico-Politicus*)이라는 책에서, 홉스(Thomas Hobbes)의 주장을 바탕으로 자신의 논리를 체계적으로 정리하여 모세가 오경의 모든 내용을 기록한 것이 아니라고 주장했다. 그는 다음 사항을 증거로 제시했다. 첫째, 모세오경은 곳곳에서 모세를 일인칭 '나'가 아니라 삼인칭 '그'로 표현하는데, 이것은 모세가 이 구절들을 기록하지 않았음을 증명하는 것이다. 둘째, 모세의 죽음은 신명기 34장에 기록되어 있는데, 어떻게 모세가 자신의 죽음과 장례식에 관해 기록할 수 있었는가? 그러므로 스피노자는 최소한 윗부분들은 모세가 쓴 것이 아니라 훗날 다른 사람이 더했거나 편집했을 것이라고 주장했다.

스피노자의 주장은 한동안 무시되다시피 했지만, 19세기 후반에 들어서면서 유럽에서는 오경의 저작권에 대한 연구가 활발하게 전개되었고, 오경의 저자에 대해 다양한 학설이 끊임없이 학계에 소개되기 시작했다. 시몽(Rechard Simon)은 가톨릭 사제였으며 신학자였다. 가톨릭 사제로서 그는 개혁자들의 '오직 성경' 교리에 제한받지 않았다. 그는 1678년에 출간된 그의 책 『구약성서 비평사』(*Historie critique du Vieux Testament*)를 통해 오경이 오랜 세월을 지나면서 '서기관 조합'(guild)에 의해 끊임없이 편찬되고 편집된 결과라고 주장했다. 개신교에서는 아르미니우스주의 계통의 신학자 르클레륵(Le Clerc)이 시몽의 주장을 적극적으로 수용했다.

아스트룩(Jean Astruc)은 창세기를 문학적으로 분석하는 데 관심이 있었던 프랑스 의사였다. 그는 1753년 출판된 저서 『모세가 창세기를 만들 때 사용한 것으로 보이는 원래의 메모들에 대한 추측들』에서, 창세기 1:1–2:4은 하나님의 이름을 '엘로힘'으로 사용하며, 2:4–3:24은 '야웨 엘로힘'으로, 4:1–16은 '야웨'로 사용하는 점을 들어 모세가 최소한 두 출처를 사용하고 있다는 주장을 펼쳤다. 이것을 "아스트룩의 힌트"(Astruc's Clue)라고 부른다. 그는 자신의 저서에서 페이지를 4행(column)으로 나누었다. 하나님의 이름을 '엘로힘' 으로 표기하는 구절들을 첫 번째 행(column A)에 모았다. 하나님의 이름을 '야웨/여호와'라고 표기하는 구절들은 두 번째 행(column B)에 모았다. 이 두 행 사이에 셋째, 넷째 행(column C, D)을 두었다. 세 번째 행에는 '야웨 엘로힘'으로 기록하는 구절들을 모았다(cf. 창 23, 24장). 다양한 자료로부터 유래되었다고 생각되는 비이스라엘 자료(non–Israelite material)들은 네 번째 행(column D)에 모았다. 아스트룩은 이 마지막 행을 다시 아홉 개로 세분화했다.

역사적으로 볼 때 아스트룩은 새롭고 획기적인 것을 제시한 것이 아니다. 모세가 기본적인 문서를 인용하여 오경을 집필했다는 아스트룩의 주장은, 이미 비트링가(Capegius Vitringa)에 의해 1689년에 제시되었던 설을 다시 활성화한 것이다. 또한 하나님의 이름이 비평학적인 측면에서 사용될 수 있다는 주장은 비터(H. B. Witter)가 1711년에 처음으로 주장했던 설을 받아들인 결과였다. 아스트룩은 모세가 오경을 저술했다는 것을 부인한 것이 아니라 모세가 오경을 저술할 때 이미 존재하던 여러 자료를 인용하여 저술했다고 주장했으며, 이 사실을 입증하기 위해 많은 노력을 기울였다. 그러나 결과적으로 아스트룩은 오경 연구에 있어서 문서 비평으로 가는 길을 열었던 사람으로 평가된다.

아이히혼(Johann Gottfried Eichhorn)은 1780년대에 출판된 『구약개론』에서 문서설(Document Hypothesis)의 바탕이 되는 다섯 기둥 중 네 개를 제시했다. 그는 이 책을 통해 "구약 비평학의 아버지"라는 이름을 얻게 되었다. 그가 제시한 네 기둥은 다음과 같다. (1) 하나님의 이름, (2) 문맥의 흐름, (3) 반복/평행을 이루는 이야기들, (4) 문체/스타일.

게데스(Alexander Geddes)는 스코틀랜드 사람으로, 가톨릭 사제였다. 그는 1792년에 출판된 책에서 "단편 문서설"(Fragmentary Hypothesis)을 주장했다. 게데스는 모세오경이 솔로몬 시대에 한 사람에 의해 예루살렘에서 저작되었는데, 이 저작자가 오래 전부터 전수되어 오던 여러 개의 단편 문서를 하나로 엮은 것이라고 생각했다. 그가 사용한 문서들 중 어떤 것들은 모세 시대부터 전해 내려온 것이라고 했다. 게데스는 이 단편 문서들이 사용되는 하나님의 이름에 의해 두 부류로 분류되어야 한다는 아스트룩과 아이히혼의 주장을 수용하기는 했지만, 그들이 주장한 것처럼 이 두 부류의 텍스트 사이에 명백한 선을 그을 수는 없다고 주장했다. 그는 또한 여호수아서가 성격상 오경에 포함되어 육경(Hexateuch)을 구성하며, 이 모든 책이 한 사람에 의해 저작/편집되었다고 주장했다.

파터(J. S. Vater)는 1805년에 『오경주석』을 통해 게데스의 "단편 문서설"을 더욱 발전시켰다. 그는 약 40개에 이르는 단편 사본이 오경에 포함되어 있다고 주장했다. 파터는 이 문서들 대부분이 모세에서 유래되었거나 모세 시대에 기록된 것이라고 주장했지만, 현존하는 오경의 형태는 바빌론 포로기 때 최종 정리된 것이라고 생각했다. 이전의 학자들이 창세기를 집중적으로 연구한 반면, 그는 오경 전체를 분석한 학자였다.

데베테(Wilhelm De Wette)는 1807년에 『구약 입문 기고』에서 게데스의 단편 문서설을 상당히 지지했다. 그러나 그는 오경에서 가장 오래된 부분은 다윗 시대에 저작된 것이라고 주장함으로써 이전 학자들의 견해와 입장을 달리했다. 데베테는 또한 각 책이 서로 다른 편집자들에 의해 편찬되었으며, 그들이 사용한 자료도 독립적인 것이라고 주장했다. 데베테는 요시야가 성전을 보수하다가 '발견했던 율법'(cf. 왕하 22장)은 제사장 힐기야가 조작한 것이라고 주장했다. 그는 온 이스라엘이 요시야 왕의 지도 아래 종교개혁에 동참하도록 선도하기 위해 힐기야가 이 문서를 조작했다고 했다. 이 문서는 훗날 "D 문서"로 불렸다.

에발트(H. Ewald)는 1823년에 『창세기 주석』을 통해 게데스와 데베테의 단편 문서설을 맹렬하게 비난했다. 그는 창세기가 언어학적으로 놀라운 통일성을 지니고 있으며 결코 단편 문서들의 조합이라고 볼 수 없다고 주장했다. 에발트는 또한 『이스라엘 민족사』(1843)를 통해 오경의 어떤 부분은 엘로힘 문서나 야웨 문서 혹은 신명기 문서에도 속하지 않는 부분이 있다고 주장했다. 그리고 후대에 첨가된 부분은 계약 법전이 포함되어 있으며, 이 부분은 사사기 시대에 추가된 것으로 추측했다. 뿐만 아니라 주전 500년경에는 앞서 언급한 세 문서의 편집자들이 육경의 편집 과정에서 그 이름이 널리 알려져 있었다고 주장했다. 그의 이러한 주장은 "결정 가설"(crystallization hypothesis)이라고 불리기도 한다.

훕펠트(Hermann Hupfeld)는 1853년에 J 문서가 E 문서보다 더 간결하고 문체가 매끄럽지 못하다고 주장했다. 그는 또한 E 문서를 E^1과 E^2로 구분했다. E^1은 창세기 20장에서 끝이 나며 나머지는 E^2라고 했다. E^2는 E^1과 현저한 차이를 지니고 있으며, E^2는 J 문서와 매우 비슷하여 구분하기 어려울 정도라고 주장했다. 그의 이 같은 주장은 "수정된 문서설"(Modified Document Hypothesis)이라고 불린다. 그가 차별화 했던 E^1

은 훗날 "P 문서"로 불렸다.

리흠(Eduard Riehm)은 1854년에 훕펠드와 비슷한 주장을 펼쳤다. 리흠은 D 문서가 모세오경의 다른 문서들로부터 전적으로 구분되는 또 하나의 문서라고 주장했다. 그는 이 문서들이 저작된 시대적 순서를 E^1, E^2, J, D(P, E, J, D)로 추정했다. 그가 이러한 입장을 취한 것은 신명기 저자가 이미 제사장 문서(P)에 언급된 내용을 알고 있다는 전제에 근거했다. 리흠에 의해 처음으로 문서들의 시대적 순서가 연구되기 시작했다.

그라프(Karl Heinrich Graf)는 1866년에 스승 로이스(Eduard Reuss)의 영향을 받아 오경을 형성하고 있는 "기초 문서"(*Grundschrift*)가 가장 오래된 문서가 아니라 가장 후대의 것들 중 하나라고 주장했다. 그는 기초 문서 안에 제사장들이 그 형성에 관련되었음을 보여 주는 흔적들이 있다고 주장했으며, 이것이 바로 신명기를 이어 후대에 기초 문서가 편집되었음을 입증하는 것이라고 주장했다. 그 후 학자들이 오경의 기초 문서가 어느 시대의 것인가에 대한 논쟁을 계속함으로써, 학계는 문학 비평(literary criticism)의 한계를 넘어 역사 비평(historical criticism)의 단계로 진입했다. 그라프는 또한 P 문서를 역사적 P와 제의적 P로 나누었다. 그의 주장에 따르면, 문서들의 시대적인 순서는 다음과 같았다. P(역사적), E, J. D, P(제의적).

퀘넨(Abraham Kuenen, 1869년)은 그라프의 주장을 전적으로 지지했다. 그러나 그는 그라프가 P를 둘로 나눈 데 대해 문제를 제기하고 P의 통일성을 주장했다. 퀘넨의 주장에 따르면, 야웨 자료는 오경의 기초를 이루며, 여기에 엘로힘 자료에서 뽑아낸 부분과 신명기가 요시야 왕 시대에 보충되었다고 한다. 또한 포로기 동안에 법에 관한 자료들이 추가되었으며, 이 자료는 '성결법'을 포함하고 있었다. 마지막으로 에스라 시대에 제사장 문서와의 통합이 이루어졌다고 주장했다. 따라서 이전의 비평학자들이 P, E, J, D로 생각했던 순서를 퀘넨은 자신의 연구를 통해 J, E, D, P로 문서들의 순서를 바꾸어 제시했다.

이처럼 수많은 학자들의 추측과 가설을 바탕으로 벨하우젠(Julius Wellhausen)이 1876년에 "발전 가설"(Developmental Hypothesis)을 내놓았다. 헤겔(Hegel)의 철학에서 영향을 받고, 그 당시 팽배했던 진화론에 기초하여, 그는 단순하고 원시적인 것일수록 오래된 문서이며, 복잡하고 까다로울수록 후시대의 산물이라고 주장했다. 다윈(Darwin)이 생물학계에서 진화론으로 차지하던 위치를 벨하우젠은 구약 비평학 분야에서 차지했다(Hahn). 그는 문서들의 시대적 순서를 J, E, D, P라고 주장했고, 그에 의해 문서설은 가장 체계적인 면모를 갖추게 되었다. 그가 제시한 각 문서의 저작 시대와 특성은 다음과 같다.

(2) 문서설(Document Hypothesis)

제일 먼저 저작된 J 문서는 "여호와주의 문서"(Jahwist document)라고 불리며 주전 950년경에 이름이 알려지지 않은 남 왕국 유다 사람에 의해 저술되었다.[1] 창세기와 출애굽기의 절반 이상을 차지하는 여호와주의 문서(J)는 다음과 같은 특성을 지녔다. 첫째, 이 문서의 저자는 개인의 사생활에 많은 관심을 가졌다. 그래서 아브라함, 이삭, 야곱, 요셉 등 이스라엘 선조들에 대한 이야기의 대부분이 이 부류에 속한다. 둘째, J 문서는 하나님을 의인화하여 설명하는 것을 즐겼다. 하나님이 사람과 동행하시거나 대화하시고, 때로 화를 내시는 등의 모습은 대체로 이 문서에 속한다. 셋째, J 문서 저자는 선지자적인 사상을 지닌 사람이었기 때문에 윤리적, 도적적, 그리고 신학적인 이슈들에 관심을 가졌으며 제사나 의식에는 그다지 큰 관심을 갖지 않았다. 넷째, 이 문서

1 Wellhausen은 J 문서가 저작된 시기를 주전 850년이라고 했지만, 그의 후예들은 주전 969–930년경이라고 수정했으며, 오늘날 이들의 관점이 정설로 받아들여지고 있다.

는 하나님의 성호를 주로 여호와(יהוה)로 표기했다.[2] 하나님을 주로 여호와라고 부른다는 이유로 이 문서가 "여호와주의 문서"로 불리게 된 것이다. 다섯째, J 문서는 오경을 편집하는 과정에 사용된 문서들 중 가장 오래되고 원시적인 것이다. 하나님이 제물의 냄새를 맡으시고 기뻐하시는 모습 등은 대부분 이 문서에 속한다.

여호와주의 문서 다음으로 저작된 것이 E 문서이며, 이 문서는 창세기의 3분의 1과 출애굽기의 절반을 차지한다. 이 문서는 주전 850년경에 북 왕국 이스라엘에 살았던, 이름을 알 수 없는 사람에 의해 집필되었으며 다음과 같은 특징을 지녔다. 첫째, 사건 묘사에 있어서 E 문서 저자는 J 문서 저자보다 객관적이며 신학적, 윤리적 관심도가 낮았다. 둘째, 이 문서는 실제적인 것들(예를 들어, 도시 이름, 사람 이름, 다양한 풍습이 어떻게 유래되었는가 등)을 즐겨 회고했다. 셋째, 북 왕국 이스라엘과 실로에서 사역했던 제사장들에 대해 많은 관심을 가지고 있었다. 넷째, 이 문서는 하나님을 엘로힘(אֱלֹהִים)으로 칭하는 특징을 지녔다. 그래서 이 문서가 "하나님주의 문서"(Elohist document)라고 불리게 된 것이다.

세 번째인 D 문서는 주전 650-621년경에 남 왕국 유다에서 저작되었으며, 다음과 같은 특성을 지니고 있다. 첫째, 설교를 통해 율법을 강론하고 제시하며, 신명기의 대부분을 차지한다. 둘째, 하나님을 "여호와 우리 하나님"(יְהוָה אֱלֹהֵינוּ)이라고 부른다.[3] 셋째, 요시야 왕 시대에 대제사장이었던 힐기야의 주도 아래 예루살렘 제사장들이 요시야 왕의 개혁을 돕기 위해 저작했다.[4] 넷째, 힐기야와 예루살렘 제사장들이 남 왕국 유다 백성이 모두 우상숭배를 버리고 여호와의 성전에 제물을

2 Wellhausen의 후예들은 이 사항을 거의 언급하지 않는다.

3 이 표현은 창세기에 한 번도 사용되지 않으며, 출애굽기에서는 서너 번, 나머지는 모두 신명기에 등장한다.

4 요시야 왕의 명령에 따라 힐기야 제사장이 성전을 보수하다가 율법 두루마리를 발견했는데(대하 34:14), 이때가 주전 621년이다. 그래서 문서설을 주장하는 학자들은 이때쯤 신명기가 완성되었다고 본다.

가지고 오도록 하기 위해 저작되었다.[5] 학자들은 이 문서가 신명기와 거의 동일하다는 추측에 따라 "신명기주의 문서"(Deuteronomist document)라고 부른다.

마지막 문서인 P 문서는 주전 550-450년경에[6] 이스라엘의 초대 대제사장인 아론 계열 제사장 여럿에 의해 집필되고 개정되었으며, 훗날 율법학자 에스라가 오경에 도입했다.[7] 레위기의 대부분과 창세기, 출애굽기, 민수기의 일부를 차지하는 P 문서는 다음과 같은 특성을 지녔다. 첫째, 성결 의식(Holiness Code)에 큰 관심을 두고 있다. 짐승을 어떻게 취급하여 제물로 드리는가 등이 주요 관심사였다. 둘째, 계보, 숫자, 날짜 등에 매우 많은 관심을 가졌다. 셋째, 하나님을 엘로힘이라 칭하며, 매정하고 인간과 거리를 두신 분으로 묘사했다. 넷째, 제사 절차, 제물 등 제사장의 일과 깊은 연관이 있고, 아론의 후손들에 의해 저작되었기 때문에 "제사장주의 문서"(Priestly document)라고 불린다.

이 네 가지 문서가 어떤 과정을 통해 한 권으로 묶이게 되었을까? 벨하우젠에 따르면, 이 네 문서 중 먼저 J 문서와 E 문서가 주전 750년경에 첫 번째 편집자를 통해 하나로 묶여 JE 문서로 태어났다. 두 번째 편집자가 주전 450년경에 JE 문서에 D 문서와 P 문서를 더해 오경을 만들었다.

벨하우젠 이후 문서설은 많은 '진화/변화'를 거듭했으며, 오늘날에는 그의 주장을 그대로 수용하는 사람이 별로 없다. 문서설이 많은 문제를 안고 있기 때문이다. 문제점을 간략하게 말하자면 다음과 같다.[8] 첫

---

5 학자들은 이 사람들이 훗날 여호수아, 사사기, 사무엘상하, 열왕기상하를 편집했다고 전해지는 신명기적 사가들(deuteronomistic historians)의 시초가 되었다고 한다.

6 일부 주석가들은 에스겔 선지자가 이미 주전 570년경에 이 작업을 시작했다고 주장하기도 한다.

7 Kaufmann, Hurvitz, Haran, Milgrom, Weinfeld 등 유대인 학자들은 P문서가 J문서와 같은 시대에 저작된 것이라고 주장한다.

8 문서설이 안고 있는 문제에 대한 보수적 학자들의 반응에 대해서는 Archer, Harrison, Hamilton 등을 참고하라.

째, 벨하우젠은 J 문서와 E 문서를 합하여 JE 문서를 탄생시켰다고 하는데, 많은 학자들은 JE 문서에서 J 문서와 E 문서를 구분해 내는 것이 불가능하다고 생각한다. 즉, JE 문서는 J 문서와 E 문서라는 고유 문서들의 결합체가 아니라(이 경우 JE 문서를 구성하는 두 출처를 어느 정도 명확하게 구분할 수 있어야 함), 원래부터 하나의 고유 문서였다는 것이다. 둘째, 문서설을 전적으로 수용하는 학자들 사이에도 오경 텍스트의 문서별 구분이 동일하지 않으며 상당한 논란과 의견 차이가 있다. 게다가 오경에는 JEDP 등 네 문서로 분류될 수 없는 부분들이 많다. 학자들은 이러한 텍스트들을 모아 L 문서(Layman document, "평신도주의 문서")라고 부르기도 한다. 셋째, 한 종류의 문서 안에서도 여러 층(layer)이 논의된다. 예를 들면, P 문서는 P1, P2, P3… 등으로 나뉘며, L 문서 역시 L1, L2, L3… 등으로 나뉜다. 그러나 현실적으로 생각할 때 이러한 현상은 이 설을 출범시켰던 '증거/단서'들이 더 이상 벨하우젠이 주장했던 것처럼 확고하지 않았음을 드러낸다.

그러므로 대부분의 비평학자도 더 이상 문서설의 증거를 논하지 않는다. 한 학자는 이 문제에 대해 "우리는 더 이상 오경 문서들의 날짜를 추측할 만한 기준을 가지고 있지 않음을 인정해야 한다"라고 고백한다(Rendtorff). 다른 학자는 문서설적인 관점에서 창세기를 자세히 연구한 다음에 이 같은 결론을 내린다. "문서설은 더 이상 지지될 수 없다. 그러므로 문서설은 버려야 한다"(Rendsburg). 그렇다면 비평학계가 문서설을 완전히 버렸는가? 절대로 그렇지 않다. 그들은 오히려 문서설을 하나의 학문을 하기 위한 전제로 삼았다. 성경 비평을 하려면, 문서설을 의심의 여지 없는 사실이라고 "믿어야 한다"(K. Darr). 마치 진화론이 생물학을 공부하는 사람들에게 믿기를 강요하는 것과 마찬가지가 되어 버린 것이다. 그럼에도 불구하고 문서설에 만족하지 못하는 비평학자들의 대안 찾기는 최근 30-40년 동안 매우 활발하게 전개되어 왔다.[9] 하지만 아쉽게도 아직까지 문서설처럼 학계를 주도할 만한 학설은 나오지 않았다.

(3) 양식 비평(Form Criticism)

20세기 초에 궁켈(Hermann Gunkel)에 의해 구약에 적용된 양식 비평의 전제(前提)들은 문서설의 전제들과 대립을 이루며 문서설의 전제들을 부식시키는 결과를 초래했다. 양식 비평의 전제들은 다음과 같다. 첫째, 옛 시대의 문학 역사를 정확하게 구성하는 것은 불가능하다. 기록된 문서들의 발전 과정을 일관성 있게 재구성하려는 시도는 자료들 자체가 상충되기 때문에 무산되었다. 그러므로 그라프-벨하우젠의 가설이 제시한 가상적 문서들에 대해 우리는 알 방법이 없다는 주장이다.

둘째, 오경 문학에 대한 유일한 접근 방법은 문서설을 주장하는 사람들의 분석 비평적 방법이 아니라 종합적이고 창의적인 방법으로 이루어져야 한다. 종합적이고 창의적인 방법을 통해 원래의 자료들이 구전 상태에서 지녔던 여러 종류의 양식들(*Gattungen*)을 찾아야 한다. 포로기 혹은 그 이후 시대로 추측되는 최종적인 기록 형태까지, 이 구전의 단위들이 각각 어떻게 발전했는지를 연구해야 한다. 이 접근법은 벨하우젠의 J, E, P 사이에 있는 분명한 구분들을 완전히 지워버렸다.

종교사학파(*religionsgeschichtliche Schule*)의 방법론을 지향했던 궁켈은 이스라엘 주변 국가들이 믿고 표현한 종교와 문헌들 중 상반되는 것들을 유심히 관찰했다. 그는 이러한 연구를 통해 이 문학의 장르들이 어떻게 발전되었는지 구별하고 여러 예를 통해 입증할 수 있었다. 궁켈은 이집트와 메소포타미아의 자료들을 통해 이 다른 형태들이 어떤 삶

---

9 R. N. Whybray, H. H. Schmid, Rolf Rendtorff, Erhard Blum, John Van Seters, Thomas L. Thompson, Richard Elliott Friedman, Yehezkel Kaufmann 등이 문서설을 대체할 만한 대안에 대해 활발한 논의를 진행하고 있다.

의 정황(*Sitz im Leben*)에서 나왔으며 계속적인 역사의 흐름 속에서 어떤 과정을 거쳐 발전했는지를 상당히 정확하게 파악할 수 있다고 믿었다. 그래서 창세기는 그 대부분이 사가들을 집대성한 것이며, 이 모든 것이 후대에 기록된 형태로 최종 마무리될 때까지 상당히 유동적인 구전을 통해 내려오게 되었다고 주장했다.

양식 비평적 접근은 J, E, P 분석을 인위적이고 비역사적인 것으로 일축해 버렸으며, 그 작업은 마치 오경과 같은 고대의 문서가 어떻게 만들어졌는지 이해하지 못하는 자들이 내린 결론이라고 단정했다. 보수적인 입장에서 궁켈은 벨하우젠 학파의 인위적인 문서 분석을 무너뜨렸다는 점에서 공로를 인정받았다. 또한 궁켈이 토라의 텍스트 배후에 있는 구전(口傳)이 아주 오래된 것임을 입증했다는 점에서 그의 학문적 공로가 인정되었다.

그러나 포로 후기 시대에 이르기까지 구전이 문서화되지 않았다는 그의 주장은 설득력이 없다. 유대인들이 이미 글을 가지고 있었는데 왜 그때까지 자신들의 정경을 문서화하지 않았겠는가? 히브리어로 기록된 유물들을 생각해 보라. 2005년에 히브리어 알파벳 스물두 자가 순서대로 새겨져 있는 돌이 발굴되었는데, 이는 주전 10세기 유물임이 확실하다. 고고학자들은 1975-1976년에 옛 성지로 보이는 쿤틸렛 아즈루드(Kuntilet Ajrud)를 발굴하여 주전 9세기 말 혹은 8세기 초에 기록된 것으로 보이는 문서들을 얻었다. 이 문서에는 "테만의 여호와"(남쪽 땅의 여호와)를 부르는 글귀가 실려 있다. 또한 이곳에서 발견된 깨어진 항아리에 새겨진 글귀는 "그가 너를 축복하고 너를 지키기를 원한다"는 축복이 적혀 있다. 이 글귀의 표현법은 제사장들의 축도로 알려진 민수기 6:24과 흡사하다. 다른 곳에서는 이 제사장의 축복이 새겨진, 주전 7세기 것으로 보이는 은 두루마리도 발굴되었다.

이 외에도 주전 시대로부터 유래된 수많은 문서 유물이 발굴되었다(cf. 성경과 고고학 섹션). 이 같은 사실을 감안할 때, 구약 성경이 이 학자들이 주장하는 것보다 훨씬 일찍 문서화되었을 가능성을 배제할 수 없다. 그러므로 포로기 혹은 포로기 이후에 구약 성경이 문서화되었다는 주장은 설득력이 없다.

(4) 전승사 비평(Tradition Criticism)

양식 비평이 활성화되면서 학자들은 문서설이 주장했던 네 가지 문서보다는 현재 성경을 구성하고 있는 구전의 전승에 관심을 기울이기 시작했다. 전승 비평은 각 구전의 유래와 출처를 연구하는 학문이다. 노트(Noth)는 모세오경이 다음과 같이 여섯 개의 주요 주제들을 토대로 구성되었으며, 각 주제는 하나의 전승을 대표하는 것이라고 주장했다.

1	원 역사(Primeval History)
2	족장들의 이야기(Patriarchal Stories)
3	출애굽 전승(Exodus Tradition)
4	시내 산 전승(Sinai Tradition)
5	광야 방랑기(Wilderness Wonderings)
6	정착 전승(Settlement Tradition)

노트는 이 여섯 가지 기본 주제가 각각 독립적으로 기원하고 발전되었으며, 이것들이 함께 엮인 것은 후대의 일이라고 했다. 폰 라드(von Rad)도 노트의 주장을 전적으로 지지했으며, 출애굽 전승이 시내 산 전승과 연결된 것이 아니라 결여되어 있다고 주장했다. 결국 양식 비평뿐 아니라 전승사 비평 마저 문서설에 등을 돌리게 된 것이다. 전승사 비평과 문서설이 양립할 수 없다는 것을 인식한 사람은 독일 학계에 커다란 영향력을 행사하고 있는 렌토르프(Rolf Rendtorff)다.

(5) 편집 비평(Redaction Criticism)

만일 현존하는 구약의 텍스트가 많은 전승을 배경으로 한다면, 이것은 누가 어떤 의도를 가지고 현 상태로 편집한 것일까? 그리고 구약의 각 책은 한 편집자의 작품인가 아니면 여러 편집자의 작품인가? 이러한 문제를 출발점으로 삼아 시작된 것이 편집 비평이다.

편집 비평은 양식 비평이 버린 것을 바탕으로 시작했다. 양식 비평은 '삶의 정황'을 매우 중요시 여겨, 이 기준에 따라 모든 문서의 양식을 판단했다. 만일 자신들이 가지고 있는 규격에 맞지 않는 부분이 있으면, 그것은 훗날 다른 사람에 의해 삽입된 것이며 원 텍스트의 일부가 아니라고 주장했다. 이렇게 구별된 텍스트에는 중요성을 부여하지 않았으며, 여러 조각의 텍스트를 연결하는 '이음새/실밥' 정도로 생각했다. 편집 비평은 이 '이음새'의 중요성을 전제로 출발했다. 훗날 누군가가 이음새를 통해 여러 텍스트를 하나로 묶었다면, 이 이음새에는 분명 작업한 사람의 시대적 필요와 신학적 사상 등이 반영되어 있을 것이라는 확신이 편집 비평의 계기가 된 것이다. 어느덧 다른 방법론(양식 비평)의 쓰레기가 편집 비평자들에게는 보고(寶庫)가 된 것이다.

처음에는 편집자가 기계적으로 그리고 서투른 바느질 솜씨로 각 전승/양식을 엮어 나갔다고 생각했지만, 시간이 지나면서 편집자가 저자라는 결론에 도달했다. 쉽게 말해서, 여러 천 조각을 이어주는 '실밥'을 연구하다 보니 어느덧 '실밥'이 천 조각과 구분이 잘 안 될 뿐만 아니라 아예 천의 일부라는 것을 깨닫게 된 것이다. 편집 비평은 편집자(들)을 찾기 위해 시작되었지만, 끝에 가서는 '사라져 버린 편집자'(Barton) 문제가 불거지기 시작했다.

(6) 정경 비평(Canonical Criticism)

위에 언급한 역사 비평학적인 방법들이 한계에 도달하자 성경학계는 새로운 방법론을 찾아 나서기 시작했다. 이때 등장한 것이 정경 비평이다. 차일즈(Childs)는 『구약개론』(1979)에서 텍스트의 형성 과정을 연구하는 통시적(diachronic) 접근이 아니라 우리에게 전수된 최종 텍스트의 형태를 연구하는 공시적(synchronic) 접근의 필요성을 강조했다. 그동안 역사 비평학이 각 '나무'의 나이테를 살펴보고 성장 과정을 분석했다면, 차일즈는 이 나무들이 형성하고 있는 '숲'을 볼 수 있는 방법의 필요성을 강조한 것이다. 이렇게 하여 정경 비평은 우리가 전수받은 성경 텍스트의 최종적인 형태에 근거한 의미를 연구하는 토대를 조성해 주었다.

정경 비평의 징조는 이미 1950-1960년대부터 보이기 시작했으며, 차일즈가 이러한 정서를 적절하게 반영하여 체계적으로 제시한 것이다. 정경 비평이 텍스트의 최종 형태에 관심을 쏟는다고 해서 역사 비평학적인 방법들의 중요성을 배제한 것은 아니다. 오히려 정경 비평은 역사 비평학이 내놓은 결과물을 전제로 성경 연구를 시작했다.

(7) 문예 비평(Literary Criticism)

성경 연구에서 차일즈가 제시한 정경 비평이 활성화되고, 사회에서는 포스트모더니즘의 다양성 추구가 강조되기 시작하면서, 역사 비평학적인 방법들의 대안으로 여러 가지 새로운 방법이 동시다발적으로 제기되기 시작했다. 그중 가장 중요한 흐름 하나가 문예 비평이다. 문예 비평의 시금석이 된 것은 알터(Robert Alter)가 1981년에 출판한 『성경 내러티브의 예술성』(*Art of Biblical Narrative*)이라 해도 과언이 아닐 것이다.

이 책이 출판되기 전에도 몇몇 구약 학자들은 문예 비평의 중요성을 강조해 왔다. 그러나 별로 지지를 얻지 못하다가 이 책의 출판과 함께 학계가 비상한 관심을 가지고 문예 비평을 바라보기 시작했다. 알터는 학계에 자리잡은 문학 비평가였으며, 이 책은 구약에 대한 그의 입장을 정리한 첫 번째 책이었다. 알트의 책이 각광을 받은 이유는 간단하다. 역사 비평학이 한계에 도달해 더 이상 새로운 것을 창출해 내지 못하면서 학계는 새로운 돌파구를 찾고 있었는데, 그때 그의 책이 등장했던 것이다.

그동안 구약학계가 연구의 초점을 저자나 독자에게 맞추었다면, 알터는 그 초점을 텍스트로 옮겼다. 모든 시대의 모든 문화는 독자적인 방법을 통해 이야기를 전하고 기록한다. 그러므로 성경 연구는 서구화된 눈으로 성경을 바라볼 것이 아니라, 히브리 사람들의 문학 기술법과 이야기 방식을 연구하고 포착해서 그 방식대로 읽어야 한다는 것이 그의 전제였다.

알트는 결코 역사 비평학의 업적을 무시한 것이 아니다. 다만 그가 책의 최종적인 형태에 초점을 맞추어 연구한 후 내놓은 괄목할 만한 결과가 학계에 신선하게 다가왔던 것이다. 이 같은 분위기를 바탕으로 1980년대를 기점으로 보수적/복음주의적 학자들의 많은 수가 비평 학계에 들어섰다. 그들은 알트의 '최종 텍스트'에 초점을 맞추는 방법론에 깊은 호감을 갖게 되었으며, 문예 비평이 진보적인 학자들과 학적으로 대화할 수 있는 여건을 조성하는 방법으로 생각했다. 텍스트의 최종 형태만 가지고 논의한다면, 대화가 충분히 가능하다고 생각한 것이다. 또한 각 책의 통일성이 전제되는 것이 보수적 성향을 지닌 학자들에게는 매우 매력적이었다. 오늘에 이르러서는 매우 훌륭한 보수적 학자들이 비평학계에 많은 기여를 하고 있다.

(8) 비평학의 미래

1980년대 이후로 여러 가지 다양한 성경 해석 방법이 사용되고 있다. 한 가지 특이한 것은 과거에는 객관성을 유지하든 못하든 각각의 방법이 스스로 객관적이라는 전제하에 출범했는데, 이제는 처음부터 "이 방법은 객관적이지 않다"라고 시인하며 시작하는 방법론들이 많다는 것이다. 예를 들면, 여성 신학, 흑인 신학, 해방 신학, 아프리카 신학 등은 자신들이 성경을 해석하는 것은 결코 객관적이지 않으며, 이미 자신들 안에 형성된 선입견으로 성경을 해석해 나가는 것을 시인할 뿐만 아니라, 이 같은 방법론에 정당성을 인정해 줄 것을 요구한다.

이런 접근 방법을 "아이콘적 비평"(iconic criticism)이라고 할 수 있다. 절대적인 것을 부인하고 다양성을 추구하는 포스트모던 사회에 잘 어울리는 정서가 비평학계에도 형성된 것이다. 앞으로 그 어떠한 방법도 학계에 군림하지는 못할 것이라는 것이 대부분 학자들의 추측이다. 그러나 지금까지, 또한 앞으로 새로이 제시될 모든 방법론은 다음 다이어그램으로 설명될 수 있다(Abrams).

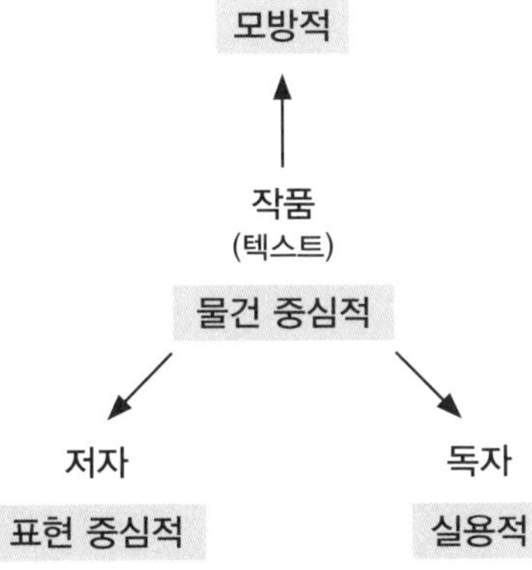

어떤 문학 작품이든지 모든 작품에는 텍스트, 텍스트의 역사적 정황, 저자, 독자라는 네 요소가 있으며, 이 중 어느 요소(들)를 중심으로 텍스트의 의미를 구상하느냐에 따라 방법론의 성향이 설명될 수 있다. 의미 구상에 있어서 한 가지 요소만을 중요시하는 방법론으로는, 독자가 거의 유일한 의미 구상 요인이라고 주장하는 독자 반응 비평(Reader Response Criticism)이 있다. 독자에게 대부분의 관심을 쏟지만 동시에 어느 정도의 관심을 텍스트에 쏟는 것이 앞에 언급한 아이콘적 비평들이다. 역사 비평학은 대부분의 관심을 텍스트가 저작된 세계에 쏟았던 데 비해, 작품 자체에만 거의 모든 관심을 쏟는 것은 수사 비평(Rhetorical Criticism)이다. 종교개혁 이후 개신교의 전통적인 해석 방법은 텍스트의 역사적 정황, 텍스트, 저자에는 많은 관심을 가졌지만, 독자는 중요시 여기지 않았다.

모든 작품에 텍스트, 텍스트의 세계(역사적 정황), 저자, 독자 등 네 가지 요소가 존재한다면, 과연 어떤 것이 가장 좋은 비평/해석 방법론인가? 아마도 이 네 가지 요소를 균형 있게 반영하고 해석하려는 의도를 지닌 방법론일 것이다. 우리는 이 네 가지 중 한두 가지만 강조하는 해석의 한계와 문제점들을 보고 있다. 그러므로 바람직한 균형에 대한 정의는 사람마다 다를 수 있지만, 최소한의 균형을 유지하려는 노력은 반드시 필요하다.

7. 성경의 기능

하나님을 섬기는 자로서 우리는 끊임없이 성경을 읽어야 한다. 대체 성경이 어떤 책이기에 우리는 그 책을 평생 읽어야 한다는 책임감을 느끼는가? 가장 기본적인 답은 "성경이 하나님의 말씀이기 때문에 그분의 백성들은 그 책을 읽고 그분의 뜻을 깨달아야 할 책임이 있다"일 것이다. 그러나 성경을 하나님의 말씀으로 읽는다는 것은 무슨 의미인가? 단순히 지식을 쌓는 데 그 목적이 있다는 말인가?

성경을 하나님의 말씀으로 읽는다는 것은 성경을 통해 깨달은 하나님의 뜻을 삶에 적용시켜 변화된 삶을 살아가겠다는 의지를 내포한다. 성경은 삶 속에서 이러한 목적을 달성하도록 하나님의 백성들에게 주어진 것이다. 성경은 여러 가지 기능을 통해 이 목적을 달성하고자 한다. 따라서 성경이 어떤 책인가 하는 문제를 성경의 여러 가지 기능을 통해 정리해야 한다.

우리는 성경의 여러 기능 중에서 어느 하나를 강조하다 보면 다른 기능들이 등한시되는 위험이 있다는 것을 기억해야 한다. 성경을 문학적인 측면에서 접근하는 문예 비평가들은 성경의 역사적 기능을 무시하는 경향이 있는 반면, 역사주의자들(historicists)은 성경의 미학(美學)적인 기능을 무시하는 경향이 있다. 균형 있는 성경 해석을 위해서는 성경의 모든 기능이 적절하게 강조되어 균형을 이루어야 한다. 또한 이러한 기능들이 성경을 과거에 대해 회고하는 책으로 제한하지 않고 현재와 미래에 영향을 미치는 책으로 부각시키는 것이다. 이렇게 할 때 비로소 하나님이 기뻐하시는 메시지를 깨닫게 된다.

(1) 역사적 기능

성경은 하나님이 자신의 백성들을 위해 하신 일들에 대한 역사적인 지식을 전달하려 하며, 이 기능은 특히 성경의 내러티브에서 강조된다. 스턴버그(M. Sternberg)는 다음과 같이 말한다.

> 성경의 책들은 표면적인 그 무엇으로도 허구(fiction)와 역사(history)를 구분하지 않는다. 성경의 내러티브는 역사성을 전제하며, 이 장르의 목적과 각 사건을 설명하는 상황과 역사적 배경을 생각한다면, 내러티브가 역사성을 강조하고 있음을 인정하게 된다.

즉, 내러티브를 중심으로 책을 저작했던 성경 역사서의 저자들은 독자들이 자신들이 회고하는 이야기들을 역사적인 사실로 받아들일 것을 전제로 하고 책을 진행해 나가는 것이다.

성경 역사서의 저자들은 독자들에게 역사 속에서 일어났던 일들에 대한 정보를 제공하려 한다. 이때, 자신들이 제공하는 정보에 대한 '진실성 주장'(truth claim)을 전제로 한다. 이 진실성 주장을 통해, 자신들이 기록하는 일들이 모두 시간적·공간적 차원에서 실제로 있었던 사건들이며 자신들은 이 일들을 정확하게 보도하고 있음을 밝히려 한다. 허구와 역사의 차이는 무엇일까? 학자들은 오랜 고민과 연구 끝에 하나는 '진실성 주장'을 하거나 전제하며 다른 하나는 하지 않는다는 결론을 내렸다.

(2) 신학적 기능

성경은 역사적인 배경과 사건들을 통해 분명한 메시지를 전한다. 문학에서는 이런 기능을 "이데올로기적 기능"(ideological function, Sternberg) 혹은 "감정적/표현적 기능"(emotive or expressive function, Jakobson)이라고 한다. 세상의 그 어떤 책도 가치적 중립을 지키는 책은 없다. 성경에 기록된 시를 읊으며 무슨 생각을 하는가? 예를 들어 시편 23편을 읊으며 단순히 '아, 아름답다!'라는 생각만 하는가? 만약에 그렇다면, 시인의 의도를 망각하는 것이다. 시인은 자신의 시를 통해 하나님과 그분의 백성의 관계에 대한 신학을 제시한다. 그러므로 이 시를 신학적인 시각에서 읽지 않으면, 시인의 의도에서 멀어질 수밖에 없다.

이러한 현상은 시에만 국한되지 않으며, 내러티브가 묘사하는 사건 하나하나에도 같은 기능이 내포되어 있다. 성경 역사서의 저자들도 그들의 책이 언급하는 사건들에 대한 자신들의 명백한 관점과 해석을 통해 모든 것을 하나님과 그분의 사역에 연관시킨다. 그러므로 성경에 기재된 사건 하나하나를 살펴보면, 단순히 "이런 일이 있었다"고 전하기 위해 기록된 것은 없다. 저자들은 모두 묘사된 사건들을 통해 하나님의 성품이나 그분의 백성들의 삶과 사역에 관한 신학적 진리나 가치관을 제시하는 것이다.

(3) 교훈적 기능

성경은 독자들의 삶과 윤리, 세계관 등을 바꾸거나 영향력을 미치기 위해 쓰였다. 문학에서는 모든 작품이 지니고 있는 이 기능을 "언어의 함축적인 기능"(connotative function of language, Jakobson)이라고도 한다. 교훈적 기능은 명령형이나 호격형(vocative)을 통해 가장 순수한 형태로 표현된다. "이렇게 살아라!" "여러분, 우리 서로 사랑합시다."

우리는 세상의 책들도 독자들의 사고나 가치관 등을 바꾸고자 하는데 그 출판 목적이 있음을 쉽게 이해할 수 있다. 하물며 성경은 오죽하겠는가? 설교에서도 이 기능이 많이 활성화될수록 그 설교를 듣는 사람들의 삶이 바뀔 확률이 높아지리라는 것은 충분히 예상할 수 있다. 그런데 현실적으로 한국 교회 강단에서 선포되는 메시지를 살펴보면 이 부분이 상당히 약하다. 설교나 신학이 단순히 듣는 이의 마음을 편안하게 해주거나 탁상공론에 불과하다면 분명 문제가 있는 것이다. 설교자는 성도들의 삶을 변화시키고 그들이 하나님을 더 사랑할 수 있도록 교훈을 주기 위해 말씀을 선포해야 한다.

(4) 찬미적 기능

이 기능은 신학적 기능 및 교훈적 기능과 밀접한 관계를 유지한다. 성경의 저자들은 독자들이 자신의 저서를 통해 유일하신 창조주를 찬양하게 하는 것을 근본 목적으로 한다. 이 목적은 직간접적으로 표현된다. 많은 시편이 직접적으로 이러한 의도를 표현한다. "하늘아 여호와를 노래하라, 땅들아 하나님을 찬양하라." 저자는 이 시를 읽는 이가 여호와를 찬양할 수 있는 여건을 제공해 주는 것이다.

간접적인 예로 모든 역사를 주관하시는 하나님의 섭리를 노래하는 사건들을 들 수 있다. 요셉 이야기를 읽고 나면 어떤 생각이 드는가? 수많은 역경 속에서도 요셉을 떠나지 않고 지켜주셨다가, 드디어 온 세상에 정금같이 나오게 하신 하나님을 찬양하고 싶지 않는가? 아브라함의 종이 이삭을 위해 리브가를 데리고 오는 사건을 읽고 나면 어떤 찬양을 드리고 싶은가? 하나님이 우리의 세밀한 기도까지 다 들어주시는 분임을 찬양하고 싶은 마음을 갖게 되는 것이다.

(5) 선동적 기능

성경은 도덕적, 윤리적으로 중립을 지키지 않는다. 성경은 악을 배척하고 선을 선호한다. 이러한 가치관을 가지고 성경은 꾸준히 독자들의 삶에 도전한다. 성경의 저자들은 자신들의 책을 읽고 묵상하는 독자들을 감동시켜 그들의 삶에서 행동을 유도해 내고자 한다.

성경을 읽다가 어느 순간 모든 것을 내려 놓고 '나도 이렇게 살고 싶다'는 감동으로 마음이 뜨거워지는 것을 경험해 본 적이 있을 것이다. 이 기능은 성령께서 성도들의 삶을 변화시킬 때 가장 많이 사용하시는 수단 중 하나다.

(6) 미적 기능

이 기능은 성경의 시에서 더욱 부각된다. 리듬, 소리, 평행법 등 다양한 기술은 독자들의 감정을 돋우어서 더 즐겁게 성경을 읽게 하며, 때로 완전히 심취하게 한다. 이 기능을 번역본에서 찾기는 상당히 어렵다. 그러나 한국의 개역판은 이 기능을 살리는 데 부분적으로 성공했다. 그 번역본의 매력은 여기에 있다. 미적 기능은 문장/문단의 구조, 단어 사용, 이미지 구상 등을 연구해 보면 드러난다. 이 미적 감각과 기술들은 저자들이 메시지를 더 효율적으로 전할 수 있는 여건을 조성한다.

(7) 흥미적 기능

이 기능은 미적 기능과 연관성이 많다. 이 기능은 독자들의 흥미를 불러일으킨다. 또한 저자들의 문학적 기술을 돋보이게 한다. 예를 들어, 출애굽기의 첫 장면을 읽으며 무슨 생각을 하게 되는가? 이집트의 바로는 새로 태어나는 이스라엘의 모든 아이를 나일 강에 내다 버리라고 명령했다. 그러나 모세는 바로의 여동생/딸에 의해 보호를 받으며 자란다. 그것도 모세의 친어머니가 그에게 젖을 먹이며 공주로부터 사례비까지 받는다! 오늘날도 유대인들 회당에서 이 부분이 읽히면 그들은 "와~" 하고 소리를 지르며 열광한다. "일이 얼마나 흥미롭게 전개되어 가는가!" 하며 감격을 만끽한다.

(8) 예술적 기능

성경의 시뿐만 아니라 역사서도 확실한 작품성을 띤다. 성경의 저자들은 "무엇을 전할까?"라는 질문뿐 아니라 "어떻게 전할까?"를 항상 염두에 두고 책을 저술했다. 룻기는 오래 전부터 예술성/작품성을 인정받은 책이다. 플롯, 이야기 진행, 단어 사용 및 구상 등이 매우 짜임새 있고, 아름답고, 서정적인 단편 소설의 면모를 모두 갖추고 있다. 저자는 이스라엘의 가장 위대한 왕 다윗이 어떠한 조상을 가졌는가를 전하는 데만 관심을 가지고 있는 것이 아니라, 그 사실을 예술적으로 제시하는 데도 심혈을 기울였다.

(9) 선집(選集)적 기능

성경의 역사서는 시대적으로나 내용적으로 매우 광범위하며 여러 저자에 의해 기록되었다. 그리고 저자의 교육, 문화, 시대, 사회적 배경 등에 따라 다양한 스타일, 폭 넓은 교훈, 주제들을 포함하고 있다. 그러므로 어떤 책이든 어떤 주제든, 해석할 때 성경 다른 부분의 구속/제한을 받아야 한다. 그 한 예로 국제결혼에 대해 생각해 보자. 모세의 율법과 에스라-느헤미야서는 타인종과의 결혼에 대해 매우 부정적인 관점을 제시한다. 그렇다면 우리는 국제결혼을 해서는 안 되는 것인가? 결론을 내리기 전에 룻기, 에스더서, 요나서 등에 묘사된 결혼과 이방인에 대한 관점을 종합해서 고려해야 할 것이다.

성경은 이와 같이 다양한 기능을 가지고 있다. 따라서 이 다양한 기능을 감안하여 해석해야 한다. 한두 가지 기능만 강조하는 해석은 성경의 다양성을 등한시하거나 무시하는 위험이 있다. 지금까지 신학이라는 이름으로 행해진 성경 해석 방법들의 문제가 바로 여기에 있었다. 편견을 가지고 적용하거나 지나치게 제한적으로 적용했다. 그리고 성경 해석을 전문가들만의 영역으로 만듦으로써 교인들에게서 성경을 빼앗는 결과를 초래했다.

Ⅱ. 모세오경의 전반적 개론

1. 저자[10]

지난 2천 년 동안 교회에 전수되어 온 전통적인 견해, 곧 모세가 오경 전체를 저작했다는 견해는 설득력을 잃은 역사적 유물에 불과한 것인가?(cf. I. "비평학") 결코 그렇지 않다. 이를 조금만 보완하면 그 어떤 학설보다 설득력을 지닌 견해가 된다. 다음 사항을 생각해 보자. 성경에는 모세가 최소한 오경의 일부를 저작했을 가능성을 암시하는 내용들이 많다. 하나님이 모세에게 율법을 기록하라고 명령하시는가 하면(출 17:14; 34:27), 그가 이미 문서화된 자료(책)에서 읽고 있는 모습도 보인다(출 24:7). 모세는 하나님의 명령에 의해 광야생활을 자세하게 순서대로 기록하기도 하고(민 33:2), 이스라엘에게 이미 문서화된 율법을 준수하라는 권면도 한다(신 28:58, 61; 29:20, 21, 27; 30:10; 31:9, 24, 26; 31:30). 한 세대가 지난 시대를 배경으로 하는 여호수아서는 "모세의 율법책" 혹은 "모세를 통해 주신 율법"이란 말을 사용한다(수 1:7-8; 8:31; 23:6).

10 필자는 모세가 오경의 대부분을 저작한 것으로 본다. 그래서 이곳에서 오경 전체의 저작권을 논하고, 각 책의 개론에서는 저작권에 대해 언급하지 않을 것이며, 그 책과 연관하여 특별한 이슈가 있을 때만 언급할 것이다.

그 외에도 “[모세의] 율법책”이란 말이 구약 성경에 자주 등장한다(왕상 2:3; 왕하 18:6; 23:2; 스 6:18; 느 8:12, 17; 13:1; 대하 25:4). 성경은 오경의 상당 부분을 모세가 기록했음을 전제로 한다.

그렇다면 모세는 처음부터 끝까지 하나님이 말씀하신 대로 받아 쓴 것일까? 그건 아닌 것 같다. 창세기 5:1은 “이것은 아담의 계보를 적은 책이니라”라는 말씀으로 이야기를 시작한다. 우리말 성경에 “책”으로 번역된 히브리어 단어(סֵפֶר)는 대체로 두루마리 형태를 취하는 문서를 뜻한다. 모세가 이미 존재하던 자료들을 인용하고 있음을 시사하는 것이다. 이러한 결론은 민수기 21:14에서 “여호와의 전쟁기”(סֵפֶר מִלְחֲמֹת יְהוָה, “Book of the Wars of Yahweh”)를 언급하는 데서도 설득력을 얻는다. 모세는 오경을 저작하면서 다양한 자료를 참고했다. 그는 이 자료들을 인용하여 자신의 책들을 집필해 나갔다. 그의 앞에 ‘도서관’이 놓여 있었던 것이다. 보충 설명이 필요한 부분은 하나님이 직접 보여 주시거나 가르쳐 주셨을 것이다.

더욱이 창세기에는 오경의 나머지 책에 기록된 그 어떤 내용보다도 오래된 것으로 여겨지는 내용들이 많다. 이 내용의 대부분은 모세가 살았던 시대 이전의 문화와 상황을 반영한다. 첫째, 창세기에서만 사용되는 독특한 하나님 호칭을 생각해 보자. “나의 아버지의 하나님”(אֱלֹהֵי אָבִיךָ, 31:5; 31:42; 32:9)이나 “너의 아버지의 하나님”(אֱלֹהֵי אָבִי, 26:24; 28:13; 31:29; 43:23; 46:3; 49:25; 50:17)이라는 표현은 창세기를 벗어나서는 거의 사용되지 않는다. 또한 창세기에서만 사용되고 나머지 구약 성경에서 거의 사용되지 않는 호칭들도 있다. 엘 엘리온(אֵל עֶלְיוֹן, 14:18, 19, 22), 엘 샤다이(אֵל שַׁדַּי, 17:1; 28:3; 35:11; 43:14; 48:3), 엘 로이(אֵל רֳאִי, 16:13), 엘 벧엘(אֵל בֵּית־אֵל, 35:7), 엘 올람(אֵל עוֹלָם, 21:33), 엘 엘로헤 이스라엘(אֵל אֱלֹהֵי יִשְׂרָאֵל, 33:20), 엘로헤 하 샤마임(אֱלֹהֵי הַשָּׁמַיִם, 24:3, 7), 엘로헤 하 아렛츠(אֱלֹהֵי הָאָרֶץ, 24:3, 7), 이삭의 두려움(פַּחַד יִצְחָק, 31:42), 야곱의 위대한 자(אֲבִיר יַעֲקֹב, 49:24), 하늘과 땅을 소유한 자(קֹנֵה שָׁמַיִם וָאָרֶץ,

14:19, 22).

둘째, 예배/제사에 대한 관례를 생각해 보자. 창세기는 이스라엘의 선조 야곱이 돌기둥(מַצֵּבָה)을 제단으로 세운 일을 기록하고 있다(28:18, 22; 31:13; 35:14). 그런데 모세는 훗날 이 물건을 하나님께 혐오스러운 것으로 규정하고 이런 제단을 세우지 못하도록 금했다(레 26:1; 신 16:21-22). 창세기의 이야기가 모세의 율법에 열거된 사항에 의해 제한받지 않고 보충 설명도 없는 것으로 보아, 이 섹션은 모세 시대 이전에 유래된 것이 확실하다. 아브라함은 브엘세바에서 여호와께 제단을 쌓고 그 옆에 에셀나무(אֶשֶׁל)를 심었다(창 21:33). 이러한 아브라함의 행동은 훗날 주어진 모세의 율법에 따르면 금지된 행위다. "너희는, 너희가 만든 주 너희 하나님의 제단 옆에, 어떤 나무로라도 아세라 목상을 만들어 세워서는 안 된다"(신 16:21, 새번역). 역시 아브라함 이야기가 율법이 모세를 통해 이스라엘에게 주어지기 전에 있었던 일임을 보여 준다.

셋째, 창세기에 기록된 이스라엘 선조들의 가족 관계를 생각해 보자. 아브라함은 이복동생과 결혼했다(20:12). 하지만 율법은 이러한 행위를 여러 차례 금한다(레 18:9, 11; 20:17; 신 27:22). 야곱은 레아와 라헬 두 자매와 동시에 결혼했는데, 레위기 18:18은 이러한 혼례를 허용하지 않는다. "너는 네 아내가 살아 있는 동안에는, 네 아내의 형제를 첩으로 데려다가 그 몸을 범하면 안 된다"(새번역). 유다의 며느리 다말은 계대결혼(繼代結婚)이 죽은 자의 아버지에게까지 유효한 것으로 간주하는데, 신명기 25:5-10에 따르면 계대결혼의 책임은 형제들에게만 적용된다. 실제로 훗날 규례에 따르면, 다말과 유다의 관계는 "부적절한 관계"(illicit union)다. 또한 율법은 가나안 사람들과의 결혼을 금하는데(출 34:16; 신 7:3), 이러한 금기 분위기를 창세기에서는 찾아볼 수가 없다. 이 모든 사실은 창세기의 내용이 시내 산에서 율법이 주어지기 전의 일임을 암시한다.

넷째, 창세기에 언급된 풍습, 법적 관례, 사회적 배경을 생각해 보

자. 사타구니에 손을 집어 넣고 맹세하는 행위(24:2-3, 9; 47:29)는 성경에서 다시 찾아볼 수 없는 모습이다. 아이를 낳지 못하는 아내가 자신의 몸종을 남편에게 씨받이로 주는 행위(16장; 30:1-13), 장자가 장자권을 포기하는 행위(25:31-34)도 다시 반복되지 않으며, 야곱이 자연적인 순서를 무시하고 맏이가 아닌 동생에게 장자의 복을 빌어준 것도 율법에 어긋나는 행위다(신 21:15-17). "어떤 사람에게 두 아내가 있는데, 한 사람은 사랑을 받고 다른 한 사람은 사랑을 받지 못하다가, 사랑받는 아내와 사랑받지 못하는 아내가 다 같이 아들을 낳았는데, 맏아들이 사랑받지 못하는 아내의 아들일 경우에, 남편이 자기의 재산을 아들에게 물려 주는 날에, 사랑받지 못하는 아내에게서 난 맏아들을 제쳐놓고, 사랑받는 아내의 아들에게 장자권을 줄 수는 없다. 반드시 사랑받지 못하는 아내의 아들을 맏아들로 인정하고, 자기의 모든 재산에서 두 몫을 그에게 주어야 한다. 그 아들은 정력의 첫 열매이기 때문에, 맏아들의 권리가 그에게 있는 것이다." 땅을 사고 팔 때 문서를 주고받지 않는 것도 매우 독특한 일이라 할 수 있다.

다섯째, 창세기에 등장하는 사람들의 이름을 생각해 보자. 창세기에는 이스라엘의 선조들과 그들의 가족 이름이 서른여덟 개 등장하는데 이 중 스물일곱 개는 성경에서 다시 사용되지 않는다(Sarna). 이는 모세 시대 이후에 창세기의 이름들이 더 이상 대중화되지 않았음을 시사한다. 또한 창세기에 기록된 여러 사람의 이름은 하나님의 성호와 연관이 있는데(viz., 이스라엘; 이스마엘), 이 이름들의 공통점은 엘로힘(Elohim)의 약식인 엘(El)에 근거한 것들로, 어떤 이름도 야웨(Yahweh)의 약자인 야(Yah[u])와 연관되어 있지 않다. 이러한 사실은 출애굽기 6:2-3이 언급하는 것처럼, 모세 이전 시대에는 야웨(Yahweh)라는 이름이 하나님의 기본적인 성호가 아니었음을 시사하는 듯하다.

여섯째, 지역의 옛 이름을 생각해 보자. 성경에서 헤브론이 마므레로 불리는 책은 창세기뿐이다(13:18; 14:13; 18:1; 23:17, 19; 25:9; 35:27;

49:30; 50:13). 또한 "밧단 아람"이 언급되는 책도 창세기뿐이다(25:20; 28:2, 5-7; 31:18; 33:18; 35:9, 26; 46:15).

이와 같이 창세기는 모세가 (자료들을 통해) 전수받은 매우 오래된 이야기들을 반영하고 있다. 그러므로 우리는 모세가 이미 존재하던 여러 출처를 인용하여 창세기를 비롯한 오경을 저작했다고 결론지을 수 있다.

2. 보존

오경은 모세가 처음 집필한 원본 그대로 오늘날까지 보존되어 내려온 것일까? 오경 자체가 이러한 결론을 부인하는 듯하다. 다음 증거들을 생각해 보자. 모세의 죽음과 장례식에 대해 기록하고 있는 신명기 34장을 어떻게 이해할 것인가? 몇몇 사람들이 주장하는 것처럼, 모세가 자신의 죽음에 대해 예언적으로 기록한 것일까? 그렇다면 "벧브올 맞은편 모압 땅에 있는 골짜기에 장사되었고 오늘까지 그의 묻힌 곳을 아는 자가 없느니라"(6절)라는 말씀과 "그 후에는 이스라엘에 모세와 같은 선지자가 일어나지 못하였나니 모세는 여호와께서 대면하여 아시던 자요"(10절)라는 말씀을 어떻게 해석할 것인가? 모세가 죽은 후에 있을 일을 예언적으로 남긴 것인가? 그렇게 결론짓기에는 많은 무리수가 있는 듯하다. 첫째, 창세기에 "오늘/이날까지"(עַד־הַיּוֹם)라는 문구가 자주 등장하는데(19:37, 38; 22:14; 26:33; 32:32; 35:20; 47:26), 학자들은 이 문구를 "편집자/저자가 이 책을 편집하면서 참고한 전승 자료가 있었음을 확인하는 표현"으로 간주한다(Albright; Bright; Childs). 자료를 인용하여 옛 이야기를 회고하던 저자/편집자가 자신의 시대에 대해 추가 설명이 필요하다 싶으면 "오늘날"이라는 말을 첨부하여 이야기를 완성시켰다는 것이다. 그렇다면 창세기 저자/편집자는 어느 시대를 두고 "오늘날"이라고 한 것일까? 만일 "오늘까지"가 오경에서만 발견 된다면 "오늘날"을 모세의 시대로 해석하는 데 큰 어려움이 없을 것이다. 그러나 이 표현은 그 이후 시대를 정리하는 여호수아-열왕기에도 자주 사용된다. 그럼 이 "오늘날"은 언제일까? 자세히 살펴보면 "오늘날"은 시대적으로 매우 다양한 때를 의미한다.

둘째, 민수기 12:3은 "이 사람 모세는 온유함이 지면의 모든 사람보다 더하더라"라고 기록하고 있다. 모세가 이 말을 기록했다면, 그는 왜 자신에 대해 3인칭을 사용한 것일까? 모세가 자신에 대해 이렇게 기록했다고 해도 그가 정말 온유한(겸손한) 자일까? 백성들에게 종종 분노를 폭발하는 것을 보면, 모세는 그다지 온유한 사람은 아니었던 것 같다. 따라서 이 표현은 누군가가 모세를 이와 같이 평가한 것이다.

셋째, 창세기 36:31은 "이스라엘 자손을 다스리는 왕이 있기 전에"라는 말을 담고 있다. 그렇다면 이 문구를 삽입하거나 편집한 사람이 사는 시대에는 이스라엘에 왕이 있었음을 알 수 있다. 아무리 빨라도 왕정 시대에 이 말씀이 삽입되었음을 확신할 수 있는 것이다. 이와 비슷한 증거를 하나 더 살펴보자. 신명기는 가나안 입성을 앞둔 이스라엘이 모압 평지에서 모세의 마지막 가르침과 권면을 받는 상황을 배경으로 하고 있다. 그런데 신명기 2:12은 이스라엘이 아직 가나안에 입성하지도 않은 상황에서 이런 평가를 내린다. "이스라엘이 여호와께서 주신 기업의 땅에서 행한 것과 같았느니라." 이 말씀을 삽입하거나 편집한 자는 벌써 이스라엘의 가나안 생활이 상당 부분 실패했음을 역사적 사실로 알고 있다. 창세기 저자는 "그때에 가나안 사람이 그 땅에 거주하였더라"라는 말을 두 차례나 기록하고 있다(12:6; 28:19). 이 사람이 살던 시대에는 가나안 사람들이 더 이상 거기에 살고 있지 않았기 때문에 이런 설명이 필요했던 것이다. 창세기 14:14에 따르면, 아브라함은 단까지 쫓아가서 조카 롯을 구했다. 그런데 단은 여호수아 시대 이후에 이 지역에 주어진 이름이다(cf. 수 19:47; 삿 18:29).

이 같은 상황을 감안해 일부 학자들은 창세기를 포함한 오경이 다양한 시대의 다양한 신학을 반영하는 "누더기 옷감"(patchwork quilt)과 같다고 함으로써 모세의 저작설을 전적으로 부인한다(Fretheim). 그러나 우리는 오경의 역사성에 대해 비관할 필요가 없다. 이러한 입장은 본문을 이해하는 데도 도움이 되지 않는다. 필자가 볼 때, 모세가 오경의 기본적인 것들을 모두 문서로 남겼고, 먼 훗날 누군가가 과거를 잘 모르는 사람들을 위해 옛날 이름 등을 최근 이름으로 대체하고 보충 설명이 필요하다고 느끼는 곳에 자신의 설명을 삽입한 것 같다. 모세의 죽음에 대한 언급도 이러한 틀에서 충분히 설명될 수 있다.

그렇다면 과연 누가 이러한 작업을 했을까? 필자는 두 가지 이유에서 오경을 최종적으로 편집한 사람은 율법학자 에스라였을 것이라고 생각한다.[11] 첫째, 에스라가 사역할 당시 이스라엘은 조상들로부터 전수받은 정경을 개정할 시대적 필요에 봉착했다. 에스라는 제2차 귀향민 행렬을 이끌고 주전 458년에 바빌론에서 예루살렘으로 돌아왔다. 그와 함께 돌아온 귀향민들과 이미 주전 538년에 스룹바벨과 세스바살의 인도 아래 예루살렘으로 돌아온 제1차 귀향민의 후손들은 대부분 히브리어를 알지 못했다(cf. 에스라-느헤미야서). 그래서 에스라는 당시 예루살렘 공동체에서 율법을 강론할 때면 히브리어로 말씀을 읽고, 아람어로 설명해야 했다. 이러한 정황에서 우리는 히브리어 정경이 사용하는 언어를 '현대화'시킬 필요를 충분히 생각해 볼 수 있다. 물론 대부분 히브리어를 알지 못했기 때문에 이 작업은 에스라와 같이 히브리어를 읽을 수 있는 소수를 위한 것이었다. 그럼에도 불구하고 너무 오래되어 생소해져 버린 표현들과 단어들을 당대 사람들에게 조금이라도 더 익숙한 것들로 편집했던 것이다. 이 과정에서 에스라는 이미 잊힌 풍습들 혹은 풍습들의 유래에 대한 부연 설명도 더했다.

11 에스라가 주전 400년대에 마지막으로 오경을 편집하기 전에 몇 명이 어느 때쯤 개정과 보완을 했는지는 알 수 없으며, 설령 밝혀낸다 해도 본문을 해석하고 이해하는 데는 별다른 도움이 되지 않는다.

둘째, 에스라는 자신이 전수받은 정경의 원 저자들처럼 성경 말씀에 오류를 더하지 않고 편집할 수 있는 자격을 지닌 사람이었다. 성경은 에스라를 "이스라엘 하나님 여호와께서 주신 모세의 율법에 익숙한 학자(學者)"로 평가한다(스 7:6). 그는 하나님의 말씀을 이스라엘 사람들에게 올바르게 가르쳤을 뿐만 아니라(cf. 느 8장), 하나님의 말씀인 정경의 일부를 집필할 수 있는 영감을 지닌 자였던 것이 확실하다. 일부 학자들은 그를 역대기-에스라-느헤미야서의 저자로 논하기도 한다. 그러므로 그가 바빌론 포로기 이후 시대를 살아가는 이스라엘 사람들을 위해 모세오경을 개정했다 해도 성경의 영감설과 전혀 상충되지 않으며, 동시에 오경 안에서 포착되는 편집자(들)의 손길에 대한 설득력 있는 답을 제시할 수 있는 것이다. 에스라가 최종적으로 오경을 편집할 때, 하나님은 그를 통해 전(前) 편집자(들)에 의해 본문에 도입되었을 수 있는 모든 오류도 함께 제거하셨을 것이므로 성경의 무오성(無誤性) 교리도 침해받지 않는다.

3. 저작 연대

오경은 모세가 대부분을 저작한 이후 몇몇 사람의 손에 의해 부분적으로 편집되었다가 최종적으로 에스라에 의해 오늘날의 모습을 갖춘 것으로 생각된다. 그렇다면 오경의 원 저자 모세는 언제 이 책들을 집필한 것일까? 모세가 창세기를 포함한 오경을 저작한 시기를 가늠하는 일은 출애굽 시대를 언제로 보느냐와 맞물려 있다. 물론 출애굽 사건은 이스라엘 사람들의 상상력에서 잉태된 전설에 불과한 것이지 역사적 사건이 아니라고 주장하는 사람들도 있다. 그러나 그들이 제시하는 증거는 설득력이 약하며, 이러한 주장은 이질적인 가설에 불과하기 때문에, 신경 쓸 필요가 없다. 여기서는 보수 진영의 학자들이 주장하는 두 시대만을 논하고자 한다. 이른 출애굽설(Early Exodus)과 늦은 출애굽설(Late Exodus)이다.

이른 출애굽설을 주장하는 학자들은 이스라엘이 이집트에서 출발한 때를 주전 1450년경으로 추정한다. 그들이 가장 큰 증거로 삼는 것은, 성경이 이스라엘의 역사를 논하면서 곳곳에서 언급하는 여러 연대다. 이들을 고려할 때 주전 1450년대가 가장 잘 어울린다는 것이다. 늦은 출애굽설을 주장하는 학자들은 출애굽이 주전 1450년대가 아니라 200년이 지난 주전 1250년경에 있었던 일이라고 주장한다. 그들이 제시하는 가장 큰 증거는 고고학을 통해 발굴된 여러 물증이다. 특히 여리고 성 함락이 이때쯤이라는 것이 이들 증거의 주요 부분을 차지한다. 출애굽이 실제로 있었던 역사적 사건이라는 점을 고수한다면, 이른 출애굽설을 따르든 늦은 출애굽설을 따르든 크게 중요하지는 않다. 필자는 개인적으로 이른 출애굽설을 선호한다. 가장 큰 이유는 늦은 출애굽설을 따르면 여호수아가 죽은 후부터 사울이 왕으로 즉위한 때까지가 고작 150년밖에 되지 않는데, 이 기간을 역사적 배경으로 삼고 있는 사사 시대와 엘리-사무엘 시대(삿 1-삼상 12장)의 이야기가 이보다 훨씬 오래 지속되었다는 느낌을 주기 때문이다. 다음 도표들은 이 두 학설이 제시한 증거와 제시된 증거들에 대한 서로의 반증을 요약해 놓은 것이다.

〈이른 출애굽설의 증거와 늦은 출애굽설의 반증〉

이른 출애굽설의 증거	늦은 출애굽설의 반증
왕상 6:1은 이스라엘이 이집트를 떠나온 때로부터 솔로몬이 성전을 건축하기 시작한 때까지를 480년으로 밝히고 있다. 이스라엘이 성전 건축을 시작한 때가 주전 967년이었으므로, 이때로부터 480년을 거슬러 올라가면 출애굽은 주전 1447년에 있었던 일이 확실하다.	480이란 숫자를 문자적으로 해석할 필요는 없다. 상징적인 의미를 지닌 숫자로 간주할 수 있기 때문이다. 성경은 한 세대를 논할 때 40년을 사용한다. 그렇다면 480년은 열두 세대(12×40)가 지났음을 뜻할 뿐이다. 그러나 한 세대가 40년이라기보다는 25년이라는 게 더 현실적이다. 그러므로 열두 세대의 실제 기간은 480년이 아니라 300년(12×25)에 더 가깝다.

이른 출애굽설의 증거	늦은 출애굽설의 반증
스핑크스 상에 새겨진 투트모스 4세(주전 1426-1408년)의 '꿈 석비'(Dream Stela)는 그가 왕국의 합법적인 상속자가 아니었음을 증거한다. 논리적으로 생각할 때 모세의 열 번째 재앙 때문에 그 집안의 장자가 죽었음을 말해 준다.	투트모스 4세가 출애굽과 관련된 이집트 왕이라는 것은 여러 가능성 중 하나일 뿐이다. 또한 열 번째 재앙이 합법적 상속인의 죽음과 관련 있다는 증거도 없다.
사사 입다는 가나안 정복 전쟁 이후 자신의 시대(주전 1100년대로 추측)까지를 300년으로 언급한다(삿 11:26). 이러한 사실은 이스라엘이 이집트를 떠난 때가 주전 15세기였음을 암시한다.	입다가 이스라엘 역사에 대한 정확한 역사적 기록물을 접했을 가능성은 희박하다. 그러므로 300년은 입다가 대충 추측한 기간이거나 정확성이 결여된 짐작에 불과하다.
모세가 사람을 죽이고 미디안 광야로 도망하여 40년을 지내며 그를 처벌하고자 했던 바로가 죽을 때를 기다렸던 점을 감안할 때, 이 바로는 40년 이상을 통치했어야 한다. 그러므로 출애굽 때의 바로로 가능한 사람은 투트모스 3세 혹은 람세스 2세뿐이다.	모세가 미디안 족속과 40년간 함께 있었다는 것은 실제 기간이 아니라 한 세대를 의미하는 상징적인 기간일 수 있다.
바락과 드보라에 의해 정복된 하솔(Hazor)의 최종 층에서 마케네 III B시대의 도기가 발굴되었다. 이 자료들은 늦어도 주전 13세기 후반기 연대를 요한다. 그러므로 이것은 출애굽 연대가 매우 빨랐음을 암시해 준다.	사사기에 기록된 사사들의 연대는 직선적으로 대를 이어가는 것이 아니며 사사들이 여러 지역에서 동시다발적으로 통치했음을 감안할 때, 드보라가 정복한 하솔에서 발굴된 유물들은 별다른 어려움 없이 설명될 수 있다.
주전 1220년경에 세워진 므넵타 석비(Merneptah Stela)는 이집트 왕 므넵타가 가나안 원정에서 이스라엘이라는 나라를 정복한 일을 기록하고 있다. 이 사실은 이스라엘이 이미 오래 전에 가나안에 정착하여 국가를 형성했음을 시사한다.	50년도 이스라엘이 충분히 국가로 자리잡을 수 있는 기간이다.
아마르나 토판(Amarna Tablets, 주전 1400년경)은 하비루 족(Habiru)으로 인해 생긴 격변을 회고한다. 이 하비루 족은 일반적인 범주에서 분류할 때 히브리인들이었을 수 있다.	하비루 족은 결코 이스라엘인들과 동일시될 수 없으며, 사회적으로 소외된 계층을 일컫는 용어일 뿐이다.
사사기가 회고하는 사사들의 통치 기간이 상당 부분 겹쳤을지라도, 주전 13세기 출애굽설을 주장하는 사람들이 제시하는 것처럼 150년 정도로 단축될 수는 없다. 그렇게 보기에는, 사사기는 훨씬 더 많은 시간이 흘렀음을 전제한다.	겹침과 기간의 상징적 성향에 대한 이해를 가지고 접근하면 그 길이는 적절하게 조정될 수 있다.

〈늦은 출애굽설의 증거와 이른 출애굽설의 반증〉

늦은 출애굽설의 증거	이른 출애굽설의 반증
에돔, 모압 및 암몬 문명이 주전 15세기에는 아직 존재하지 않았다. 이스라엘이 가나안에 입성하면서 이 민족들과 접촉했다는 것은 출애굽이 주전 15세기 이후에 있었음을 확실시한다.	팀나 성전(Timna Temple)에서 발굴된 기록물에 따르면, 네게브(Negev)에는 늦어도 주전 14세기 초에 정착한 문명이 있었다. 그 이전에는 여러 족속이 이곳저곳을 떠돌았으며, 이스라엘이 가나안에 입성할 때, 이 족속들이 그들이 지나던 땅에 머물고 있었던 일을 이렇게 묘사하는 것이다.
라기스, 드빌 및 베델의 폐허층(the layer of ash) 발굴에서 드러난 것처럼, 이 도성들은 주전 13세기에 파괴되었다. 이러한 사실은 가나안 정복이 이때 있었음을 시사한다.	여호수아서를 보면, 라기스, 드빌, 베델이 가나안 정복 때 불태워졌다는 기록이 없다. 이 도성들의 파괴는 이집트의 바로 므넵타의 가나안 원정 때 있었던 일이다.
출 1:11에 의하면 이스라엘 노예들은 람세스의 도시를 건축하고 있다. 이 성은 주전 13세기의 람세스 2세에게 경의를 표하기 위해 세워졌음이 틀림없다.	(1) "람세스"라는 명칭은 주전 13세기 훨씬 전에도 사용되었다. (2) 성은 모세가 탄생하기 전에 이미 건축되고 있었다. 그러므로 늦은 출애굽설과 연관시킨다 해도 이 도성은 람세스 2세가 군림하기 전에 이미 완공되었다. (3) 이 성은 국고성이지 수도가 아니었다.
출 12:40은 이스라엘이 이집트에 머문 기간을 430년이라고 하는데, 그렇다면 이른 출애굽설은 야곱이 이집트로 내려간 시점을 힉소스 왕조 시대(주전 1620-1530년대)와 조화시킬 수 없다.	히브리인들을 힉소스 왕조와 연관시킬 필요는 없다. 힉소스 왕조가 시작되기 거의 150년 전에 야곱이 애굽으로 내려갔음을 입증할 만한 증거들이 많이 있다.
투트모스 3세는 위대한 건축가로 알려져 있지 않다. 따라서 그는 출애굽기의 역사적 정황과 잘 맞지 않는다.	투트모스 3세가 위대한 건축가로는 알려지지 않았지만, 나일 델타 지역에서 상당한 건축 사업을 전개한 것으로 알려져 있다.
성경은 세티 1세나 람세스 2세의 팔레스타인 지역 침략을 언급하지 않는다. 그러므로 출애굽은 틀림없이 주전 13세기에 있었고, 이때 이스라엘은 아직 팔레스타인에 정착하지 않았다.	사사 시대의 잔여 기간에 매우 강력한 이집트의 통치가 있었던 것으로 보이며, 이때 이집트의 침략은 가나안 족을 겨냥한 것이지 이스라엘을 겨냥한 것이 아니다.

4. 출애굽 사건의 역사성

오경에 기록된 이야기는 출애굽 사건의 역사적 시점과 직접적인 연관을 가지고 있다. 앞에서 본 바와 같이 출애굽 사건이 실제로 있었던 일이라는 것은 충분한 설득력을 지녔다. 그러나 이미 언급한 대로 진보적인 성향의 학자들 중 많은 사람은 더 이상 모세를 실존 인물로 여기지 않는다. 더 나아가 그들은 출애굽 사건의 역사성도 부인한다. 모세가 이스라엘 사람들이 만들어 낸 전설상의 인물인 것처럼, 출애굽 사건 역시 역사적인 사실이 아니라 이스라엘 사람들이 자신들의 정체성을 확립하기 위해 만들어 낸 신화에 불과하다는 것이다. 그러므로 그들에게 출애굽 사건의 역사적 시점을 논하는 것은 전혀 의미가 없다(cf. Coats; Davies).

그들이 출애굽 사건의 역사성을 부인하고 모세가 실존 인물이라는 점도 부인하게 된 이유는 이성과 논리로 출애굽 사건을 설명하기에는 여러 가지 난제가 도사리고 있기 때문이다(cf. Wheeler; Durham). 그중 몇 가지만 생각해 보자. 첫째, 이스라엘은 이집트의 고센 지역을 출발할 때 장정 60만 명을 앞세우고 나왔다. 그렇다면 노인, 여자, 아이 등의 숫자를 합하면 이집트를 탈출한 인구는 최소한 200만 명에 달했으리라는 것이 학자들의 결론이다. 그런데 이 숫자는 두 가지 문제점을 안고 있다. 가장 근본적인 문제는 남자의 숫자가 겨우 70명에 달하던 야곱의 자손이 430여 년의 이집트 생활을 통해 60만 장정을 포함한 200만 명으로 그 수가 불어났다는 점이다. 더 나아가 나일 델타의 북동쪽에 위치한 고센 지역은 이렇게 많은 인구가 살기에는 매우 협소한 곳이며, 오늘날에도 이 지역의 인구는 겨우 5-6만명 정도인 것으로 알려져 있다. 게다가 이스라엘은 많은 짐 보따리와 짐승들을 데리고 고센을 출발했다. 참고로 200만 명이란 숫자가 얼마나 큰가를 생각해 보자. 만일 이 사람들이 시내 산을 향하여 한 줄로 서서 1m 간격으로 행군한다면 선발대가 시내 산에 도착했을 때 아직도 고센을 출발하지 못한 사람들이 많이 있을 정도로 큰 숫자다!

둘째, 성경에 묘사된 것처럼 홍해는 200만 명이 한순간에 건널 수 있는 바다가 아니다. 홍해는 길이가 2,000㎞에 달하고, 넓이는 200-250㎞에 달하며, 평균 깊이는 490m이며, 제일 얕은 곳이 185m, 깊은 곳은 2,400m나 된다. 그러므로 200만 명에 달하는 이스라엘 백성이 이렇게 깊고 넓은 바다를 순식간에 건넜다는 것은 믿기 어려운 일이다. 게다가 고센을 탈출한 이스라엘이 홍해를 건너려면 높은 산도 넘어야 하는 등 매우 험난한 지역을 지나야 하는데, 이 길은 이집트 군이 전차를 몰고 쫓아올 수 있는 곳이 아니다.

셋째, 이스라엘이 광야에서 40년 동안 살면서 먹은 음식과 마신 식수는 어디서 왔는가? 먼저, 시내 반도는 인구 200만 명과 그들의 가축이 살기에는 턱없이 부족한 곳이다. 설령 그 곳에서 200만 명이 살았다 하더라도, 그들은 음식과 식수를 어떻게 충당했단 말인가? 음식과 식수가 왜 문제가 되는지 생각해 보자. 사람은 하루에 최소한 2ℓ의 물을 섭취해야 탈수증상을 면할 수 있다고 한다. 200만 명의 이스라엘 사람들이 씻지도 않고 짐승들도 먹이지 않는다 해도 최소한 어느 정도의 물이 필요한가? 식수만 분(分)당 3t의 물이 필요하다. 모세가 쪼갠 바위에서 이처럼 많은 물이 끊임없이 쏟아져 나왔다는 것이 도저히 믿기지 않는다는 것이다.

넷째, 이스라엘이 가데스바네아에서 하나님께 반역하여, 출애굽 1세대 중 20세 이상 성인들은 모두 가나안에 입성하지 못하고 40년 동안 광야에서 떠돌다 죽었다. 만일 성경이 기록한 대로 이스라엘이 40년 동안 광야에서 방황하면서 완전한 세대 교체를 경험했다면 이 기간 동안 광야에서 죽은 사람들의 숫자는 최소한 100만 명에 달했을 텐데, 어떻게 이들이 헤매고 다녔던 광야에는 이 시대에 비롯된 것으로 추정되는 공동묘지 하나 발견되지 않느냐는 것이다.

다섯째, 고고학자들은 이스라엘과 주변 민족들을 모두 합해도 주전 5세기에 이르러서야 가나안 지역의 인구가 비로소 100만 명에 달했다고 한다. 반면에 성경은 주전 15세기에 여호수아와 함께 가나안에 입성한 이스라엘 사람들의 숫자만 이미 200만 명이었다고 한다. 그들에게는 이러한 차이도 납득하기 어려운 문제다.

이와 같은 이유로 상당수의 학자들이 출애굽 사건의 역사성을 부인하거나 성경이 말하는 것과 다르게 설명하기 시작했다. 그러나 일부 학자들은 제기된 문제에 대해 논리와 자연에 대한 관찰 등을 동원하여 출애굽 사건과 연관된 기적들을 설명하려고 했다. 물론 그들의 노력이 좋은 열매를 맺지는 못했다. 그들의 설명이 어떤 문제들을 안고 있는지 생각해 보자. 첫째, 논리적으로 출애굽 문제를 설명하려는 사람들 중 어떤 이들은 이집트를 탈출한 이스라엘 사람의 숫자는 200만이 아니라 2만이었다고 주장한다. 히브리어로 1,000을 뜻하는 단어 ‘엘렙’(אֶלֶף)이 ‘가족/지파’를 의미하기도 한다는 데 근거한 추측이었다(cf. 삿 6:15; 민 1:16; 삼상 10:19, 21). 이 주장에 따르면, 20세가 넘은 남자의 숫자는 5천 6백 명 정도에 불과하다. 이 경우 이집트를 탈출한 이스라엘 사람들은 2만 명에 달한다. 출애굽한 이스라엘 사람의 숫자가 100분의 1로 줄어드는 것이다. 모든 것을 감안할 때 훨씬 더 현실감 있는 숫자라는 것이다.

그들의 주장대로 성경이 이 히브리어 단어(אֶלֶף)를 가족/지파를 의미하며 사용하는 경우도 있지만, 오경에서 이 해석을 고수하기는 어렵다. 민수기에서 인구를 기록하는 방법을 살펴보면 경우에 따라서는 ‘–천(אֶלֶף), –백, –십, –명’의 표기법을 사용하여 한 명 단위까지 계수하기 때문이다. 이런 문맥 속에서 이 히브리어 단어(אֶלֶף)는 1,000을 뜻하는 것으로 해석될 수밖에 없다. 또한 만일 이스라엘의 인구가 고작 2만 명에 달했다면, 이집트 왕의 “이 백성 이스라엘 자손이 우리보다 많고 강하다”(1:9)라는 발언도 이해가 되지 않는다. 게다가 훗날 광야에서 모세의 요청에 따라 이스라엘 사람들이 장막 건설을 위해 6,500kg에 달하는 금붙이를 내놓았는데, 4인 가정을 기준으로 할 때 한 집에서 평균 1kg이 넘는 엄청난 양의 금과 은을 내놓은 것이다. 현실적으로 생각할 때 금과 은을 1kg 이상 소지했던 집이 몇 가구나 되었을까? 그러므로 이 경우 200만 명이 훨씬 더 현실적으로 생각된다. 어떤 사람들은 '천'(אֶלֶף)을 여덟 명을 기준으로 한 군대의 단위로 해석하기도 한다. 이 해석도 같은 문제를 안고 있다.

둘째, 이스라엘이 건넌 바다는 홍해가 아니라 '갈대 바다'였다는 해석이 있다. "홍해"(Red Sea)로 번역된 히브리어 문구(יַם־סוּף)를 문자적으로 풀이하면 '갈대의 바다'(Sea of Reeds)로 해석하는 것이 바람직하다(cf. HALOT). 만일 홍해가 아니라 갈대 바다가 옳다면, 갈대 바다는 어느 곳인가? '갈대'(סוּף)가 파피루스 등 민물에서 서식하는 풀들을 일컫는 것으로 해석하여 갈대 바다는 다름아닌 나일 델타를 뜻한다고 주장하는 사람들이 많다. 또한 이집트를 출발한 이스라엘 사람들이 람세스에서 숙곳으로 향했기 때문에, 이들은 이스라엘이 그 방향을 그대로 유지하여 앞으로 진군했다면 분명 나일 델타를 지났을 것이라고 생각한다. 이스라엘이 홍해를 건넌 것이 아니라 갈대로 우거진 나일 델타를 지나갔다는 것이다. 그러나 이 해석도 문제를 안고 있다. 1년 중 몇 주를 제외하고는, 모세 시대의 고센 지역을 중심으로 한 나일 델타 지역의 평균 수심은 성인의 무릎 높이에 불과했던 것으로 알려져 있다. 그렇다면 전차를 타고 이스라엘 사람들을 추적하던 이집트 정예군 600명이 무릎 높이의 물에 빠져 죽는 기적이 필요한 것이다!

셋째, 광야에서 이스라엘 사람들이 40년 동안 먹었다는 만나(מָן)는 이 지역에 사는 일부 나무에 기생하는 벌레/진딧물의 분비물이었다는 주장이 있다(cf. Sarna). 이 벌레의 분비물은 하얀 색을 띠었고 분비된 직후에는 말랑말랑하다가 시간이 지나며 딱딱하게 굳는다고 한다. 이 분비물은 단맛을 지닌 것으로 알려졌다. 문제는 이 분비물은 사시사철 생산되는 것이 아닌 데다 극소량만 생산된다는 점이다. 도대체 벌레들이 얼마나 많이 분비해야 이 많은 사람이 40년 동안 매일 이것을 먹으며 살 수 있단 말인가! 별로 매력적인 해석이 아니다.

위에 나열된 설명이 우리를 흡족하게 하지 못한다. 현실적으로 생각할 때 출애굽 사건은 분명 역사성을 충분히 지닌 이야기이지만(cf. Kitchen; Hoffmeier; Currid), 하나님의 직접적인 개입을 통한 기적의 향연(饗宴)으로 간주하지 않으면 납득하기 어려운 부분을 지닌 것도 사실이다. 성경은 분명 우리의 믿음과 신뢰를 요구한다. 오경은 책에 기록되어 있는 모든 사건이 실제로 있었던 일임을 증명하려 하거나, 이 사건들의 역사성에 대해 논란의 여지를 남기지 않는다. 단순히 이 사건들의 역사성을 전제할 뿐이다. 성경 전체를 시작하는 오경의 첫 번째 말씀인 창세기 1:1은 "태초에 하나님이 천지를 창조하시니라"라는 선언으로 시작된다. 창세기 저자는 이 말씀을 통해 하나님의 존재를 입증하거나 변론하려 들지 않는다. 단순히 세상을 창조하신 하나님이 태초부터 계셨다는 전제를 선포할 뿐이다. 이 전제에 동의하지 못하면, 이 책은 결코 저자의 의도에 따라 읽힐 수 없음을 암시한다.

그러므로 성경을 저자의 의도에 따라 읽고자 한다면, 성경에 기록된 사건들의 역사성은 협상이나 논쟁의 대상이 될 수 없다. 하나님이 언제든지 우리의 이성과 논리로 설명할 수 없는 기적을 행하실 수 있는 분임을 인정한다면, 출애굽 사건을 포함하여 성경이 사실로 묘사하는 그 어떤 사건도 문제가 될 수 없다. 결국 출애굽 사건의 역사성을 인정하고 부인하는 것은 하나님에 대한 이해, 또는 신학과 신앙적인 선입견에 의해 결정되는 것이다. 이런 차원에서 오경은 우리에게 믿음을 요구하는 책이다. 더 포괄적인 차원에서 성경은 모든 사람을 위한 책이 아니다. 성경은 창조주 하나님의 존재하심을 먼저 시인하고 고백하는 사람들을 위한 책이다.

5. 메시지와 이슈

오경은 매우 다양한 신학적 주제와 교훈을 담고 있다(cf. Alexander). 이 섹션에서는 오경 중 어느 한 책에서 강조되는 내용보다는 오경 전체를 포괄하는 주제들 몇 가지만 간략하게 생각해 보고자 한다.

(1) 하나님

오경은 하나님을 매우 다양하게 묘사하지만, 가장 확고히 부각되는 것은 창조주와 구속주 개념이다. 창조주(Creator) 하나님은 온 천지를 말씀으로 창조하셨으며, 천지가 창조되기 전부터 계셨던 분이다. 그러므로 일부 철학자들이 주장하는 것처럼 세상이 없어진다고 해서 하나님이 사라지는 일은 없다. 하나님은 창조된 세계와는 전적으로 다른 분이며, 창조된 세계의 한 부분이 아니시기 때문이다. 하나님은 세상을 창조하실 때 그 누구의 도움을 받거나 조언을 구하지 않고 홀로 모든 것을 완벽하고 아름답게 만드신 전능하신 창조주이시다.

하나님은 또한 구속주(Redeemer)이시다. 인류가 죄를 지어 하나님으로부터 멀어지자, 이러한 상황을 방관하지 않고 그들을 다시 자신의 품으로 데려오기를 원하셨다. 하나님의 구원 사역은 새로운 일을 행하신 것이 아니라 잃어버린 것을 되찾는 것(redeem)으로 이해되어야 한다(cf. 레 25장). 또한 이 개념은 친족들 중 누군가가 남에게 죽임을 당하는 경우 죽은 사람의 피를 보복하는 책임을 포함한다(cf. 민 35장). 하나님은 구속주로서 주님의 품을 떠나 방황하던 우리를 다시 찾으셨을 뿐만 아니라, 우리에게 해를 가하는 자들을 가만히 두지 않으실 것이다. 그러므로 우리는 남에게 해를 당했을 때 우리 스스로 복수할 필요가 없다. 하나님이 하실 것이기 때문이다.

하나님의 창조 사역과 구속 사역은 서로 연관성이 있는 것일까, 아니면 각각 독립성을 유지하는 것일까? 대부분의 학자는 이 둘이 밀접한 연관성을 지닌 사역이라고 한다. 창조와 구속은 한 쌍으로 간주될 때 시너지 효과가 극대화된다는 것이다. 하나님의 창조 사역은 곧바로 구속 사역으로 이어진다. 즉, 구속 사역이 없으면 창조 사역의 의미도 약화된다. 그래서 일부 학자들은 창조의 목적이 구속에 있으며 창조가 구속의 서론이라고 하여, 하나님의 구속 사역 아래 창조 사역을 둔다.

이 외에도 오경은 하나님에 대해 여러 가지 면모를 부각시킨다. 구약에서 한 사람의 인격이나 성품을 연구하는 데 있어서 가장 중요한 요소 중 하나는 이름이다. 하나님의 여러 성호는 "하나님은 어떤 분인가?"라는 질문을 답하는 데 결정적인 역할을 하는 이정표다. 오경에서 사용되는 하나님의 이름들과 중요성을 살펴보도록 하자.

성경에 자주 등장하는 하나님의 이름이자 제일 먼저 언급되는 이름은 "엘로힘"(אֱלֹהִים)이다(창 1:1). 이 이름은 구약에서 2,500번 이상 사용된다. 엘로힘은 근본적으로 복수형이며 하나님의 절대성("God" in the absolute sense)을 의미하고 "세상에 있는 모든 신성을 합해 놓은 것"(the summation of all that is divine), "세상에 유일하게 존재하는 자"(the only one who exists)를 뜻한다(Köhler). 이 이름은 모든 능력의 결집을 의미한다.

엘로힘은 하나님을 찬송하는 신앙의 고백에서 그 진가를 발휘한다. "여호와는 하나님이시라"(cf. 시 118:27). 그러므로 엘로힘은 여호와라는 이름의 완벽한 유사어다(Kraus). 엘로힘은 단순히 보편적이고 막연한 개념 속에서 가장 거룩하고, 가장 위대하고, 가장 전능한 무엇/존재를 뜻하는 것이 아니라, 이스라엘이 여호와를 직접 만날 때 부르던 그분의 성호다. 이 성호는 하나님을 창조주로 표현할 때 자주 사용된다. 우주의 주권자이심을 강조하는 것이다.

구약에 가장 많이 등장하는 하나님의 이름은 "여호와/야웨"(יְהוָה, 창 2:4)이며, 총 6,828번 사용된다. 학자들은 이 이름이 히브리어 동사 '존재하다'(היה; "be, become")에서 비롯된 것으로 추측한다(cf. 출 3:14). 여호와는 하나님과 자신이 택하신 백성 사이의 특별한 관계를 뜻할 때 자주 사용된다(출 6:3). 이스라엘 사람들은 이 이름이 너무 거룩하다 해서 발음하지 않았다. 오늘날도 그들은 이 하나님의 이름이 나올 때마다 아도나이(Adonai)로 대체해서 읽는다. 히브리어 성경을 헬라어로 번역해 놓은 칠십인역의 처음 사본들도 이 이름만큼은 히브리어로 보존한 것으로 알려졌다.

"전능하신 하나님"이란 뜻을 지닌 "엘 샤다이"(אֵל שַׁדַּי, 창 17:1) 혹은 "샤다이"(שַׁדַּי)는 구약에서 48차례, 욥기에서만 31차례 사용된다. 엘 샤다이는 "창조주"(Elohim)와 "전능"(Shaddai)이 어우러진 이름이다. "샤다이"는 산을 의미하는 아카드어에서 유래했을 가능성이 크다(Hamilton). 그렇다면 이 성호는 "[산처럼] 강인하고 위대하신 하나님"을 의미할 수 있다. 또한 이 성호는 힘과 부드러움을 동시에 상징하며 부드럽고 다정다감한 하나님을 뜻한다. "하나님은 아브라함에게 창조주로서뿐만 아니라, 마치 어머니가 젖을 물려서 아이의 필요를 채워주는 것처럼, 아브라함의 필요를 채워주실 수 있는 분으로 그에게 오셨다"(Towns). 욥기에서 이 성호가 많이 사용된 것도 같은 이유에서일 것이다.

"지극히 높으신 하나님"이라는 뜻을 지닌 "엘 엘룐"(אֵל עֶלְיוֹן, 창 14:19)은 구약에 23차례 사용된다. 히브리어 단어 엘룐(עֶלְיוֹן)은 최고의, 가장 높은 장소를 뜻한다(왕하 15:35; 사 7:3; 36:2). 예루살렘 성전에서 치러졌던 종교 예식에서 매우 중요한 자리를 차지했던 이름이다(Kraus). 성경에서 다른 신들과 비교될 때 주로 사용된다(cf. 시 136:2). 하나님은 신들 중 "가장 높으신 신"이란 뜻을 지니고 있다(Wolf). 이 이름은 왕조 신학에 매우 큰 영향력을 발휘했던 것으로 생각된다. 엘 엘룐은 다니엘서에서 많이 사용되는데(3:26; 4:17, 24, 25, 32), 다니엘이 우상들의 천국인 열방에서 사역했다는 점을 감안할 때 당연한 것이다.

"우리의 주인 되신 하나님"이라는 의미를 지닌 "아도나이"(אֲדֹנָי, 창

15:2)는 구약에서 340차례 사용된다. 주인은 관계를 뜻한다. 이 단어의 근본적인 개념은 "하나님은 통치하시는 주"이다(Köhler). 이스라엘의 하나님은 주이시며 주권과 자유에 있어서 제한이 없다는 의미를 지닌 이름이다(Kraus). 주권(lordship)은 소유권(ownership)을 의미한다.

"영생하시는 하나님"이라는 뜻을 지닌 "엘 올람"(אֵל עוֹלָם, 창 21:33)은 하나님은 시간과 시대를 초월하신 분임을 의미한다. 하나님의 신비로운 속성을 강조하는 이름이며, 인류의 역사와 시간에 제한되지 않는 분이라는 사실을 암시한다. 하나님은 시간과 장소에 상관없이 영원히 자신의 백성을 돌보시고 복을 주실 것이다(Wolf).

(2) 메시아

창조주 하나님은 인간을 자신의 "모양과 형상에 따라" 만드시고 창조하신 세상을 경영하며 그분을 예배하도록 하셨다. 또한 그가 할 수 있는 일(에덴 동산에 거하면서 동산을 관리하고 동산에 있는 모든 나무의 과일을 먹을 수 있는 일)을 정해 주셨고, 해서는 안 될 일(동산 중앙에 위치한 선과 악을 알게 하는 나무의 과일은 먹지 말아야 하는 것)을 구분해 주셨다. 그러나 인간은 "하나님의 모양과 형상대로" 창조된 것에 만족하지 못하고 "하나님같이" 되고자 했다. 그래서 하나님이 정해 주신 선을 넘어, 하지 말라고 명하신 일(선과 악을 알게 하는 나무의 과일을 먹는 것)을 했다. 이것이 인류 최초의 죄, 일명 "원죄"(original sin)다.

그러나 "하나님같이" 되고 싶은 욕망을 채우기 위해 범죄한 인간은 더 이상 "하나님과 같이" 있을 수 없었다. 주님이 범죄한 인간을 최초의 낙원인 에덴 동산에서 내쫓으셨기 때문이다. 그 후 인간은 잃어버린 낙원(lost paradise)을 다시 찾기 위해 여러 방면으로 노력했지만, 결국 예수님이 이 땅에 오실 때까지 낙원으로 돌아가는 방법을 찾는 일에 실패한 것을 회고하는 것이 인류 역사라 할 수 있다. 예수님은 십자가에 죽으시고 부활하심으로써 잃어버린 낙원으로 가는 길을 제시하셨다.

예수님이 이 땅에 오셔서 잃어버린 낙원으로의 길을 보여 주신 것은 우연한 일인가? 절대 아니다. 하나님은 인류를 동산에서 내보내시기 전에 그들의 죄를 해결하실 분이 오실 것을 예고하셨다. 언젠가는 여인(범죄한 하와)의 자손[중 하나]이 나타나 첫 사람들이 타락하는 데 큰 역할을 담당한 뱀[사탄]을 대적할 것을 말씀하셨다(창 3:15). 뱀은 여인의 후손을 죽이고자 그의 발꿈치를 물겠지만, 여인의 후손은 오히려 뱀의 머리를 짓밟을 것이라고 말씀하셨다. 학자들은 이 말씀을 "원시 복음"(proto-evangelion)이라고 한다. 성경에 기록된 최초이자 가장 원시적인 형태의 복음이라는 뜻이다.

메시아가 오셔서 사탄이 가지고 있는 죽음의 권세를 무너뜨리고 인류를 구원하시는 일이 처음부터 순탄하여 승승장구하는 것은 아니다. 메시아는 먼저 자신의 죽음을 통해 인류의 죄를 대속하셔야 한다. '승리'하시기 전에 '실패'하셔야 하는 것이다. 이 같은 사실은 하나님이 에덴 동산에서 아담과 하와를 내보내실 때 그들의 부끄러움을 가릴 수 있도록 가죽옷을 만들어 주신 일에 암시되어 있다(창 3:21). 아담과 하와가 옷을 만들어 입는 데 사용한 무화과나무 잎은 금세 시들고 말라 버리기 때문에 영구적으로 그들의 부끄러움을 가리지 못한다. 반면에 하나님이 만들어 주신 가죽옷은 그들의 부끄러움을 영구적으로 가려 준다. 그러나 안타까운 일은 인류의 부끄러움(죄)을 영구적으로 가릴 수 있는 가죽옷은 곧 짐승의 죽음을 전제한다는 것이다. 짐승이 죽어야만 가죽옷이 만들어질 수 있기 때문이다. 유월절 양(출 12장)과 속죄일(레 16장)에 희생되는 짐승은 곧 이 같은 메시아의 죽음을 더 구체적으로 확인해 준다. 구약 제사 제도의 많은 부분이 메시아의 죽음에 대한 모형(type)인 것이다. 예수님이 갈보리 산에서 죽으심으로써 온 인류를 구원하신 일은 우연히 된 일이 아니라, 태초부터 하나님이 계획하신 일의 열매다. 야곱은 자손들에게 복을 빌어 주면서 메시아가 유다

지파를 통해 오실 것이라는 예언을 남겼다(창 49:10).

(3) 언약

이스라엘은 하나님과의 언약을 통해 한 민족으로 출발했다. 이스라엘의 역사는 이 언약이 진행되는 이야기다. 그들의 신앙 역시 이 언약의 테두리 안에서 평가된다. 구약의 언약을 대치 또는 갱신하는 것이 바로 신약이다. 신약은 말 그대로 "새로운 언약"(New Covenant)이라는 뜻이다. 예수 그리스도께서 새 술을 새 부대에 담은 것처럼 새 언약을 주시고 십자가에서 그 언약의 희생 제물이 되셨던 것이다. 새 언약이라고 불리는 신약이 구약의 언약에 그 근거를 두고 있기에 신약 시대를 살아가는 우리에게도 구약의 언약은 매우 중요한 위치를 차지한다.

a. 고대 근동과 언약

고대 근동 지역에서 발견되는 언약/계약의 형태는 시대와 지역에 따라 세부적인 요소들이 조금씩 다르기는 하지만, 전반적으로는 모두 비슷한 형태를 취하고 있다. 멘델홀(Mendenhall)에 따르면, 주전 1400-1200년에 사용되었던 헷 족속(Hittite) 언약은 다음과 같은 구조를 지녔다.

요소	설명
서문 (Preamble)	"…왕의 말이니라"라는 서두를 통해 종주의 정체를 밝힌다.
역사적 서론 (Historical prologue)	과거에 있었던 종주와 종속자의 관계와 일을 토대로 언약을 체결하기까지의 경위를 설명한다.
규정(Stipulation)	종속자(국)의 책임과 의무[공물 헌납 등] 등을 구체적으로 명시한다.

요소	설명
보존 명문화 (Provision for temple deposit)	문서가 성전에 보관되며 때때로 대중 앞에 읽혀질 것을 지시한다.
신들을 증인으로 부름 (Invocation of divine witness)	종주와 종속자의 신들, 때로는 산, 바람, 구름 등을 증인으로 세운다.
축복과 저주 (Blessings and curses)	언약을 지킬 때는 축복을, 언약을 어길 때는 저주를 선언한다.

이 같은 형태가 성경에서도 사용된다(cf. 출 20-23장). 또한 신명기는 이러한 언약적 구조에 바탕을 두고 저작되었다(Craigie). 다음 도표를 참고하라.

헷 족속 언약	설명	출애굽기-레위기	신명기	여호수아 24장
서론	저자의 언약 권한	출 20:1	1:1-5	1-2절
역사적 서문	과거의 관계 정리	출 20:2	1:6-3:29	2-13절
규례	종속자의 책임과 의무	십계명(출 20:1-17) 언약 법전(출 20:22-23:19) 예식(출 34:10-26) 레 1-25장	4-26장	14-25절
보존	보존 및 주기적 발표	출 25:16(?)	27:2-3	26절
증인	신들, 산, 바람, 구름 등	없음	31-32장	22, 27절
축복/저주	순종: 축복; 불순종: 저주	레 26:1-33	28장	20절

언약은 한번 체결되면 도중에 함부로 고치거나 바꾸어서는 안 된다. 경우에 따라서는 심한 벌이 내려졌다. 만약 관계나 상황에 변화가 생겨서 언약을 더 이상 준수하기 어려워지면, 기존 언약을 변경하는 것이 아니라 그것을 파기하고 새로운 언약을 체결했다. 이러한 상황을

잘 알았던 선지자들은 옛 언약의 조항을 변경하는 것이 아닌 완전히 새로운 언약의 필요성과 시기를 예언한다(cf. 렘 31장).

고대 근동에서 언약을 체결한 후 효력을 발휘하는 예식은 창세기 15장에 잘 묘사되어 있다. 짐승들을 둘로 쪼개 양쪽에 놓아둔 후, 언약의 체결자들이 그 사이를 지나가는 것이다. 만일 체결된 언약을 깨뜨리면, 쪼개진 짐승에게 한 것처럼 자신에게 하라는 상징적인 의미를 가지고 이 예식이 시작되었다. 그러므로 아브라함과 하나님 사이에 있었던 언약 체결식은 성경에 기록된 하나님의 약속 하나하나가 주님이 어떠한 각오로 주신 것인가를 잘 설명한다. 하나님이 자신의 모든 명예를 걸고 주신 것이 성경에 기록된 약속들이기에 우리는 이 약속들을 신뢰할 수 있다.

b. 구약과 언약

우리는 성경에 등장하는 언약에 대해 많은 질문을 한다. 하나님과 주의 백성이 세운 언약의 목적은 무엇인가? 하나님은 아브라함, 모세, 다윗 등과 어떤 언약을 세우셨는가? 언약은 처음부터 구속사적인 계획을 내포했는가? 언약은 하나님이 자신의 백성에게 종주권(suzerainty)을 행사하시는 것인가? 이 질문에 대한 답은 각 사람마다 다소 다를 수 있다. 다음 사항들을 생각해 보자.

언약을 뜻하는 히브리어 단어(בְּרִית)는 구약에서 여러 용도를 가지고 사용된다. 때로는 국제적인 협정을 뜻하기도 하고(cf. 수 9:6; 왕상 15:19), 두 사람 사이의 계약(cf. 창 31:44)을 의미하기도 한다. "언약"이라는 단어가 사용되는 범위가 매우 광범위한 것이다. 또한 언약(בְּרִית)은 족속들 사이의 협의(cf. 창 14:13), 법적인 계약(cf. 렘 34:8-10), 충성을 약속할 때(cf. 삼상 20:14-17), 결혼(cf. 말 2:14) 등을 표현할 때도 사용된다.

언약(בְּרִית)은 동사 '세우다'(קוּם, establish: cf. 창 6:18; 9:9) 혹은 '주다/허

락하다'(נתן, give: cf. 창 17:2)와 함께 사용되기도 하지만, "[칼로] 자르다"라는 의미를 지닌 동사(כרת, cut: cf. 창 15:18)와 함께 가장 많이 사용된다. 언약이 왜 동사 '자르다'(כרת)와 특별한 관계를 가지고 있는지는 창세기 15장의 사건이 잘 설명해 준다. 언약을 체결할 때 짐승들을 두 쪽으로 쪼개(잘라) 두 줄로 나열한 다음 쌍방이 그 사이를 지나갔기 때문이다.

i. 세대주의와 언약

성경에는 과연 몇 개의 언약이 있는가? 신학적인 입장에 따라 많게는 여덟 개, 적게는 한 개가 있다고 한다. 세대주의 신학자들은 네 개에서 여덟 개까지의 언약을 성경에서 발견한다. 물론 전통적인 세대주의자들(classical dispensationalists)은 일곱 개의 언약을 선호했다. 우리가 '세대주의'를 논할 때 한 '세대'는 하나님이 특정한 섭리와 방법으로 세상을 통치하셨던 시대를 의미한다. 그러므로 '세대'는 행정적인 차원에 강조점을 두며, 우리가 흔히 사용하는 '1대, 2대' 등의 표현에서 의미하는 기간보다 훨씬 더 긴 세월을 의미하는 표현이다.

세대주의자들이 하나님의 구원 방법이 각 세대에 따라 바뀌었다고 주장하는 것은 아니다. 세대주의자들도 은혜 언약을 통한 구원은 창세 때부터 변하지 않는다고 인정한다. 그들은 다만 언약이 자신들이 주장하는 '세대'에 보조적인 역할을 하는 것뿐이라고 주장한다. 결과적으로 이들은 언약의 중요성을 최소화하거나 거부했던 것이다.

세대주의는 다비(Darby)[12]가 시작했으며, 미국에서는 스코필드 성경(Scotfield Bible)이 출판되면서 많은 인기를 누리게 되었다. 세대주의는 성경을 문자 그대로 해석하는 데 강조점을 둔다. 은유법을 인정하지만, 문자적인 뜻을 찾을 수 있다면 더 이상 연구하지 않겠다는 각오를

12 John Nelson Darby(1800–1882)는 플리머스 형제 교회(Plymouth Brethren) 출신이었다.

보인다. 그러므로 '이스라엘'은 항상 이스라엘이지 '교회'가 될 수 없다고 주장했다. 세대주의자들은 성경 말씀이 어느 시대에 적용된 것인가에 무척 관심이 많았다. 그러다 보니 구약과 신약, 이스라엘과 교회를 지나치게 차별하는 과오를 범하게 되었다.

세대주의자들에 따르면, 하나님이 이스라엘에게 주신 언약은 결코 변하지 않는다. 이스라엘에게 주신 약속은 그들을 통해 이루어지지 절대 교회를 통해 이루어지는 일은 없을 것이다. 교회 시대는 단지 과거의 이스라엘과 미래의 이스라엘 사이에 존재할 뿐이다. 구약 시대와 천년왕국 시대 사이에 존재하는 것이 교회 시대인 것이다.

세대주의자들 중에서 가장 많은 인기를 누리고 있는 "7세대설"을 살펴보자. 이 설은 19세기에 스코필드 성경이 등장하면서 인기를 누리게 되었다. 이 성경에서 스코필드는 다음과 같이 인류 역사를 일곱 세대로 나누었다.

	세대 이름	설명
1	순결 시대(dispensation of innocence)	아담과 하와가 에덴 동산에 거하던 시대
2	양심 시대(dispensation of conscience)	첫 인간들의 타락 후 노아의 홍수 때까지
3	인간 정치 시대 (dispensation of human government)	홍수 후부터 아브라함 때까지
4	약속 시대(dispensation of promise)	아브라함 때부터 모세 시대까지
5	율법 시대(dispensation of law)	모세 시대부터 예수님 시대까지
6	은혜 시대(dispensation of grace)	예수님의 승천 후부터 종말 때까지의 교회 시대
7	마지막 시대는 여러 가지로 표현됨	아직 오지 않은 미래 시대. 어떤 학자들은 [천년] 왕국 시대라고 함

ii. 언약신학과 언약

인류 역사를 여러 세대로 나누지 않고 성경에서 발견되는 언약을 통해 역사를 설명하며 통일성을 추구하는 것이 언약신학이다. 언약신학은 성경에서 하나 또는 두 가지 유형의 언약이 있다고 생각한다. 이 언약(들)이 역사를 하나로 묶어 주는 것이다. 전통적인(classical) 언약신학은 성경의 언약을 다음과 같이 두 가지로 보았다.

	언약 종류	설명
1	집무/노동 언약 (covenant of works)	인간의 타락 전까지 아담에게 주신 언약을 뜻함
2	은혜 언약 (covenant of grace)	타락 후 집무 언약을 대체했으며, 하나님은 이 언약을 통해 구원의 방법을 인간에게 가르쳐 주심

그러나 로버트슨(Robertson)은 구약에 등장하는 모든 언약은 한 가지로 간주하는 것이 현실적이라고 주장했다. 그는 "성경에 제시된 증거들을 살펴보면 모든 언약이 하나의 통일성을 지니고 있다. 하나님과 인간의 관계는 하나로 표현이 된다. 각 언약의 구체성은 조금씩 다를 수 있다. 또한 각 언약을 통한 확실한 발전은 보인다. 그러나 하나님의 언약은 하나다." 언약이 하나라는 설은 '구속적 요소'(구속+구원)가 각 언약의 본질이며 모든 언약은 이 요소를 통해 하나의 통일성을 가지고 있다고 주장한다.

반면에 맥코미스키(McComiskey)는 성경에 등장하는 언약을 두 종류로 분류한다. 첫째, 약속적인 언약(promissory covenants)으로, 아브라함 언약과 다윗 언약이 이 부류에 속한다. 둘째, 행정적인 언약(administrative covenants)으로, 시내 산 언약, 새 언약이 이 종류에 속한다.

언약이 한 가지인지 두 가지인지에 대해 어느 입장을 택하든 구약에 등장하는 언약들은 서로 연결되어 있음을 쉽게 알 수 있다. 시내 산 언약과 아브라함 언약은 분명 서로 연결되어 있다(cf. 출 6:2-8; 신 7:7-9). 다윗 언약과 시내 산 언약도 관계가 있다(cf. 삼하 7:22-24). 새 언약과 시내 산 언약 역시 연결 고리를 유지하고 있다(cf. 렘 31:33; 겔 36:26-28). 새 언약과 다윗 언약 역시 여러 가지 공통점을 지니고 있다(cf. 겔

34:23-27). 또한 새 언약과 아브라함 언약도 서로 뗄 수 없는 관계다(cf. 겔 36:24-28). 아브라함 언약, 시내 산 언약, 다윗 언약, 그리고 새 언약, 이 네 언약이 모두 상호 연결되어 있는 것이다(cf. 겔 37:24-28). 또한 구약과 신약이 동등한 하나님의 말씀이라면 이 언약들의 연결성과 발전성이 강조되어야 할 것이다.

iii. 언약의 발전

태초부터 언약은 곳곳에 암시되어 있었다. 하나님은 아담을 에덴 동산에 투입하시며 다른 과일은 모두 다 먹어도 좋되 선악과는 먹지 말라고 하셨다. 인간이 선악과를 먹는 날 그는 "정녕 죽으리라"는 약속을 하셨다(창 2:15-17). 아담과 하와가 에덴 동산에서 죄를 지었을 때, 하나님은 메시아에 대해 약속하셨다(창 3:15). 가인이 아벨을 죽이고 하나님의 품을 떠나야 했을 때, 하나님은 아무도 그를 해하지 못하도록 표적을 주셨다. 이 사건들에 이미 언약적인 요소들이 존재하는 것이다. 그러나 하나님이 인류와 구체적인 언약을 처음 세우셨던 때는 노아 홍수 이후다. 성경의 언약들을 간략하게 살펴보자.

첫째, 노아 언약(창 6-9장)에 대한 말씀은 홍수 이전부터 있었다(cf. 창 6:18). 노아가 언약을 맺게 된 것은 하나님이 먼저 제시하셨기 때문이다. 타락한 세상에는 심판을, 노아 일가에게는 구원을 은혜로 가져온 것이 바로 이 언약이다. 노아 언약의 조건은 다음과 같다. "너는 네 아들들과 네 아내와 네 며느리들과 함께 그 방주로 들어가라.…너는 먹을 모든 양식을 네게로 가져다가 저축하라 이것이 너와 그들의 먹을 것이 되리라"(6:18-21). 이 언약은 홍수 후에 재확인된다(cf. 창 9:1-17). 노아 언약은 단순한 쌍방의 협상이 아니다. 하나님이 노아 일가에게 오셔서 그들을 포함한 온 우주 만물과 언약을 세우셨다(우주적 범위). 이 우주적 범위는 구약 언약의 매우 중요한 요소이며, 특히 아브라함과의 언약에서 다시 모습을 드러낸다. "땅의 모든 족속이 너로 말미암아 복을 얻을 것이라"(12:3). 노아 언약은 조건이 없으며, 어느 시대에든지 적용된다. 무지개가 언약의 상징이 된다(cf. 창 9장).

둘째, 아브라함 언약(cf. 창 15, 17장)의 기본적인 요소는 이미 창세기 12:1-3에서 구체적으로 언급되었다. 그러나 아브라함에게 자식이 태어나지 않은 상황에서 세월이 지나자 하나님이 아브라함의 불편한 심기를 보시고 언약의 유효성을 확인하는 예식을 행하셨다. 그 당시 언약 체결 및 그 언약을 합법화하는 예식이 창세기 15장과 17장에서 전개되는 것이다(렘 34:18-20). 하나님이 아브라함에게 땅에 대한 약속을 하셨다. "그날에 여호와께서 아브람과 더불어 언약을 세워 이르시되 내가 이 땅을 애굽 강에서부터 그 큰 강 유브라데까지 네 자손에게 주노니"(창 15:18). 이 땅의 약속에 다윗의 왕국이 암시되어 있는 듯하다.

아브라함과의 언약을 통해 하나님은 다음 사항들을 확인해 주셨다. 첫째, 아브라함에게서 왕들이 나올 것이다(17:6). 둘째, 아브라함은 위대한 나라의 아버지가 될 것이다(17:4). 셋째, 하나님은 아브라함의 자손들에게도 하나님이 되어 주실 것이다(15:13-14; 17:7). 넷째, 이 언약은 영원하다(17:19). 하나님이 이 언약도 시작하셨고 또한 종주이시다(15:18; 17:4). 훗날 이삭은 이 언약의 상속자로 부각된다(17:19). 그러나 이스마엘은 이 언약에서 제외된다(17:20).

아브라함 언약은 노아 언약과 달리 조건이 있다. 성경의 언약들 중 처음으로 조건이 붙는 언약인 것이다. 아브라함과 그의 '씨(후손들)'는 반드시 언약을 지켜야 한다. 그 표적으로 남자는 할례를 받아야 한다(17:10-14). 그러나 할례 자체에 중요성을 부여하는 것은 아니다. 무지개가 언약을 상징하듯, 할례는 하나님과 아브라함 사이의 언약을 상징하는 의미가 있을 뿐이다.

셋째, 모세 언약으로도 알려진 시내 산 언약이다. 이 언약은 이스라엘이 한 나라로 출발하는 데 매우 중요한 역할을 했다. 시내 산 언약은 또한 과거의 언약들, 특히 아브라함과의 언약과 분명한 연관성을 지닌 언약이다(출 3:15). 시내 산 언약은 고대 근동에서 흔히 사용되었던 종주-가신(suzerain-vassal) 조약과 양식(form)면에서 거의 비슷하다. 다음 도표를 참고하라.

헷 족속 언약 (주전 2000년)의 순서	설명	출애굽기- 레위기	신명기	여호수아 24장
1. 저자 소개	저자가 누군지, 또한 어떤 자격으로 조약을 선언하는지 언급	출 20:1	1:1-5	1-2절
2. 역사적 서론 (historical prologue)	조약을 맺는 쌍방의 과거에 있었던 관계를 정리	출 20:2	1:6-3:29	2-13절
3. 규정 (stipulations)	지켜야 할 사항들을 제시	출 20장- 레 25장 대부분	4-26장	14-25절
4. 문서에 관한 지시	보관 문제와 대중 발표에 관한 지시	출 25:16	27:2-3	26절
5. 증인들	대체로 신들을 불러 조약의 증인이 되게 함	없음	31-32장	22, 27절
6. 저주와 축복	조약은 대체로 한 신 앞에서 쓰인 것으로 믿었으며, 이행했을 때는 그 신이 축복을, 어겼을 때는 저주를 내리는 것으로 믿음	레 26:1-33	28장	20절

고대 근동 언약은 거의 모두 정치적 성향을 띠고 있으며 정치적, 경제적 관계를 중심으로 성립되어 있지만, 시내 산 언약은 영적, 윤리적 차원을 강조한다. 시내 산 언약의 역사적 근거는 하나님의 주권 아래 이스라엘이 선민이 되기 위해 이집트 노예생활에서 풀려났다는 사실이다(출 19:6). 하나님은 훗날 이 선택의 의도가 사랑이었다고 밝히신다(신 7:6-9). 또한 선조들과의 약속 성취도 이 언약의 중요한 목적으로 나타난다(출 2:24; cf. 시 105:8-15). 이 언약에 따르면, 이스라엘은 하나

님을 섬기며 그분께 진정한 예배를 드리기 위해 선택받았다(cf. 출 3:12; 출 6:6-8; 19:4-6).

시내 산 언약에는 확실한 조건이 제시되어 있다. 이 언약의 강조점은 하나님이 자신의 백성들에게 요구하시는 준수사항(율법)에 있다. 사람들은 종종 율법을 다음 세 가지로 분류하기도 한다. (1) 도덕법, (2) 시민법, (3) 의식법.

도덕법은 십계명을 의미하며, 삶에 대한 전반적이고 광범위한 윤리적 기준을 제공한다. 도덕법은 시민법과 의식법에 대한 기초가 되며, 두 부분으로 나뉜다. 첫째는 하나님에 대한 인간의 의무(하나님의 존재, 하나님에 대한 예배, 하나님의 이름, 주님의 날에 관한 것)이며, 둘째는 인간과 인간 사이의 의무(부모 공경, 살인, 간음, 도둑질, 거짓 증언, 탐심에 관한 것)다.

시민법은 사회(공동체)의 일상에 관한 구체적 규정으로 구성되어 있다. 사법, 행정, 재산권, 약자에 대한 배려, 자녀 교육, 형벌 외에 많은 주제를 다룬다. 시민법의 대부분은 개인적인 관계(남편과 아내, 주인과 종, 아버지와 자녀, 타인에 대한 친절)에 관한 것이다.

의식법은 종교적 예식에 관한 것이며, 대부분 장막에서 드려지는 제사와 제사장에 관한 것이다. 장막 자체에 대한 것, 제사장과 레위인의 사역과 의복, 희생 제물을 다루는 법 등이 여기에 포함된다. 매년 지켜지는 종교적 절기에 대한 규례도 여기에 속한다.

사람들은 이와 같이 율법을 세 종류로 분류해 놓고, 의식법과 시민법은 적절한 상황에만 유효하고 도덕법은 영원하다고 한다. 그러나 하나님이 모든 율법을 주신 가장 기본적인 목적은 "너희는 거룩하라 이는 나 여호와 너희 하나님이 거룩함이니라"(레 19:2)에 있다. 모든 율법은 하나님의 거룩하심에서 출발하는 것이다. 그러므로 율법을 도덕법, 시민법, 의식법(moral, civil and ceremonial laws) 등으로 나누어 그중 일부는 아직도 유효하지만 나머지는 유효하지 않다는 주장이 옳은가에 대해 신중하게 생각해 보아야 한다.

(4) 율법

전통적으로 유대인들은 오경이 611개의 율법을 담고 있다고 주장했다. 그러나 주후 12세기에 율법학자 마이모니데스(Maimonides)는 『계명책』(*Sepher Mitzvoth*)이라는 저서를 통해 오경에서 613개의 율법을 찾아냈다. 총 611개의 율법을 찾아낸 유대인의 전통에 두 개를 추가한 것이다. 그가 새롭게 찾아낸 율법은 다음과 같다. 첫째, 십계명을 시작하는 "나는 네 하나님 여호와니라"(출 20:2)라는 선언을 하나님을 믿으라는 명령(계명)으로 해석했다. 둘째, 일명 "쉐마"(Shema; lit., "말씀")라고 불리는 "하나님 여호와는 오직 유일한 여호와시라"(신 6:4)라는 말씀을 하나님이 한 분이라는 것을 믿으라는 명령(율법)으로 해석했다.

마이모니데스가 제시한 613개의 계명 중 248개는 긍정적 율법(viz., "~하라"), 365개는 부정적 율법(viz., "~하지 말라")이다. 그는 인간의 몸이 248개의 부위로 이루어졌다는 것과 연결하여 우리는 하나님의 긍정적인 개념을 우리의 온몸을 다해서 기억해야 한다고 권면했다. 그는 또한 1년 365일과 연결하여 하나님의 말씀을 1년 내내 불순종하지 않도록 기억하라고 역설했다. 이 목표를 달성하기 위해 그는 두 개의 율법을 추가로 '찾아낸' 것이다. 유대인들이 오경에서 찾아낸 율법 613개는 이 책 마지막 부분에 첨부되어 있다.

오경에 기록된 율법은 다양한 주제를 언급한다. 그중 몇 가지 주제를 중심으로 구분해 보면 다음과 같다.

a. 예배에 관한 율법

	출애굽기	레위기	민수기	신명기
누구에게 예배를	20:3, 23; 22:20; 23:13, 24; 34:13–17	19:4; 20:2		5:7; 13:1–18
하나님을 대하는 자세				

	출애굽기	레위기	민수기	신명기
여러 가지 제사	20:24–26; 22:29–30; 23:18–19; 29:10–41; 34:19–20, 25–26	1–7장; 17장; 19:4–8; 20:21–22; 22:18–30	15:2–31; 28:2–8	12:13–14; 17:1
거룩한 날들	20:8–11; 23:12–17; 34:18–24; 35:2–3	16:1–34; 19:3, 30; 23:3–34; 26:2	9:10–14; 28:9–29:38	5:13–15; 16:1–17
서원		27장	6:2–21; 30:2–15	23:18–23
성전에 관한 예식	27:20–21; 30:7–21	10:9; 24:2–9		
정결에 관한 예식		19:19; 21:1–22:16	5:6–31; 19장	21–23장
십일조와 예물	30:12–16		18:8–32	12:17–19; 14:22–29; 15:19–23; 18:1–5; 26:1–15
안식년		25:8–34		15:1–18
우상숭배	20:4–6	26:1		5:8–10; 7:25–26; 12:2–4; 16:21–22
신성모독과 저주	20:7; 22:28	24:14–16		5:11

b. 사회 질서와 윤리에 관한 율법

	출애굽기	레위기	민수기	신명기
지도자				17:14–20
가족	20:12–14; 21:15–17; 22:16–17	19:3, 29, 32; 20:9	27:7–11	5:16–18; 21:10–21; 22:13–30; 23:17; 24:1–4; 25:5–12

	출애굽기	레위기	민수기	신명기
노예	21:1–11	19:20; 25:39–55		23:15–16
땅 소유와 사용	23:10–11	19:9–10; 25:1–7	36:7–9	19:14; 22:9
개인 재산	20:15–17; 21:33–36; 22:1–15	19:11		5:19–21; 22:1–4; 23:24–25
인권 존중	20:13; 21:12–32	19:17–18; 24:17–22		5:17; 24:7
공의	20:16; 22:21–26; 23:1–9	19:11–16, 33–36; 25:35–37	35:11–34	5:20; 16:18–20; 17:2–13; 19:4–121; 21:22–23; 22:6–10; 23:19–20; 24:6–22; 25:1–15
성적(性的), 육체적 순결	22:19	12–15장; 18장; 20:10–21	5:2–3	22:5; 23:9–14
전쟁				20:1–20; 24:5
점술	22:18	19:26–31; 20:27		18:9–14
음식법	22:31	11:1–47; 20:25		12:15–27; 14:3–21

c. 제사 제도에 관한 율법

이름	태우는 부분	그 외 부분	바치는 짐승	언제 혹은 사유	성구
번제	전체	없음	경제적 능력에 따라 흠이 없는 수놈 짐승	모든 죄를 속죄하기 위해. 헌신을 상징함	레 1장
소제	조그만 일부분	제사장들이 먹음	누룩이 들어 있지 않은 떡/빵 혹은 곡식. 소금이 꼭 들어가야 함	첫 열매에 대한 감사	레 2장

이름	태우는 부분	그 외 부분	바치는 짐승	언제 혹은 사유	성구
화목제 감사제 서원제 낙헌제	기름 부분	제사장들과 드리는 사람이 같이 먹음	경제적 능력에 따라 흠이 없는 암/수 짐승. 낙헌제의 경우 조그만 흠이 허락됨	친목 중심 1. 생각지 못했던 축복 2. 서원이 이루어졌을 때 3. 범사에 감사	레 3장 레 22:18–30
속죄제	기름 부분	제사장들이 먹음	제사장이나 회중: 수소. 왕: 숫염소. 평민: 암염소	정결해질 필요가 있을 때	레 4장
속건제	기름 부분	제사장들이 먹음	흠이 없는 숫양	거룩한 것의 신성이 모독되거나 일반적인 범죄와 과실이 있을 때	레 5:6–7

d. 속죄제에 관한 율법

성구	드리는 자	목적	제물	의식
레 4:3–21; 민 15:22–26	대제사장, 공동체	고의성 없는 죄	수송아지, 숫염소	성소에서 피를 뿌림
레 4:22–35	지도자, 평민	고의성 없는 죄	수양, 암염소, 암양	번제단에 피를 뿌림
레 5:1–13	아무나	망각해서 책임을 다하지 못한 죄	암양, 암염소, 비둘기, 곡물	고백, 번제단에 피와 곡물
레 12, 14, 15장; 민 6, 8장	아무나, 나실인, 레위인	심각한 신체적/물리적 부정함	비둘기, 암양, 수송아지	번제단에 피를 뿌림
레 16장	제사장들과 일반인 공동체	성전/장막을 도덕적, 예식적 부정함에서 정결하게 함	수송아지, 숫염소	지성소와 성소, 분향단, 번제단에 피를 뿌림

성구	드리는 자	목적	제물	의식
민 19장	아무나	시체로 부정한 자를 정결케 하기 위한 재를 만듦	붉은 암송아지	이스라엘 진 밖; 성전/장막을 향해 피를 뿌림

예배자가 비둘기도 드릴 형편이 못 된다면, 곡물 10분의 1에바(약 2.2ℓ)를 드릴 수 있다. 속죄제로 드리는 곡물은 소제와 성격이 다르기 때문에 향이나 기름을 섞지 않는다. 향과 기름을 더할 정도로 즐거운 제사가 아니라, 근신하며 죄의 심각성을 자백하는 제사이기 때문이다. 제사장은 이 곡물의 일부를 불사르고, 나머지는 자신의 몫으로 취한다. 그러나 원래 적은 양의 곡물이기 때문에 제사장에게 돌아가는 몫은 그리 많지 않다. 레위기 저자는 각 제사의 제물을 나열하는 일에 있어서 큰 것/비싼 것에서 시작하여 점차로 작은 것/싼 것의 순서대로 한다. 다음 사항을 참고하라.

번　제: 소(1:3–9) → 염소/양(1:10–13) → 비둘기(1:14–17)
소　제: 곡물(2장)
화목제: 소(3:1–5) → 염소/양(3:6–16)
속죄제: 소(4:3–21) → 염소/양(4:22–35; 5:6) → 새(5:7–10) → 곡물(5:11–13)

e. 정결한 짐승과 부정한 짐승에 관한 율법

이 주제의 중심 단어는 정결(טָהוֹר), 부정(טָמֵא)과 가증한 것/더러운 것(שֶׁקֶץ)이다. 정결한 짐승은 하나님의 백성이 먹을 수 있는 것들, 부정한 짐승이나 가증한 것은 곧 하나님의 백성이 먹지 말아야 할 것을 의미한다. 부정한 짐승의 주검을 만지면 부정해지는 것에 비해 가증한 것은 먹을 때만 부정해진다. 그러므로 부정한 짐승들에 대한 법규가 가증한 것들에 대한 법규보다 더 강하다는 것을 알 수 있다.

구분	먹으면	주검에 닿으면
정결(טָהוֹר)	정결	정결
부정(טָמֵא)	부정	부정
가증한 것(שֶׁקֶץ)	부정	정결

정결한 짐승과 부정한 짐승은 전반적으로 다음과 같은 기준에 의해 분류된다.

종류	정결	부정
포유류 (Mammals)	두 가지 조건을 갖추어야 한다: 갈라진 굽 새김질(레 11:3-7; 신 14:6-8)	육식 동물과 정결 조건에 맞지 않는 짐승들
조류 (Birds)	부정하다고 열거되지 않은 새들	1. 다른 짐승을 잡아 먹는 독수리 같은 새들 2. 죽은 시체를 먹는 까마귀 같은 새들 3. 털이 없는 박쥐 같은 새들 (레 11:13-19; 신 14:11-20)
파충(Reptiles)	없음	모든 파충류(레 11:29-30)
물고기/짐승 (Water animals)	두 가지 조건을 갖추어야 한다: 지느러미 비늘(레 11:9-12; 신 14:9-10)	정결 조건에 해당되지 않는 것들
곤충류 (Insects)	메뚜기 종류(레 11:20-23)	날개가 달리고 다리가 네 개인 것들

흠 있는 짐승을 제물로 바칠 수 없다는 것과 신체적 결함이 있는 사람은 제사장 사역을 감당할 수 없다는 규례는 주제뿐만 아니라 구체적으로 지적하는 흠/결함에 있어서도 상당 부분 일맥상통한다.

제사장	제물
맹인	눈 먼 짐승
팔다리가 상한 사람, 손발을 다쳐 장애인이 된 사람	다친 짐승

제사장	제물
고름을 흘리는 사람	고름을 흘리는 짐승
가려움증 환자, 종기를 앓는 환자	옴이 난 것, 종기가 난 짐승
다리를 저는 사람	다리를 저는 짐승
고환이 상한 사람	고환이 터졌거나 으스러졌거나 빠진 짐승
눈에 백태가 낀 사람	혹/낭종

6. 계보

성경에는 많은 계보가 등장한다. 계보는 성경 저자들이 이미 존재하는 문서를 인용하여 정경에 삽입하는 경우가 대부분이다. 계보는 성경 저자들이 정경을 저작할 때 하나님이 하신 말씀을 받아서 쓴 것이 아니라 이미 그들에게 전수된 자료들을 인용했음을 암시한다. 계보는 성경 저자들의 연구와 조사의 열매인 것이다.

성경의 계보는 두 가지로 나뉜다. 첫째, "병렬 계보"(broad genealogy)는 한 세대를 옆으로 나열하는 방식을 취한다(cf. 대상 2:1). 즉, 한 사람의 여러 자녀를 나열하는 경우다. 둘째, "직렬 계보"(deep genealogy) 혹은 "직선적 계보"(linear genealogy)는 한 사람의 후손들을 여러 세대에 걸쳐 나열하는 방식을 취한다(cf. 대상 3:10). 만일 계보가 병렬이면서 동시 직렬이기도 하여 여러 후손을 포괄적으로 다룰 때, 그 계보는 "세분화 되었다"(segmented)고 한다. 좋은 예는 창세기 10-11장을 들 수 있다.

직선적 계보는 대개 4-6대를 정리하는 것이 보편화되어 있다. 그러나 이 종류의 계보는 최소 2대, 최고 10-12대까지 이르기도 한다. 직선적 계보는 10을 중심으로 형성되어 있을 때도 많다(viz., 계보에 등장하는 이름이 열 명, 혹은 10대라는 것). 만일 직선적 계보가 열 명의 이름으로 구성되어 있다면, 이 이름들 중 일곱 번째와 열 번째에 위치한 이름이 가장 중요하다.

부모/조상들로부터 시작되어서 자식/자손들로 이어지는 계보를 "내림 계보"(descending genealogy)라고 한다(cf. 대상 9:39-44). 내림 계보에서 가장 중요한 인물은 마지막에 등장하는 사람이다. 마태가 기록하는 예수님의 계보가 이 종류에 속한다(cf. 마 1:1-16). 반면에 계보가 자식/자손으로부터 부모/조상으로 거슬러 올라가면 "올림 계보"(ascending genealogy)라고 한다(cf. 대상 9:14-16; 눅 3:23-37). 올림 계보도 마지막에 언급되는 조상이 중요 인물이다.

직선적 계보와 세분화된 계보는 서로 다른 기능을 지니고 있다. 직선적 계보는 마지막으로 등장하는 사람을 정당화하는 데 목적이 있다. 이 계보의 초점이 마지막으로 등장하는 인물에게 맞추어져 있는 것이다. 한 예로 출애굽기 6:17-26에 기록된 모세의 계보를 들 수 있다. 이 계보의 목적은 마지막으로 등장하는 모세를 소개하는 데 있다. 반면에 세분화된 계보는 계보에 언급된 사람들의 관계를 드러내는 데 목적이 있다. 그러므로 이 종류의 계보는 그 초점이 특정한 인물에 맞춰지지 않으며, 언급된 사람들의 얽히고 설킨 관계를 부각시킨다(cf. 출 6:14-16).

성경 저자들은 어떤 이유와 목적에서 계보를 사용한 것일까? 최소한 일곱 가지 중요한 목적이 있다(cf. Johnson). 첫째, 현존하는 이스라엘과 이웃 나라들과의 관계를 조명하기 위해 계보를 사용했다(cf. 창 19:36-38). 성경 저자들은 이스라엘 민족이 하나님의 선민이라는 것에 대단한 자부심을 느꼈던 사람들이다. 그러나 동시에 그들은 항상 이스라엘의 위치를 주변 나라들과의 관계에서 정의하는 것을 잊지 않았다. 저자들은 이스라엘이 하나님의 선민이라고 해서 하늘에서 낙하산을 타고 내려온 민족이 아니며, 주변 민족들과 동일한 조상에서 비롯되었음을 확인한다. 예를 들면, 에돔 족과 이스라엘은 이삭의 아들이었던 에서와 야곱에서 비롯되었으므로 같은 피를 나눈 민족이라는 것이다. 저자들은 이처럼 계보를 통해 이스라엘과 이웃 민족들과의 관계를 조명하는 동시에, 동일한 자격을 지닌 다른 족속들은 외면하고 오직 이스라엘만 선민으로 삼으신 하나님의 은혜를 강조하고자 한다.

둘째, 성경 저자들은 계보를 사용하여 과거에는 독립적으로 존재했던 여러 가지 정보/자료를 하나로 모으기를 원한다. 예를 들면, 창세기에는 히브리어로 계보를 뜻하는 단어(תּוֹלְדוֹת: 우리말 성경에서는 족보, 대략, 계보 등으로 번역됨)가 11차례나 사용되었다. 창세기에 한두 개가 아닌 여러 개의 계보가 등장하는 것이다. 그렇다면 모세가 창세기에서 인용하는 계보들은 모두 출처가 동일할까? 대부분의 학자는 그렇지 않은 것으로 생각한다. 모세는 여러 출처를 사용하여 아담 시대부터 요셉 시대까지를 정리하는 것이다. 모세는 여러 출처에 기록된 내용들을 창세기의 계보들을 통해 하나로 묶고 있다.

셋째, 성경 저자들은 이야기 전개 중에 시간을 뛰어 넘기 위해 계보를 사용했다. 계보는 고대 히브리어 문학에서 진행 속도를 빠르게 하는 일종의 "빨리 앞으로 감기"(fast-forward) 역할을 했다. 예를 들면, 창세기 5장에 등장하는 셋의 계보는 아담 시대부터 노아 시대까지 몇 천 년의 세월을 빨리 정리하고 지나가는 기능을 담당한다. 룻으로부터 다윗에 이르기까지의 시간을 빨리 정리해 주는 계보는 룻기 4:18-22에 등장한다.

넷째, 성경 저자들은 자신들이 묘사하는 사건들의 시대 감각을 형성하기 위해 계보를 사용한다(cf. 창 5, 11장). 자신들의 책에 등장하는 인물은 꾸며낸 가상의 인물이 아니고 실존 인물들이며, 자신들이 묘사하는 사건들 역시 실제로 있었던 일이라는 점을 강조하기 위해 계보를 사용하는 것이다. 또한 그 시대를 살았던 인물들의 이름과 나이 등을 언급함으로써, 자신의 작품에 입체감을 더하기도 한다.

다섯째, 성경 저자들은 군인들을 계수함으로 계보가 군사적인 역할을 하도록 한다(cf. 민 26장). 이스라엘 사람들의 숫자가 계속 증가하여 여호와께서 약속하신 "바닷가의 모래 숫자/하늘의 별들의 숫자"와 같아졌는가는 그들의 군인들을 계수해 보면 된다. 즉, 계보는 하나님의 말씀이 그대로 성취되었음을 강조함으로써, 그분의 말씀은 믿을 수 있고 신뢰할 수 있음을 강조하고자 한다.

여섯째, 계보는 한 개인을 정당화하는 역할을 한다(cf. 출 6:14-26). 이 경우 계보는 이야기 진행에서 중심을 차지하는 인물을 소개하는 좋은 방법이 된다. 계보는 또한 유대인 사회의 정체성과 통일성을 유지하게도 한다(cf. 에스라—느헤미야서의 계보들). 한 민족의 정체성과 자아 의식을 정의하는 데 있어서 그 민족의 뿌리를 정리해 주는 계보의 역할이 얼마나 중요할지는 의심의 여지가 없다.

일곱째, 성경 저자들은 하나님의 백성은 어려움과 위기 속에서도 지속된다는 점을 강조하고자 계보를 사용하기도 한다. 이스라엘은 주전 586년에 바빌론의 손에 멸종당하다시피 한 것이 사실이다. 반면에 역대기, 에스라-느헤미야서의 계보들은 비록 이스라엘이 그때 큰 타격을 입었던 것은 사실이지만 하나님의 은혜와 보호 아래 아직도 건재한 민족임을 강조하는 것이다.

성경의 계보를 연구할 때, 저자의 선택권을 인정해야 한다. 이는 성경의 계보가 포괄적이지 않은 경우가 많다는 의미다. 출애굽기 6:14-26은 야곱에서 모세와 아론에 이르기까지를 5대로 정리한다. 그러나 역대상 7:23-27은 요셉에서 여호수아까지를 10대로 정리한다. 이 시대는 이스라엘이 이집트에 머물렀던 시대로, 400년(cf. 창 15:13) 혹은 430년(cf. 출 12:40-41)에 이른다. 일반적으로 생각할 때 400년은 모세의 계보가 정리하는 것처럼 5대로 표현하기에는 너무 긴 시간이다. 반면 여호수아의 계보는 모세의 계보보다 두 배나 많은 세대를 포함하고 있다. 이것은 모세 집안 사람들이 여호수아 집안의 사람들보다 결혼을 평균적으로 두 배 이상 늦게 했다기보다 저자가 편의상 그들의 계보를 임의적으로 정리하고 있다고 생각하는 것이 옳을 것이다. 게다가 당시 사람들이 보통 40-50년을 살았던 점을 감안하면, 여호수아의 계보도

400년의 세월을 충분히 커버한다고 보기는 어려울 것이다. 그렇다면 왜 출애굽기 6장은 400여 년의 긴 세월을 5대로 정리하는가? 근본적으로 이 계보는 모세와 아론을 정당화하는 데 그 목적이 있기 때문에, 정확하고 세부적으로 기록할 필요가 없었던 것이다.

역대상 1-9장의 계보도 이 같은 선별(選別)적인 성향이 확실하게 드러난다. 1장은 아담부터 시작하여 야곱에 이르는 시대를 아주 빨리 지나쳐 버린다. 2-8장은 야곱의 후손들에 대해 자세하게 전한다. 9장은 포로기 이후 시대에 유대 종교의 중심에 서 있던 레위 지파에게 초점을 맞추어 계보를 정리한다. 역대기 저자는 단 지파와 스블론 지파 계보는 아예 언급도 하지 않는다. 납달리 지파 역시 한 구절로 언급할 뿐, 세부적인 계보는 없다. 다윗과 대제사장 엘르아살의 집안 계보만이 포로기 이후 시대까지 정리되고 있다. 즉, 역대기 저자에게 가장 중요한 것은 다윗 왕조와 제사장적인 관심뿐임을 보여 주는 것이다.

7. 연대와 숫자

구약은 하나님이 태초에 계획하신 것을 정하신 때를 따라 이루어 가시는 것을 역사라고 한다. 역사는 하나님의 계획(viz., 예언)이 성취되어 가는 무대라는 차원에서 예언적이다. 세상의 모든 일이 하나님이 계획하신 대로 진행되어 가는 것이 역사라면, 우리는 역사에서 어떠한 패턴이나 리듬과 하모니를 기대할 수 있다. 실제로 이 같은 리듬과 하모니는 거시적인 차원과 미시적인 차원에서 일어난다.

먼저, 미시적인 차원의 일들을 몇 가지 생각해 보자. 아브라함이 하나님의 인도하심에 따라 하란에 살던 가족을 떠나 가나안으로 이주해 올 때의 나이는 75세였다. 그는 약속의 땅에서 25년 동안 살다가 드디어 100세가 되던 해에 이삭을 얻었다. 그리고 이삭이 태어난 후, 75년을 더 살다가 175세에 죽었다. 그의 삶은 중간의 25년이 축이 되어 가나안 밖에서 75년, 이삭이 태어난 후 가나안에서 75년으로 균형을 이룬다.

야곱은 라반의 집에 머물며 두 아내를 얻기 위해 14년 동안 종살이를 했다. 그 후 6년 동안 그는 엄청난 부를 축적해서 고향으로 돌아왔다. 요셉이 종살이와 감옥살이를 마치고 이집트의 국무총리가 된 해는 그가 노예로 팔린 후 14년째 되던 해다. 야곱이 14년의 종살이를 마무리하고 많은 부를 얻게 된 것처럼, 요셉도 14년의 억압생활을 마치고 국무총리가 된 것이다. 또한 요셉이 이집트로 팔려갈 때의 나이는 17세였다. 야곱은 요셉의 초청을 받고 이집트로 내려가 17년을 살고 죽는다.

모세는 120년을 살았는데, 그의 120년은 이집트 생활 40년–미디안 생활 40년–출애굽 40년으로 나뉜다. 역시 확실한 균형을 지니고 있다. 이스라엘의 초대 세 왕의 통치 기간도 각각 40년씩이었다. 사울 40년–다윗 40년–솔로몬 40년 등 세 왕의 통치는 총 120년이다. 이 왕들의 통치 역시 모세의 세 번의 40년 시대처럼 세 번의 40년씩으로 형성되어 있는 것이다. 이 외에도 많은 예가 있다.

거시적인 차원에서도 연대들의 리듬과 하모니는 확연히 드러난다. 인간이 창조된 해를 원년(anno mundi, '창조의 해로부터')으로 간주했을 때 구약은 다음과 같은 연대기를 사용한다(Blenkinsopp).

아담과 하와의 탄생(창 1:26–27)	1년
셋의 탄생(창 5:3)	130년
노아의 탄생(창 5:28)	1056년
셈의 탄생(창 5:32)	1556년
노아의 홍수(창 7:6, 11)	1656년
땅에서 물이 빠짐(창 8:13)	1657년
아르박삿의 탄생(창 11:10)	1658년

데라의 탄생(창 11:24)	1876년
아브람의 탄생(창 11:26)	1946년
아브람의 가나안 입성(창 12:4)	2021년
야곱 집안의 이집트행(창 47:9)	2236년
이스라엘의 이집트 출발(출 12:40-41)	2666년
장막 건축(출 40:1-2, 17)	2667년
시내 산 출발(민 10:11)	2667년
모세의 죽음과 가나안 입성	2706년
솔로몬의 성전 건축 시작(왕상 6:1)	3146년
바빌론 귀양	3576년
성전 재건 결정	3626년
성전 봉헌	4000년(주전 164년)

위 연대표에 따르면, 아담과 하와가 창조된 이후 4000년이 되던 해는 이스라엘 사람들이 안티오쿠스 4세에[13] 의해 훼손된 성전을 정결하게 하여 봉헌했던 주전 164년이다. 오늘날 유대인들이 이 사건을 기념하여 지키는 절기가 하누카(Hanukah)이며, 매년 크리스마스 때쯤 있는 축제다. 하누카가 창조의 원년으로부터 정확히 4000년에 있었던 일이라는 것은 이 사건이 새로운 창조를 상징한다는 의미를 지니는 듯하다.

이 4000년 중 정확히 3분의 2에 해당하는 해가 2666-2667년인데, 이때 이스라엘은 이집트를 출발했고, 광야에서 장막을 만들었다. 출애굽 사건과 장막 건축은 분명 창조 이야기와 연관이 있음을 암시한다. 실제로 많은 학자들은 성막과 에덴 동산의 연관성을 논한다. 에덴이 성막의 모형(type)이라는 것이다.

13 시리아를 중심으로 했던 셀리우쿠스 왕조의 왕으로, 주전 175-164년에 군림했다. 그는 유대인들과 예루살렘 성전에 엄청난 비극을 초래한 사람이었다(cf. 단 11장; 외경에 포함된 마카비1서).

성경은 이스라엘이 이집트에서 종살이한 연수를 430년이라고 하는데, 솔로몬이 성전 건축을 시작한 해부터 바빌론으로 귀양가던 해까지가 또한 430년이다.[14] 이 기간의 중요성은 성경이 솔로몬 이후 이스라엘과 유다의 왕정 시대가 옛 이집트 노예생활을 상기시키는 일종의 '종살이'였음을 암시한다는 사실이다. 성경은 왕정 시대를 매우 부정적으로 묘사하며, 이 같은 현실에 대한 경고는 사무엘이 왕을 세워 달라며 그를 찾아온 이스라엘 장로들에게 한 말과 일맥상통한다(cf. 삼상 8장).

이스라엘이 이집트를 떠나온 때부터 솔로몬의 성전 건축이 시작된 해까지가 480년인데, 솔로몬 성전이 건축되기 시작한 해로부터 귀향민들이 바빌론 사람들에 의해 파괴된 성전을 재건하기로 결정한 때까지가 480년이다. 이처럼 각 사람들의 삶에 있었던 사건들과 이스라엘 역사의 주요 사건들이 신기하게도 일부 특정한 숫자들을 중심으로 있었던 일이다. 성경의 세계에서 숫자가 이처럼 신비로운 면모를 지니고 있음을 염두에 두고 책을 읽어야 한다.

성경의 연대처럼 신비로운 것이 숫자들이다. 우리는 이미 3, 7, 10 등을 만수(완전수)라고 하며 하나님의 사역과 연관시킨다. 반면에 6 혹은 666같은 숫자에 대해는 매우 부정적인 입장을 취한다. 우리는 이미 숫자의 상징성에 대해 상당 부분 이해하고 있는 것이다. 그렇다면 우리는 성경 저자들이 일부 숫자를 제시할 때 실제적인 수(數)를 밝히기 위해서가 아니라 어떤 의미를 상징하면서 제시했을 가능성을 완전히 배제할 수는 없다. 특히 사무엘서–열왕기에 기록된 내용을 바탕으로 이스라엘의 역사를 회고하는 역대기의 경우,[15] 사무엘서와 열왕기에

14 솔로몬이 성전을 건축한 해는 주전 967년이며, 유다 사람들이 바빌론으로 끌려간 해가 586년이다. 그러므로 이 기간 동안의 실제적인 햇수는 381년이다. 그러나 열왕기 저자는 여러 왕들이 아들과 함께 통치했다고 하는데, 이 섭정 기간을 모두 합산하면 430년이 된다.

15 학자들은 사무엘서와 열왕기가 역대기 저자에게 가장 중요한 바탕이 된 자료들이며, 역대기의 50% 이상이 이 정경들을 직접 인용하여 저작된 것이라고 생각한다.

기록된 숫자들보다 훨씬 더 부풀려서 말하는 경향이 짙다. 이러한 상황에서 이 책들이 숫자 사용에 있어서 표면적인 대립을 보인다고 해서 어느 하나가 잘못되었다고 보기보다는, 이 숫자들 중 일부가 상징성을 지니고 사용되었다면 그 상징성에 따라 해석하는 것이 바람직하다.

오경에서 당장 이슈가 될 수 있는 문제는 창세기가 제시하는 선조들의 나이다. 창세기 11:10-26에서 셈족 계보가 제시하는 숫자들을 계산해 보면, 아브라함이 태어난 해는 노아 홍수가 있은 지 292년이 되던 해다. 그렇다면 홍수 이후에도 350년을 더 살았다고 기록된 노아는 (cf. 9:28-29) 아브라함이 태어난 후에도 살아 있었다는 계산이 나온다. 또한 노아의 아들 셈은 야곱 시대에도 살아있었을 뿐만 아니라, 아브라함이 죽은 후에도 35년을 더 살았다.

아브라함은 175세를 일기로 숨을 거두었다(7절). 하란에서 하나님의 도전을 받아 고향을 떠나 가나안 땅에 와서 생활한 지 정확히 100년 만의 일이다. 창세기에 제시된 계보와 연대들을 계산해 보면, 아브라함이 죽었을 때 그의 손자 야곱의 나이는 15세였다. 창세기 저자의 이야기 진행 방식에 따르면 아브라함은 마치 이삭이 결혼한 후 잠시 살다가 죽은 것처럼 묘사되지만, 그는 사라가 죽은 후 38년, 이삭이 결혼한 후 35년을 더 살다가 손자까지 보고 죽었던 것이다.

창세기 저자가 제시하는 정보들을 종합해 보면, 야곱이 결혼을 염두에 두고 라반의 집으로 도주했을 때 그의 나이는 70-80세 정도 되었다. 결혼 적령기라고 하기에는 야곱이 지나치게 늙어 있다. 이때 이삭의 나이는 130-140세 정도였다. 문제는 아브라함과 이후 시대에 대한 고고학적 발굴 자료들에 따르면 당시 사람들의 평균 수명이 40-50세였다는 데 있다. 이러한 시대적 정황을 고려할 때, 이스라엘의 선조들이 모두 100년 이상을 살았고, 야곱이 70-80세에 초혼을 했다는 사실이 쉽게 납득이 가지 않는다. 게다가 공교롭게도 선조들의 나이는 다음과 같은 수학 공식을 형성한다.

아브라함	$175 = 5^2 \times 7$
이삭	$180 = 6^2 \times 5$
야곱	$147 = 7^2 \times 3$
요셉	$110 = (5^2 + 6^2 + 7^2) \times 1$

창세기에 등장하는 선조들의 연대와 사건들에 대해 다음 도표를 참고하라(Walton). 역시 그들의 시대에 사람의 평균 수명이 40–50세였던 점을 감안하면, 그들의 나이를 문자적으로 받아들이기에 상당히 어려운 부분이 있다. 이들의 나이와 행보에서 숫자가 상징적인 의미를 지니고 사용되었을 가능성을 전적으로 배제할 수는 없는 것이다. 이름 뒤에 붙은 괄호 안의 숫자들은 이들이 살았던 연대들을 추정한 것이다. 이 부분은 정확히 알 수 없기 때문에 무시해도 된다.

창세기에서 주어지는 선조들의 연대

사건	나이	연대	성경(창세기)	나이	연대	성경(창세기)
아브라함(주전 2166–1991년)						
가나안 '이민'	75	2091	12			
이스마엘 탄생	86	2080	16			
이삭 탄생	100	2066	21	이삭(주전 2066–1886년)		
모리아 산 사건	115*	2051	22	15	2051	22
이삭 결혼	140	2026	25	40	2026	25
야곱(주전 2006–1859년)				60	2006	25
아브라함 죽음	15	1991	25	75	1991	25
야곱의 도주	77*	1929	28	137	1929	28
야곱 결혼	84	1922	29–30	144	1922	29–30
요셉 탄생	91	1915	30–31	요셉(주전 1915–1805년)		
야곱 귀향	97	1909	31	6	1909	31

사건	나이	연대	성경 (창세기)	나이	연대	성경 (창세기)
요셉 노예생활	108	1898	37	17	1898	37
이삭 죽음	120	1886	35	29	1886	35
요셉 국무총리	121	1885	41	30	1885	41
야곱 애굽행	130	1876	45, 47	39	1876	45, 47
야곱 죽음	147	1859	47	56	1859	47
요셉 죽음				110	1805	50

*는 논리적인 추측일 뿐, 성경이 밝히는 나이는 아니다.

8. 통일성과 구조

우리는 성경의 처음 다섯 권을 하나로 묶어 "모세오경" 혹은 "오경"(五經; Pentateuch)이라고 부르는 데 익숙해져 있다. 전통적으로 모세가 창세기-신명기 전체 혹은 대부분을 기록했다고 생각했기 때문이다. 또한 신명기의 마지막 부분에 기록된 모세의 죽음 역시 이 책들을 나머지 구약 정경으로부터 구분해 내는 데 일조했다. 그러나 이미 오래 전부터 학자들은 구약 성경의 처음 다섯 권, 여섯 권 혹은 아홉 권을 나머지 정경으로부터 따로 구분할 것인가에 대해 논란을 벌여 왔다. 여기에 근대에 접어들어서는 사경(四經)을 주장하는 사람들도 많아졌다.

봉프레르(Bonfrère, 1625), 스피노자(Spinoza, 1670), 게데스(Geddes, 1792) 등은 오경과 여호수아서는 서로 뗄 수 없으며 하나로 간주되고 읽혀야 한다고 주장했다. 에발드(Ewald, 1864)는 이들의 주장을 정리하여 창세기-여호수아서를 "[이스라엘] 역사의 근원 책"이라고 불렀다. 벨하우젠(Wellhausen)도 이에 동조하여 『육경 구성과 구약의 역사서』(1866)라는 제목으로 책을 출판했다.

오늘날에도 오경보다는 육경(六經; Hexateuch)을 선호하는 사람들이 많다. 대표적인 예가 폰라트(von Rad)이다. 그는 『육경 문제』(*The Problem*

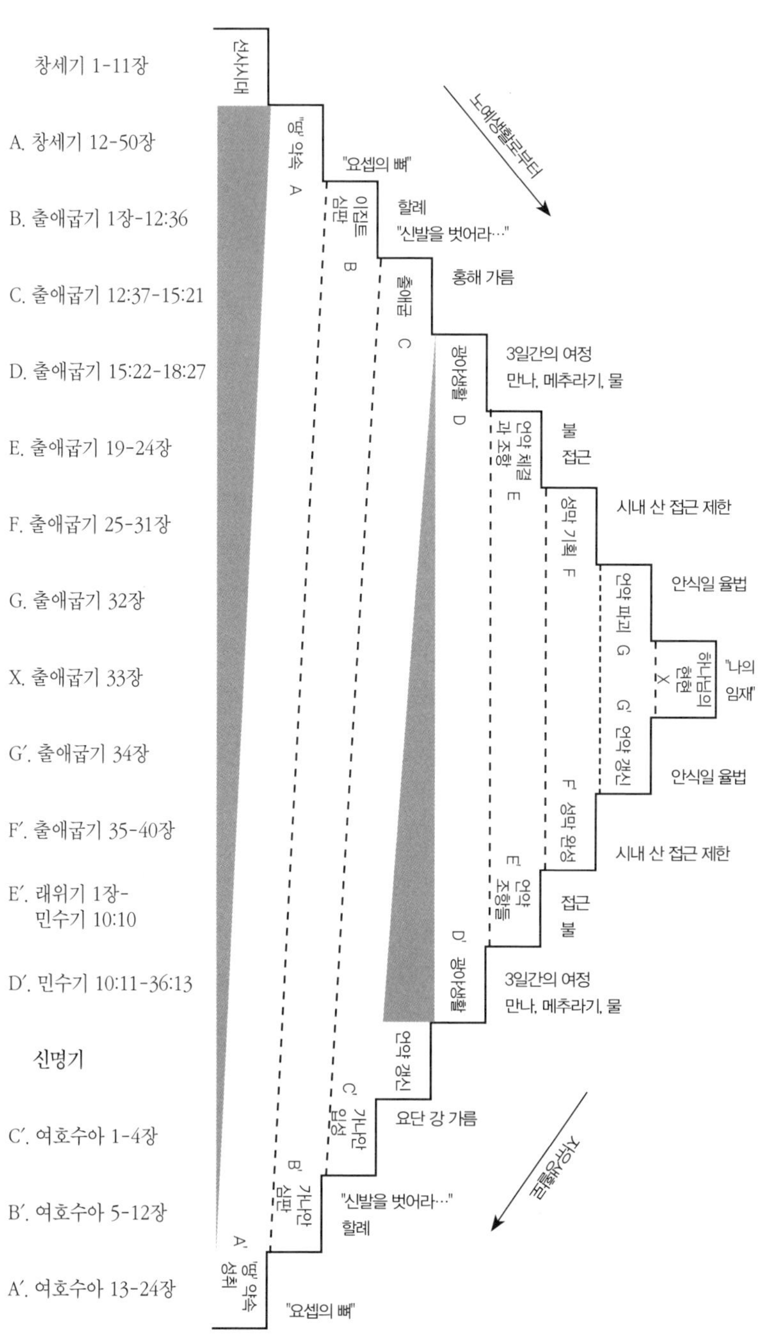
창세기 1-11장
A. 창세기 12-50장
B. 출애굽기 1장-12:36
C. 출애굽기 12:37-15:21
D. 출애굽기 15:22-18:27
E. 출애굽기 19-24장
F. 출애굽기 25-31장
G. 출애굽기 32장
X. 출애굽기 33장
G′. 출애굽기 34장
F′. 출애굽기 35-40장
E′. 레위기 1장-
민수기 10:10
D′. 민수기 10:11-36:13
신명기
C′. 여호수아 1-4장
B′. 여호수아 5-12장
A′. 여호수아 13-24장
선사시대
"땅" 약속 A
이집트 심판 B
출애굽 C
광야생활 D
언약 체결과 조항 E
성막 기획 F
언약 파괴 G
하나님의 현현 X
G′ 언약 갱신
F′ 성막 완성
E′ 언약 조항들
D′ 광야생활
언약 갱신
C′ 가나안 입성
B′ 가나안 심판
A′ "땅" 약속 성취
노예생활로부터
"요셉의 뼈"
할례
"신발을 벗어라…"
홍해 가름
3일간의 여정
만나, 메추라기, 물
불
접근
시내 산 접근 제한
안식일 율법
"나의 임재"
안식일 율법
시내 산 접근 제한
접근
불
3일간의 여정
만나, 메추라기, 물
요단 강 가름
"신발을 벗어라…"
할례
"요셉의 뼈"
자유생활로

of the Hexateuch)라는 책에서 이스라엘의 근원은 "작은 역사적 신조"(small historical creed)에서 찾을 수 있다고 주장했는데, 그가 주장하는 역사적 신조들의 대표적인 예는 신명기 6:21–23, 26:5–9, 여호수아 24:2–13 등이다. 이 신조들의 특징은 모두 땅을 언급한다는 점이다. 그러므로 폰라트는 이스라엘이 가나안 땅을 정복한 이야기를 회고하는 여호수아서가 오경에서 따로 떨어져 취급될 수 없다며 육경을 주장했다. 그렇다면 오경과 육경이 구조적으로 어떻게 어울릴 수 있는가? 위의 예는 밀그롬(Milgrom)이 모세오경과 여호수아서의 유기적 구조를 정리한 것이다.

폰라트의 제자였던 노트(Noth)는 스승과 생각을 달리하여 『오경 전통의 역사』(*A History of Pentateuchal Traditions*)라는 책에서 육경이 아닌 사경(四經; tetrateuch)을 주장했다. 처음으로 오경으로부터 신명기를 삭제하고 나머지 책을 사경으로 부르기 시작한 사람이 노트다. 그가 제시한 이유는 세 가지다. 첫째, 신명기적(Deuternomic) 텍스트가 창세기–민수기에는 거의 등장하지 않으며, 이 같은 사실은 신명기와 이 네 권의 책이 어떠한 연관성도 지니고 있지 않음을 암시한다. 둘째, 창세기–민수기에서 시작된 이야기와 주제들이 여호수아서에 별 영향을 미치지 않는다. 그러므로 육경을 논하는 것은 무리다. 셋째, 신명기는 신명기적 역사(Deuteronomistic History, '여호수아–열왕기하'까지의 호칭)의 서론이다. 출애굽 사건과 광야생활을 회고하는 신명기 1–3장은 이스라엘 역사에 대한 서론이며, 이미 민수기에 기록되어 있는 내용을 반복하고 있다. 이 같은 반복은 뒤 따르는 책들(수–왕하)에 대한 역사적 서론으로 이해될 수밖에 없다. 만일 신명기가 창세기–민수기의 결론이라면, 이 같은 역사적 회고는 필요 없다.

노트는 창세기–민수기가 따로 존재했고, 신명기와 신명기적 역사(DH)도 독립적으로 존재하다가, 이 둘이 합쳐지면서 신명기가 창세기–민수기의 결론이 되었다고 한다. 그래서 신명기를 신명기적 역사에서 따로 떼어낼 필요가 생겼다. 그러나 노트는 창세기-민수기가 이스라엘이 땅을 차지한 이야기를 담고 있는 여호수아서와 연결되는 부분이 있어서 사경이 독립적으로 존재했다고 주장하지는 않았다. 이후 엔그넬(Engnell)이 독립적으로 존재한 사경을 주장하기에 이르렀다. 그는 창세기-출애굽기-레위기-민수기는 P(제사장주의 저자)에 의해 저작되었으며, 신명기와 신명기적 역사는 "제사장주의적 사경"(Priestly Tetrateuch)에서 구분되어야 한다고 주장했다.

일부 학자들은 창세기-열왕기하에[16] 이르는 아홉 권의 책을 통일성과 흐름이 있는 이스라엘의 역사서로 간주해야 한다는 취지에서 구경(九經; Enneateuch)을 주장한다. 이 중 첫 책인 창세기는 세상의 시작에 대한 이야기로 시작하며, 마지막 책인 열왕기하는 바빌론 포로생활로 끝을 맺으며 이스라엘 역사를 총체적으로 회상한다는 것이다. 구경에 기록된 이스라엘 역사의 핵심은 땅이다. 구경이 시작될 때 여호와가 선조들에게 땅을 약속하셨고, 출애굽기-민수기는 광야를 지나 하나님이 선조들에게 약속하신 땅을 향해 가고 있는 이스라엘에 대한 이야기다. 여호수아서는 이스라엘이 드디어 땅을 차지한 이야기를, 사사기는 차지한 땅을 빼앗기지 않으려는 노력에 관한 역사를 회고한다. 다윗과 솔로몬의 통치 아래 이스라엘은 통일왕국으로 존재하다가 솔로몬의 죽음 이후 남 왕국과 북 왕국으로 나뉜다. 이후 이스라엘이 포로가 되어 바빌론으로 끌려감으로써 땅을 잃게 되었다.

프리드맨(Freedman)은 창세기-열왕기를 "주된 역사"(Primary History)라고 부르며 "역대기적 역사"(History of the Chronicler)에서 구분되어야 한다고 주장한다. 역대기적 역사는 역대기와 에스라-느헤미야서로 구성되어 있다. 내용적인 면은 창조 시대부터 다윗이 즉위하기 바로 전까지에 대해 간략하게 정리하고 다윗, 솔로몬, 그리고 그들의 후손에게 집

16 룻기는 제외. 기독교 성경에서는 룻기가 사사기와 사무엘서 사이에 있지만, 히브리어 정경에서 룻기는 성문서 섹션에 포함되어 있다.

중적으로 관심을 표한다. 에스라-느헤미야서는 포로기 이후 이스라엘 공동체의 회복에 대해 회고한다. 주된 역사는 성전 파괴와 포로생활로 끝이 나는 데 반해, 역대기적 역사는 성전 재건과 공동체 회복으로 끝을 맺는다.

위에서 보는 바와 같이 사(四)경, 오(五)경, 육(六)경, 구(九)경 중 어떤 관점을 선호하든지 모든 학자는 이스라엘의 역사를 정리하는 창세기-열왕기의 흐름 또는 연계성을 인정한다. 자신들의 필요와 취향에 따라 이처럼 다양하게 구분하지만, 이 책들이 유기적으로 연관되어 있음을 인식하는 것이다. 그러므로 어느 것을 선호하는가는 그렇게 중요한 이슈가 아니다. 우리는 전통적으로 오경을 지향해 왔는데, 다른 관점에 비해 특별히 문제될 것이 없으니 그대로 유지하는 것이 바람직해 보인다.

전반적으로 모세오경은 내러티브와 시(노래)를 뚜렷한 패턴에 따라 배합하여 사용하는 것 같다. 아브라함의 이야기가 시작되는 창세기 12장에서 모세의 죽음을 언급하는 신명기 34장까지는 다음과 같은 사이클의 반복으로 구성되어 있다. (1) 이야기(Narrative)-(2) 시/노래(Poetry)-(3) 끝말(Epilogue, 이상 Sailhamer). 이러한 구조에서 시/노래는 지금까지 진행된 이야기가 곧 마무리될 것을 알리는 기능을 감당한다.

선조들의 이야기(창 12-50장)

창 12-48장	사건 전개(Narrative)
창 49장	야곱의 노래: 예언(Poetry)
창 50장	끝말(Epilogue)

출애굽 이야기(출 1-15장)

출 1-14장	사건 전개(Narrative)

출 15:1-21	모세와 미리암의 노래(Poetry)
출 15:22-27	끝말(Epilogue)

광야 이야기(출 16-민 36장)

출 16-민 22장	사건 전개(Narrative)
민 23-24장	발람의 노래: 예언(Poetry)
민 25-36장	끝말(Epilogue)

출애굽 2세들을 위한 율법 강론(신 1-34장)

신 1-31장	강론과 설득(Narrative)
신 32-33장	모세의 노래: 축복(Poetry)
신 34장	끝말(Epilogue)

이 같은 현상은 미시적으로도 오경 곳곳에서 포착된다. 그러므로 오경 전체의 구조를 논할 때, 이를 적절하게 반영하여 논의해야 할 것이다. 다음을 참고하라.

천지창조 이야기(1-2장)

1:1-2:22	사건 전개(Narrative)
2:23	아담의 노래(Poetry)
2:24	끝말: 결혼에 대한 설명(Epilogue)

첫 인간들의 타락 이야기(3장)

3:1-13	사건 전개(Narrative)
3:14-19	하나님의 심판(Poetry)
3:20-24	끝말: 보충 설명(Epilogue)

가인과 아벨 이야기(4장)

4:1-22	사건 전개(Narrative)
4:23	라멕의 노래(Poetry)
4:25-26	끝말(Epilogue)

엑스포지멘터리
모세오경 개론

창세기

EXPOSItory comMENTARY

창세기

23 아담이 이르되

"이는 내 뼈 중의 뼈요
살 중의 살이라
이것을 남자에게서 취하였은즉
여자라 부르리라"

하니라 24 이러므로 남자가 부모를 떠나 그의 아내와 합하여 둘이 한 몸을 이
룰지로다 25 아담과 그의 아내 두 사람이 벌거벗었으나 부끄러워하지 아니하니
라(2:23-25).

1 여호와께서 아브람에게 이르시되 너는 너의 고향과 친척과 아버지의 집을 떠
나 내가 네게 보여 줄 땅으로 가라 2 내가 너로 큰 민족을 이루고 네게 복을 주
어 네 이름을 창대하게 하리니 너는 복이 될지라 3 너를 축복하는 자에게는 내
가 복을 내리고 너를 저주하는 자에게는 내가 저주하리니 땅의 모든 족속이
너로 말미암아 복을 얻을 것이라 하신지라(12:1-3).

소개

"창세기"라는 이름이, 구약성경의 첫 번째 책의 내용과 성향을 잘 반영하고 있는 이름은 아니다. 창세기는 여호와 하나님이 어떠한 과정을 통해 세상을 창조하셨는가에 대한 회고를 담고 있다. 그러나 천지창조부터 인간이 죄를 지어 에덴동산에서 쫓겨날 때까지의 일은 고작 3장에 걸쳐 기록되어 있을 뿐이다. 비율로 계산하면, 창세기 50장 전체에서 천지창조 이야기는 겨우 6%에 불과하다. 반면에 아브라함과 요셉의 이야기는 각각 14장씩 구성되어 있으며(28%씩), 여기에 이삭과 야곱의 이야기를 더하면 이스라엘 민족의 4대 조상, 일명 4대 족장의 이야기가 39장에 달하므로 창세기 대부분을 차지한다고 할 수 있다(78%). 그러므로 창세기는 이스라엘 선조들의 행보를 중심으로 구성된 "선조의 책"인 것이다.[1]

총 50장 구성에서, 창조에 관한 이야기가 겨우 3장을 차지하는 것에 비해 선조들의 이야기가 책 대부분을 차지한다는 사실이 시사하는 바가 크다. 전반적으로 성경에서는 많은 분량을 차지하는 요소나 사건이 적은 분량을 차지하는 요소나 사건보다 더 중요하다는 것을 의미한다. 그렇다면 이스라엘 선조들의 삶을 회고하는 일이 천지창조 이야기를 기록하는 것보다 더 중요하단 말인가? 이 사실에 대한 각자의

---

1 "창세기"라는 이름보다는 "근원서/유래서"(Book of Origins)라는 명칭이 더 어울린다. 이 책이 세상의 여러 가지 풍습과 일들이 어떻게 해서 그렇게 되었는지 그 근원과 유래를 설명하고 있기 때문이다. 예를 들자면, 온 인류가 아담과 하와에서 비롯되었다는 사실(1-2장)과 이스라엘 민족이 아브라함이라는 한 사람에게서 유래되었다는 사실(12장), 그리고 하나님과 아브라함의 후손 사이에 어떻게 해서 왕과 백성의 고유한 관계가 맺어지게 되었는가에 대한 설명(15장) 등을 들 수 있다. 이외에도 창세기는 남자와 여자가 결혼하게 된 유래(2장), 창조주가 아름답게 창조하신 세계에 어떻게 죄가 들어와 온 세상을 지배하게 되었는지에 대한 설명(3장), 무지개가 언제부터 주의 백성들에게 특별한 의미가 되었는가에 대한 회고(9장), 세상 민족들이 여러 언어들을 사용하게 된 계기(11장), 세상에 가득한 여러 인종들과 종족들의 시작(10-11장), 이스라엘 사람들이 환도뼈의 큰 힘줄을 먹지 않게 된 이유(32장) 등을 설명하고 있다.

해석은 다를 수 있겠지만, 한 가지 확실한 것은 창세기에서 하나님의 지대한 관심은 천지창조가 아닌 이스라엘의 선조들에게 있었다는 사실이다. 이러한 사실은, 창세기가 강조하고자 하는 중요 주제는 단순히 하나님의 천지창조 사역에 머물지 않고 인류의 구속을 위하여 역사 속에서 사역하시는 하나님임을 의미한다. 그러므로 선조들의 이야기는 천지창조 이야기와 긴밀한 연관성을 유지하며 해석되어야 한다(cf. Fretheim).

훗날 성육신하신 하나님으로 이 땅에 오신 예수님은 한 사람이 온 천하보다 귀하다고 말하며(눅 9:25), 인간의 가치와 존엄성을 강조하신 바 있다. 삼위일체 하나님은 인간 한 사람, 한 사람을 귀히 여기고 매우 사랑하시기 때문에 죄로 인하여 깨어져 버린 창조주 하나님과의 관계를 회복할 수 있는 기회를 성자 하나님의 십자가 사건을 통해 인류에게 허락하셨을 뿐만 아니라, 성령 하나님을 보내어 우리가 천국 가는 날까지 우리를 인도하며 돕도록 하셨다. 아울러 다음 사항을 생각해 보라.

창세기에 등장하는 계보와 자료들을 분석해 보면, 창세기는 아담과 하와가 창조된 날부터 요셉이 죽은 날까지 총 2,309년간의 역사를 회고하고 있음을 알 수 있다(cf. Jones). 아담이 창조된 때부터 아브라함이 가나안으로 가기 위하여 하란을 떠난 때까지가 2,023년에 달하는데, 모세는 이 기간에 있었던 일을 1장부터 11장까지 비교적 간략하게 기록하였다.

그에 비해 아브라함이 하나님의 소명을 받아 하란을 떠나 가나안으로 향한 해부터 요셉이 죽은 해까지는 불과 286년밖에 되지 않는다. 그러나 모세는 이때 있었던 일들을 12장부터 50장까지 상세하고도 자세하게 기록하고 있다. 비율로 말하자면, 창세기 전체 분량의 약 80%(12-50장)가 책이 조명하는 전체 기간(2,309년)의 12%에 지나지 않는 286년간의 선조 시대에 할애되었다. 그러므로 창세기는 분량 할애에 있어서 매우 불균형적인 성향을 보이고 있는 것이다(cf. Sarna).

이러한 불균형은, 하나님이 천지를 창조하고 피조물 중 인간을 특별히 구별하여 구원을 베푸신 일과 매우 밀접한 관계가 있음을 암시한다. 천지창조의 가장 중요한 목적이 인간의 창조와 구원이라고 말할 수는 없다(cf. 1장 주해). 그러나 인간 구원은 온 우주를 위한 하나님의 구속사역의 서곡이다. 또한, 창조는 놀라운 하나님의 구속사역의 시작을 알리는 것에 불과하다(cf. von Rad). 학자들은 이 같은 성경적 상황을 두고, 천지창조에 관한 이야기, 곧 창조론이 하나님의 구원 이야기, 곧 구속론의 서론이라고 표현하기도 하고, 창조론은 구원론에 종속된다고 말하기도 한다.

창세기가 심각한 불균형을 초래하면서까지 인간에 대하여 지대한 관심을 가지는 것은 우연히 이루어진 일이 아니라 분명 창조주 하나님의 의도가 반영된 결과이다. 천지창조가 책의 중요 테마들 중 하나이기는 하지만, 가장 중심 테마인 "인류 역사 속에서 꾸준히 사역하시는 하나님"에 대한 서론에 불과하기 때문이다. 또한, 하나님이 천지를 창조하기 전부터 꾸준히 사역해 오신 것이 사실이지만, 이스라엘 선조들의 이야기가 시작되는 12장 이후부터 더욱 본격적으로 인류 역사에 개입하시기 때문이다.

그러므로 하나님이 이스라엘의 선조 아브라함을 어떻게 택하셨고, 그와 그의 후손들을 통해 하나님의 계획과 섭리를 어떻게 펼쳐 나가셨는지를 알며, 꾸준히 사역하시는 하나님의 거룩한 성품과 인간의 죄성에 대해 알 뿐만 아니라 극적인 대조를 이루어 가는 두 성품 사이의 관계를 제대로 이해하기 위해서는 세상이 시작된 천지창조 때의 이야기를 돌아봐야 한다(Sarna). 세상의 시작을 알리는 창조 이야기가 성경적 세계관과 가치관을 포함하고 있으며 이것은 바로 이스라엘 종교와 이 종교를 바탕으로 하고 있는 기독교의 신학적 근간이 되기 때문이다.

1. 창세기와 다른 책들의 관계

창세기는 가까이는 바로 뒤에 이어지는 모세오경 네 권과 멀리는 신약성경과도 밀접한 관계를 지니고 있다. 먼저 창세기와 출애굽기, 레위기, 민수기, 신명기 등 모세오경과의 관계성을 생각해 보자. 하나님은 아브라함에게 그의 후손들이 이집트에서 400년 종살이 후에 많은 재산을 가지고 나올 것이라고 미리 말씀하셨다(창 15:14). 이 말씀이 출애굽기에서 유월절을 통해 이루어졌다(cf. 출 12-14장). 요셉도 이러한 하나님의 말씀을 알고 있었기 때문에, 먼 훗날 이스라엘 자손들이 이집트를 떠날 때 꼭 자신의 유골을 함께 가져가 가나안에 묻어 달라고 당부하고 죽었다(창 50:24-25). 훗날 모세가 요셉의 유언대로 그의 유골을 안고 출애굽의 여정을 시작했으며(출 13:19), 40년이 지난 다음 여호수아와 이스라엘 사람들이 요셉이 꿈에도 그리던 약속의 땅 세겜에 그의 뼈를 묻어 주었다(수 24:32).

창세기는 하나님이 시내 산에서 모세를 통하여 이스라엘에 주실 율법을 기대하며 쓰였다. 하나님은 6일 동안 천지를 창조하고 7일째 되던 날에는 쉬시고 그날을 복되게 하셨다(창 2:1-3). 이 사실을 근거로 훗날 이스라엘에게 안식일 율법이 선포되었다(출 20:8-11). 아브라함은 조카 롯을 구하는 전쟁에서 돌아오는 길에 지극히 높으신 하나님의 제사장인 멜기세덱에게 십일조를 바쳤다(창 14:20). 야곱도 에서의 진노를 피해 도망가면서 벧엘에서 만난 하나님께 훗날 십일조를 바치겠다고 약속했다(창 28:22). 시내 산에서 십일조에 관한 율법(레 27:30-33; cf. 신 14장)이 주어지기 전부터 아브라함과 야곱은 십일조 규정을 이미 준수하고 있었던 것이다. 이러한 현상은 창세기의 여러 곳에서 포착된다. 노아는 방주에 들어갈 때 정결한 짐승은 7쌍씩, 부정한 짐승은 2마리씩 실었다(창 7:2). 그런데 정결한 짐승과 부정한 짐승의 구분은 시내 산 율법을 통해서야 비로소 구체화된다(레 11장). 노아는 정결한 짐승과 부정한 짐승에 대한 율법이 선포되기 훨씬 이전에 벌써 그 내용을 알고 있었던 것이다.

하나님은 아브라함의 자손들이 복을 받게 될 것을 선언하시면서 그 이유를, 그들의 조상 아브라함이 일생 하나님의 모든 규례와 율법을 잘 준수했기 때문이라고 하셨다: “아브라함이 내 말을 순종하고 내 명령과 내 계명과 내 율례와 내 법도를 지켰음이라”(창 26:5). 그런데 “[내] 명령과 [내] 계명과 [내] 율례와 [내] 법도”(מִשְׁמַרְתִּי מִצְוֹתַי חֻקּוֹתַי וְתוֹרֹתָי)는 훗날 모세가 시내 산에서 선포한 율법을 칭하는 전문적인 용어가 된다. 그렇다면 아브라함 시대에 이미 율법이 있었단 말인가? 시내 산에서 선포된 율법처럼 체계화되고 조직화된 율법은 당연히 없었다. 그러나 창조주 하나님이 온 인류에게 주신 기본적인 가치관과 도덕성을 중심으로 어느 정도의 윤리와 예식적인 규례들은 이미 있었던 것이 확실하다.

성경은 시내 산 율법이 “무(無)에서 유(有)”를 창조하는 것이 아니었음을 시사한다. 시내 산에서 모세를 통해 구체화되고 체계화된 율법이 선포되기 전부터 이미 율법의 다양한 성향과 내용이 미완성된 형태로 부분적으로나마 세상에 존재했다는 것이다. 시내 산 율법과 어느 정도 유사성을 보이고 시대적으로는 모세의 율법보다 수백 년 앞서는 함무라비 법전도 이러한 현상을 반영하는 듯하다. 그러므로 하나님의 율법을 중개한 모세는 이때까지 세상 누구도 들어보지 못한 100% 새로운 율법과 규례를 선포한 것이 아니라, 이미 인류 사회 곳곳에 존재해 있던 규례와 율례들을 모아 보완할 것은 보완하고, 하나님의 직접적인 계시를 통해 추가할 것은 추가해서 조직적이고 체계화된 시스템을 제시한 것이다.

하나님께로부터 받은 계시라 해서 모든 것이 새로울 필요는 없다. 오히려 기독교 세계관이 이러한 생각을 부인하는 듯하다. 우리는 “모든 진리는 하나님께로부터 온 것”이라는 사실을 인정한다. 또한, 하나님이 주의 백성들만을 위한 특별은총(성경)을 주셨지만 동시에 온 세상을 창조한 창조주로서 그들이 사회를 이루며 살아갈 때 사용할 만한 원리와 가치관들을 일반은총으로 주셨다는 것을 인정한다(cf. 롬 2장). 모세는 여호와에 대한 신앙과 상관없이 창조주가 세상에 이미 주셨던 여러 형태의 규정들을 모아서 체계화했고 이것을 율법에 삽입했던 것이다. 그러므로 이스라엘의 선조들은 율법이 주어지기 전부터 "율법"을 지킬 수 있었다(cf. Sailhamer).

창세기와 신약성경의 연계성을 생각해 보자. 최초의 인간들이 선악과를 따 먹자 하나님은 하와를 심판하면서 그녀의 자손과 뱀의 관계에 대하여 "여자의 후손은 네 머리를 상하게 할 것이요 너는 그의 발꿈치를 상하게 할 것이니라"(창 3:15)라고 선언하셨다. 전통적으로 학자들은 이 말씀을 "원시복음"(proto-evangelion)이라 부르며 십자가 사건에 관해 성경에 기록된 최초의 예언으로 간주했다. 또한 어떤 사람들은 아담과 하와가 부끄러움을 가리기 위해 입은 무화과 잎으로 만든 옷을 하나님이 가죽옷으로 바꾸어 입히신 일을 예수 그리스도의 죽음을 예시한 것으로 해석하기도 했다. 가죽옷은 짐승의 죽임을 전제로 하기 때문이다. 이처럼 에덴동산에서 있었던 일이 예수 그리스도의 십자가 사건을 예고하고 있다고 보았다.

아브라함이 조카 롯을 구하기 위한 전쟁을 마치고 돌아오는 길에 만난 "지극히 높으신 하나님의 제사장" 멜기세덱은 매우 신비스러운 인물이다(창 14:18-20). 창세기에서 이곳 외에는 다시는 그를 만나지 못하며 구약성경 전체에서는 시편에 딱 한 번 더 언급되었을 뿐이다(시 110:4). 그런데 신약성경의 히브리서 저자는 이 사람을 자신의 기독론을 전개해 나가는 데 매우 중요한 예수님의 예표(type)로서 인용한다(cf. 히 5-7장). 그는 우리가 보지 못한 예수와 멜기세덱의 연관성을 하나님의 영감에 따라 보고 있는 것이다.

방주에 탔던 노아의 가족과 짐승들을 제외하고 세상 모든 사람과 짐승들이 홍수로 인해 멸망했다(cf. 창 6-8장). 노아와 가족들이 방주에서 나와 땅에서 예배를 드리고 나자 하나님은 인류 때문에 온 세상을 물로 심판하시는 일이 다시는 없을 것이라며 그 증표로 무지개를 주셨다(창 9장). 베드로와 요한은 이 사실을 근거로 인류의 최후가 불 심판을 통해 올 것이라고 예언한다(벧후 3:5-12; 계 8:7-9).

창세기에 의하면 창조 이후 자연 만물은 인간의 죄 때문에 이미 세 차례에 걸쳐 심판을 받았다(창 3장; 4장; 6-9장). 태초부터 많은 파괴를 경험했던 것이다. 훗날 바울은 이러한 사실을 근거로, 거듭된 심판으로 파괴된 자연이 예수 그리스도의 재림을 갈망하고 있다고 말한다(롬 8:19). 왜냐하면, 그날이 되면 인간뿐 아니라 만물이 회복될 것이기 때문이다. 창세기 때부터 파괴되어 온 자연은 예수님의 재림으로 시작되는 종말에 가서야 완전히 회복된다.

최초의 인류는 죄로 인하여 온갖 고통과 질병을 앓게 되었다. 죄와 질병은 하나님의 창조 섭리의 한 부분이 아니라 타락을 통해서 들어온 이질적인 상황이다. 예수 그리스도의 초림을 통해 우리는 인류의 죄와 질병 문제가 하나님의 은혜로 치유되고 본래의 인간성이 회복될 수 있음을 확인받았다. 그러나 최종적인 치유와 회복은 그의 재림 때에나 실현될 것이다. 창세기 이후 죄와 질병에 시달리고 있는 인류는 메시아의 재림을 갈망하게 된 것이다.

이와 같은 사실은 간략하게나마 평안(שָׁלוֹם)과 안식(שַׁבָּת)의 개념으로 설명할 수 있다. 죄로 인하여 인간은 에덴동산이라는 낙원을 잃었을 뿐만 아니라 그 안에서 누렸던 평안과 안식도 잃었다. 이후 인류는 영원한 방랑자가 되어 평안과 안식을 회복할 길을 찾아 나섰다. 바벨탑으로 상징되는 연합을 통하여 이것들을 추구했지만 실패했다. 많은 세월이 흐른 후 이스라엘은 율법을 준수함으로써 평안과 안식을 실현코자 했지만, 이 또한 성공하지 못했다. 선지자들의 가르침에 따라 도덕과 윤리적인 삶을 실현하여 보려고 했지만 역부족이었다. 결국, 인류는 예수 그리스도의 십자가 사역을 통해서야 비로소 평안과 안식을 맛볼 수 있었다. 그러나 겨우 맛만 보았을 뿐이다. 온전한 평안과 안식은 주님의 재림 때에야 주의 백성들에게 임할 것이기 때문이다. 에덴동산을 떠나며 잃은 것들을 종말에 가서야 완전히 되찾게 될 것이다.

인류가 창세기에서 잃고 종말에 되찾게 될 또 다른 것은 영원한 생명이다. 에덴동산의 생명나무(창 3:24)가 계시록에 가서야 다시 모습을 드러내는 것이다(계 22장).

2. 책의 저자

전통적으로 창세기를 포함한 처음 다섯 권은 모세가 저작한 것으로 간주되어 왔으며, 이러한 이유로 인해 지금까지도 이 다섯 권을 "모세오경"(Pentateuch)이라고 부르고 있다. 18세기 계몽주의의 품에서 태어난 합리주의 철학이 학문을 지배하기 전까지는 전통적인 입장, 즉 이 책들이 주전 15세기에 이스라엘을 이집트에서 인도해 냈던 모세에 의하여 쓰였다는 견해가 학계를 지배하다시피 했다. 다만 극소수의 유대인들만이 제한된 범위 내에서 이러한 관점에 문제를 제기했다. 만일 모세가 오경을 모두 기록하였고 오늘날까지 그대로 보존되었다면, 그를 3인칭으로 묘사하는 텍스트들이 왜 오경 곳곳에 있으며, 신명기 마지막 부분에 기록된 모세의 죽음 이야기는 어떻게 이해할 것인가 등이 그들이 제기한 문제들의 주류를 이루었다. 그러나 이들의 문제 제기는 대부분 무시되었다.

비평학이 활성화되면서 전통적 견해는 학계의 혹독한 비판의 대상이 되었다. 여러 추론과 정제 단계를 거친 다음, 비평학계는 모세오경이 바빌론 포로 생활에서 돌아온 이스라엘 공동체가 그들이 전수받은 네 가지 문서를 편집하여 하나로 묶어 놓은 것이라는 주장을 내놓았다. 이 네 문서는 성향에 따라 J-문서, E-문서, D-문서, P-문서로 불렸고, 학자들은 이 문서들이 각기 다른 시대에 서로 다른 곳에서 다른 학파의 저자에 의하여 저작되었기에 신학적인 관심사와 관점이 제각기 다르다고 주장했다. 이 학설이 일명 문서설(Documentary Hypothesis)이다.

문서설은 1876년에 독일의 율리우스 벨하우젠(Julius Wellhausen)이 이전 시대 학자들이 오경의 모세 저작권을 부인하면서 내놓았던 다양한 문제들과 학설들을 총체적이며 체계적으로 정리하여 궤도에 올린 가설로서 오경뿐 아니라 구약학 전반에 매우 다양하고 커다란 영향을 미쳤다. 모세오경 연구에서 비롯된 학설인 만큼 창세기를 연구하게 될 우리가 관심을 가지고 생각해 보아야 할 주제이다. 벨하우젠은 J-문서, E-문서, D-문서, P-문서가 순서대로 집필되었다고 주장한다. 그가 제시한 각 문서의 저작 시대와 특성은 다음과 같다.

제일 먼저 저작된 J-문서는 "야훼 문서"(Jahweist Document)라고 불리며 주전 950년경에 이름이 알려지지 않은 남 왕국 유다 사람에 의하여 저술되었다.[2] 창세기와 출애굽기의 반 이상을 차지하는 야훼 문서(J)는 다음과 같은 특성을 보인다. 첫째, 저자가 각 개인의 사생활에 많은 관심을 가졌다. 아브라함, 이삭, 야곱, 요셉 등 이스라엘 선조들에 관한 이야기의 대부분이 이 특성에 속한다. 둘째, 하나님을 의인화(anthropomorphism)하여 설명하기를 즐겼다. 하나님이 사람과 동행하거나 대화하고 때로는 화를 내시는 등 인간적인 모습을 보이는 장면들이 대체로 이 문서에 속한다. 셋째, 저자가 선지자적인 사상을 지닌 사람이었기 때문에 윤리적, 도덕적, 신학적 이슈들에 관심을 가졌지만 제사나 의식에는 그다지 큰 관심을 나타내지 않았다. 넷째, 이 문서는 하나님의 성호를 주로 여호와(יהוה)로 표기했다.[3] "야훼 문서"라는 명칭이 여기에서 비롯되었다. 다섯째, J-문서는 오경 편집에 사용된 문서 중

2 벨하우젠은 J-문서가 저작된 시기를 주전 850년이라고 했지만, 그의 후예들은 주전 969-930년경이라고 수정했으며, 오늘날 이들의 관점이 정설로 받아들여지고 있다.

3 벨하우젠의 후예들은 이 사항을 거의 언급하지 않는다.

가장 오래된 원시 문서다. 하나님이 제물의 냄새를 맡고 기뻐하시는 장면 등은 대부분 이 문서에 속한다.

그다음으로 저작된 것은 E-문서로 창세기의 3분의 1과 출애굽기의 반을 차지한다. 이 문서는 주전 850년경에 북 왕국 이스라엘에 살았던 이름을 알 수 없는 저자에 의해 집필되었으며 다음과 같은 특징을 지녔다. 첫째, 사건 묘사에 있어서 E-문서 저자는 J-문서 저자보다 더 객관적이지만 신학적, 윤리적 관심도는 낮았다. 둘째, 도시 이름, 사람 이름, 다양한 풍습들이 어디서 유래되었는가와 같은 실제적인 일들을 즐겨 회고했다. 셋째, 북 왕국 이스라엘과 실로에서 사역했던 제사장들에 대해 많은 관심이 있었다. 넷째, 하나님을 엘로힘(אֱלֹהִים)으로 칭하는 특징을 보인다. 그래서 이 문서를 "엘로힘 문서"(Elohist Document)라고 부르게 되었다.

세 번째로 저작된 D-문서는 주전 650-621년경에 남 왕국 유다에서 쓰였으며 특징은 다음과 같다. 첫째, 신명기의 대부분을 차지하며, 설교를 통해 율법을 강론하고 제시한다. 둘째, 하나님을 여호와 우리 하나님(יְהוָה אֱלֹהֵינוּ)으로 칭하고 있다.[4] 셋째, 요시야 왕 시대에 대제사장 힐기야의 주도 아래 예루살렘 제사장들이 왕의 개혁을 돕기 위해 저작했다.[5] 넷째, 남 왕국 유다 백성들 모두가 우상숭배를 버리고 여호와의 성전에 제물을 가지고 오게 하기 위한 목적으로 쓰였다.[6] 학자들은 이 문서를 신명기(Deuteronomy)와 거의 동일한 것으로 간주하고 "신명기 문서"(Deuteronomist Document)라고 부른다.

---

4 창세기에서는 이 표현이 한 번도 사용되지 않았고, 출애굽기에서는 서너 차례 사용되었으며, 나머지는 모두 신명기에서 사용되었다.

5 요시야 왕의 명령에 따라 제사장 힐기야가 성전을 보수하다가 율법 두루마리를 발견했는데(대하 34:14), 이때가 주전 621년이다. 그래서 문서설을 주장하는 학자들은 이때쯤에 신명기가 완성되었을 것으로 본다.

6 학자들은 이들이 훗날 여호수아, 사사기, 사무엘 상하, 열왕기 상하를 편집했다고 전해지는 신명기적 사가들(deuteronomistic historians)의 시초가 되었다고 주장한다.

마지막으로 저작된 P-문서는 주전 550-450년경에[7] 초대 대제사장 아론 계열의 제사장들이 집필하고 개정한 문서로 훗날 율법학자 에스라가 오경에 도입했다.[8] 레위기 대부분과 창세기, 출애굽기, 민수기 일부를 차지하는 P-문서는 다음과 같은 특성을 보인다. 첫째, 짐승을 어떻게 취급하여 제물로 드리는가와 같은 성결의식(Holiness Code)이 주요 관심사다. 둘째, 계보, 숫자, 날짜 등에 관한 관심이 무척 크다. 셋째, 하나님을 엘로힘으로 칭하며 인간과 거리를 두는 매정한 분으로 묘사한다. 넷째, 다루는 내용이 주로 제사 절차, 제물 등 제사장의 일과 관련이 깊으므로 "제사장 문서"(Priestly Document)라고 불린다.

상이한 네 문서가 어떤 과정을 통해 한 권으로 묶이게 되었을까? 벨하우젠에 의하면, 주전 750년경에 네 가지 문서 중 J-문서와 E-문서가 첫 번째 편집자에 의해 먼저 하나로 묶여 JE-문서가 탄생했고, 주전 450년경에 두 번째 편집자가 JE-문서에 D-문서와 P-문서를 더해 오경을 완성했다(cf. Archer).

벨하우젠이 처음 제시한 이후 문서설은 많은 "진화/변화"를 거듭했으며, 오늘날 그의 주장을 그대로 수용하는 사람은 별로 없다(cf. Whybray; Blenkinsopp). 왜냐하면, 문서설이 많은 문제를 안고 있기 때문이다. 간략하게 살펴보면 다음과 같다.[9] 첫째, 벨하우젠은 J-문서와 E-문서가 합쳐져 JE-문서가 탄생했다고 했는데, JE-문서에서 J-문서와 E-문서를 구분해 내는 것이 불가능하다고 생각하는 학자들이 많다. 즉, JE-문서는 각각 존재했던 고유 문서들의 결합체가 아니라 원래부터 하나의 문서였다는 것이다. 각각 독립된 문서였다면 출처를 명

7 일부 주석가들은 에스겔 선지자가 이미 주전 570년경에 이 작업을 시작했다고 보기도 한다.

8 카프맨(Kaufmann), 후르빗츠(Hurvitz), 하란(Haran), 밀그롬(Milgrom), 바인펠트(Weinfeld) 등 유대인 학자들은 P문서가 J문서와 같은 시대에 저작된 것이라고 본다(cf. Harrison).

9 문서설이 안고 있는 문제에 대한 보수적 학자들의 반응에 대하여는 아처(Archer), 해리슨(Harrison) 등의 구약 개론서들을 참조하라. 진보적인 학계의 문서설에 대한 문제 제기에 대하여는 렌톨프(Rendtorf)의 구약 개론을 참조하라.

확하게 구분할 수 있어야 하기 때문이다. 둘째, 문서설을 전적으로 수용하는 학자들 사이에도 오경 내 문서별 구분이 동일하지 않으며 상당한 논란과 의견 차이가 존재한다. 게다가 오경에는 JEDP 네 문서로 분류될 수 없는 부분들이 많다. 학자들은 이러한 텍스트들을 모아 L-문서(Layman Document), 즉 평신도주의 문서라고 부르기도 한다. 셋째, 한 종류의 문서 안에서도 여러 층(layers)이 논의된다. 예를 들자면, P-문서는 P1, P2, P3… 등으로 나뉘며, L-문서 역시 L1, L2, L3… 등으로 나뉜다. 따라서 현실적으로 생각할 때 이러한 현상은 문서설을 출범시켰던 "증거/단서"들이 벨하우젠이 주장했던 것과 달리 확고하지 않음을 드러내고 있다.

그러므로 오늘날 비평학자 대부분은 문서설의 증거를 더 이상 논하지 않는다(cf. Fretheim). 한 학자는 이 문제에 대하여 "우리는 오경 문서들의 저작 시기를 가늠할 때 사용할 만한 기준을 더 이상 가지고 있지 않음을 인정해야 한다"고 고백한다(Rendtorff). 다른 학자는 문서설의 관점에서 창세기를 자세히 연구해 본 다음에 이 같은 결론을 내린다: "문서설은 더 이상 지지될 수 없다. 그러므로 버려야 한다"(Rendsburg). 그렇다면 비평학계가 문서설을 완전히 버렸는가? 절대 아니다. 오히려 관련 학문을 연구하기 위한 전제로서 문서설을 거론한다. 성경비평학을 하기 위해서는 문서설을 의심의 여지 없는 사실로 "믿어야 한다"(Darr). 마치 생물학을 공부하는 사람에게 진화론이 강요되는 것과 마찬가지 경우이다. 그럼에도 불구하고 문서설에 만족하지 못하는 비평학자들의 대안 찾기는 최근 30-40년 동안 매우 활발하게 전개되어 왔다.[10] 아쉬운 점은 문서설처럼 학계를 주도할 만한 학설이 아직까지 나오지 않고 있다는 점이다.

---

10 와이브레이(R. N. Whybray), 슈미트(H. H. Schmid), 렌토르프(R. Rendtorff), 블룸(E. Blum), 존 반 시터즈(J. Van Seters), 톰슨(T. L. Thompson), 프리드먼(R. E. Friedman), 카우프만(Y. Kaufmann) 등이 문서설을 대체할 만한 대안에 대해 논의를 활발히 진행하고 있다.

지난 2000년 동안 교회에 전수되어 온 전통적인 견해, 곧 모세가 오경 전체를 저작했다는 설은 설득력을 잃어버린 역사적 유물에 불과한가? 아니다. 조금만 보완하면 그 어떤 학설보다도 더 설득력이 있다.

다음 사항을 생각해 보자. 성경은 모세가 오경 일부를 저작했을 가능성을 많은 곳에서 암시한다. 하나님이 모세에게 율법을 기록하라고 명령하시는가 하면(출 17:14; 34:27), 모세가 이미 문서화된 자료(책)를 읽기도 한다(출 24:7). 하나님의 명령을 따라 광야 생활의 여정을 순서대로 자세하게 기록하고 있기도 하고(민 33:2), 이스라엘에 이미 문서화된 율법을 준수하라는 권면도 한다(신 28:58, 61; 29:20–21, 27; 30:10; 31:9, 24, 26). 모세 이후 한 세대가 지난 시대를 배경으로 하고 있는 여호수아서는 "모세의 율법책" 혹은 "모세를 통해 주신 율법"이란 표현을 사용한다(수 1:7–8; 8:31; 23:6). 그 외에도 "[모세의] 율법책"을 가리키는 표현이 다수 등장한다(왕상 2:3; 왕하 18:6; 23:2; 대하 25:4; 스 6:18; 느 8:12, 18; 13:1). 이처럼 성경은 모세가 오경의 상당 부분을 기록했음을 전제하고 있다.

그렇다면 모세는 처음부터 끝까지 하나님이 말씀하신 대로 받아썼던 것일까? 그건 아닌 것 같다. 창세기 5장은 "이것은 아담의 계보를 적은 책(סֵפֶר)이니라"(1절, 개정개역)라는 말씀으로 이야기를 시작한다. 우리말 성경에 "책"으로 번역된 히브리어 세페르(סֵפֶר)는 대체로 두루마리 형태의 문서를 뜻한다. 모세가 이미 존재하던 사료들을 인용하고 있음을 시사하고 있는 것이다. 이러한 결론은 민수기 21장 14절에서 "여호와의 전쟁기"(סֵפֶר מִלְחֲמֹת יְהוָה)("Book of the Wars of Yahweh")가 언급된 것에서도 설득력을 얻는다. 모세는 오경을 저작하면서 상당한 양의 자료들을 참조했다. 그는 이 자료들을 인용하여 자신의 책들을 집필해 나갔다. 그의 앞에 "도서관"이 놓여 있었던 것이다. 보충 설명이 필요한 부분은, 하나님이 직접 보여주시거나 가르쳐 주셨을 것이다.

더욱이 창세기에는 구약성경의 다른 어떤 기록보다도 더 오래된 것으로 여겨지는 내용이 많다. 그 내용의 대부분이 모세가 살았던 시대 이전의 문화와 정황을 반영하고 있음이 확실하다(cf. Sarna). 첫째, 창세기에서 사용되는 하나님의 호칭이 독특하다. "내 아버지의 하나님"(אֱלֹהֵי אָבִי)(31:5; 31:42; 32:9) 혹은 "네 아버지의 하나님"(אֱלֹהֵי אָבִיךָ)(26:24; 28:13; 31:29; 43:23; 46:3; 49:25; 50:17)이란 표현은 창세기 외에는 거의 사용되지 않는다. 이렇듯 창세기에서만 사용되고 나머지 구약성경에서는 거의 사용되지 않는 성호들이 있다. 엘 엘리온(אֵל עֶלְיוֹן)(14:18, 19, 22), 엘 샤다이(אֵל שַׁדַּי)(17:1; 28:3; 35:11; 43:14; 48:3), 엘 로이(אֵל רֳאִי)(16:13), 엘 벧엘(אֵל בֵּית־אֵל)(35:7), 엘 올람(אֵל עוֹלָם)(21:33), 엘 엘로헤 이스라엘(אֵל אֱלֹהֵי יִשְׂרָאֵל)(33:20), 엘로헤 하 샤마임(אֱלֹהֵי הַשָּׁמַיִם)(24:3, 7), 엘로헤 하 아렛츠(אֱלֹהֵי הָאָרֶץ)(24:3, 7), 이삭의 두려움(פַּחַד יִצְחָק)(31:42), 야곱의 전능자(אֲבִיר יַעֲקֹב)(49:24), 천지의 주재(קֹנֵה שָׁמַיִם וָאָרֶץ)(14:19, 22).

둘째, 예배 및 제사와 관련된 관례를 생각해 보자. 창세기는 이스라엘의 선조 야곱이 돌기둥(מַצֵּבָה)을 제단으로 세운 일을 기록하고 있다(28:18, 22; 31:13; 35:14). 그러나 후대에 모세는 돌기둥을 하나님이 혐오하시는 것으로 규정하고 이런 제단을 세우지 못하도록 금했다(레 26:1; 신 16:21-22). 창세기의 내용이 모세의 율법에 따라 제한되거나 보충 설명이 없는 것으로 보아 이 이야기는 모세 이전 시대에서 유래한 것이 확실하다. 또한, 아브라함은 브엘세바에서 여호와께 제단을 쌓고 그 옆에 에셀 나무(אֶשֶׁל)를 심었다(21:33). 아브라함의 이런 행동은 훗날 모세를 통해 주어진 율법에 따르면 금지되는 행위다. "네 하나님 여호와를 위하여 쌓은 제단 곁에 어떤 나무로든지 아세라 상을 세우지 말며"(신 16:21). 이 역시 창세기가 모세의 율법이 주어지기 전에 있었던 일의 기록임을 분명히 보여 준다.

셋째, 창세기에 기록된 이스라엘 선조들의 가족 관계를 생각해 보자. 아브라함은 이복동생과 결혼했다(20:12). 그러나 율법은 이러한 행위를 여러 차례 금한다(레 18:9, 11; 20:17; 신 27:22). 야곱은 레아와 라헬

두 자매와 동시에 결혼했는데 레위기 율법은 이러한 혼례를 허용하지 않는다. "너는 네 아내가 살아 있는 동안에는, 네 아내의 형제를 첩으로 데려다가 그 몸을 범하면 안 된다"(레 18:18, 새번역). 창세기는 다말이 남편이 죽은 후에 시아버지 유다에게서 쌍둥이 아들을 얻는 이야기를 기록함으로써 계대 결혼이 죽은 자의 아버지에게까지 유효한 것으로 간주하고 있는데, 신명기 율법에 따르면 계대 결혼의 책임은 형제들에게만 적용된다(신 25:5–10). 실제로 훗날 규례에 의하면 다말과 유다의 관계는 '부적절한 관계'(illicit union)이다. 또한, 율법은 가나안 사람들과의 결혼을 금하고 있는데(출 34:16; 신 7:3), 창세기에서는 이러한 금기를 찾아볼 수 없다. 이 모든 사실이 창세기의 내용이 시내 산에서 율법이 주어지기 전부터 있었음을 암시한다.

넷째, 창세기에서 언급된 풍습, 법적 관례, 사회적 배경 등을 생각해보자. 허벅지 밑에 손을 집어넣고 맹세하는 행위(24:2–3, 9; 47:29)는 창세기 외에 다른 곳에서는 찾아볼 수 없다. 또한, 아이를 낳지 못하는 아내가 자신의 몸종을 남편에게 씨받이로 붙여 주는 행위(16장; 30:1–13)나 장자가 장자권을 포기하는 행위(25:31–34)도 다시 반복되지 않는다. 그리고 신명기 율법에 따르면 야곱이 태생적 순서를 무시하고 맏이가 아닌 동생에게 장자의 복을 빌어 준 것은 불법이다. "어떤 사람이 두 아내를 두었는데 하나는 사랑을 받고 하나는 미움을 받다가 그 사랑을 받는 자와 미움을 받는 자가 둘 다 아들을 낳았다 하자 그 미움을 받는 자의 아들이 장자이면 자기의 소유를 그의 아들들에게 기업으로 나누는 날에 그 사랑을 받는 자의 아들을 장자로 삼아 참 장자 곧 미움을 받는 자의 아들보다 앞세우지 말고 반드시 그 미움을 받는 자의 아들을 장자로 인정하여 자기의 소유에서 그에게는 두 몫을 줄 것이니 그는 자기의 기력의 시작이라 장자의 권리가 그에게 있음이니라"(신 21:15–17). 땅을 사고팔 때 문서를 주고받지 않는 것도 매우 독특한 일이라고 할 수 있다(23:18; 33:19–20).

다섯째, 창세기에 등장하는 사람들의 이름을 생각해 보자. 창세기에는 이스라엘의 선조들과 그 가족들의 이름이 38개 등장하는데 그중 27개는 성경에서 다시 사용되는 일이 없다(Sarna). 모세 시대 이후에는 창세기의 이름들이 더 이상 대중화되지 않았음을 시사한다. 또한, 창세기에 기록된 여러 이름이 하나님의 성호와 연관이 있는데(e.g. 이스라엘, 이스마엘), 이 이름들은 엘로힘(Elohim)의 약식인 엘(El)에 근거한 것들로 야훼(Yahweh)의 약자 야(Yah), 야후(Yahu)와 관련 있지는 않다. 이러한 사실은 출애굽기 6장 2-3절이 언급한 것처럼 모세 이전 시대에는 야훼가 하나님의 기본 성호가 아니었음을 시사하는 듯하다.

여섯째, 장소들의 옛 이름을 생각해 보자. 성경에서 헤브론이 마므레로 불리는 책은 창세기가 유일하다(13:18; 14:13; 18:1; 23:17, 19; 25:9; 35:27; 49:30; 50:13). 또한, "밧단 아람"이 언급된 것도 창세기뿐이다(25:20; 28:2, 5-7; 31:18; 33:18; 35:9, 26; 46:15).

이와 같이 창세기는 모세가 (자료들을 통하여) 전수받은 매우 오래된 이야기들을 반영하고 있다. 그러므로 우리는 모세가 이미 존재했던 여러 자료들을 인용하여 창세기를 비롯한 오경을 저작했다고 결론지을 수 있다.

그렇다면 오경은 모세가 처음 집필했던 그대로 원본이 보존되어 오늘날까지 내려온 것인가? 창세기를 포함한 오경 자체가 이러한 주장을 부인하고 있다. 다음 증거들을 생각해 보자. 모세의 죽음과 장례식에 대하여 기록하고 있는 신명기 34장을 어떻게 이해할 것인가? 일부가 주장하는 바와 같이 모세가 자기 죽음에 대하여 예언적으로 기록한 것일까? 그렇다면 "벳브올 맞은편 모압 땅에 있는 골짜기에 장사되었고 오늘까지 그의 묻힌 곳을 아는 자가 없느니라"(6절)라는 말씀과 "그 후에는 이스라엘에 모세와 같은 선지자가 일어나지 못하였나니 모세는 여호와께서 대면하여 아시던 자요" (10절)라는 말씀을 어떻게 해석할 것인가? 모세가 자신이 죽은 이후에 있을 일까지도 예언하여 남긴 것인가?

그렇게 결론짓기에는 많은 무리수가 있는 듯하다. 첫째, 창세기에 "오늘날/지금까지"(עַד־הַיּוֹם)라는 문구가 자주 등장하는데(19:37, 38; 22:14; 26:33; 32:32; 35:20; 47:26) 학자들은 이 문구를 "저자가 전승 자료를 참조하여 편집하였음을 확인하는 표현"으로 간주한다(Albright; Bright; Childs). 자료를 인용하여 옛이야기를 회고하던 저자가 자신의 시대에 대해 추가 설명이 필요하다 싶으면 "오늘날"이란 말을 첨부하여 이야기를 완성시킨 것이다. 그렇다면 창세기의 저자는 어느 시대를 두고 "오늘"이라고 말한 것일까? 만일 "지금까지"라는 표현이 오경에서만 발견되었다면 "오늘날"을 모세의 시대로 해석하는 데 별로 어려움이 없을 것이다. 그러나 이 표현은 창세기 이후 세대의 이야기인 여호수아나 열왕기에서도 자주 눈에 띈다. 정녕 "오늘"은 언제를 가리키는 것일까? 자세히 살펴보면 "오늘날"은 시대적으로 매우 다양한 때를 나타냄을 알 수 있다.

둘째, 민수기 12장 3절은 "이 사람 모세는 온유함이 지면의 모든 사람보다 더하더라"라고 기록하고 있다. 만일 모세가 이것을 기록했다면, 그는 왜 자신에 대하여 3인칭을 사용했을까? 게다가 과연 그는 정말로 온유한(겸손한) 사람이었던가. 그가 백성들에게 종종 분을 폭발했던 것을 보면 그다지 온유한 사람은 아니었던 듯싶다. 누군가가 모세에 대해 그와 같은 평가를 내려 준 것이다.

셋째, 창세기 36장 31절은 "이스라엘 자손을 다스리는 왕이 있기 전에"라는 시대를 짐작할 수 있는 단서를 보여 준다. 이것은 저자가 이스라엘에 왕이 있던 시절을 살았다는 걸 암시하기 때문이다. 최소한 이스라엘 왕정시대 때 이 구절이 삽입되었음을 확신할 수 있다. 이와 비슷한 증거를 하나 더 살펴보자. 신명기는 가나안 입성을 앞둔 이스라엘이 모압 평지에서 모세의 마지막 가르침과 권면을 받고 있는 상황을 배경으로 하고 있다. 그런데 신명기 2장 12절은 이스라엘이 아직 가나안에 입성하지도 않은 상황에서 이런 평가를 내린다. "이스라엘이 여호와께서 주신 기업의 땅에서 행한 것과 같았느니라." 이 말씀을 삽입하거나 편집한 자는 이스라엘의 가나안 생활이 상당한 부분 실패했음을 이미 역사적 사실로 알고 있다. 창세기 저자는 "그 때에 가나안 사람이 그 땅에 거주하였다"는 표현을 두 차례나 쓰고 있다(12:6; 13:7). 저자가 살던 시대에는 거기에 가나안 사람들이 더 이상 살고 있지 않았기 때문에 이렇게 설명할 필요가 생겼던 것이다. 또한 창세기 14장 14절에 의하면 아브라함은 단까지 쫓아가서 조카 롯을 구했는데, 단은 여호수아 시대 이후에나 그 지역에 붙여진 이름이다(cf. 수 19:47; 삿 18:29).

이 같은 상황을 감안해 일부 학자들은 창세기를 포함한 오경이 다양한 시대의 다양한 신학을 반영하는 "누더기 옷감"(patchwork quilt)과 같다고 함으로써 모세의 저작설을 전적으로 부인한다(Fretheim). 그러나 우리는 오경의 역사성에 대해 비관할 필요가 없다. 이러한 입장은 본문을 이해하는 데도 도움이 되지 않는다. 필자의 생각에는 모세가 오경의 기본적인 것들을 모두 문서로 기록하였고, 먼 훗날 누군가가 과거를 잘 모르는 사람들을 위하여 옛 지명을 최근 이름으로 대체하고, 필요하다고 생각되는 곳에 자신의 설명을 덧붙였을 것이다. 모세의 죽음에 대한 언급도 이러한 맥락에서 충분히 설명될 수 있다.

그렇다면 과연 누가 이러한 작업을 했을까? 필자는 모세오경을 최종적으로 편집한 사람은 율법학자 에스라였을 것으로 생각한다.[11] 성경은 에스라를 "이스라엘의 하나님 여호와께서 주신 모세의 율법에 익숙한 학자(學者)"로 평가하고 있다(스 7:6). 일부 학자들은 에스라가 하나님의 말씀을 이스라엘 사람들에게 올바르게 가르쳤을 뿐만 아니라(cf.

11 주전 400년대에 에스라가 마지막으로 오경을 편집하기 전에, 언제쯤 몇 명이나 오경을 개정하고 보완했는지 알 수 없다. 그러나 설령 밝혀낸다 해도 본문을 해석하고 이해하는 데 별다른 도움이 되지 않는다.

느 8장), 역대기, 에스라, 느헤미야를 쓰기도 했을 것이라고 본다. 그는 하나님 말씀인 정경의 일부를 집필할 수 있을 만한 영감을 지녔던 자였음이 분명하다. 그러므로 그가 바빌론 포로기 이후 시대를 살아가는 이스라엘 사람들을 위하여 모세오경을 개정했다고 해도 성경 영감설과 전혀 상충되지 않으며, 동시에 오경 안에서 포착되는 편집자(들)의 손길에 대한 설득력 있는 답을 제시할 수 있다. 에스라가 최종적으로 오경을 편집할 때 하나님은 그를 통해 전(前) 편집자(들)에 의하여 본문에 도입되었을 수도 있는 모든 오류도 함께 제거하셨을 것이므로 성경의 무오성(無誤性) 교리 또한 침해받지 않는다.

3. 저작연대

앞에서 언급한 것처럼 창세기를 포함한 오경은 모세가 대부분을 저작한 이후 몇몇 사람의 손에 의해 부분적으로 편집되었다가 최종적으로 에스라에 의해 오늘날의 모습을 갖춘 것으로 생각된다. 그렇다면 오경의 원(original) 저자 모세는 언제 이 책들을 집필한 것일까? 모세가 창세기를 포함한 오경을 저작한 시기를 가늠하는 일은 출애굽한 때를 언제로 보느냐와 맞물려 있다. 여기서는 보수 진영의 학자들이 주장하는 두 시대, 이른 출애굽설(Early Exodus)과 늦은 출애굽설(Late Exodus)을 논하고자 한다.

이른 출애굽설을 주장하는 학자들은 이스라엘이 이집트에서 출발한 때를 주전 1450년경으로 추정한다. 그에 비해, 늦은 출애굽설을 주장하는 학자들은 출애굽이 주전 1450년대보다 200년 뒤인 주전 1250년경에 있었을 것으로 추정한다. 그들은 발굴된 여러 고고학적 물증들을 증거로 제시한다. 그러나 출애굽이 실제 역사적 사건임을 견지만 한다면 이른 출애굽설을 따르든 늦은 출애굽설을 수용하든 별로 중요하지 않다.

필자는 개인적으로 이른 출애굽설을 선호한다. 늦은 출애굽설을 따를 경우에 여호수아가 죽은 후부터 사울이 왕으로 즉위한 때까지가 고작 150년밖에 되지 않는다는 것이 가장 큰 이유이다. 이 기간을 역사적 배경으로 삼고 있는 사사 시대부터 엘리—사무엘 시대까지(삿 1장-삼상 12장)의 이야기를 보면 그보다 훨씬 더 오랫동안 지속되었다는 느낌을 받기 때문이다.[12]

4. 신학과 메시지

창세기는 매우 다양한 신학과 메시지를 담고 있다. 이 때문에 창세기는 성경의 어느 책보다도 서구 문명과 문학에 많은 영감을 주었으며 큰 영향을 끼쳤다. 그렇다고 해서 창세기의 절대적인 영향력이 서구 사회에서만 감지되는 것은 아니다. 성경에 기록된 사건들을 배경으로 하는 유대 문학에서도 창세기의 영향이 역력하게 드러난다. 중간사 시대에 쓰인 위경(pseudepigrapha)들 중에 매우 많은 책이 창세기에 묘사된 사건들을 변증하거나 출발점으로 삼았다. 위경 문학의 세계에서 창세기의 영향은 내용이나 분량에 있어서 성경의 다른 책들보다 압도적으로 크다. 이처럼 창세기는 역사 속에서 수많은 사람의 상상력을 자극했으며 이러한 현상은 오늘날까지 지속되고 있다.

창세기가 많은 사람에게 영감을 주게 된 동기는 무엇일까? 아마도 저자의 메시지 전달 방법일 것이다. 그는 이야기를 통해 하나님의 메시지를 선포하고 있다. 이야기들은 우리 주변에 흔히 있을 법한 평범한 일들이 주류를 이루고 있다. 그러므로 사람들은 창세기의 이야기들을 통해 자신들의 삶을 조금 더 객관적인 관점에서 점검할 기회를 갖게 된다. 창세기는 이야기의 능력이 어느 정도인가를 보여 주는 좋은

12 두 학설이 각기 제시한 증거들과 그에 대한 반증들을 요약한(cf. Walton) 도표들은 97-99 페이지를 참고하라.

예라고 할 수 있다.

이제 창세기의 다양한 사상과 메시지들 가운데 몇 가지만 간략하게 살펴보자.

첫째, 창세기는 지속되는 하나님의 창조와 재창조 사역을 보여 준다. 창세기는 끊임없는 하나님의 창조 역사를 묘사하고 있다. 하나님은 맨 처음 세상을 창조하셨고, 그 세상을 유지하고 운영할 청지기로 최초의 인간들을 지으시고, 그들에게 생육하고 번성하라는 축복을 내리셨다(1:26-28). 그러나 최초의 인간들은 하나님의 소명을 잘 감당하지 못하였고, 범죄하여 에덴동산에서 쫓겨나 세상에 유배되었다. 이후 인간들은 세상에서 하나님이 축복해 주신 대로 생육하고 번식했지만, 인구가 늘어날수록 죄악도 늘어 갔다. 결국, 하나님은 인류의 죄 문제 때문에 온 세상을 심판하셨다. 노아 일가와 그와 함께 방주에 탔던 짐승들을 제외하고, 모든 인간과 짐승들을 멸망케 하신 것이다. 아름다운 창조 섭리에 반대되는 역(逆)창조(reversing of creation/anti-creation)가 세상에 임했다.

홍수가 끝난 다음에 하나님은 노아 일가와 그와 함께했던 짐승들에게 옛적에 아담에게 주셨던 생육과 번성의 축복을 다시 내려 주셨다(9:7). 노아 일가를 통한 새 창조, 즉 재창조가 시작된 것이다. 세월이 흐르면서 인류는 다시 번성하여 온 땅을 가득 채웠다. 그러나 인간의 부패는 날이 갈수록 심화되었고, 결국에는 하나님의 권위에 도전하는 범죄를 저지르게 되었다. 이것이 바벨탑 사건이다(11:1-9). 이 일로 인하여 인간은 하나님의 심판을 다시 받게 되었다. 인간을 축복하시고자 하는 하나님의 창조 섭리에 반대되는 일이 다시 한 번 이 땅에 임한 것이다. 그러므로 우리는 1-11장을 읽다 보면 시간이 지날수록 더 심각하게 부패해 가는 인류의 미래에 대해 불안감을 가질 수밖에 없게 된다.

그러나 12장에 접어들면서, 새로이 시작되는 하나님의 창조사역이 우리의 모든 불안을 말끔히 씻어 버린다. 하나님이 온 인류가 아닌 한 부부, 즉 아브라함과 사라를 통해 창조사역을 펼쳐 나갈 의지를 보이신 것이다. 이들은 훗날 여호와의 백성이 되는 이스라엘의 선조들이다. 다만 문제는 이들이 부름을 받았을 때, 자손이 없었는데 자식을 낳을 만한 형편이 안 되었다는 점이다. 그러나 무(無)에서 유(有)를 창조하시는 하나님이 기적을 행하심으로써 이들에게 자손을 주셨다. 이스라엘은 선조 때부터 하나님의 창조사역의 열매였던 것이다. 이후 아브라함의 후손이자 이스라엘의 선조가 되는 이삭과 야곱의 아내들도 불임에 시달렸지만, 그때마다 하나님의 창조사역이 그들을 번성케 하였다. 이처럼 창세기는 끊임없는 하나님의 창조 역사를 회고하고 있으며 창조사역은 오늘날에도 계속되고 있다.

둘째, 창세기를 통해 하나님의 주권이 어떻게 행사되는지 알 수 있다. 하나님은 천지 만물을 창조하신 후에 세상이 홀로 돌아가도록 내버려 두거나 방치하지 않으셨다. 필요에 따라 인류 역사와 각 개인의 삶에 직접 개입하고 간섭하셨다. 인간의 죄와 부패에도 불구하고, 세상 역사를 하나님의 계획과 섭리에 따라 이끌어 가시기 위하여 절대적인 주권을 행사하시는 것이다. 창세기에 기록된 여러 현상이 이러한 사실을 입증하고 있다.

그중 중요한 현상 세 가지를 생각해 보자. 첫 번째 현상은 장자보다 동생들을 통해서 하나님의 사역이 진행된다는 것이다. 고대 근동의 정서에 의하면 동생이 형을 제치고 부모로부터 축복이나 상속을 받는 것은 매우 비정상적인 일이었으며, 시내 산 율법도 이러한 행위를 금하고 있다. 그런데 하나님은 이스마엘이 아닌 이삭을, 에서가 아닌 야곱을, 르우벤이 아닌 유다와 요셉을 선별하여 주님의 역사를 펼쳐 나가는 도구로 사용하셨다. 하나님의 주권이 근동의 정서와 관례를 초월한 것이다.

하나님의 강력한 주권 행사를 드러내는 두 번째 현상은 선조들이 당면했던 위기의 반전에서 찾을 수 있다. 라반은 다양한 모략을 통해 야곱을 착취했고 더 착취하려고 했지만, 결국 하나님이 야곱이 라반에게 착취당한 모든 노동에 대한 대가를 충분히 받을 수 있도록 상황을 만들어 가셨다(30장). 라반의 착취를 반전시키신 것이다. 라반이 야곱을 죽이기 위해 뒤를 쫓았지만, 하나님의 경고를 받고 오히려 그를 축복해 주고 떠나보내야 했다(31장). 에서는 20년 만에 고향으로 돌아오는 동생 야곱을 죽이려고 군대를 이끌고 왔지만, 결국 울면서 그를 환영했다(33장). 형제들은 요셉을 노예로 팔아넘겼지만, 훗날 요셉은 하나님이 야곱의 자손들을 살리기 위하여 먼저 자신을 이집트로 보내셨다고 회고한다(45:5). 하나님이 형제들의 악한 음모를 자신들을 살리는 길로 반전시키신 것이다. 이처럼 창세기는 인간의 음모와 죄가 하나님의 계획과 섭리의 진행을 결코 방해할 수 없음을 강조하고 있다.

하나님이 절대적인 주권을 행사하며 역사를 주도해 나가신다는 세 번째 현상은 숫자의 독특한 사용에서 나타난다. 다음 사항들을 생각해 보자. 아브라함이 죽었을 때 나이가 175세였고(25:7), 이삭이 180세였으며(35:28), 야곱은 147세였다(47:28). 요셉은 이집트 사람들이 가장 이상적인 수명으로 생각했던 110세에 죽었다(50:26). 당시 사람들이 보통 40–50년 정도 살았던 점을 감안하면 이들은 파격적으로 오래 살았다고 할 수 있다.

게다가 선조들의 나이를 살펴보면 다음과 같은 수학 공식을 도출해 낼 수 있다(cf. Wenham).

아브라함	$175 = 5^2 \times 7$
이삭	$180 = 6^2 \times 5$
야곱	$147 = 7^2 \times 3$
요셉	$110 = (5^2 + 6^2 + 7^2) \times 1$

또한, 요셉의 나이를 제외한 다른 나이들에 사용된 숫자의 합은 각각

17이다(cf. Waltke). 같은 방식으로 요셉의 나이 110을 계산해 보면 37이 나온다.

아브라함	$175 = 5^2 \times 7 \rightarrow 5+5+7 = 17$
이삭	$180 = 6^2 \times 5 \rightarrow 6+6+5 = 17$
야곱	$147 = 7^2 \times 3 \rightarrow 7+7+3 = 17$
요셉	$110 = (5^2 + 6^2 + 7^2) \times 1 \rightarrow 5+5+6+6+7+7+1 = 37$

그뿐만 아니라 창세기에서 여러 숫자가 상징성을 지니고 사용된 듯하다. 몇 가지 예를 들어 보자. 야곱은 삼촌 라반의 집에서 두 아내를 얻기 위하여 14년 동안 종살이를 했다(31:41). 요셉이 이집트로 팔려 갔을 때 나이가 17세였고(37:2), 30세에 국무총리가 되었다(41:46). 종살이와 감옥살이 14년 만에 있었던 일이다. 이 두 사건에서 14는 고난과 아픔으로 얼룩진 종살이와 연관되어 있다.

아브라함은 75세에 하나님의 부르심을 받아 가나안으로 갔다(12:4). 그는 100세 되던 해에 이삭의 아버지가 되었고, 그 후 75년을 더 살았다. 하나님의 말씀에 따라 가나안으로 이주했던 때부터 이삭의 탄생을 전후로 75라는 숫자가 그의 삶을 장식하고 있다(75–25–75). 야곱은 130세에 이집트로 내려가서 17년을 더 살다가 147세에 죽었다(47:28). 요셉이 이집트로 내려갔을 때 나이가 17세였다. 17이란 숫자가 야곱과 요셉의 삶을 일부 장식하고 있다.

창세기 저자는 이러한 현상들을 통하여 역사는 우연한 일들의 연속이 아니라 하나님의 철저한 섭리 속에 모든 것이 조화를 이루며 진행되도록 계획된 것임을 강조하고 있다. 저자에게 인간의 역사란 하나님의 계획이 순서대로 펼쳐지는 무대에 불과했던 것이다. 그러므로 주의 백성들은 자신이 처한 상황이 아무리 어렵고 힘들더라도 절망할 필요가 없다. 세상에서 일어나는 모든 일은 좋으신 하나님이 펼쳐 나가시는 섭리에 따라 진행되기에, 참고 견디면 언젠가는 좋은 날이 올 것이 확실하기 때문이다.

셋째, 창세기는 하나님의 소명(calling)을 받은 사람들의 삶을 보여 준다. 창세기는 부르심의 책이라고 해도 과언이 아닐 것이다. 피조세계와 이스라엘은 서로 다른 주제이지만 둘 다 하나님의 소명의 대상이라는 점에서 동일하다고 볼 수 있다(Brueggemann). 하나님은 소명을 통하여 세상 혹은 이스라엘과 특별한 관계를 형성하시기 때문이다. 또한, 소명의 대상들에게 약속과 축복을 주신다. 세상과 자연 만물을 불러 축복하며 생육하고 번식하라는 축복을 주셨다. 아담과 하와를 부르시어 온 땅을 정복하고 다스리라는 축복을 주셨다. 노아를 부르셔서 온 세상을 멸망에 이르게 한 심판 속에서 살길을 주셨다. 아브라함을 부르시어 온 세상의 복의 근원이 되고 많은 자손의 선조가 되라는 축복과 함께 그의 자손들이 가나안 땅을 차지할 것이라는 약속을 주셨다. 야곱을 부르셔서 항상 그와 함께하며 보호하겠다는 약속을 주셨다. 요셉을 부르시어 모든 형제가 심지어 그의 부모까지도 그에게 절하게 될 것이라고 약속하셨다.

이처럼 하나님은 지속적으로 사람을 부르시며 그의 부르심에 순종하는 자들에게 축복과 약속을 주신다. 하나님이 부르시면, 그 소명에 순응하기 위해서 큰 희생이나 대가를 치러야 한다고 생각하는 사람들이 많다. 그러나 소명이야말로 가장 확실한 축복의 통로라는 것이 성경의 실제적인 가르침이다. 아울러 하나님이 사람들에게 소명을 주실 때 약속을 축복으로 주시는 것은 그들에게 주님이 무엇을 요구하시는지를 암시하는 듯하다. 하나님은 소명을 받은 자들에게 그의 약속을 믿고 따르는 믿음을 요구하신다. 경우에 따라 하나님의 약속이 이루어지기 전에 가장 근본적인 것들을 뒤흔드는 혼란과 고통이 먼저 임할 수도 있다. 하지만 그럴 때마다 절망하지 않고 오직 하나님만 믿고 기다리는 믿음을 바라시는 것이다.

넷째, 언약의 주권적인 이행. 창세기의 특징은 하나님이 사람들과 끊임없이 언약을 맺으신다는 점이다. 하나님은 태초에 아담과 그 후에 노아, 아브라함 등과 언약을 맺으셨고, 이스라엘의 선조가 되는 아브라함의 자손들, 즉 이삭, 야곱 등에게는 언약을 재확인해 주셨다. 하나님이 인간과 언약을 맺으면서 언급하시는 주제들이 비슷하다 보니 창세기의 신학이나 메시지를 논할 때 많은 학자가 씨앗/자손(seed), 영토/땅(land), 축복(blessing) 등을 논한다(Hamilton; Mathews; Waltke). 하나님이 아브라함에게 약속하신 땅과 자손과 축복은(12:1-3; 15:1-21) 이스라엘의 가장 중요한 유산이 되어 선조로부터 후손에 이르기까지 대물림을 거듭했다. 그런데 문제는 아브라함을 포함하여 그의 후손들이 끊임없이 하나님의 약속을 위기에 빠뜨렸다는 점이다. 다음 사항들을 생각해 보자.

아브라함이 가나안에 들어서자마자 땅에 기근이 닥쳤다. 그와 식솔들의 생명이 위협받게 된 것이다. 이런 상황에서 아브라함은 하나님의 뜻을 구하기보다는 아주 쉽게 "약속의 땅"을 포기하고 이집트로 내려갔다. 이집트에 들어서면서 그는 자신의 생명을 위협하는 요소들을 최대한 제거한다는 취지에서 아내 사라를 여동생이라고 속였으며, 이러한 사실을 알 리 없는 이집트 왕은 사라를 아내로 취했다(12:10-16). 아브라함의 행동은 인간적으로 매우 수치스러운 일이었을 뿐만 아니라, 하나님이 약속하신 자손 번성의 축복이 사라의 몸에서 태어날 이삭을 통해서 성취되어야 한다는 점을 감안할 때 하나님의 언약을 위기에 빠뜨리는 무책임한 일이었다. 만일 바로가 사라와 관계를 가짐으로써 그녀가 임신하는 상황에 도달했다면 하나님이 아브라함에게 약속하신 자손의 축복은 어떻게 된단 말인가? 결국, 하나님이 이 문제에 직접 개입하여 아브라함이 아무런 해를 입지 않고 아내 사라와 이집트를 떠날 수 있도록 해주셨다(12:17-20).

훗날 아브라함은 동일한 방식으로 아비멜렉도 속였다(20:1-2). 아비멜렉에게 사라를 자신의 아내가 아닌 여동생으로 소개한 것이다. 이집트 왕처럼 아비멜렉도 아브라함의 말만 믿고 사라를 아내로 취했다. 하나님의 약속이 또 한 번 위기를 맞은 것이다. 이번에도 하나님이 직접 개입하셔서 아브라함 부부에게 해가 가지 않는 선에서 이 문제를 해결해 주셨다. 부전자전이라고, 이삭도 아버지 아브라함을 따라 아내 리브가를 자기 누이로 속였다(26:7).[13] 이삭도 하나님의 약속을 위험에 빠뜨렸던 것이다.

아브라함은 이집트의 왕에게 아내를 여동생으로 속인 수치스러운 사건을 통해 큰 부를 축적하게 되었다(12:16, 20). 많은 가축을 이끌고 가나안 땅으로 다시 돌아왔지만, 땅이 비좁았기 때문에 아브라함의 종들과 조카 롯의 종들 사이에 다툼이 잦았다(13:6). 아브라함은 문제를 해결하기 위하여 롯에게 한 가지 제안을 했다. 롯이 먼저 원하는 땅을 선택하여 떠나면 자신은 그 반대 방향으로 가겠다고 한 것이다(13:8-9). 조카를 배려하는 듯 보이는 그의 평범한 제안은 사실 하나님의 약속을 다시 한 번 위험에 빠뜨리는 지혜롭지 않은 처사였다. 하나님은 아브라함의 자손에게 가나안 땅을 기업으로 주시겠다고 약속했는데, 그는 롯에게 가나안 땅을 택할 권한을 주었던 것이다! 이때 만일 롯이 요단 강 서편을 선택하여 정착했다면, 하나님은 아브라함과 그의 후손들에게 약속한 땅을 주기 위해 새로운 계획을 구상하셔야만 했을 것이다. 다행히 롯이 약속의 땅 바깥쪽에 있는 요단 강 동편 소돔과 고모라를 택함으로써 위기를 피할 수 있었다(13:10). 롯이 소돔과 고모라를 마치 "주의 동산"(13:10)처럼 여기도록 하나님이 간접적으로 개입하시어 그로 하여금 그곳을 선택하게 하신 것으로 생각된다.

야곱이 라반의 집에서 돌아와 가나안 지역에 정착하기 시작했을 무렵에 딸 디나가 마을에 나갔다가 세겜에게 강간을 당하는 일이 일어났

13 일부 주석가들은 창세기가 한 번 있었던 일을 재탕, 삼탕하고 있다고 하지만, 그렇게 결론짓기에는 증거와 설득력이 부족하다.

다(34장). 세겜은 디나를 자기 집에 둔 채 아버지를 야곱에게 보내 결혼을 허락해 줄 것을 요청했다. 야곱은 아들들과 상의한 뒤 세겜의 아버지 하몰의 제의를 받아들여 딸을 주기로 했을 뿐만 아니라 그들과 피를 섞으며 함께 살기로 했다. 오랜 타향살이와 방랑 생활에 지쳤던 탓일까? 야곱은 그곳에 안착하려고 했던 것이다. 그러나 만일 그때 야곱의 자녀들이 세겜 사람들과 피를 섞고 함께 살았다면 이스라엘의 미래가 어떻게 되었겠는가? 34장에 기록된 내용을 종합해 볼 때 세겜 사람들의 수가 야곱의 자손들보다 월등히 많았음이 틀림없다. 그렇다면 야곱과 그의 자손들이 이방 민족인 세겜을 흡수하기보다는 오히려 흡수당할 확률이 훨씬 더 높다. 결국, 야곱은 본의 아니게 하나님이 아브라함과 자손들에게 약속하셨던 모든 축복을 위험에 빠뜨린 셈이 되었다. 그러나 두 아들, 시므온과 레위가 잔인하게 복수함으로써 다행히 하나님의 약속이 위기에 빠지는 것을 방지했다.

유다와 며느리 다말 사이에 벌어진 일(38장) 역시 이러한 맥락에서 이해될 수 있다. 유다의 장남이자 다말의 남편이었던 엘이 자식을 두지 않은 채 죽었다. 유다는 당시 풍습에 따라 다말과 둘째 아들 오난을 결혼시켰다. 그러나 하나님이 오난을 죽이셨다. 하나님의 축복을 다음 세대로 전승해야 하는 자들이 씨앗을 남기지 못한 채 죽은 것이다. 관례에 의하면 셋째 아들 셀라가 형수 다말과 결혼하여 대를 잇도록 해야 하는데, 유다는 셀라마저 잃게 될까 봐 다말을 친정으로 돌려보냈다. 오랜 세월이 지나도 유다가 셀라를 다말과 결혼시키지 않자 결국 다말이 꾀를 내어 시아버지를 통해 죽은 남편의 대를 잇는 망측한 일이 벌어졌다. 유다가 처음에는 다말을 불에 태워 죽이려고 했지만, 정황을 파악하고는 "네가 나보다 옳다"고 말하며 그녀를 놓아주었다. 무슨 뜻일까? 창세기 49장 8-12절은 메시아가 오실 때까지 이스라엘의 통치권이 유다 지파와 함께할 것을 선언하고 있다. 그런데 유다는 집안의 대를 이을 자손을 생산해 내야 한다는 부담감을 전혀 느끼지 않고 방관함으로써 그의 후손을 통해 축복의 약속을 이루고자 하시는 하나님의 뜻을 저버릴 위험에 처했던 것이다.

선조들의 이 같은 행동은, 비록 그들이 하나님의 놀라운 축복을 약속으로 받긴 했지만, 그들에게는 약속이 성취될 때까지 자신들의 몫을 감당할 만한 능력이 없었다는 점을 강조한다. 인간은 이처럼 나약한 존재이다. 창세기 저자는 인간에게 은혜로운 약속을 주신 분도, 그 약속이 실현되도록 철저하게 지켜 주셔야 할 분도 하나님이심을 강조한다. 인간은 주님께 받은 축복을 자신의 것으로 지켜 낼 능력마저 갖추지 못했다. 그렇기 때문에 그가 받은 축복을 누리는 복된 삶은 하나님의 절대적인 주권과 능력만이 가능케 한다.

5. 창세기를 읽으면서 유념할 점

창세기를 공부할 때 염두에 두어야 할 사항들이 있다. 먼저 숫자에 관심을 두어야 한다. 우리는 3, 7, 10, 12 등을 완전수 혹은 거룩한 숫자라고 생각한다. 반면에 666은 적그리스도의 숫자로 간주한다. 이스라엘이 이집트에서 430년 동안 종살이를 한 뒤부터 성경에서 430이란 숫자는 노예생활과 속박을 상징하기 시작했다. 40은 고통과 위기의 숫자인 동시에 한 세대를 상징하는 숫자다. 이처럼 우리는 일부 숫자들이 상징하는 바에 초점을 두어 텍스트를 해석하곤 한다. 창세기에서도 이러한 가능성에 마음을 열어 두고 본문을 읽어 내려간다면 말씀을 훨씬 더 풍요롭게 접할 수 있을 것이다.

창세기와 관련된 숫자 하나를 예로 들어 보자. 마태는 아브라함으로부터 다윗까지, 다윗에서 바벨론 포로생활까지, 포로생활에서 예수 그리스도의 시대까지를 각각 14대로 구분한다(마 1장). 그러나 구약에 기록된 계보를 추적해 보면, 14대씩 균형 있게 구분되지 않는 것을 알 수 있다. 실제로 아브라함과 예수님 사이에는 42대보다 더 많은 세대가 끼어 있다. 게다가 구약에서 "누구의 아들"이란 개념은 매우 유동적이다. 경우에 따라서는 몇 세대의 차이를 "아들"로 표현하기도 하기 때문이다.

그런데 14라는 숫자가 어떤 의미가 있기에 마태가 예수님의 계보를 14대씩 3개의 시기로 제시한 것일까? 두 가지 이유에서다. 첫째, 마소라 사본은 숫자를 표기할 때 아라비아 숫자를 사용하지 않았다. 각 히브리어 알파벳이 고유 숫자를 의미하도록 해서 사용했다. 다윗의 히브리어 이름(דָּוִד)에 사용된 알파벳에 해당되는 숫자를 더해 보면 14가 된다. 마태는 이러한 표현 방식을 통해 예수님은 참으로 다윗의 후손이심을 강조하고자 했다. 둘째, 창세기에서 숫자들이 상징하는 바를 바탕으로 추측해 보면 다음과 같은 이유를 도출해 낼 수 있다. 야곱은 라반의 집에 머물면서 두 아내를 위하여 14년 동안 종살이를 했다. 요셉은 17살 때 이집트로 끌려갔다가 14년째 되던 해인 30세 때 국무총리가 되었다. 창세기에서는 14가 속박과 억압의 숫자인 것이다. 이러한 배경을 바탕으로 마태가 예수님의 계보를 14—14—14대로 정리한 것은, 죄의 노예가 되어 고통받고 있던 인류에게 그들을 묶고 있는 모든 억압의 사슬을 끊고 자유케 하실 구세주가 오셨다는 점을 강조하고자 했던 게 아닐까?

이처럼 각 시대 사람들의 삶과 이스라엘 역사의 주요 이벤트들이 신기하게도 특정 숫자들을 중심으로 관계를 맺고 있음을 알 수 있다. 성경의 세계에서는 숫자들이 신비한 면모를 드러냄을 염두에 두고 책을 읽어야 한다.

마지막으로, 창세기를 읽으며 염두에 두어야 할 것은 "족보"(generations)라는 개념이다.[14] 족보의 히브리어 톨레돗(תּוֹלְדֹת)은 창세기에서 섹션을 구분하는 표제로 11차례 사용되었다(2:4; 5:1; 6:9; 10:1; 11:10, 27; 25:12,

14 개역개정은 이 단어를 주로 "족보"(6:9; 10:1; 11:10, 27; 25:12, 19; 36:1, 9; 37:2)로 번역했지만, 일부 "내력"(2:4)과 "계보"(5:1)로 번역하기도 했다.

19; 36:1, 9; 37:2). 이 단어가 책을 세분화시키는 기능을 하는 것은 확실하지만, 그 기능을 정의하기는 쉽지 않다.[15] 이 단어가 상당히 다양한 역할을 하고 있기 때문이다. 앞서 기록된 내용과 연관되거나(5:1) 그 섹션의 중심인물과 연관되거나(6:9) 아니면 뒤따르는 내용의 중심인물의 아버지와 연관되어 있는(11:27) 등 상당히 다양한 면모를 보인다. 게다가 이 단어는 짤막한 직선 계보(linear genealogy: 한 세대에 대표자 한 사람만 언급하는 계보; cf. 5:1; 11:10) 혹은 단층 계보(segmented genealogy: 각 세대의 자손 여럿을 동시에 나열하는 계보; cf. 25:12; 36:1)뿐만 아니라, 긴 이야기와 연관되어 사용되기도 하며(2:4; 6:9; 11:27; 25:19; 37:2), 이 두 가지를 섞어 놓은 텍스트에서도 사용된다(10:1–11:26)(cf. Wilson). 이 단어가 사용된 곳을 살펴보면, 그다지 필요하지 않은 곳에서도 쓰여 오히려 글의 흐름을 끊어 놓는 듯한 느낌을 주기도 한다(e.g. 36:1, 9). 한편, 서로 다른 장르나 내용을 하나로 묶는 역할도 하는 듯하다. 예를 들면, 6장 9절은 직접적인 연관성이 없어 보이는 셋의 계보(5:1–32)와 하나님의 인류 심판 결정(6:1–8)을 함께 묶는 역할을 하는 것이다(Wilson).

톨레돗의 기능이 이처럼 다양하다 보니 단어의 정확한 의미와 역할은 아직도 학자들 사이에 논란이 되고 있다. 개역한글이 톨레돗 한 단어를 다섯 개 다른 단어로 번역한 것을 보면 이 단어의 의미를 정확히 규정하는 것이 얼마나 힘든가를 알 수 있다: 대략(2:4; 36:1); 계보(5:1); 사적(6:9); 후예(10:1; 11:10, 27; 25:12, 19); 약전(37:2). 이같이 의미적 다양성과 폭넓은 기능을 가졌음에도 불구하고 톨레돗이 창세기에서 지속적으로 사용되었던 것은 저자가 이야기를 전개해 나갈 때 이 단어를 전략적으로 사용하고 있음을 암시한다(Wilson). 이 단어의 사용이 창세기의 구조에 결정적인 영향을 미친 것이다(cf. 구조 섹션). 그래서 창세기

15 창세기에서 이 단어가 11차례 사용된 점을 근거로 하여 어떤 학자가 창세기 1장 1절에서 37장 2a절까지가 원래 11개의 토판에서 도입된 것이며 모세가 여기에 요셉 이야기를 더한 것이라고 주장하기도 했다(Harrison).

의 구조를 논할 때, 많은 학자가 이 단어의 사용을 기준으로 섹션을 구분한다. 학자들은 이 단어가 저자가 창세기를 저작하면서 인용한 출처에서 텍스트를 도입할 때 함께 따라온 것이라는 데는 공감하지만, 출처에 기록된 내용 전부가 몇 개로 나뉘어 창세기 곳곳에 삽입된 것인지, 아니면 일부분만 선별적으로 책에 반영된 것인지에 대해서는 의견이 분분하다. 한 가지 확실한 것은 이 단어가 사용될 때마다 새로운 섹션이 시작되거나, 이때까지 전개된 이야기가 마무리됨을 알린다는 점이다.

톨레돗의 다양한 기능이 어떻게 정의되든 간에 단어의 가장 기본적인 의미는 "족보"이다. 그렇다면 창세기는 왜 이렇게 족보에 깊은 관심을 쏟는 것일까? 무엇보다도 이스라엘의 역사가 시작되기 전에 세상의 역사가 어떻게 진행되어 왔는가를 보여 주기 위해서일 것이다.

이러한 사실은 우리의 존재성과도 깊은 연관이 있다. 사람의 가치와 자존감을 논할 때 가장 중요한 이슈는 아마도 "우리는 누구에게서/어디서 왔는가?"일 것이다. 창세기는 이 문제에 대하여 명쾌한 답을 제시하고 있다: "인간은 하나님께로부터 왔으며, 하나님의 형상대로 지음을 받았다." 그렇기 때문에 아무리 흉악한 자라도 사랑받을 자격이 있는 것이다.

6. 구조

창세기가 다양한 장르의 텍스트로 구성된 책이다 보니 보는 시각에 따라 성향과 구조를 매우 다르게 볼 수 있다. 베스터만(Westermann)은 창세기가 근본적으로 이야기체(Narrative)와 숫자체(Numerative), 두 가지 문체로 구성되어 있다고 주장한다. 숫자체는 계보(목록)와 나이 등에 관한 기록을 뜻한다. 창세기의 구조를 연구하는 데 있어서 계보의 위치가 매우 중요하다는 것은 모두가 인정하는 바이다. 심지어 "창세기의 플롯은 계보다"라고 주장하는 학자도 있다(Steinberg). 그러나 이 책 안에는 시/노래도 많이 등장한다(2:23; 3:14–19; 4:23–24; 9:25–27; 16:11–12; 25:23; 27:27–29, 39–40; 49:1–27). 실제로 창세기를 포함한 오경의 전체 구조를 보면 시/노래가 중요한 위치에 전략적으로 배치된 듯한 느낌을 받는다.

창세기뿐 아니라 오경 전체에서 반복되는 장르의 변화를 가장 정확하게 정리한 학자는 세일해머(Sailhamer)다. 세일해머는 아브라함의 이야기가 시작되는 창세기 12장에서 모세의 죽음을 언급하는 신명기 34장 사이에 다음과 같은 사이클이 반복되고 있음을 발견했다: (1) 이야기(Narrative) — (2) 시/노래(Poetry) — (3) 끝말(Epilogue)[16]. 이러한 구조에서 시/노래는 이때까지 진행된 이야기가 곧 마무리될 것임을 알리는 기능을 담당한다.

이 같은 사이클의 반복이 창세기 1–11장에서도 상당 부분 포착된다. 오경은 이 사이클의 반복을 염두에 두고 최종적으로 정리되었음을 암시하는 듯하다. 그러므로 특별한 경우가 아니라면, 이와 같은 경계선들을 존중하면서 창세기의 구조를 논하는 것이 바람직하다. 다음 내용을 참조하라(Sailhamer).

천지창조 이야기(1–2장)

1:1–2:22	사건의 전개(Narrative)
2:23	아담의 노래(Poetry)
2:24	끝말: 결혼에 대한 설명(Epilogue)

첫 인간들의 타락 이야기(3장)

3:1–13	사건의 전개(Narrative)
3:14–19	하나님의 심판(Poetry)

16 세일해머가 정리한 반복되는 사이클의 내용은 140–141페이지를 참고하라.

3:20–24　　끝말: 보충 설명(Epilogue)

가인과 아벨 이야기(4장)

4:1–22　　사건의 전개(Narrative)
4:23–24　　라멕의 노래(Poetry)
4:25–26　　끝말(Epilogue)

위 내용을 중심으로, 창세기는 다음과 같은 역사적 순서대로 구성된 책으로 이해될 수 있다. (1) 창조의 과정 설명(1:1–2:3), (2) 인류의 등장과 발전 그리고 타락(2:4–11:26), (3) 이스라엘 선조들의 삶(11:27–50:26)(Sarna). 비슷한 맥락에서 해밀턴(Hamilton)은 창세기를 인류의 시작(generation)(1–2장)에서 타락(degeneration)(3–11장)으로, 최종적으로 회심(regeneration)(12–50장)에 이르는 책으로 이해한다.

한편, 창세기를 소명/부르심(calling)의 책으로 간주하는 부르그만(Brueggemann)은 다음과 같은 구조를 제시한다. (1) 하나님의 주권적인 부르심(The Sovereign Call of God)(1:1–11:29), (2) 하나님의 껴안으시는 부르심(The Embraced Call of God)(11:30–25:18), (3) 하나님의 갈등적인 부르심(The Conflicted Call of God)(25:19–36:43), (4) 하나님의 숨겨진 부르심(The Hidden Call of God)(37:1–50:26).

위 학자들 모두 창세기의 가장 자연스러운 구분을 1–11장과 12–50장으로 의식하고 있는 것이다. 실제로 창세기의 구조를 가장 간략하게 분석하자면 다음과 같다.

I. 인류 역사의 시작(1–11장)
　A. 천지창조(1–2장)
　B. 인간의 타락(3–11장)
　　1. 원인(3장)

2. 결과(4-11장)

II. 선조들의 이야기(12-50장)
A. 아브라함 이야기(12-25장)
B. 야곱 이야기(26-36장)[17]
C. 요셉 이야기(37-50장)

그러나 이미 언급한 것처럼 11차례나 등장하는 톨레돗(תּוֹלְדֹת; 계보/대략)의 위치를 무시하고 책의 구조를 파악하는 일은 어떠한 경우에라도 정당화될 수 없다(Wilson; cf. Westermann; Sailhamer; Walton; cf. 2:4; 5:1; 6:9; 10:1; 11:10, 27; 25:12, 19; 36:1, 9; 37:2).

천지창조 이야기(1:1-2:3)를 따로 취급하면, 톨레돗이 처음 등장하는 2장 4절부터 책의 끝인 50장 26절까지의 구조를 다음과 같이 분석할 수 있다. 개역한글판에서 톨레돗(תּוֹלְדֹת)을 번역한 단어를 따옴표로 표시하였다.

천지창조 이야기(1:1-2:3)
천지의 창조된 "대략"(2:4-4:26)
아담 자손의 "계보"(5:1-6:8)
노아의 "사적"(6:9-9:29)
노아의 아들 셈과 함과 야벳의 "후예"(10:1-11:9)
셈의 "후예"(11:10-26)
데라의 "후예"(11:27-25:11)
이스마엘의 "후예"(25:12-18)
이삭의 "후예"(25:19-35:29)
에돔의 "대략"(36:1-8)

17 이삭의 이야기는 독자적으로 분리되지 않고, 아브라함과 야곱의 이야기 속에 편입되었다.

에서의 "대략"(36:9–37:1)[18]
야곱의 "약전"(37:2–50:26)

또한 톨레돗을 기준으로 1–11장을 분석해 보면, 다음과 같은 규칙적 패턴을 발견하게 된다(Kikawada & Quinn). 이 구조에서 아벨이 죽은 후 하와가 셋을 얻게 된 일(4:25–26)만이 예외적이다.

A. 천지창조(1:1–2:3)
톨레돗 = 하늘과 땅(2:4)
B. 아담과 하와(2:5–3:24)
톨레돗 = 하와의 아들들(4:1–2)
C. 가인과 아벨(4:3–16)
톨레돗 = 가인의 후손들(4:17–22)
C′. 라멕의 교만과 셋의 탄생(4:23–24; 4:25–26)
톨레돗 = 아담/셋의 후손들(5:1–32)
D. 노아의 홍수(6:1–9:29)
톨레돗 = 열방 족속들(10:1–32)
E. 흩어짐(11:1–9)
톨레돗 = 셈의 후손들(11:10–26)

선조들의 이야기가 전개되는 과정도 분명 톨레돗(תּוֹלְדֹת)의 사용과 연관이 있어 보인다. 1–11장의 구조에서 셋의 탄생 이야기(4:25–26)가 예외적이었던 것처럼 다음 구조에서는 에서의 두 톨레돗이 예외적으로 하나로 취급된다(Wenham).

18 36장에 등장하는 두 가지 "에서의 족보"를 하나로 묶어 취급하는 학자들도 있다(Wilson; Waltke; Walton). 그러나 36장 9절에서의 족보의 기능을 감안하면 이 섹션을 둘로 구분하는 것이 바람직하다(cf. Mathews).

셈의 톨레돗(11:10–26)

아브라함 이야기(데라의 톨레돗)(11:27–25:11)

이스마엘의 톨레돗(25:12–18)

야곱 이야기(이삭의 톨레돗)(25:19–35:29)

에서의 톨레돗(36:1–8; 36:9–37:1)

요셉 이야기(야곱의 톨레돗)(37:2–50:26)

이처럼 톨레돗은 창세기의 구조를 파악하는 중요한 단서가 된다.

창세기는 또한 평행적 구조와 교차대구법적 구조가 매우 광범위하게 사용된 책이기도 하다(Rendsburg; cf. Dorsey).[19]

섹션	범위	구조
원시적 역사	1:1–11:26	평행(alternating)
아브라함 이야기	11:27–22:24	교차대구법(concentric)
연결 자료	23:1–25:18	35:23–36:43a와 평행(alternating)
야곱 이야기	25:19–35:22	교차대구법(concentric)
연결 자료	35:23–36:43a	23:1–25:18과 평행(alternating)
요셉 이야기	37:2–50:26	교차대구법(concentric)

각 섹션의 내용을 조금 더 구체적으로 살펴보자. 원시적 역사(1:1–11:26)는 다음과 같은 평행적 구조를 지녔다(Rendsburg). 다만 E′과 D′의

19 원시적 역사(1–11장)와 선조들의 이야기(12–50장)를 평행적 구조로 보는 견해도 있다. 이 관점이 안고 있는 가장 큰 문제는 2장 4절에 등장하는 톨레돗을 무시해야 한다는 점이다. 다음을 참조하라(Blenkinsopp).

하늘과 땅(1:1–4:26)	데라(아브라함)(11:27–25:11)
아담(5:1–6:8)	이스마엘(25:12–18)
노아(6:9–9:29)	이삭(야곱)(25:19–35:29)
노아의 아들들(10:1–11:9)	에서—에돔(36:1–37:1)
셈(11:10–26)	야곱(요셉)(37:2–50:26)

위치가 바뀌어 있다.[20]

A. 창조, 아담에게 임한 하나님의 말씀(1:1-3:24)	A′. 홍수, 노아에게 임한 하나님의 말씀(6:9-9:17)
B. 아담의 아들들(4:1-16)	B′. 노아의 아들들(9:18-29)
C. 기술/문명 사회의 발전(4:17-26)	C′. 인종적 사회의 발전(10:1-32)
D. 아담에서 노아까지 10대(5:1-32)	E′. 몰락: 바벨탑(11:1-9)
E. 몰락: 네피림(6:1-8)	D′. 노아에서 데라까지 10대(11:10-26)

원시적 역사(1-11장)가 평행적 구조를 지닌 반면, 12장에서부터 시작되는 선조들의 이야기는 각각 교차대구법적 구조를 지녔다. 책 대부분을 차지하는 아브라함, 야곱, 요셉의 사이클이 모두 상당한 짜임새와 통일성을 보이는 것이다. 선조별 이야기 구조는 다음과 같다(cf. Rendsburg; Dorsey; Mathews; Waltke).

20 이와 비슷하지만 조금은 다르게 제시된 평행적 구조도 있다(Waltke). 이 구조는 Rendsburg의 구조보다 다소 부자연스러운 느낌을 준다(cf. B, B′; C, C′).

A. 창조 이야기: 첫 시작; 신적 축복(1:1-2:3)
  B. 아담의 죄: 벌거벗음; 바라봄/부끄러움을 가림(2:4-3:24)
    C. 살해된 의로운 동생 아벨의 자손이 없음(4:1-16)
      D. 죄인 가인의 후손들(4:17-26)
        E. 선택받은 아들 셋의 자손들: 아담에서 노아까지 10대(5:1-32)
          F. 몰락: 경건치 못한 결합(6:1-4)
            G. 노아에 대한 간략한 소개(6:5-8)
A′. 홍수 이야기: 역(逆)창조; 새로운 시작; 신적 축복(6:9-9:19)
  B′. 노아의 죄: 벌거벗음, 바라봄/부끄러움을 가림; 저주(9:20-29)
    C′. 의로운 동생 야벳의 자손들(10:1-5)
      D′. 죄인 함의 후손들(10:6-20)
        E′. 선택받은 아들 셈의 자손들: 노아에서 데라까지 10대(10:21-32)
          F′. 몰락: 반역적인 결합(바벨탑)(11:1-9)
            G′. 인류를 축복하실 통로 아브라함에 대한 간략한 소개(11:27-32)

아브라함 이야기

A. 데라의 계보(11:27–32)

B. 아들 약속과 아브라함의 신앙생활 시작(12:1–9)

C. 아브라함의 사라에 대한 거짓말(12:10–20)

D. 롯이 소돔에 정착함(13:1–18)

E. 아브라함의 롯을 위한 소돔과의 전쟁(14:1–24)

F. 아브라함과의 언약—이스마엘 탄생 예고(15:1–16:16)

F′. 아브라함과의 언약—이삭 탄생 예고(17:1–18:15)

E′. 아브라함의 소돔과 롯을 위한 중보(18:16–33)

D′. 롯이 소돔을 떠남(19:1–38)

C′. 아브라함의 사라에 대한 거짓말(20:1–18)

B′. 아들 탄생과 아브라함 신앙의 클라이맥스(21:1–22:19)

A′. 나홀의 계보(22:20–24)

야곱 이야기

A. 어려운 출산—야곱 탄생(25:19–34)

B. 이방인 왕실에 머문 리브가—이방인과 언약(26:1–35)

C. 야곱이 에서를 두려워함(27:1–28:9)

D. 메신저 등장: 벧엘(28:10–22)

E. 하란에 도착(29:1–30)

F. 야곱의 아내들이 자식을 낳음(29:31–30:24)

F′. 야곱의 짐승들이 새끼를 낳음(30:25–43)

E′. 하란을 떠남(31:1–55)

D′. 메신저 등장: 얍복강(32:1–32)

C′. 야곱이 에서를 두려워함(33:1–20)

B′. 이방인 왕실에 머문 디나—이방인과 언약(34:1-31)
A′. 어려운 출산—야곱이 이스라엘이 됨(35:1-22)

요셉 이야기

A. 서론: 꿈꾸는 자 요셉(37:2-11)
B. 야곱이 요셉의 죽음을 슬퍼함(37:12-36)
C. 유다와 다말(38:1-30)
D. 이집트인이 요셉을 노예로 삼음(39:1-23)
E. 요셉이 이집트의 구원자가 됨(40:1-41:57)
F. 형제들이 이집트를 찾음(42:1-43:34)
G. 요셉이 형제들을 시험함(44:1-34)
G′. 요셉이 형제들에게 자신을 밝힘(45:1-28)
F′. 야곱이 이집트를 찾음(46:1-27)
E′. 요셉이 야곱 집안의 구원자가 됨(46:28-47:12)
D′. 요셉이 이집트인들을 노예로 삼음(47:13-31)
C′. 야곱이 요셉과 유다를 편애함(48:1-49:28)
B′. 요셉이 야곱의 죽음을 슬퍼함(49:29-50:14)
A′. 결론: 부양자 요셉(50:15-26)

위에서 보는 바와 같이 창세기는 보는 시각에 따라 매우 다양한 구조를 제시한다. 그러나 이러한 다양성에도 불구하고 역력히 드러나는 것은 책의 통일성이다. 문서설이 주장하는 것처럼 창세기가 다양한 문서들이 조합된 책이라고 보기에는 텍스트의 점착성(cohesiveness) 수준이 너무 높은 것으로 생각된다.

따라서 창세기의 성향과 특성을 종합적으로 고려하여 다음과 같은 골자로 책을 주해해 나가고자 한다.

I. 아담에서 데라까지(1:1-11:26)
   A. 하늘과 땅의 창조(1:1-2:3)
      1. 창조주와 창조(1:1-2)
      2. 6일 동안 진행된 창조(1:3-31)
      3. 일곱째 날-거룩한 날(2:1-3)
   B. 동산의 안과 밖(2:4-4:26)
      1. 동산 안에 있는 사람들(2:4-25)
      2. 동산에서 쫓겨난 사람들(3:1-24)
      3. 동산 밖에 거하는 사람들(4:1-26)
   C. 아담의 자손들(5:1-6:8)
      1. 서론: 창조와 축복(5:1-2)
      2. 아담에서 노아까지(5:3-32)
      3. 결론: 번성과 타락(6:1-8)
   D. 노아와 가족들(6:9-9:29)
      1. 노아와 그의 세계(6:9-12)
      2. 다가오는 심판과 방주(6:13-7:10)
      3. 심판의 물결(7:11-24)
      4. 노아가 방주를 떠남(8:1-19)
      5. 예배와 약속의 말씀(8:20-22)
      6. 새로운 질서와 언약(9:1-17)
      7. 노아와 아들들(9:18-29)
   E. 열방과 바벨탑(10:1-11:9)
      1. 열방 목록(10:1-32)
      2. 바벨탑(11:1-9)
   F. 셈의 후손들(11:10-26)
      1. 홍수 이후의 셈(11:10-11)
      2. 셈의 자손들(11:12-26)

II. 아브라함 이야기(11:27-25:11)

A. 아브람의 시작(11:27-32)

B. 아브람의 부르심과 순종(12:1-9)

C. 이집트로 내려간 아브람과 사래(12:10-13:1)

D. 아브람과 롯의 분가(13:2-18)

E. 아브람이 롯을 구함(14:1-24)

F. 언약 체결(15:1-21)

G. 아브람의 첫아들 이스마엘(16:1-16)

H. 언약의 증표 할례(17:1-27)

I. 심판과 은혜(18:1-19:38)

J. 그랄로 간 아브라함과 사라(20:1-18)

K. 약속의 아들 이삭(21:1-21)

L. 아비멜렉과 맺은 협정(21:22-34)

M. 아브라함의 시험(22:1-19)

N. 나홀의 가족(22:20-24)

O. 사라의 죽음(23:1-20)

P. 이삭의 아내 리브가(24:1-67)

Q. 아브라함의 죽음과 장례(25:1-11)

III. 이스마엘의 집안(25:12-18)

IV. 이삭의 가정: 야곱과 에서(25:19-35:29)

A. 탄생과 장자권(25:19-34)

B. 이삭의 속임수와 갈등(26:1-35)

C. 훔친 축복과 야반도주(27:1-28:9)

D. 벧엘에서의 축복과 약속(28:10-22)

E. 라반이 야곱을 속임(29:1-30)

F. 야곱의 자녀들(29:31-30:24)

G. 야곱의 가축들(30:25-43)

H. 야곱이 라반을 속임(31:1-55)

I. 브니엘에서 생긴 일(32:1-32)

J. 에서와의 상봉과 세겜 정착(33:1-20)

K. 세겜 사람들과의 갈등(34:1-31)

L. 하나님의 축복과 라헬의 출산과 이삭의 죽음(35:1-29)

V. 에서의 집안(36:1-8)

A. 에서의 가족들(36:1-5)

B. 에서의 세일 이주(36:6-8)

VI. 에서와 에돔(36:9-43)

A. 에서의 후손들(36:9-14)

B. 에서의 족장들(36:15-19)

C. 세일의 아들들과 족장들(36:20-30)

D. 에돔의 왕들(36:31-39)

E. 에서의 족장들(36:40-43)

VII. 야곱의 가정: 요셉과 형제들(37:1-50:26)

A. 요셉의 어린 시절(37:1-36)

B. 유다와 다말(38:1-30)

C. 이집트로 내려간 요셉(39:1-23)

D. 요셉이 감옥에서 꿈을 해몽함(40:1-23)

E. 요셉이 바로의 꿈을 해몽함(41:1-57)

F. 형제들이 이집트를 찾음(42:1-43:34)

G. 요셉이 형제들에게 자신을 밝힘(44:1-45:28)

H. 야곱이 요셉과 상봉함(46:1-47:12)

I. 요셉이 이집트를 경영함(47:13-31)

J. 야곱의 축복(48:1-49:28)

K. 야곱의 죽음과 장례(49:29-50:14)

L. 요셉의 마지막 날들(50:15-26)

엑스포지멘터리

모세오경 개론

출애굽기

EXPOSItory comMENTARY

출애굽기

[7] 여호와께서 이르시되 내가 애굽에 있는 내 백성의 고통을 분명히 보고 그들
이 그들의 감독자로 말미암아 부르짖음을 듣고 그 근심을 알고 [8] 내가 내려가
서 그들을 애굽인의 손에서 건져내고 그들을 그 땅에서 인도하여 아름답고 광
대한 땅, 젖과 꿀이 흐르는 땅 곧 가나안 족속, 헷 족속, 아모리 족속, 브리스
족속, 히위 족속, 여부스 족속의 지방에 데려가려 하노라 [9] 이제 가라 이스라
엘 자손의 부르짖음이 내게 달하고 애굽 사람이 그들을 괴롭히는 학대도 내가
보았으니 [10] 이제 내가 너를 바로에게 보내어 너에게 내 백성 이스라엘 자손을
애굽에서 인도하여 내게 하리라(3:7-10)

[3] 모세가 하나님 앞에 올라가니 여호와께서 산에서 그를 불러 말씀하시되 너는
이같이 야곱의 집에 말하고 이스라엘 자손들에게 말하라 [4] 내가 애굽 사람에
게 어떻게 행하였음과 내가 어떻게 독수리 날개로 너희를 업어 내게로 인도하
였음을 너희가 보았느니라 [5] 세계가 다 내게 속하였나니 너희가 내 말을 잘 듣
고 내 언약을 지키면 너희는 모든 민족 중에서 내 소유가 되겠고 [6] 너희가 내
게 대하여 제사장 나라가 되며 거룩한 백성이 되리라 너는 이 말을 이스라엘
자손에게 전할지니라(19:3-6)

소개

모세 오경 중 두 번째 책인 출애굽기의 히브리어 이름은 '셰모트'(שְׁמוֹת) 이다. 이를 문자적으로 풀이하면 '이름들'이라는 뜻이며, 이 책을 시작하는 히브리어 문장 "그리고 [이집트로 내려간 이스라엘의 아들들의] 이름들은 이러하니라"(וְאֵלֶּה שְׁמוֹת)(1:1)의 준말이다. 이처럼 시작하는 문구를 따서 책의 이름을 짓는 것은 고대 근동에서 흔히 볼 수 있는 관례였다(Sarna). 그러나 칠십인역(LXX)에서 이 책의 이름을 '탈출'이란 의미를 가진 헬라어 Eξοδος로 명명한 후부터는 일반적으로 '[이집트] 탈출기/출애굽기'(Exodus)라고 불렸다.

출애굽기는 크게 두 섹션으로 나뉘는데, 전반부(1-19장)에서는 이집트에서 종살이하던 이스라엘 백성이 어떻게(하나님 여호와의 개입으로) 이집트에서의 노예생활을 청산하고 자유인이 되어 당당하게 이집트를 벗어났는가를 회고하고, 후반부(20-40장)에서는 이집트의 억압으로부터 자유롭게 된 이스라엘 백성이 어떻게(시내 산에서 여호와 하나님과 언약을 맺고) 그분의 백성이 되었는가를 회고한다. 이러한 관점에서 볼 때, 출애굽기는 일부 주석가가 주장하는 것처럼(Pixley, Sauter, Albertz) 이스라엘이 이집트의 속박으로부터 해방된 일에만 관심을 두는 책이 아니다. 다시 말해, 이 책은 하나님이 진두지휘하여 이루어내신 탈출이 단순히 이집트의 억압에서 이스라엘을 해방시켰다는 의미만 갖는 것이 아니라 압제자로부터 해방된 이스라엘에게 하나님 백성이 되어 마음껏 그분을 섬길 수 있는 기회를 마련해 주는 데 궁극적 목적이 있다. 만일 출애굽기가 단순히 이스라엘의 이집트 탈출 이야기라면, 출애굽기는 40장까지 전개하지 않고 반쯤에서 끝나야 한다. 출애굽기는 하나님이 어떻게 이스라엘을 이집트에서 해방시키셨는가에 대한 책이 아니라, 하나님이 무엇을 위해 이스라엘을 탈출시키셨는가에 관한 책이다(Hamilton). 그러므로 출애굽기를 단순히 해방에 관한 책으로만 이해한다면 책이 지닌 메시지의 반(半)만 이해하는 것일 뿐, 전체 메시지는 이해하지 못하는 처사다. 이스라엘이 이집트로부터 탈출한 일은 그들이 시내 산에서 하나님과 맺은 언약의 서론에 불과하기 때문이다.

우리가 예수님을 구주로 영접하는 것 역시 사탄의 지배와 억압에서 해방되는 일로 끝나는 것이 아니라, 더 나아가 하나님 백성이 되어 마음껏 그분을 섬길 수 있는 기회를 얻게 되는 것이다. 이런 면에서 우리가 사탄의 지배에서 벗어나 하나님 백성이 되는 일과 출애굽 이야기는 평행을 이룬다고 할 수 있다(Clifford, Hamilton). 그러므로 출애굽기가 기록한 이스라엘의 이집트 탈출은 이스라엘 민족의 역사, 종교 및 신학의 바탕이 되었을 뿐 아니라 하나의 테마로서 유대인과 그리스도인의 삶에 지대한 영향을 미친 사건이라고 할 수 있다. 출애굽 사건은 이스라엘 백성에게는 민족 정체성을 확립케 하고, 그리스도인에게는 사탄이 지배하는 죄의 왕국에서 벗어나 그리스도의 십자가에 의지하여 하나님 나라로 입성하는 자유 선언의 근거가 된 것이다. 이러한 차원에서 하나님의 출애굽 사역은 세계 곳곳에서 오늘도 계속되고 있다.

1. 저자

전통적으로 출애굽기를 포함한 구약 성경의 처음 다섯 권은 모세의 저작으로 여겨져 왔다. 그러나 계몽주의 시대를 기점으로 고등 비평이 활성화되면서 출애굽기를 포함한 오경의 저작권에 대한 논쟁이 구약학계를 뜨겁게 달구기 시작했다. 우리에게 문서설(Documentary Hypothesis)로 더 잘 알려진 그라프-벨하우젠 가설(Graf-Wellhausen Hypothesis)이 1876년에 체계화된 이후 진보 성향과 보수 성향의 학자들이 오경의 저작권에 대하여 매우 상반된 주장을 펼치며 오늘에 이르렀다(Archer, Harrison).

진보적 관점에서 오경을 연구하는 학자들은 이 책들이 모세라는 한 인물에 의해 출애굽 때 저작된 것이 아니라, 주전 10세기에서 6세기를 지나면서 서로 다른 시대와 지역에 살던 사람들이 다른 신학적 관점과 관심사를 가지고 저작한 네 개의 문서-야훼 문서(J), 엘로힘 문서(E), 신명기 문서(D), 제사장 문서(P)-를 하나로 편집해 놓은 것이라고 주장했다. 이 가설은 처음 제시된 후 100여 년의 진화를 거듭한 끝에, 오늘날에 이르러서는 오경에 엘로힘 문서(E)가 독립적으로는 거의 존재하지 않기에 이 문서를 야훼 문서(J)와 구분하는 것은 현실적으로 불가능한 일이라며 둘을 합하여 야훼-엘로힘 문서(JE)로 부르기도 한다. 더 나아가 오경을 구성하는 문서가 네 개 이상이라고 주장하는 사람도 많다.[1] 안타까운 것은 이 혼란스럽고 본문 연구에 별로 도움되지 않는 과정에서 학자들은 모세를 '모세 오경'에서 몰아내는 결과를 초래했다. 진보적 학자 중 상당수는 모세는 실제로 존재하지 않았고, 이스라엘 사람이 만들어낸 신화상의 인물에 불과하며, 모세 오경은 누군가 훗날 모세의 이름을 빙자하여 여러 문서를 편집한 것이라고 생각한다.[2]

반면에 보수 성향의 학자들은 아직도 지난 2000년 동안 교회가 고수해온 대로 오경의 기본 골격은 모세가 갖추었으며 내용도 대부분 모세가 집필한 것으로 이해한다. 이들이 이러한 관점을 고수하게 된 것은 이 견해가 성경이 제시하는 증거를 종합해볼 때 가장 설득력 있다고 생각하기 때문이다. 오경을 살펴보면 하나님이 모세에게 율법을 기록하라고 명령하시는가 하면(출 17:14; 34:27), 모세가 이미 기록된 문서를 읽는 모습도 보인다(출 24:7). 또한 모세가 하나님 명령에 의해 광야 생활의 여정을 자세하게 순서대로 기록하기도 하고(민 33:2), 이스라엘에게 이미 문서화된 율법을 준수하라고 권면하기도 한다(신 28:58, 61;

---

1 예를 들면, 오늘날에는 많은 학자가 평신도주의 문서(L=Layman)를 논한다. 또한 여러 사람에 의해 추가/편집되었다 하여 각 문서를 세분화한다(예를 들어, P^1, P^2, P^3…). 이런 상황은 결국 이 가설의 신빙성에 대한 많은 의구심을 불러일으켰다.

2 문서설의 내용과 이 가설이 안고 있는 문제에 대해서도 『엑스포지멘터리 창세기』 서론을 참고하라.

29:20, 21, 27; 30:10; 31:9, 24, 26; 31:30). 이스라엘이 이집트를 떠난 때로부터 한 세대가 지난 시대를 배경으로 하는 여호수아서도 '모세의 율법책' 혹은 '모세를 통해 주신 율법'이란 말을 사용하고 있다(수 1:7-8; 8:31; 23:6). 그 외에도 '[모세의] 율법책'이란 말이 구약 성경에 자주 등장한다(왕상 2:3; 왕하 18:6; 23:2; 스 6:18; 느 8:12, 18; 13:1; 대하 25:4).[3] 이러한 점들을 고려할 때 모세가 오경을 저작했을 가능성은 훨씬 더 설득력을 얻는다.[4]

2. 역사적 정황

출애굽기의 저작 연대는 출애굽 사건의 역사적 시점과 직접적인 연관이 있다.[5] 그러나 이미 언급한 대로 진보 성향의 학자 중 많은 사람이 더 이상 모세를 실제로 존재했던 인물로 여기지 않으며 결국 출애굽 사건의 역사적 실제성도 부인하기에 이르렀다. 모세가 이스라엘 사람이 만들어낸 전설상의 인물인 것처럼 출애굽 사건 역시 역사적 사실이 아니라 이스라엘 사람이 자신들의 정체성을 확립하기 위해 만들어낸 신화에 불과하다는 것이다. 그러므로 그들이 볼 때 출애굽 사건의 역사적 시점을 논하는 것은 무의미한 일이다(Coats, Davies).

진보적인 학자들이 출애굽 사건의 역사성을 부인하고 모세가 실제로 존재했던 인물이라는 점도 부인하게 된 것은 출애굽 사건을 고고학적인 자료나 논리로 설명하기에는 여러 가지 난제가 존재하기 때문이다(Wheeler, Durham). 그중 몇 가지만 생각해보자. 첫째, 이스라엘이 이집

3 모세가 처음 오경을 기록한 때부터 오늘날 우리에게 성경이 전해지기까지 과정에 대해서는 『엑스포지멘터리 창세기』 서론을 참고하라.

4 문서설을 고수하는 한 학자(K. Darr)는 "문서설을 믿어야만 구약학을 할 수 있다"라고 한다. 문제는 학자들의 맹신을 요구하는 가설(hypothesis)은 더 이상 좋은 학문이라 할 수 없으며, 문서설은 스스로 붕괴했다고 봐도 과언이 아니다.

5 출애굽 시기에 관한 자세한 내용은 『엑스포지멘터리 창세기』 서론을 참고하라.

트의 고센 지역을 출발할 때 장정 60만 명을 앞세우고 나왔다고 한다. 여기에 노인, 여자, 아이 등을 포함한 숫자를 합한다면 이집트를 탈출한 인구는 최소한 200만 명에 달했으리라고 학자들은 결론짓는다. 그런데 이 숫자가 두 가지 문제점을 안고 있다는 것이다. 가장 근본적인 문제는 남자의 수가 겨우 70명에 달했던 야곱의 자손이 430여 년의 이집트 생활을 통해 60만 장정을 포함한 200만 명으로 그 숫자가 불어났다는 것은 이해하기 어렵다는 것이다. 더 나아가 나일 델타의 북동쪽에 있는 고센 지역은 이렇게 많은 인구가 살기에는 너무 협소하며, 오늘날에도 이 지역 인구는 겨우 5-6만 명 정도인 것으로 알려져 있다. 더군다나 이스라엘은 많은 짐승과 짐 보따리를 지고 고센을 출발했다. 여기서 200만 명이란 숫자가 얼마나 큰지 생각해보자. 만일 이 사람들이 시내 산을 향해 한 줄로 서서 1m 간격으로 행군한다면, 선발대가 시내 산에 도착했을 때 아직 고센을 출발하지 못한 사람도 많았을 것이다!

둘째, 성경에 묘사된 것처럼 홍해는 200만 명이 한순간에 건널 수 있는 바다가 아니다. 홍해는 길이가 1,200마일(2,000km)에 달하고, 넓이는 124-155마일(200-250km)에 달하는 큰 바다다. 홍해의 평균 깊이는 1,600피트(490m)이며, 제일 얕은 곳이 600피트(185m), 깊은 곳은 7,700피트(2,400m)나 된다. 그러므로 200만 명에 달하는 이스라엘 백성이 이렇게 깊고 넓은 바다를 순식간에 건넜다는 것은 믿기 어려운 일이다. 더군다나 고센을 탈출한 이스라엘이 홍해를 건너려면 매우 험난한 지역을 지나야 하고 높은 산도 넘어야 한다. 이 길은 결코 이집트 군대가 전차를 몰고 쫓아올 수 있는 곳이 아니다.

셋째, 이스라엘이 광야에서 40년 동안 살면서 먹은 음식과 마신 물은 어디서 왔단 말인가? 먼저, 시내 산 밑은 200만 인구와 그들의 가축이 살기에 턱없이 좁은 곳이다. 또 설령 그곳에서 200만 명이 살았더라도, 음식과 식수는 어떻게 충당했다는 것인가? 음식과 식수가 왜 문제가 되는지 생각해보자. 사람은 하루에 최소한 2ℓ의 물을 섭취해야 탈수현상을 면할 수 있다고 한다. 200만 명의 이스라엘 백성이 씻지도 않고 짐승들도 먹이지 않았다 해도 얼마만큼의 물이 필요한가? 식수로만 하루 24시간 분(分)당 3t의 물이 필요하다. 모세가 쪼갠 바위에서 이처럼 많은 물이 끊임없이 쏟아져 나왔다는 것은 도저히 믿기지 않는다.

넷째, 이스라엘은 가데스 바네아에서 하나님께 반역하여 출애굽 1세대 중 20세 이상의 성인은 가나안에 들어가지 못하고 40년 동안 광야에서 떠돌며 모두 죽었다. 성경이 기록한 대로 이스라엘이 40년 동안 광야에서 방황하며 완전한 세대교체를 경험했다면 이 기간에 광야에서 죽은 사람의 수가 최소한 100만 명은 되었을 텐데, 어떻게 해서 이들이 헤매고 다녔던 광야에 이 시대의 것으로 추정되는 공동묘지 하나 발견되지 않는 것일까.

이와 같은 이유로 상당수의 학자는 출애굽 사건의 역사성을 부인한다. 그러나 일부 진보적 학자들은 제기된 문제에 대해 논리적 사고와 자연 관찰 등을 동원하여 출애굽 사건과 연관된 기적들을 설명하려고 애썼다. 물론 그들의 노력이 좋은 열매를 거두지는 못했다. 그들의 설명이 안고 있는 문제점을 생각해보자.

첫째, 논리적으로 출애굽 문제를 설명하고자 하는 사람 중 일부는 이집트를 탈출한 이스라엘 백성의 수를 200만 명이 아니라 2만 명이었다고 주장한다(Humphreys). 히브리어로 1,000을 뜻하는 단어 '엘렙'(אֶלֶף)이 '가족/지파'의 의미로도 사용된다는 데 근거한 추측이었다(삿 6:15; 민 1:16; 삼상 10:19, 21). 이 주장에 의하면 20세가 넘은 남자의 수는 5,000-6,000명 정도에 불과하다. 이 경우 이집트를 탈출한 이스라엘 백성은 2만 명 정도가 된다. 출애굽한 이스라엘 백성의 수가 100분의 1로 줄어드는 것이다. 모든 것을 감안할 때 훨씬 더 현실감 있는 숫자라는 것이 그들의 주장이다.

그들의 주장대로 성경이 이 히브리어 단어(אֶלֶף)를 가족/지파의 의미로 사용하는 경우도 있지만 모세 오경에서는 이 해석을 고수하기가 어렵다. 민수기의 인구 기록을 살펴보면 경우에 따라서 '–천(אֶלֶף), –백, –십 명'의 표기법을 사용하여 십 단위까지 계수하기 때문이다. 이런 문맥에서 이 히브리어 단어(אֶלֶף)는 1,000을 뜻하는 것으로 해석될 수밖에 없다. 또한 이스라엘의 인구가 고작 2만 명에 불과했다면, "이 백성 이스라엘 자손이 우리보다 많고 강하도다"(1:9)라는 이집트 왕의 발언은 이해하기 어려워진다. 게다가 훗날 광야에서 모세의 요청에 따라 이스라엘 백성이 장막 건설을 위해 6,500kg에 달하는 금붙이를 내놓았는데, 이는 4인 가족을 기준으로 할 때 한 집에서 평균 1kg이 넘는 엄청난 양의 금과 은을 내놓은 셈이다. 현실적으로 생각할 때, 금과 은을 1kg 이상 소지했던 가구가 얼마나 되었을까? 그러므로 이 경우 200만 명이 훨씬 더 현실적이라 생각된다. 어떤 사람들은 '1,000'(אֶלֶף)을 여덟 명을 기준으로 한 군대의 단위로 해석하기도 한다. 이 해석도 같은 문제를 안고 있다(Humphreys, Wenham).

둘째, 이스라엘이 건넌 바다는 홍해가 아니라 '갈대 바다'였다는 주장이 있다(Batto, Coats). '홍해'(Red Sea)로 번역된 히브리어 문구(יַם־סוּף)를 문자적으로 풀이하면 '갈대 바다'(Sea of Reeds)가 된다(HALOT). 만일 홍해가 아니라 갈대 바다라면 이는 어디를 두고 하는 말인가? '갈대'(סוּף)가 파피루스 등 민물에서 서식하는 풀들을 일컫는 것으로 해석하여 갈대 바다는 다름 아닌 나일 델타를 의미한다고 주장하는 사람이 많다(Batto). 또한 이집트를 출발하는 이스라엘 백성의 진로를 살펴보면 라암셋에서 숙곳으로 향했다. 이들은 이스라엘이 계속 앞으로 진군했다면 분명히 나일 델타를 지났을 것이라고 생각한다(De Wit). 이스라엘이 홍해를 건넌 것이 아니라 갈대로 우거진 나일 델타를 지나갔다는 것이다. 그러나 이 해석도 문제를 안고 있다. 일 년 중 몇 주를 제외하고는 모세 시대의 고센 지역을 중심으로 한 나일 델타 지역의 평균 수심은 성인의 무릎 높이에 불과했던 것으로 알려져 있다. 그렇다면 전차를 타고 이스라엘 백성을 추격하던 이집트 정예군 600명이 무릎 높이의 물에 빠져 죽는 기적이 필요한 것이다!

셋째, 광야에서 이스라엘 백성이 40년 동안 먹었다는 만나(מָן)는 이 지역에 서식하는 일부 나무에 기생하는 벌레/진딧물의 분비물이었다는 주장이 있다(Sarna). 이 벌레의 분비물은 하얀 색을 띠었고 분비된 직후에는 말랑말랑하다가 시간이 지나면서 딱딱하게 굳는다고 한다. 이 분비물은 단맛을 지닌 것으로 알려졌다. 문제는 이 분비물이 사시사철 생성되는 것이 아니며, 양도 극소량이다. 도대체 벌레들이 얼마나 많이 분비해야 이렇게 많은 사람이 40년 동안 매일 이것을 먹으며 살 수 있단 말인가! 별로 매력적인 해석이 아니다.

위에 나열된 설명들은 우리를 흡족하게 하지 못한다. 현실적으로 생각할 때 출애굽 사건은 분명 충분히 역사성을 지닌 이야기이지만(Kitchen, Hoffmeier, Currid), 하나님의 직접적 개입을 통한 기적의 향연(饗宴)으로 간주하지 않으면 납득하기가 어려운 부분을 갖고 있는 것도 사실이다. 출애굽 사건은 분명 우리의 믿음과 신뢰를 요구한다. 하나님이 언제든지 우리의 이성과 논리로는 쉽게 설명할 수 없는 기적을 행하실 수 있는 분이라는 것을 인정한다면, 출애굽 사건의 그 어느 부분도 문제가 될 수 없다. 결국 출애굽 사건의 역사성을 인정하느냐 부인하느냐의 문제는 하나님에 대한 이해 내지 신학과 신앙적 견해에 의해 결정되는 것이다. 고고학적인 자료나 인간의 논리가 출애굽 사건의 역사성을 입증하거나 부정하지는 못한다.

출애굽 사건이 실제로 있었던 역사적 사건이라는 점을 전제하고 출애굽기가 회고하는 기간을 생각해 보자.[6] 즉, 출애굽기 안에서 얼마만

6 출애굽 사건의 역사성을 인정하는 학자들도 시기를 놓고 주전 15세기를 주장하는 사람과 주전 13세기를 주장하는 사람들로 나뉜다. 개인적으로 이른 출애굽설(Early Exodus)로 불리는 15세기 출애굽을 선호한다. 이 논쟁에 대해서도 『엑스포지멘터리 창세기』 서론을 참고하라.

큼의 시간이 흐르고 있는가? 모세가 태어났을 때 이스라엘은 이미 이집트에서 노예생활을 하고 있었고, 모세가 40세에 광야로 도망갔다가 40년 후인 80세에 하나님의 소명을 받고 이집트로 돌아갔을 때에도 이스라엘의 노예생활은 여전히 계속되고 있었다. 이 점을 감안하면, 출애굽기는 이스라엘이 최소한 80년 동안 이집트에서 종살이했음을 증언하는 것이다. 또한 책을 잘 살펴보면 모세가 이스라엘 백성을 해방하기 위해 바로와 대결했던 일이 1년 동안 지속되었으며, 책의 나머지 부분은 진행된 그러한 갈등을 뒤로하고 이스라엘이 이집트를 떠난 후 1년 동안 있었던 일을 기록하고 있다. 즉, 출애굽기는 약 2년 동안 일어난 일에 초점을 맞추고 있는 것이다. 물론 여기에 책이 시작하면서 언급한 모세의 탄생 시점을 더하면 약 80년이 된다(Stuart).

그렇다면 출애굽기는 이 2년 동안 이스라엘 백성에게 일어난 모든 일을 기록하는 것일까? 책을 읽다 보면 때로는 한 사건이 일어난 후 다음 사건이 일어나기까지 상당한 시간이 흘렀음을 감지하게 된다. 이러한 점을 감안할 때, 출애굽기는 이스라엘 백성에게 일어난 모든 일을 기록한 것이 아님을 알게 된다. 많은 학자는 출애굽기가 선별된 역사적 가르침을 주고자 하는 역사 지혜서(historiosophy)라고 한다(cf. Sarna).

3. 다른 책들과의 관계

출애굽기는 구약 성경 전반에 매우 큰 영향을 끼친 책이다. 이는 무엇보다 이스라엘 역사에서 가장 중요한 사건인 출애굽 사건이 기록되어 있기 때문이다. 출애굽 사건은 이스라엘이 여호와 하나님의 백성이 되는 일의 역사적 근거를 제공할 뿐만 아니라, 그들의 신학적 정체성을 정의하는 매우 중요한 사건이었다. 그래서 이스라엘은 국가적 위기를 맞을 때마다 출애굽 사건을 기념하며 하나님께 부르짖었고, 좋은 일이 있을 때도 출애굽의 하나님께 감사했다(시 78편; 80편; 81편; 105편). 또한 선지자들도 죄를 범한 주의 백성이 열방으로 끌려가 고통을 받다가 그곳을 떠나 다시 약속의 땅으로 돌아오는 것을 새로운 출애굽으로 묘사하곤 했다(사 4장). 출애굽 사건은 때와 장소를 초월하여 억압받는 주의 백성에게 항상 미래를 꿈꿀 수 있는 계기를 마련해준 것이다(Pixley). 예수님 사역도 사탄의 나라에서 하나님의 자녀를 탈출시키는 일종의 출애굽으로 설명될 수 있다(Clifford, Hamilton). 심지어 하나님의 은혜로 구원받은 사람의 모습까지 닮았다. 하나님은 이집트의 억압이 너무 힘들다며 울부짖던 당신의 백성을 약속의 땅으로 인도하시고자 했건만, 최종 목적지가 아니라 잠시 지나가는 광야에서의 삶이 불편하다며 온갖 불만과 불신을 토로하던 이스라엘의 모습이 바로 우리의 모습이기 때문이다. 우리는 천국을 향해 가면서 잠시 지나가는 광야 같은 이 땅의 삶이 마치 영원한 것처럼 생각한다. 그래서 조금만 불편해도 하나님께 불만을 쏟아놓기 일쑤다. 출애굽 사건은 구약뿐만 아니라 신약과도 매우 중요한 연결 고리를 가지고 있다.

이처럼 출애굽기는 성경 전체에서 매우 중요한 부분을 차지하지만, 특별히 모세 오경의 다른 책들과 더욱 밀접한 관계를 갖고 있다. 출애굽기와 모세 오경의 다른 책들과의 관계를 하나씩 생각해보자. 때로 출애굽기와 창세기가 쉽게 설명되지 않는(uneasy) 관계를 유지하는 것으로 간주되지만(Dempster, Seitz), 학자들은 일반적으로 이 두 책이 매우 중요한 관계와 연결성을 갖고 있다고 생각한다(Thompson, Eslinger, Brueggemann). 즉, 창세기는 출애굽기를 제대로 이해하고 해석할 수 있는 역사적 배경의 일부를 제공한다는 것이다. 다음 사례들을 살펴보자(Sarna).

출애굽기를 시작하는 문장 "야곱과 함께 각각 자기 가족을 데리고 애굽에 이른 이스라엘 아들들의 이름은 이러하니"(1:1)는 요셉이 이집트에 살아 있다는 소식을 듣고 야곱이 모든 가족을 거느리고 이집트로 내려간 사건과 직접적인 연관성이 있는 구절이다(창 46장). 야곱이 이집트로 내려갔을 때 남자 자손이 70명에 달했고, 이 숫자에 포함된 요셉과 아들들은 이미 이집트에 있었다고 회고하는 출애굽기 1:5 역시 창세기 46:26–27의 내용을 그대로 반영하고 있다. 야곱의 아들들의 이름을 나열하는 출애굽기 1:2–4도 창세기 35:23–26의 내용을 반복하고 있다. 야곱의 자손이 이집트에서 무척 번성했다고 기록하는 출애굽기 1:7도 하나님이 창세기에서 야곱에게 내리신 축복이 그대로 성취되었고 또한 되어가고 있음을 시사한다. "하나님이 그에게 이르시되 나는 전능한 하나님이라 생육하며 번성하라 한 백성과 백성들의 총회가 네게서 나오고 왕들이 네 허리에서 나오리라 내가 아브라함과 이삭에게 준 땅을 네게 주고 내가 네 후손에게도 그 땅을 주리라"(창 35:11–12).

하나님은 이미 아브라함에게 그의 후손이 이방 나라에서 고통을 당하게 될 것이며 때가 되면 그곳을 탈출하게 될 것을 말씀하셨다. "여호와께서 아브람에게 이르시되 너는 반드시 알라 네 자손이 이방에서 객이 되어 그들을 섬기겠고 그들은 사백 년 동안 네 자손을 괴롭히리니 그들이 섬기는 나라를 내가 징벌할지며 그 후에 네 자손이 큰 재물을 이끌고 나오리라"(창 15:13–14). 이러한 하나님의 말씀이 그대로 실현되는 곳이 바로 출애굽기다.

창세기와 출애굽기는 요셉을 통해서도 관계를 유지하고 있다. 요셉과 형제들의 정황과 그들의 죽음 이후의 일을 요약하고 있는 출애굽기 1:5–6은 창세기 50:22–26과 직접적인 연관이 있으며, 이스라엘 백성이 이집트를 떠나면서 요셉의 뼈를 가지고 나오는 것(출 13:19) 역시 창세기에 기록된 요셉의 유언에 의한 것이었다. "요셉이 그의 형제들에게 이르되 나는 죽을 것이나 하나님이 당신들을 돌보시고 당신들을 이 땅에서 인도하여 내사 아브라함과 이삭과 야곱에게 맹세하신 땅에 이르게 하시리라 하고 요셉이 또 이스라엘 자손에게 맹세시켜 이르기를 하나님이 반드시 당신들을 돌보시리니 당신들은 여기서 내 해골을 메고 올라가겠다 하라 하였더라"(창 50:24-25). 이 외에도 출애굽기에 기록된 여러 가지 사실이 창세기와 연관성을 갖고 있다(2:24; 6:3-4, 8; 32:13; 33:1과 창 12:1-3; 15:5, 7, 18; 17:2; 28:13-14; 46:3).

출애굽기는 레위기와도 유기적인 관계를 갖고 있다. 출애굽기가 이스라엘이 어떻게 이집트를 탈출하여 시내 산에 도착해 머물게 되었는가를 기록하고 있는 데 반해, 레위기는 이스라엘이 1년 가까이 그곳에 머물면서 받은 율법을 기록하고 있기 때문이다. 그러므로 출애굽기는 레위기와 함께 율법을 기록하고 있을 뿐만 아니라 레위기의 역사적 정황을 제공해 주는 역할도 한다.

출애굽기는 민수기와도 매우 중요한 연결성을 갖고 있다. 출애굽기는 이집트를 떠나온 이스라엘이 시내 산에 도착하여 하나님과 언약을 맺으며 율법을 받은 이야기로 끝을 맺는데, 민수기는 시내 산에서의 삶을 정리하고 가나안을 향하여 떠나는 이스라엘 이야기로 시작한다. 즉, 출애굽기에서 멈춘 이스라엘 민족의 대이동이 민수기에서 다시 시작되는 것이다. 이 같은 이스라엘의 이동을 출애굽기와 민수기는 열두 개의 '여행 기록'(journeying texts)을 통해 묘사한다. 이 열두 개의 '여행 기록'은 두 책의 구조(framework)를 이해하는 데 매우 중요한 단서로 사용될 뿐만 아니라(Cross) 민수기를 출애굽기의 '속편'으로 간주할 수도 있게 한다. 열두 개의 여행 기록은 다음과 같다. 이 외에도 민수기 33장의 여행 기록을 참고하라.

1	출 12:37
2	출 13:20
3	출 14:1-2
4	출 15:22
5	출 16:1
6	출 17:1

7	출 19:2
8	민 10:12
9	민 20:1
10	민 20:22
11	민 21:10-11
12	민 22:1

출애굽기와 신명기는 큰 오해를 유발할 수 있는 관계를 갖고 있다. 모세는 신명기에서 장엄한 설교를 통해 가나안 입성을 앞둔 출애굽 2세대에게 출애굽기와 레위기에 기록된 율법 중 일부와 이 책들에 언급되지 않은 규례를 예로 들어가며 강론한다. 문제는 출애굽기와 레위기에 기록된 율법에 대한 모세의 강론 내용이, 신명기에 기록된 내용과 꼭 일치하지는 않는다. 이러한 차이는 어떻게 해서 생긴 것인가? 가장 간략하게 설명하자면, 출애굽기-레위기는 이스라엘이 시내 산 아래 거하면서 받은 율법의 내용을 알리는 데 초점을 맞추는 반면, 신명기는 이 율법의 궁극적인 목적과 의도를 설명하는 데 주안점을 두고 있다는 데서 비롯된다. 출애굽기-레위기는 '돌에 새겨진 율법'을 제시한 반면, 신명기는 하나님이 율법을 이스라엘에게 주실 때 어떤 목적과 의도로 주셨는가를 강론하여 율법의 정신을 강조한다. 그러므로 신명기는 이스라엘의 삶의 질을 향상시켜 여유 속에서 기쁨으로 하나님이 복 주신 자신의 삶을 즐길 수 있도록 율법을 주셨다는 점을 강조한다. 율법이 근본적인 의도와 정신을 잃어버린 채 기계적으로 적용되는 것은 옳지 않다고 말하는 것이다.

예를 들면, 출애굽기 34:19(cf. 13장)은 사람이든 짐승이든 첫 열매는 모두 하나님께 속한 것이므로 성소에 들여놓아야 한다고 한다. 반면 신명기 14:22-26은 첫 열매와 십일조를 성소로 가져와 온 가족과 함께 주님 앞에서 먹으며 즐기라고 한다. 이 같은 사례들은 서로 대립하며 잘 어울리지 않는 것 같지만, 출애굽기는 문서화된 율법을, 신명기는 율법의 근본 취지와 모범 적용의 예를 제시하기에 이러한 차이를 보인다.[7] 충분히 조화가 가능하다.

또, 한 주석가는 '언약 책'(Book of the Covenant)이라고 불리는 출애굽기 21-23장이 신명기의 여러 부분과 밀접한 관계가 있다고 주장한다. 어떻게 출애굽기가 신명기에서 인용되거나 강론되는가에 대해서는 다음 도표를 참고하라(von Rad).

출 21:1-11	신 15:12-18
출 21:12-14	신 19:1-13
출 21:16	신 24:7
출 22:16-17	신 22:28-29
출 22:21-24	신 24:17-22
출 22:25	신 23:19-20
출 22:26-27	신 24:10-13
출 22:29-30	신 15:19-23
출 22:31	신 14:3-21
출 23:1	신 19:16-21
출 23:2-3, 6-8	신 16:18-20
출 23:4-5	신 22:1-4
출 23:9	신 24:17-18
출 23:10-11	신 15:1-11
출 23:12	신 5:13-15
출 23:13	신 6:13
출 23:14-17	신 16:1-17
출 23:19a	신 26:2-10
출 23:19b	신 14:21b

7 신명기의 이 같은 성향에 대하여는 『엑스포지멘터리 신명기』를 참고하라.

4. 신학적 이슈들

구약의 책들처럼 출애굽기도 여러 가지 신학적 이슈를 지니고 있지만, 그중 네 가지만 생각해보고자 한다. 첫째, 출애굽기는 구약의 그 어느 책보다 기적에 대한 기사를 많이 담고 있다. 성경에 언급된 기적을 우리는 과연 어떻게 이해해야 하는가? 둘째, 하나님은 이집트에 열 가지 재앙을 내리시는데, 이 재앙이 갖는 의미와 중요성은 무엇인가? 셋째, 많은 학자가 18장은 시대적 정황을 고려하면 한참 뒤에 있었던 일이라고 주장하는데, 왜 모세는 이 장을 현재의 위치에 삽입한 것일까? 넷째, 바로는 자기 스스로 강퍅해진 것인가, 아니면 하나님이 그의 마음을 강퍅하게 하신 것인가? 네 가지 이슈에 대해 하나씩 살펴보자.

(1) 기적

우리는 구약의 그 어느 책보다 출애굽기에서 하나님이 베푸신 많은 기적을 목격한다. 이 책은 그만큼 이스라엘 역사 속에서 그 어느 때보다 강력하게 역사하신 하나님을 묘사한다. 하나님은 모세를 부르실 때 그의 호기심을 자극하기 위해 불에 타지 않는 나무를 사용하셨다(3:1-4). 하나님의 설명에도 불구하고 흔쾌히 이집트로 돌아가지 않으려는 모세를 설득하기 위해 하나님은 지팡이가 뱀으로 변하고, 손에는 문둥병이 생겼다 없어지는 기적을 베푸셨다(4:1-7). 여호와께서는 이스라엘 노예들을 내보내지 않으려고 안간힘을 쓰는 이집트와 바로를 열 가지 재앙으로 쳐서 그들로부터 항복을 받아내셨다(7-11장). 이스라엘이 이집트를 출발하는 순간부터 시내 산에 도착할 때까지 그리고 그 후 약속의 땅을 정복하고 그곳에 정착할 때까지 40년 동안, 하나님은 기적을 통해 계속 이스라엘을 먹이고 인도하셨다. 이런 관점에서 볼 때 출애굽기는 진정 기적의 책이라 할 수 있다.

하나님이 이스라엘을 위해 이처럼 많은 기적을 베푸셨다는 것은 곧 하나님이 그들 가운데 임재하셨음을 의미한다. 기적을 통해 병든 자가 고침을 받고 죽은 자가 살아나는 등 하나님의 도움이 필요한 자들이 회복되는 것은 참으로 좋은 일이지만, 사실 기적의 가장 큰 중요성은 기적을 이루시는 하나님의 함께하심에 있다. 즉, 성도의 삶에 기적이 임할 때 가장 큰 의미는 하나님의 임재에 있는 것이다. 하나님이 고통 속에서 신음하는 당신의 백성을 내버려두지 않고 그들과 함께하며 온갖 은총을 베푸셨다는 사실은 신음 속에서 하루하루를 살아가는 성도에게 큰 위로가 된다. 고통은 성도에게 하나님을 가장 가까운 곳에서 볼 수 있는 기회를 제공하기 때문이다.

그러나 기적들과 연관하여 기억해야 할 중요한 것이 하나 있다. 기적이 하나님의 특별한 은총인 것은 사실이지만, 기적만으로는 결코 사람을 변화시키지 못한다는 사실이다. 기적이 일시적으로 사람의 관심을 끌 수는 있지만 기적은 사람을 영구적으로 변화시키지는 못한다. 만일 기적이 사람을 변화시킬 수 있다면, 하나님의 기적을 경험한 모세는 이집트로 떠나는 것을 주저하지 않았을 것이며, 모세가 행한 온갖 기적을 경험한 바로도 열 번째 재앙이 있기 훨씬 전에 이스라엘 백성이 이집트를 떠나도록 허락했을 것이다.

성경에서 기적이 뭉치로 일어나는 때가 세 차례 있다. (1) 출애굽과 광야 생활, (2) 엘리야-엘리사 시대, (3) 예수님의 사역 시대. 이 세 시대에 상상을 초월하는 기적들이 일어났다. 매일 하늘에서 이스라엘을 먹이기 위해 만나가 내리고 모세가 바위를 쪼개니 200만 명이 마실 수 있는 물이 쏟아져 나왔다. 엘리야-엘리사 시대에는 선지자들이 기도하니 죽은 자들이 살아나고 물에 가라앉은 도끼가 수면 위로 떠올랐다. 예수님은 빵 다섯 조각과 물고기 두 마리로 많은 사람을 먹이셨을 뿐만 아니라, 소경이 보게 하셨고, 귀머거리가 듣게 하셨다. 만일 기적이 사람을 변화시킬 수 있다면, 출애굽과 광야시대에 온갖 기적을 경험한 이스라엘이 가데스 바네아에서 하나님께 반역하지 않았을 것이다. 만일 기적이 사람을 변화시킬 수 있다면, 엘리야와 엘리사가 하나님의 능력으로 죽은 사람을 살리는 것을 본 사람들이 바알을 좇지는 않았을 것이다. 기적이 사람을 변화시킬 수 있다면, 예수님이 베푸신 기적을 목격한 자들이 그분을 십자가에 못박지는 않았을 것이다. 즉, 기적은 사람을 변화시키지 못한다. 성경은 오직 하나님의 말씀만이 사람을 변화시킬 수 있다고 한다. 그렇다면 우리가 사모하고 추구할 대상은 기적이 아니라 하나님 말씀이다. 목회자가 프로그램이나 어떤 방법론 대신 하나님의 말씀을 선포하고 가르치는 일에 생명을 건다면 분명 세상은 변화될 것이다. 말씀만이 사람을 변화시킨다는 것은 하나님의 약속이다.

(2) 이집트를 친 열 재앙

책 전반부의 중심을 차지하는 열 재앙에 관한 이야기는 매우 짜임새 있는 구조를 갖고 있다. 이집트 사람을 벌하기 위해 펼쳐진 열 재앙은 세 재앙이 한 사이클(cycle)을 이루어 세 사이클이 반복된 후 마지막 재앙이 절정(climax)을 이루며 등장한다. 세 사이클은 다음과 같은 공통점을 갖고 있다. 각 사이클의 처음 두 재앙은 집행되기 전에 미리 경고가 주어진다. 그러나 각 사이클의 셋째 재앙은 어떠한 경고 없이 곧바로 진행된다. 각 사이클의 첫째 재앙에서는 하나님이 모세에게 바로를 '아침에' 찾아가라고 명령하신다. 반면에 나머지 두 재앙에는 시간에 대한 언급이 없다. 각 사이클의 첫째 재앙은 하나님이 모세에게 말씀하신 "자신을 세우라/서라"(station yourself)라는 지시를 중심으로 시작된다. 각 사이클의 둘째 재앙은 하나님이 모세에게 말씀하신 "바로에게 가라"라는 지시로 시작된다. 반면 각 사이클의 셋째 재앙에는 특별한 지시가 발견되지 않는다. 첫 사이클에 기록된 재앙들은 모두 아론에 의해 행해지며 마지막 사이클은 모세에 의해 행해진다. 이같이 재앙들이 짜임새 있는 순서에 따라 진행되는 것은 이 섹션이 단순히 실제 있었던 일을 언급하는 역사적 목적뿐만 아니라 '교훈적이며 신학적인 목적'도 갖고 있음을 암시한다(Sarna). 이는 이 재앙 이야기를 읽으면서 역사에 대해서만 배울 것이 아니라, 이 사건들이 주는 교훈과 내포한 신학도 볼 수 있어야 한다는 뜻이다. 다음 도표를 참고하라.

	첫째 사이클			둘째 사이클			셋째 사이클		
재앙	1	2	3	4	5	6	7	8	9
시작 경고	Y	Y	·	Y	Y	·	Y	Y	·
"아침에"	Y	·	·	Y	·	·	Y	·	·
"서라/[자신을]세우라"	Y	·	·	Y	·	·	Y	·	·
"바로에게 가라"	·	Y	·	·	Y	·	·	Y	·
특별한 지시 없음	·	·	Y	·	·	Y	·	·	Y
기타	아론에 의해 행해짐						모세에 의해 행해짐		

Y=있음 ·=없음

하나님이 이집트에 내리신 재앙은 단순히 이집트 사람의 삶을 불편하게 하는 데 목적이 있는 것이 아니었다. 고대 사회에서 이집트 사람은 온갖 우상을 숭배한 것으로 유명했는데, 이 재앙들은 이집트를 대표할 만한 신들을 심판하는 일이기도 하다. 즉, 열 재앙은 이집트 사람에게 내려진 것일 뿐만 아니라, 그들이 신으로 숭배했던 것들이 얼마나 무능하고 무력한가를 보여주는 사건인 것이다. 하나님이 내리신 열 재앙과 이집트 신들과의 관계에 대해서는 다음 도표를 참고하라.

재앙	내용	연관된 이집트 신(들)	비고
1	나일 강이 피로 변함 (7:14–25)	**크눔**(Khnum): 나일 강의 수호신 **하피**(Hapi): 나일 강의 영 **오시리스**(Osiris): 나일 강이 이 신의 핏줄을 형성함	나일 강은 이집트의 생명줄이다. 앞으로 다가올 재앙들의 심각성을 예고하고 있다. 자연을 지배하는 하나님의 능력이 강조되고 있다.
2	개구리 (8:1–15)	**헤케트**(Heqet): 부활, 생명을 주는 신, 산모의 신	이집트의 마법사도 개구리는 만들어내지만, 대책이 없다. 바로가 처음으로 모세에게 도움을 요청한다. 그가 여호와 하나님을 인정하기 시작한다. 이스라엘 사람을 보내겠다고 한다.
3	이 (8:16–19)	이와 연관된 신은 없으나, 이가 된 티끌(흙)과 연관된 게브(Geb)라는 신이 있음	이집트의 마법사가 따라 하지 못하며 이 재앙을 '하나님의 손가락'이라 시인한다.
4	파리 떼 (8:20–32)	**케페라**(Khepera): 풍뎅이 모습을 한 신으로, 해의 하루 일정을 관리하는 것으로 간주됨	이 재앙부터 이집트 사람과 이스라엘 백성이 구분된다. 고센 지역에는 파리 떼의 피해가 없다. 고센의 위치는 정확하게 밝혀지지 않았다. 다만 나일 델타의 동쪽 지역에 있었던 것으로 추정된다. 이스라엘 백성이 구분되는 것을 히브리 원어는 '구원'으로 표현한다. 바로가 이집트를 벗어나지 않는 조건으로 '떠나라' 한다.
5	악질 가축 병 (9:1–7)	**하토르**(Hathor): 암소의 모습을 한 신들의 어머니 **아피스**(Apis): 타(Ptah)라는 신이 부리는 황소 신이며, 자손 번식의 신 **음네비스**(Mnevis): 황소의 모습을 한 헬리오폴리스의 수호신	

재앙	내용	연관된 이집트 신(들)	비고
6	독종 (9:8–12)	**임호텝**(Imhotep): 치료신	모세가 풀무의 재를 날림으로 시작한다. 마법사도 모세 앞에 서지 못한다. 모방은 고사하고 쫓겨나간다.
7	우박 (9:13–35)	**누트**(Nut): 하늘을 지키는 여신 **이시스**(Isis): 생명을 주는 여신 **세트**(Seth): 곡식 보호신	
8	메뚜기 떼 (10:1–20)	**이시스**(Isis): 생명을 주는 여신 **세트**(Seth): 곡식 보호신 **세라피아**(Serapia): 메뚜기 떼에서 보호하는 신	메뚜기는 매일 자신의 몸무게 만큼 먹어 치운다. 바로가 모세와 아론을 지겨워하기 시작한다. 이집트 사람도 바로를 나무란다.
9	3일간의 흑암 (10:21–29)	**레**(Re), **아톤**(Aten), **아툼**(Atum), **호루스**(Horus): 태양과 연관된 신들 **바로**: 태양신의 아들로 간주됨	'느껴지는/만져지는 흑암'(21절)은 이 재앙이 공기 중에 있는 먼지에 의해 형성되었음을 의미한다. 바로가 가축을 놓고 가는 조건으로 '떠남'을 허락한다. 바로가 아론과 모세에게 "다시는 나타나지 말라"라고 한다.
10	장자의 죽음 (11:1–10)	**바로**: 장자는 신으로 생각됨. **오시리스**(Osiris): 생명/죽음을 주는 신 **타우르트**(Taurt): 처음에는 출생을 관리하는 여신. 나중에는 집을 보호하는 수호신.	아홉째 재앙으로 바로의 '아버지' 태양신이 패배했다. 이번에는 바로의 '아들'인 장자가 심판을 받는다. 이 사건은 바로의 인격, 왕권, 신성에 치명타를 입힌다.

(3) 18장의 위치

학자들은 오래전(주후 2세기)부터 18장에 기록된 사건이 19장에 기록된 사건 이후에 일어난 것이라고 주장해 왔다(Ibn Ezra). 그들이 이런 결론을 내리는 데는 몇 가지 이유가 있다(Carpenter). 17장 마지막 부분은 이스라엘이 르비딤 지역에서 아말렉 사람과 싸우는 이야기로 끝이 났다. 19:1-2은 이스라엘이 출애굽한 지 석 달 만에 르비딤을 떠나 시내 산에 도착했다고 한다. 반면에 18:5은 모세가 이미 '하나님의 산'(הַר הָאֱלֹהִים)이 있는 광야에 진을 치고 있었다고 한다. 이야기의 흐름이 18장에 기록된 모세의 장인 이드로의 이야기로 깨지는 것이다. 19장에서 이스라엘 자손이 우여곡절을 겪으며 이집트를 떠난 지 3개월 만에 시내 산에 도착했다는 사실을 회고하고 있음을 감안할 때, 18장에 기록된 사건이 시간적으로 19장보다 앞선다면 이 사건은 이스라엘이 시내 산으로 가는 도중에 있었던 일이 된다.

그러나 지난 3개월 동안 이들이 한곳에서 머물러 쉬지도 못하고 시내 산으로 행진해 왔다는 점은 모세가 온종일 민원을 처리하며 재판하느라 지쳤음을 기록하고 있는 18장과 잘 어울리지 않는다. 그뿐만 아니라 이드로가 여호와께 번제물과 희생 제물을 바쳤다는 것(18:12)은 이때 이미 여호와께 제사를 드리는 제단이 존재했음을 의미한다. 반면에 제단에 관한 율법은 20:22-26에 가서야 언급되고, 모세가 처음으로 제단을 세운 것은 24:4에 있었던 일이다. 이스라엘이 시내 산에 도착하기 전에 마지막으로 제단을 쌓은 곳은 르비딤이었으며, 그 제단에는 기념비적인 기능이 있을 뿐 제물을 바치는 기능은 없었다. 그러므로 이드로가 제물을 바쳤던 제단은 24:4에 언급된 것이거나 장막에 있었던 것이라 보여진다. 18장에서는 아직 장막이 제작되지 않았기에 이 또한 18장이 훗날에 있었던 일이라는 사실을 암시한다.

아울러 모세가 재판하면서 사용하고, 이드로가 이스라엘의 지도자들을 가르칠 때 지침으로 삼으라는 여호와의 '율례(תּוֹרָה)와 법도(חֹק)'(18:16, 20)는 시내 산 사건 이후에 더 잘 어울린다(Heppenstall). 이 개념들은 하나님이 시내 산에서 모세를 통해 이스라엘 백성에게 내려주신 언약의 세부 사항인 율법을 칭하는 전문 용어이기 때문이다. 또한 민수기 11:11, 29-32에 의하면 이드로는 이스라엘이 이집트를 떠나온 지 2년째 되던 해 2월에 이스라엘 진영에 있었다. 그러므로 18:27에서 그가 자기 땅으로 떠난 시점을 이때로 보아야 한다. 신명기는 모세가 본문에서 언급하는 이스라엘의 재판 제도가 정비된 후에 바로 호렙 산을 떠났던 것으로 기록하고 있다(신 1:9-17).

그렇다면 모세의 장인 이드로 이야기가 시대적 순서를 무시하고 이 시점에 소개되는 이유는 무엇일까? 아마도 이 이야기의 가장 기본적인 기능은 쉴새 없이 진행되는 이스라엘의 이동 이야기 도중에 독자에게 잠시라도 숨을 돌리게 하는 쉼표(pause) 역할이기 때문일 것이다(Carpenter). 아울러 이스라엘을 대적하는 아말렉 족(17장)과 이스라엘을 돕는 미디안 족/겐 족(이드로의 민족)의 차이를 보여주려는 의도도 있다. 훗날 사울은 아말렉 족을 칠 때 이 사건을 근거로 아말렉 족의 땅에 거하던 겐 족에게 미리 화를 피할 수 있는 기회를 주었다(삼상 15:1-6). 또한 출애굽기 18:13-26은 이스라엘 법정에서의 소송에 대한 재판 기준으로 율법이 필요하다는 것을 강조한다(Greengus). 즉, 이 사건은 머지않아 모세를 통해 이스라엘에게 주어질 하나님의 율법이 여호와의 일방적인 요구에 의해 강요된 것이 아니라 이스라엘 공동체의 삶과 질서를 유지하는 데 꼭 필요한 것이었음을 암시한다.

(4) 바로의 강퍅함

바로는 스스로 자신의 마음을 강퍅하게 한 것일까, 아니면 하나님이 그의 마음을 강퍅하게 하신 것일까? 이 질문에 대한 답은 매우 중요하다. 바로가 스스로 자신의 마음을 강퍅하게 했다면, 그가 받은 벌은 당연한 것이 된다. 그러나 하나님이 그의 마음을 강퍅하게 하심으로써 그가 이스라엘을 내보내지 못한 것이라면, 하나님께도 어느 정도 책임이 있다고 생각할 수 있기 때문이다(Beale, Gunn, Guilaume). 하나님이 호렙 산에서 모세에게 소명을 주실 때 자신이 바로를 강한 손으로 치지 않으면 그가 결코 이스라엘을 내보내지 않을 것이라고 말씀하시는 것을 보면(3:19-20), 바로가 자신의 마음을 강퍅하게 한 것으로 생각된다. 이 경우 바로는 스스로 몰락을 결정한 것이 된다(Guilaume, Wilson).

그러나 책의 나머지 부분을 보면 꼭 그렇지만은 않다(Gunn). 출애굽기는 바로의 강퍅함/강퍅해짐/강퍅하게 됨에 대해 묘사하면서 세 히브리어 동사(כבד, חזק, קשה)를 4-14장에서 스무 번 언급한다(Hamilton). 이 중 열 번은 하나님이 주어다(4:21; 7:3; 9:12; 10:1, 20, 27; 11:10; 14:4, 8, 17). 바로가 주어인 경우는 네 번(8:15, 32; 9:34; 13:15), 바로의 마음이 주어로 사용된 경우는 여섯 번이다(7:13, 14, 22; 8:19; 9:7, 35). 하나님이 바로의 마음을 강퍅하게 하신 것인가? 아니면 바로가 스스로 마음을 강퍅하게 한 것인가? 저자는 이에 대해 두 가지 측면 모두를 언급한다. 열 번은 바로가 스스로 마음을 강퍅하게 했으며, 열 번은 하나님이 그를 강퍅하게 하신 것으로 묘사한다. 바로가 스스로 마음을 강퍅하게 하는 것은 7:13, 14, 22; 8:15, 19, 32; 9:7, 34, 35; 13:5에 기록되어 있다. 반면에 하나님이 그의 마음을 강퍅하게 하신 것은 4:21; 7:3; 9:12; 10:1, 20, 27; 11:10; 14:4, 8, 17에 기록되어 있다.

위 자료에서 볼 수 있는 한 가지 현상은, 처음에는 바로가 스스로 마음을 강퍅하게 하는 것이 중심을 이루다가 시간이 지남에 따라 하나님이 그의 마음을 강퍅하게 하시는 것으로 중심이 옮겨진다는 것이다. 처음에는 바로가 스스로 마음을 강퍅하게 했지만 어느 순간부터는 안 그러려고 해도 강퍅할 수밖에 없었다는 것이다. 열 가지 재앙이 이집트에 내려질 때까지 하나님이 바로의 회심을 허락하지 않으셨기 때문이다(롬 9:18; 민 21:22-23; 신 2:30). 바로의 불순종으로 재앙이 시작된 후로는 열 가지 재앙이 모두 진행될 때까지 바로와 이집트에 대한 심판은 멈추지 않았다. 재앙을 시작하고, 하지 않고는 바로의 결정에 달려 있다. 그가 겸허히 하나님의 요구를 받아들였다면 재앙이 이집트에 임하지 않았을 것이다. 그러나 바로의 불순종으로 일단 재앙이 시작되면 열 가지 재앙으로 구성된 재앙 시리즈가 끝날 때까지 멈추지 않는다. 그러므로 이집트에 내려진 열 가지 재앙은 바로가 시작한 것이며, 바로가 스스로 마음을 강퍅하게 한 결과물이다. 재앙에 대한 책임은 바로에게 있는 것이다. 우리는 보통 회개가 언제든 가능하다는 생각에 젖어 있다. 이론적으로는 옳은 말이다. 회개는 언제든 가능하다. 아무리 흉악한 죄를 지었다 할지라도 진정한 회개의 기도를 드리면 용서받을 수 있다. 그러나 현실적으로 볼 때 어느 선을 넘어가면 회개는 불가능하다. 더 이상 죄를 용서받을 수 있는 기도를 드릴 수 없거나 회개의 필요성을 느끼지 못하기 때문이다. 또한 바로의 경우처럼 때로는 하나님이 죄인을 심판하기 위해 더 이상 그가 회개하지 못하도록 막으시기도 한다(사 6장). 그러므로 회개는 항상 기회가 주어지는 것이 아니므로 기회가 있을 때 해야 한다.

5. 신학적 주제와 메시지

출애굽기는 최소한 다섯 개의 주요 신학적 주제를 바탕으로 구성되어 있다. 해방(liberation), 하나님을 아는 지식(knowledge of God), 율법(law), 언약(covenant), 임재(presence)이다(Sheriffs, Brueggemann, Stuart). 이 다섯 가지 주제는 '이집트로부터 이스라엘을 구원하신 하나님'이라는 중심 주제로 묶일 수 있다(Pixley). 성경의 다른 책도 그렇지만, 출애굽기는 처음부터 끝까지 이야기(narrative)의 중심이 하나님과 그분의 사역에 맞추어져 있다. 하나님은 이집트 사람에게 착취당하며 신음하고 있는 주의 백성을 해방시켜 약속의 땅으로 인도해 가는 과정에서 대단한 기적을 행하셨다. 이스라엘은 하나님의 기적이 탄생시킨 새로운 민족이었던 것이다. 이스라엘이 한 국가로 출범하기 전에도 세상에는 수없이 많은 민족이 있었다. 그러나 이스라엘과 같은 과정을 통해 탄생한 민족은 어디에도 존재하지 않는다는 것이 저자의 주장이다. 하나님 은혜를 통해 노예 생활을 하던 이집트에서 해방되고 시내 산에서 받은 계시를 통해 창조주 하나님과 특별한 언약을 체결한 이스라엘은 온전히 새로운 하나님의 백성이자 민족이었다. 위에 언급된 주제들을 하나씩 살펴보자.

(1) 해방(liberation)

그리스도인의 삶에서 가장 중요한 주제 중 하나는 '진정한 자유에 대한 정의'일 것이다. 이는 신앙의 상당 부분이 죄와 세상의 굴레로부터 해방되는 것을 중심으로 표현되기 때문이다. 성경 중 자유에 대해 가장 확고하게 선언하는 책이 출애굽기다. 책의 전반부는 이집트의 노예로 혹사당하던 이스라엘 자손의 해방을 위한 하나님의 사역을 회고하고 있다. 이 해방은 이집트 왕이 이스라엘을 지배하는 것에 대한 정당성을 부인하고 그 왕권을 전복시키는 것을 의미한다. 놀라운 것은 이처럼 크고 놀라운 일이 이집트 사람이 노예로 부리던 이스라엘의 하나님에 의해 비롯되었다는 점이다. 노예를 부리던 자들이 그들이 무시하고 착취하던 노예의 신에 의해 전복된 것이다!

이런 내용을 담고 있기 때문에, 출애굽기는 해방신학자들이 사랑하는 책이기도 하다(Sauter, Levenson). 근간에는 픽스리(Pixley)가 해방신학적 관점에서 본문을 주해한 출애굽기 주석을 출판하기도 했다. 해방신학자의 주장에 따르면, 출애굽기는 이스라엘 역사의 한순간에 그들만을 자유롭게 하기 위해 일어난 하나님의 구원 사역을 기록한 문서가 아니라, 시대와 장소를 초월하여 누구든/어느 무리든 간에 착취와 압제로 신음하며 해방을 갈망하는 자들을 위한 해방 선언문(liberation manifesto)이다.

해방 신학자가 주장하는 것처럼 출애굽기는 분명 억압된 자에게 해방을 선포하는 책이다. 그러나 앞에서 언급한 것처럼, 출애굽기를 해방에 관한 맹목적인 책으로 간주하는 것은 옳지 않다. 책의 전반부가 이스라엘의 해방에 대해 기록하고 있는 것은 사실이지만, 후반부인 20-40장에서는 자유롭게 된 이스라엘이 어떻게 시내 산에서 하나님과 언약을 맺고 그분의 백성이 되었는가를 회고하기 때문이다. 이 같은 연결성을 감안할 때, 출애굽기는 이스라엘이 어떻게 이집트의 속박으로부터 해방되었는가에 관한 책만은 아닌 것이다. 이집트의 부당한 억압으로부터 탈출한 이스라엘은 자신들을 해방시킨 여호와를 섬길 수 있는 기회를 얻었다. 이집트로부터의 탈출은 자유인이 된 이스라엘 백성이 하나님의 백성이 되어 마음껏 그분을 섬길 수 있는 기회를 마련해주는 데 궁극적인 목적이 있었던 것이다. 출애굽기에서 해방이라는 주제가 매우 중요한 비중을 차지하는 것은 사실이다. 하지만 출애굽기를 해방에 관한 책으로만 이해한다면, 책이 지닌 메시지의 절반만 이해하는 것일 뿐, 전체 메시지는 파악하지 못하는 처사이다(Hamilton). 그럼에도 불구하고 출애굽기에서 해방이라는 주제는 매우 중요한 비중을 차지한다.

(2) 하나님을 아는 지식(knowledge of God)

하나님이 온갖 기적을 행하시면서 이스라엘 백성을 구원하신 것은 그들로 하여금 여호와가 하나님이심을 알게 하기 위함이다. "너희를 내 백성으로 삼고 나는 너희의 하나님이 되리니 나는 애굽 사람의 무거운 짐 밑에서 너희를 빼낸 너희의 하나님 여호와인 줄 너희가 알지라"(6:7). 출애굽기에서는 이와 비슷한 의도를 가지고 "내가 여호와인 줄 너희가 알 것이다"라는 말씀이 여러 차례 사용된다. 하나님이 기적을 통해 이스라엘과 온 세상에 자신을 드러내신 것도, 계시를 통해 말씀하신 것도, 모세를 통해 율법을 주신 것도, 이스라엘 중에 함께 거하신 것도 모두 주의 백성과 온 세상이 여호와를 알게 하기 위해서다. 더 나아가 이스라엘이 가나안 땅에서 정착하여 그 땅을 누리며 살 수 있는 유일한 방법도 그들의 하나님 여호와를 지속적으로 알아가는 것이다. 그들이 자신들의 삶에서 여호와를 알고 인정하면 하나님의 은총은 지속될 것이다.

그러나 성경이 하나님을 아는 지식을 논할 때는 하나님에 대한 정보를 얻는 수준을 초월한다. 하나님을 아는 것은 곧 그분의 말씀과 뜻에 순종하며 살아가는 것을 전제로 한다. 즉, 하나님을 아는 지식은 관계를 동반한다. 그래서 사무엘서는 날마다 성막에서 여호와께 제사를 드리던 엘리 제사장의 아들들이 범죄한 이유를 그들이 여호와를 알지 못했기 때문이라고 하지 않았던가(삼상 2:12). 이스라엘 사람 가운데 그 누구보다 하나님에 대한 정보를 많이 갖고 있던 제사장이 여호와를 알지 못했다! 오늘날로 말한다면 목사, 장로가 하나님을 몰랐다는 의미다. 가능한 일인가? 충분히 가능하다. 하나님을 아는 지식은 관계적인 측면을 지니기 때문이다. 그러므로 선지자들은 이스라엘이 죄에서 헤어나지 못하는 가장 근본 이유로 그들에게 여호와를 아는 지식이 없음을 지적한다. 이스라엘이 하나님을 아는 지식이 있어 그분이 어떤 분인지 깨달았더라면 절대로 죄를 범하지 않았을 것이라는 의미다. 죄 문제의 해결책은 하나님을 아는 지식뿐이다(호 6장; 사 5장).

(3) 율법(law)

이스라엘 백성이 시내 산에서 그들을 해방시키신 여호와 하나님을 만났을 때, 하나님은 이스라엘의 종교 생활뿐만 아니라 삶의 모든 영역에서의 지침을 주셨다. 이 지침이 바로 율법이다. 율법이 두려움과 공포를 자아내는 하나님의 현현에서 비롯되었고 이스라엘 백성을 위협하고 협박하는 분위기에서 주어졌다는 것은, 그들로 하여금 율법을 이

행할 때 매우 신중하고 신실한 태도를 가질 것을 요구하는 것일 뿐만 아니라 율법이 그 어떠한 인본적인 생각이나 중개에서 비롯된 것이 아니라 말로 표현할 수 없는 하나님의 절대적인 거룩하심에서 비롯되었음을 암시한다.

율법이 하나님께로부터 온 것이라고 해서 이스라엘 백성이 모든 율법을 하나님으로부터 직접 들은 것은 아니다. 모든 율법은 모세를 통해 중개되었다고 해도 과언이 아니다. 이 과정에서 이스라엘 백성은 모세를 하나님과 자신들 사이의 중개자로 세움으로써 지속적인 하나님과의 대화 채널을 유지하게 되었다. 그렇다면 이스라엘 백성이 모세를 통해 받은 율법을 준수해야 하는 가장 근본적인 이유는 무엇인가?

하나님이 출애굽 사건을 통해 자기 백성을 구원하신 일에 대한 언급은 출애굽기에서만 반복되는 것이 아니라, 구약 성경 전체에 걸쳐 최소한 120차례 이상 등장한다(Sarna). 구약은 이스라엘 사람에게 이방인과 소외된 자를 잘 대접해야 한다고 권면할 때에도 자신들의 어려웠던 이집트 생활을 기억해서라도 그들에게 자비로워야 한다는 논리를 펼친다. 이스라엘 백성이 하나님이 주신 율법을 준수해야 하는 가장 근본적인 이유는 하나님이 한때 이집트의 노예였던 그들에게 자유를 주셨기 때문이다. 이러한 사실은 오늘을 살아가는 우리에게 두 가지 의미를 갖는다. 첫째, 하나님의 구원을 입은 이스라엘이 그들을 구원하신 분의 법에 따라 살아가는 것이 당연한 것처럼, 그리스도의 구원을 입은 우리도 그리스도의 뜻에 따라 살아가야 한다. 둘째, 하나님이 이스라엘을 구원하신 것은 그들에게 자유를 주어서 떠나 보내기 위해서가 아니라, 경건하고 거룩한 삶으로의 새로운 출발을 주시기 위해서였다. 그리스도의 구원을 입은 자의 삶에서도 죄의 억압과 고통으로부터의 구원이 경건과 성결로 이어지지 않으면 별 의미가 없다. 이러한 사실을 기억하고 거룩한 삶을 통해 두려움과 떨림으로 구원을 이루어 나가기 위해 더욱더 열심히 노력해야 한다(빌 2:12).

율법이 이스라엘만의 독특한 것은 아니었다. 함무라비 법전(Code of Hammurabi)은 성경의 율법보다 훨씬 오래된 것이며(함무라비 법전이 모세 율법보다 400년을 앞서감), 내용면에서 볼 때 성경과 현저한 차이를 갖고 있지만 비슷한 점도 상당히 많다. 그 외에 고대 근동에서 함무라비 법전 외에도 많은 법전이 발견되었으며, 이것들은 성경에 제시된 율법과 일들을 이해하는 데 많은 도움을 준다. 구약에 기록된 율법과 고대 근동에서 발견된 법전이 지니고 있는 공통점에 대해 어떻게 이해해야 할까? 구약에 기록된 율법의 상당 부분이 하나님이 이미 여러 문화권에 주셨던 가치관과 규례들을 모아놓은 것이라는 의미다. 우리는 성경에 기록된 율법이 주변 문화에서 발견되는 것과 획기적으로 다르다고 간주한다. 그러나 실제는 그렇지 않다. 하나님이 이미 여러 문화권에 주셨던 것(신학적 용어로 이를 일반 은총이라고 함)을 모아서 체계화한 것이 성경에 기록된 율법의 상당 부분을 차지한다(cf. 『엑스포지멘터리 창세기』 서론).

오늘날 많은 사람이 율법을 제사법(ritual law), 도덕법(ethical law), 사회법(civil law)으로 나눈다. 그들 가운데는 율법을 이렇게 분류한 후 제사법은 더 이상 우리가 지킬 필요가 없고, 도덕법 전체와 사회법의 일부만 지키면 된다고 주장하는 사람도 있다. 그러나 이렇게 모세의 율법을 세 종류로 나누어 어떤 것은 유효하고 어떤 것은 유효하지 않다고 해석하는 것은 임의적인 것이며 절대적이지 않다는 것이 여러 학자의 주장이다. 제사법이든 도덕법이든 동일하게 하나님의 영광을 반영하기 때문이다. 또한 율법을 세 가지로 구분하는 기준이 명료하지 않아 동일한 율법이 학자에 따라 서로 다른 세 가지로 분류되기도 하는 것이 이러한 관점이 심각한 문제를 지니고 있다는 것을 암시한다.

율법을 세 가지로 구분하는 것에 만족하지 못하는 사람 중 대안으로 구약의 율법을 오늘날도 모든 사람에게 적용되는 일반적인 것(universal laws)과 구약 시대를 살았던 이스라엘 사람에게만 적용될 수 있는 문화적인 것(culture-bound laws)으로 구분하기도 한다. 그러나 학자들 대부분은 "책의 저자가 처음부터 이 두 가지를 구분했을까?"라는 질문에 부정적으로 답한다. 즉, 율법을 이 두 가지로 나누는 것도 큰 의미가 없다는 것이다. 율법을 분석하고 구분하는 일에는 다양한 기준과 방법이 사용된다. 그러나 가장 간단하게 율법을 하나님께 드리는 예배와 하나님 백성의 삶이라는 주제로 정리하면 다음과 같이 요약될 수 있다. 율법을 이렇게 구분하는 가장 큰 장점은 주의 백성에게 예배와 삶은 결코 떼어 놓을 수 없는 유기적인 관계를 지니고 있다는 사실을 강조하는 것이다.

	출애굽기	레위기	민수기	신명기
예배의 대상/주제	20:3, 23; 22:20; 23:13, 24; 34:13–17	19:4; 20:2		5:7; 13:1–18
하나님께 드리는 예배				
다양한 제사들	20:24–26; 22:29–30; 23:18–19; 29:10–41; 34:19–20, 25–26	1–7장; 17장; 19:4–8; 20:21–22; 22:18–30	15:2–31; 28:2–8	12:13–14; 17:1
종교적 절기들	20:8–11; 23:12–17; 34:18–24; 35:2–3	16:1–34; 19:3, 30; 23:3–34; 26:2	9:10–14; 28:9–29:38	5:13–15; 16:1–17
서원		27장	6:2–21; 30:2–15	23:18–23
성전에 관한 예식	27:20–21; 30:7–21	10:9; 24:2–9		
정결에 관한 예식		19:19; 21:1–22:16	5:6–31; 19장	21–23장
십일조와 예물	30:12–16		18:8–32	12:17–19; 14:22–29; 15:19–23; 18:1–5; 26:1–15
안식년		25:8–34		15:1–18

	출애굽기	레위기	민수기	신명기
우상숭배	20:4–6	26:1		5:8–10; 7:25–26; 12:2–4; 16:21–22
모독과 저주	20:7; 22:28	24:14–16		5:11
하나님 백성의 삶				
지도자				17:14–20
가족	20:12–14; 21:15–17; 22:16–17	19:3, 29, 32; 20:9	27:7–11	5:16–18; 21:10–21; 22:13–30; 23:17; 24:1–4; 25:5–12
노예	21:1–11	19:20; 25:39–55		23:15–16
땅 소유와 사용	23:10–11	19:9–10; 25:1–7	36:7–9	19:14; 22:9
개인 재산	20:15–17; 21:33–36; 22:1–15	19:11		5:19–21; 22:1–4; 23:24–25
인권 존중	20:13; 21:12–32	19:17–18; 24:17–22		5:17; 24:7
공평과 정의	20:16; 22:21–26; 23:1–9	19:11–16, 33–36; 25:35–37	35:11–34	5:20; 16:18–20; 17:2–13; 19:4–121; 21:22–23; 22:6–10; 23:19–20; 24:6–22; 25:1–15
성적(性的) 및 육체적 순결	22:19	12–15장; 18장; 20:10–21	5:2–3	22:5; 23:9–14
전쟁				20:1–20; 24:5
점술	22:18	19:26–31; 20:27		18:9–14
음식법	22:31	11:1–47; 20:25		12:15–27; 14:3–21

(4) 언약(covenant)

하나님이 시내 산에서 이스라엘 자손에게 주신 율법은 그들과 맺은 언약의 조건들이었다. 하나님과 이스라엘이 언약을 맺는다는 것은 쌍방이 서로에게 무조건적으로 그리고 절대적으로 헌신한다는 것을 뜻한다. 마치 결혼식에서 신랑과 신부가 서로에게 헌신을 서약하는 것처럼 말이다. 이스라엘은 국가로 태어나는 순간부터 하나님의 신실하고 헌신적인 아내가 되기를 선언했으며, 시내 산에서 세운 언약은 이러한 결혼 계약 조항이었던 것이다. 그러나 모세가 온 이스라엘 자손을 대표해서 시내 산 정상에 올라가 율법을 받는 동안 이스라엘 자손은 엉뚱한 곳에 마음을 주어 금송아지를 만들어 숭배했다. 그것도 다름 아닌 모세의 형이자 대제사장인 아론의 주도하에 말이다.

결국 금송아지 사건으로 19-31장에 제시된 계약 조항(율법)이 무효가 되는 위기를 맞았고, 32-34장에 이르러서는 언약을 재확인할 필요가 발생했다. 언약은 쌍방의 절대적인 헌신과 신실함을 전제로 하는 행위였다. 그러나 이스라엘의 역사는 신실함과 헌신을 요구하는 이상적인 언약이 신실하지 못한 이스라엘의 현실과 얼마나 자주 부딪혔는가를 증언하고 있다. 이러한 대립은 선지자들로 하여금 '뽑고 허무시는' 하나님을 유감 없이 선포하게 하는 동시에 '세우고 심으시는' 하나님을 기대하게 했다(렘 1:10). 그러므로 언약은 무시무시한 심판과 소망 사이의 긴장을 이미 암시하는 것이다(Brueggemann).

(5) 임재(presence)

출애굽기는 이스라엘의 신분이 노예에서 자유인으로 상승한 이야기로 끝나지 않는다. 출애굽기는 한 걸음 더 나아가 이스라엘이 어떻게 제도와 구조적인 장치를 통해 하나님의 임재를 보장받을 수 있게 되었는가를 기록한다. 문제는 그들의 하나님은 쉽게, 아무렇게나 그들과 함께할 수 있는 분이 아니라는 점이다. 하나님이 주의 백성과 함께하기 위해서는 이스라엘이 하나님이 요구하시는 도구와 방법을 준수해야 했다. 결국 하나님은 거룩한 장막과 그 안에서 사용되는 여러 도구 만드는 법을 직접 계시해 주시고, 제사장에 대한 규례도 가르쳐 주심으로써 자신의 방식에 따라 이들과 함께하기를 자청하셨다.

아울러 하나님의 임재는 인류 역사가 방향성 없이 우연히 일어나고 진행되는 것이 아님을 암시한다. 하나님이 자신의 백성 가운데 거하신다는 것은 그분이 인류 역사에 깊이 관련되어 있음을 뜻한다. 하나님의 임재는 곧 주의 백성을 위해 행동하시는 혹은 역사를 만들어 가시는 것을 의미하기 때문이다. 그러므로 여호와는 필요에 따라서는 언제든지 인류의 역사에 개입하실 수 있으며, 실제로 주의 백성 가운데 거하시며 인류의 역사를 자신이 의도하는 방향으로 주도해 가는 분인 것이다.

그렇다면 이스라엘은 이집트에서 탈출한 후 해방을 누리며 어떻게 하나님을 알아가면서 율법, 언약, 하나님의 임재 등도 지속시킬 수 있었다는 말인가? 출애굽기에서, 하나님은 이스라엘에게 이스라엘 종교에서 가장 중요한 세 가지 제도를 주시며 이를 통해 하나님의 임재를 누리라고 하셨다. 첫째는 중앙화된 예배 장소다. 이스라엘은 아무 데서나 예배를 드려서는 안 된다. 꼭 하나님이 지정하신 성막이라는 곳에서만 예배드려야 한다. 이러한 조치는 여호와 종교의 예배를 이방 종교의 부정한 영향력으로부터 보호하기 위한 방법이었으며 주의 백성이 함께 모일 때마다 한 민족으로서의 공동체 정신을 유지하게 하기 위함이었다.

둘째는 하나님이 지정하신 장소에서 예배와 제사를 주도할 자들을 세우셨다. 이들이 바로 제사장들이다. 제사장직은 레위 지파 사람 중에서도 아론의 후손에게만 주어진 특권이었다. 역시 예배의 순수성, 일관성, 연결성, 전문성 등을 고려한 하나님의 은혜로운 조치였다. 중앙화된 예배 장소와 제사장직이 얼마나 중요한가는 40장으로 구성되어 있는 출애굽기가 무려 13장을 두 제도에 할애하고 있다는 점에서 역력히 드러난다. 출애굽기는 예배와 예식에 관한 책이라 해도 과언이 아니다.

셋째는 선지자 제도다. 물론 이스라엘 역사에서 선지자 제도가 궤도에 오른 것은 사무엘 시대에 이르러서이다. 그러나 하나님은 모세를 한 예로 삼아서 훗날 이스라엘 종교의 순수성을 유지하는 데 가장 중추적인 역할을 하게 될 선지자는 어떤 사람인지를 정의하신다. 여호와께서는 4:14-16에서 모세에게 "레위 사람 네 형 아론이 있지 아니하냐…그가 너를 대신하여 백성에게 말할 것이니 그는 네 입을 대신할 것이요 너는 그에게 하나님 같이 되리라"라고 말씀하셨다. 선지자는 하나님의 대언자로, 그분의 뜻과 의지를 주의 백성에게 전달하는 사명을 받은 자들인 것이다. 이 세 가지 제도를 통해 하나님은 이스라엘로 하여금 예배의 순수성을 유지하고 언약, 율법, 하나님 임재의 상징인 성막/성전을 보존하고 관리하도록 하셨던 것이다.

6. 개요

출애굽기는 같은 단어를 여러 차례 반복하여 사용하는 경향이 매우 강하다. 특히 숫자 7을 중심으로 사용되는 단어들이 많다(Cassuto). 산파 이야기(1:15-21)에서 산파(מְיַלְּדֹת)라는 단어가 일곱 차례 등장한다. 모세의 어린 시절 이야기(2:1-10)에서 모세를 가리키는 단어, 아이(יֶלֶד)도 일곱 차례 등장한다. 이스라엘 자손이 벽돌을 만드는 이야기(5:7-19)에서 명사 '벽돌'(לְבֵנָה) 혹은 동사 '벽돌을 만들다'(לבן)가 일곱 차례 등장한다. 첫 번째 재앙 사이클의 첫 사건(7:14-25)에서는 '나일 강'(יְאֹר)이 열네 차례(7x2) 등장한다. 두 번째 재앙 사이클의 첫 사건(8:20-32)에서는 '파리 떼'(עָרֹב)라는 단어가 일곱 차례 등장한다. 세 번째 재앙 사이클의 첫 사건(9:18-35)에서는 '우박'(בָּרָד)이란 단어가 열네 차례 등장한다. 여덟 번째 재앙(10:1-20)에는 '메뚜기 떼'(אַרְבֶּה)라는 단어가 일곱 차례 등장한다. 유월절 양, 무교병을 먹으라는 명령(12:15–20)에는 '먹다'(אכל) 라는 단어가 일곱 차례 수록되어 있다. '구원'이란 의미에 대한 일곱 가지 다른 표현법이 모세의 소명 이야기(6:6–8)에 등장한다. 이처럼 7을 중심으로 한 단어 사용은 매우 의도적이고 전략적이며, 각 이야기와 텍스트에 짜임새와 통일성을 더한다.

위와 같은 편집적 의도에도 불구하고 출애굽기는 여러 개의 이야기로 구성되어 있다고 하는 사람이 있다. 한 예로 해밀턴(Hamilton)은 15 파트로 구분할 것을 제안한다. 반면에 많은 학자는 출애굽기를 두 파트로 구분할 것을 제안한다. 스트워트(Stuart)는 1–19장과 20–40장으로, 도즈맨(Dozeman)은 1–15장과 16–40장으로 구분할 것을 제안한다. 다음은 스미스(Smith)가 제시한 것이다.[8]

I. 이집트
  A. 1–2장: 모세가 이집트를 떠나 미디안으로 감
  B. 두 부르심과 두 대결
    i. 3:1–6:1: 모세의 첫 번째 부르심과 바로와의 대결
    ii. 6:2–14:31: 모세의 두 번째 부르심과 여호와의 모세 권면
    iii. 15:1–21 바다에서의 승리

II. 시내 산
  A. 15:22–18:27: 이스라엘이 이집트를 떠나 시내 산으로
  B. 두 언약과 두 돌판 세트

---

8 출애굽기를 두 막(acts)으로 구성된 이야기로 보는 잔젠(Janzen)은 다음과 같은 구조를 제시했다.
  A. 억압, 구원, 언약(1–24장)
    B. [하나님의] 임재를 위한 장소를 준비함(25–31장)
  A′. 죄, 구원, 언약(32–34장)
    B′. 임재를 위한 장소를 준비함(35–40장)

i. 19-31장: 이스라엘의 첫 번째 언약과 첫 번째 돌판
ii. 32-40장: 이스라엘의 두 번째 언약과 두 번째 돌판

다른 주석가들은 책을 3-4파트로 나눌 것을 제안한다(Enns, Sarna, Cassuto).[9] 롱맨(Longman)은 하나님이 하시는 일을 중심으로 다음과 같이 세 파트로 나눌 것을 제안한다. 이 제안의 장점은 책에서 일어나는 모든 일을 하나님의 사역으로 보는 것에 있다.

I. 하나님이 이스라엘을 이집트의 억압에서 구원하심(1-18장)
II. 하나님이 이스라엘에게 율법을 주심(19-24장)
III. 하나님이 이스라엘에게 성막을 지으라고 명령하심(25-40장)

출애굽기는 이야기가 전개되는 장소에 따라 구분하면 크게 세 파트로 나뉠 수 있다. 첫 번째 섹션은 이집트에서 이스라엘 백성의 고통과 자유를 위한 갈등을 묘사하는 1:1-15:21이다. 이 섹션에 언급되는 사건은 거의 모두 이집트에서 있었던 일이다. 두 번째 섹션인 15:22-18:27은 '홍해/갈대 바다'에서 시내 산까지 가는 길에 있었던 일을 회고한다. 이미 앞에서 언급한 것처럼 18장에 기록된 사건만 예외이다. 세 번째 섹션인 19-40장은 모두 시내 산 근처에서 일어난 일들이다. 이 내용은 다음과 같이 요약할 수 있다.

I. 이집트에서(1:1-15:21)
II. 홍해에서 시내 산까지(15:22-18:27)
III. 시내 산 주변에서(19:1-40:38)

9 출애굽기가 언급하고 있는 주제들이 너무 다양하고, 독자적으로 다뤄져야 할 내용이 많기 때문에 최소한 7-8섹션으로 구분하는 학자도 많다(Sarna).

주제와 신학적 전개를 중심으로 책을 구분한다면, 다음과 같이 나눌 수 있다. 이 구분과 위에 제시된 것과의 가장 큰 차이는 15:22-18:27이 독립적으로 분리되지 않고 첫 번째 주요 섹션에 속하며, 대신 19-24장이 독립적인 섹션으로 분리된다는 점이다(Kaiser).

I. 탈출(1-18장)
　이스라엘의 고통(1장)
　모세의 소명(2-6장)
　열 재앙(7-11장)
　출애굽과 시내 산으로의 행진(12-18장)

II. 언약 책(19-24장)
　준비(19장)
　법의 골자: 십계명(20장)
　율법(21-24장)

III. 예배(25-40장)
　성막 건축에 대한 세부 사항(25-31장)
　거짓 예배: 금송아지(32-34장)
　성막 건축(35-40장)

다음과 같은 구조도 가능하다. 이 구조의 가장 큰 장점은 이스라엘 역사에서 가장 중요한 순간인 출애굽 사건이 독립적으로 다뤄진다는 점이다. 그러나 네 번째 섹션의 범위가 첫 번째에서 세 번째 섹션을 더한 것보다 크다는 것이 다소 부담으로 작용한다.[10]

---

10 베스터만(Westermann)은 다음과 같이 다섯 파트로 책을 구분하기도 했다. 아쉬운 것은 세 번째 섹션(III)이 본문의 구조를 충분히 설명하지 못하고 있으며, 17:8-16과 18장을 구조

I. 이집트에서의 이스라엘(1:1-12:36)
II. 출애굽 사건(12:37-15:21)
III. 광야 생활과 방황(15:22-18:27)
IV. 시내 산에서의 체험(19:1-40:38)

이미 언급한 대로 이스라엘 백성이 시내 산에 도착한 것을 기록하는 19장 전까지를 섹션화할 때, 여행 기록(journey text)에 최대한 주목해서 책을 세분화하는 것이 바람직하다(12:37; 13:20; 14:1-2; 15:22; 16:1; 17:1; 19:2). 출애굽기에는 다음과 같은 여행 기록이 있는데, 책을 섹션으로 나눌 때 이 구절들을 일종의 표시(marker)로 사용하자는 것이다(Cross). 모든 것을 감안할 때 출애굽기는 다음과 같이 세분화할 수 있다.

I. 이스라엘이 이집트를 떠남(1:1-15:21)
  A. 준비(1:1-7:7)
  B. 아홉 재앙(7:8-10:29)
  C. 출발(11:1-15:21)

II. 시내 산에서 받은 율법(15:22-24:18)
  A. 시내 산으로 가는 길(15:22-18:27)
  B. 시내 산 언약(19:1-24:18)

에서 배제하고 있다는 점이다.
I. 하나님의 구원 사역: 고통에서 구원(1-14장)
  A. 고통(1-11장)
  B. 구원(12-14장)
II. 찬양을 통한 인간의 반응(15:1-21)
III. 하나님의 사역: 보존(15:22-18:27)
  A. 목마름에서(15:22-27; 17:1-7)
  B. 배고픔에서(16장)
IV. 순종을 통한 이스라엘의 반응(19-31장)
V. 죄와 갱신(32-40장)

III. 성막과 도구들(25:1-40:38)

A. 성막 건축 준비(25:1-31:18)

B. 금송아지 반역과 언약 갱신(32:1-34:35)

C. 성막 완성(35:1-40:38)

엑스포지멘터리

모세오경 개론

레위기

EXPOSItory comMENTARY

레위기

[20] 그 지성소와 회막과 제단을 위하여 속죄하기를 마친 후에 살아 있는 염소
를 드리되 [21] 아론은 그의 두 손으로 살아 있는 염소의 머리에 안수하여 이스라
엘 자손의 모든 불의와 그 범한 모든 죄를 아뢰고 그 죄를 염소의 머리에 두어
미리 정한 사람에게 맡겨 광야로 보낼지니 [22] 염소가 그들의 모든 불의를 지고
접근하기 어려운 땅에 이르거든 그는 그 염소를 광야에 놓을지니라(16:20-22)

[1] 여호와께서 모세에게 말씀하여 이르시되 [2] 너는 이스라엘 자손의 온 회중에
게 말하여 이르라 너희는 거룩하라 이는 나 여호와 너희 하나님이 거룩함이니
라 [3] 너희 각 사람은 부모를 경외하고 나의 안식일을 지키라 나는 너희의 하나
님 여호와이니라 [4] 너희는 헛된 것들에게로 향하지 말며 너희를 위하여 신상들
을 부어 만들지 말라 나는 너희의 하나님 여호와이니라(19:1-4)

소개

헬라어와 라틴어를 거쳐 오늘날 우리에게 '레위기'(Leviticus)로 알려진 이 책의 히브리어 제목은 '바이크라'(וַיִּקְרָא)이다. '그리고 그[하나님]가

[모세를] 부르셨다'라는 문장으로 시작되는 이 책의 첫 단어이다. 이것은 레위기의 전권(前卷)인 출애굽기의 중심인물 모세와의 연관성을 염두에 둔 이름이기도 하다. 또한 오경에서 하나님의 말씀을 직접 화법으로 가장 많이 묘사하는 책이 레위기이기 때문에 '바이크라'라는 히브리어 제목이 책의 내용에 잘 부합된다고 할 수 있다.

레위기에서 레위인들에 대한 언급은 단 한 차례밖에(25:32-33) 없음에도 불구하고 책 제목이 레위인과 연관되어 있기 때문에, 전통적으로 학자들은 이 책을 성전에서 사역하던 레위인들만을 위한 일종의 예배 매뉴얼로서 취급했다(Kiuchi). 일부 랍비들은 오래전부터 레위기를 '제사장들을 위한 규례'(תּוֹרַת כֹּהֲנִים)로 부르기도 했다. 제사장들이 예배를 드릴 때 어떻게 해야 하는가를 알려 주는 일종의 매뉴얼, 즉 '예배 모범'으로 간주한 것이다(Levine).

그러나 레위기를 '제사장들을 위한 규례'로 간주하는 것은 옳지 않다. 제사장들이 따라야 할 제사법이 실려 있기는 하지만(cf. 6-7장) 이스라엘 백성들, 즉 '평신도들'을 위한 내용이 더 많다. 레위기는 제사장들을 위한 책일 뿐 아니라 온 이스라엘 예배자들을 위한 책인 것이다. 그래서 유대인 가정에서는 자녀에게 율법을 가르칠 때 레위기 1장에서부터 시작하곤 했다(Munk, cf. Leviticus Rabbah 7:2).

또한 레위기의 아람어 이름이 '그 책'(siphrâ; 'the book')인 것을 보면 유대인들이 이 책을 어떻게 간주했는지를 알 수 있다(Kiuchi). 오경 중에서도 레위기의 중요성을 인정한 것이다. 사해 사본에서 가장 많이 발견된 문헌 중 하나가 레위기라는 사실이 유대인들의 삶에서 이 책이 차지한 위치가 어떠했는지를 시사한다(cf. Flint). 레위기는 유대인들의 율법 이해의 중심에 있었던 것이다. 구약의 기초가 되는 모세 오경의 한가운데에 레위기가 위치한 것도 그 중요성을 암시한다(Gane).

레위기는 이스라엘이 시내 산에 도착해서(출 19:2) 떠날 때까지(민 10:11) 있었던 일을 기록하고 있으므로 일명 '시내 산 이야기'(Sinai pericope)의 중심부에 있다(Smith). 한편 레위기 8장 8절은 구조상 모세 오경의 정중앙에 있으며, 레위기 10장 16절에서 쓰인 히브리어 '죄'(חַטָּאת)는 오경에서 사용된 히브리어 단어 중 가장 중간에 자리했다. 또한, 레위기 11장 42절의 히브리어 '배'(גָּחוֹן)(belly)의 세 번째 철자인 'ו' 가 오경의 히브리어 철자 중 정가운데에 있다는 점도 이 책의 중요성을 부각시켰다(Sherwood). 이처럼 성경에서 중요한 위치를 차지하는 레위기를 연구하고 묵상하는 것은 당연히 해야 할 일일 뿐 아니라 많은 사람을 생명의 길로 인도하는 행위라고 할 수 있다.

1. 기독교인과 레위기

현대를 살아가는 크리스천이 레위기를 공부해야 하는 이유를 설명하기란 결코 쉽지 않다. 단순히 고대 이스라엘 사람들이 장막과 성전에서 어떻게 예배를 드렸는가에 대한 호기심을 채우기 위해 이 책을 연구하기에는 치러야 할 대가가 너무 크기 때문이다(Coote). 심지어 학구적인 적극성을 가지고 레위기를 읽기 시작한 사람들조차 오래지 않아 흥미를 잃기 쉽다(Kaiser). 그럼에도 불구하고 현대 크리스천이 왜 이 책을 읽어야 하는가? 여기에는 여러 가지 이유가 있다.

첫째, 기독교가 유대교에 뿌리를 두고 있는 점을 감안할 때, 레위기는 우리의 종교적 뿌리를 이해하는 데 도움을 준다. 특히 하나님께 드리는 예배에 관한 이해를 제공한다. 레위기를 공부하다 보면, 이스라엘이 성전에서 드렸던 예배와 제물이 뜻하는 바가 예수 그리스도께서 우리 죄를 대속하신 것을 기념하는 크리스천의 예배와 비슷한 점이 많다는 사실을 깨닫게 된다. 예를 들어, 속죄일에 대제사장이 온 이스라엘을 대표해서 한 염소에 손을 얹어 자신들의 모든 죄를 그 염소에게 옮겨 속죄하고 광야로 내보내는데, 이 일은 구약에서 예수 그리스도의 사역을 예고하는 대표적인 사례로 꼽힌다(16:8, 10, 26). 아울러 공동체 예배에 초점을 맞추고 있는 레위기는 개인 신앙생활과 예배에 익숙해져 있는 오늘날 성도에게 신선한 자극이 된다.

둘째, 레위기는 세상에서 하나님의 백성으로 살아가는 것의 의미를 가르쳐 준다. 이스라엘의 광야 생활뿐 아니라 장차 정착하게 될 가나안에서도 준수해야 할 규칙들을 담고 있기 때문이다. 하늘나라 시민으로서 우상과 죄로 얼룩진 세상에서 어떻게 살아야 하는가를 배울 수 있다. 하나님이 이스라엘 백성들에게 하시는 말씀에서 레위기가 쓰인 목적이 역력히 드러난다. "너희는 너희가 거주하던 애굽 땅의 풍속을 따르지 말며 내가 너희를 인도할 가나안 땅의 풍속과 규례도 행하지 말고"(18:3).

셋째, 레위기는 오늘날 하나님의 용서와 은혜를 지나치게 강조하여 성도의 도덕적 책임과 의무를 등한시하는 사람들에게 크리스천이 지향해야 할 삶의 자세를 일깨워 준다. 즉 성도는 하나님의 백성만이 누릴 수 있는 특권을 받기도 하지만, 동시에 경건한 삶을 살도록 부르심을 받는다는 사실을 강조한다. 세상 사람들에게서나 볼 수 있는 부도덕하고 비윤리적인 일들이 성도의 삶에서 일어나서는 안 된다는 것이다.

이러한 원칙은 책의 곳곳에서 강조되고 있다. 하나님은 수차례나 비윤리적인 행동을 한 사람들뿐 아니라(20:6, 18; 23:29) 음식에 대한 규례를 무시하는 사람들까지도 공동체에서 끊으라고 하셨다(7:20, 21, 25, 27; 17:4, 9, 10, 14; 18:29; 19:8; 20:3, 5, 6). 하나님의 백성으로서 살아가는 데는 많은 특권이 동반될 뿐만 아니라 특별한 신분에 걸맞은 책임과 의무 또한 뒤따른다는 것이다. 이것은 오늘날 크리스천들에게도 지속적으로 선포되어야 할 메시지이다.

넷째, 레위기는 구약에서 성결에 대해 가장 자세하게 가르치며 강조하고 있다. 세상에서 하나님의 백성으로서 죄에 오염되지 않고 경건하게 살아가는 것에 대해 가르쳐 준다. 레위기에는 "내가 거룩하니 너희도 거룩하라"(וִהְיִיתֶם קְדֹשִׁים כִּי קָדוֹשׁ אָנִי)라는 하나님의 명령이 수차례 등장한다(11:44, 45; 19:2, 24; 20:7, 26; 21:6, 8; 23:20; 25:12; 27:9, 21, 32). 레위기는 '거룩'이 무엇인가를 가장 확실하게 정의하는 책이다.

'거룩'을 의미하는 히브리어 단어(קדש)가 레위기에서만 동사, 명사, 형용사 등 다양한 품사로 무려 150차례나 사용되고 있다(Kaiser). 이 단어의 가장 기본적인 의미는 '구분하다'이다. 그러므로 주의 백성들에게 명령하신 거룩한 삶은 여호와 하나님이 여느 이방신들과 완전히 구분된 것처럼 주의 백성들도 구분된 삶을 살아야 한다는 것을 의미한다.

거룩한 삶에 대한 성경의 요구는 하나님의 성품과 인격에 근거한 권면이다(cf. 벧전 1:15-16). 또한 하나님은 우리 삶의 모든 영역에서 "거룩하고 속된 것을 분별하며 부정하고 정한 것을 분별"할 것을 요구하신다(10:10). 하나님이 세상 신들과 다른 것처럼 우리도 세상 사람들과 다르게 살아야 할 의무가 있다는 것이다.

일명 '성결 법전'(Holiness Code)이라고도 불리는 17-26장은 구약 성도들이 구분된 삶을 살아가는 데 필요한 기본 지침이 되었다. 비록 레위기가 오래전 율법 아래 살던 사람들을 위한 책이긴 하지만 시대를 불문하고 변하지 않는 경건한 삶의 원리와 자세를 가르쳐 준다. 율법은 영원 불변하는 가치와 기준들을 반영하고 있기 때문이다.

다섯째, 레위기는 오늘도 역사하시는 하나님의 말씀이기 때문이다. 27장으로 구성된 레위기는 모세 오경 중 가장 짧지만, 성경에서 하나님이 직접 선포하신 말씀을 가장 많이 담고 있는 책이기도 하다. 하나님의 말씀을 직접 화법(direct speech)으로 가장 적극적으로 들려주고 있다.

레위기의 시작, "그[하나님]가 [모세에게] 말씀하셨다"의 첫 단어를 딴 히브리어 제목 '바이크라'(וַיִּקְרָא)는 책 전체에서 쓰이고 있는 직접화법을 반영한 결과인 듯하다. "여호와께서 모세에게 말씀하셨다"(וַיְדַבֵּר יְהוָה אֶל־מֹשֶׁה)와 같은 표현이 레위기에서 무려 56회나 사용되었다. 레위기의 저자인 모세가 의도적으로 직접 화법을 많이 사용하고 있음을 알 수 있다(Kaiser). 모세는 복잡하고 다소 지루할 수 있는 내용을 하나님이 그에게 직접 주신 말씀임을 잘 살림으로써 백성들이 레위기를 깊이 묵상하고 기록된 말씀대로 살도록 유도한다.

레위기가 오늘날에도 교회에 덕이 되는 하나님의 말씀임을 보여주는 좋은 예가 있다. 미국의 크리스천 리더들을 위한 〈리더십 저널〉(Leadership Journal)은 2002년 겨울 이슈로 미시간 주의 그랜드빌(Grandville)이라는 조그만 도시에 위치한 마스힐 성경 교회(Mars Hill Bible Church)의 롭 벨(Rob Bell) 목사의 글을 실었다. 벨 목사는 1999년에 학교 체육관을 빌려 교회를 개척했다. 교회 개척 후에 주일 설교에서 가장 먼저 다룬 본문이 레위기였다는 점이 특이하다. 1년 동안 레위기만을 설교했다고 한다. 주위 사람들의 만류와 우려에도 불구하고 그가 레위기를 택한 이유는 크게 두 가지였다.

첫째, 벨 목사는 잘 기획된 프로그램이나 인간적인 방법으로 교회를 성장시키길 원하지 않았다. 그는 하나님의 능력 한 가지만으로 교회가 번창하는 것을 보고 싶었다. 그런 뜻에서 현대인에게는 다소 생소한 레위기를 선택한 것이다. 벨 목사는 설교자로서 짊어져야 할 위험부담이 크면 클수록 더욱더 하나님의 능력에 의존해야 하며, 그러한 상황에서 교회가 성장하게 된다면 하나님께 더 많은 영광을 돌리게 될 것이라고 생각했다.

둘째, 교회를 다니지 않는 사람들은 성경을 쓸모없는 고대 유물쯤으로 생각하는데, 벨 목사는 하나님이 레위기에 기록된 율법을 통하여 말씀하신 것을 비신자들이 체험한다면 기독교에 대한 선입견은 물론 그들의 삶까지도 완전히 바뀔 것으로 생각했다. 그는 사람들에게 레위기를 포함한 성경의 모든 구절이 살아있는 하나님의 말씀이며, 말씀에는 사람의 영혼을 살리는 능력이 있다는 진리를 증거하고 싶었던 것이다.

마스힐 성경 교회는 벨 목사가 레위기를 설교하는 동안 3,500명이 앉을 수 있는 크기의 예배당으로 이사했다. 개척한 지 1년 만의 일이었다. 이후에도 성장을 거듭하여 2011년에는 주일에 10,000명 이상이 예배를 드리는 교회가 되었다(www.marshill.org). 교회의 규모가 커진 것에 주목하자는 것이 아니다. 벨 목사의 간증은 오늘날에도 레위기를 통해 얼마나 많은 영혼이 소생되며 치유될 수 있는가를 보여 주는 좋은 예이다.

2. 저자와 저작 시기

전통적으로 레위기는 모세가 창세기, 출애굽기, 민수기, 신명기와 아울러 저작한 책으로 전해져 내려왔다. 그러나 『엑스포지멘터리 모세오경 개론』의 서론에서 이미 언급한 바와 같이 계몽주의 시대를 기점으로 고등 비평학이 활성화되면서 레위기를 포함한 오경의 저작권 논쟁이 학계를 뜨겁게 달구었다. 1876년 우리에게 문서설(Documentary Hypothesis)로 잘 알려져 있는 그라프—벨하우젠 가설(Graf-Wellhausen Hypothesis)이 체계화되면서 진보와 보수 성향의 학자들이 서로 상반되는 주장을 펼치며 오늘에 이르렀다.

진보적인 입장을 취하는 사람들은 오경이 주전 9세기에서 6세기 동안 서로 다른 시대와 지역에 살던 저자들에 의해 저작되었다고 주장한다. 이 주장에 의하면, 저자들은 자신들이 살던 시대의 신학적 필요를 채우기 위하여 여러 가지 관점과 관심사를 염두에 두고 각기 문서를 제작했다. 세월이 흐른 뒤에 4개의 다른 문서들—야웨 문서(J), 엘로힘 문서(E), 신명기 문서(D), 제사장 문서(P)—을 또 다른 사람이 하나의 문서로 편집해 놓은 것이 오경이라는 것이다.

레위기는 위 네 가지 문서 중에서 제사장 문서(P)에 속한다. 이러한 학설을 제일 먼저 체계화한 벨하우젠에 의하면, 이스라엘의 예배는 원래 필요에 따라 그때그때 드리는, 이렇다 할 짜임새가 없는 종교 의식이었다. 그는 사무엘 시대에 이스라엘 백성들이 장소의 제한 없이 아무데서나 즉흥적으로 자유롭게 예배를 드렸던 것을 증거로 삼는다(삼상 16:2). 그러다가 주전 621년, 요시야의 종교 개혁을 계기로 제사장들이 예루살렘 성전 한 곳에서만 예배를 드려야 한다고 주장하게 되었다(왕하 23장).

이러한 제사장들의 입장을 반영한 책이 바로 레위기이다. 제사장들은 바벨론 포로 생활을 거치면서 자신들의 입장을 온 이스라엘 사회에 관철하게 되었다고 한다. 벨하우젠은 레위기가 문서설의 JEDP, 네 문서 중 가장 마지막으로 저작되었으므로 가장 진화된 형태의 이스라엘 종교를 보여주고 있다고 주장한다(Archer, Harrison).

벨하우젠의 학설 이후 많은 학자가 그의 주장을 더 발전시키거나 입증할 수 있는 추가적인 증거를 확보하려고 노력했다. 그들은 레위기를 포함한 제사장 문서(P)가 포로기 이후에 저작된 것이라는 증거로서 열왕기와 역대기의 차이점을 들기도 한다. 바벨론 포로 시대 때 쓰인 열왕기는 예배에 대해 분량을 많이 할애하지 않는다. 반면에 포로기 이후에 쓰인 역대기는 예배가 어떤 것인가를 정의하는 데 많이 할애한다. 성전/장막에서의 예배 및 제사법을 제시하고 있는 레위기는 성향상 당연히 열왕기보다는 역대기에 훨씬 더 가깝다.

벨하우젠과 그 외 학자들의 주장은 겉으로는 상당히 설득력 있어 보이지만, 실제로는 그렇지 않다(Archer). 첫째, 주전 2000년대 무렵의 바벨론, 이집트 등을 포함한 고대 근동 여러 문화권에서 드려졌던 예배 의식과 종교적 절기들을 살펴보면 레위기에 기록된 이스라엘의 예식만큼이나 이미 정교하고 체계적이며 구체적이었다는 사실이 드러난다(Kaufmann, Speiser, Hallo). 주변국들과 비교할 때, 이스라엘의 종교 예식이 시대를 앞서간 것이 아니기 때문에 포로기 이후에야 체계를 갖추게 되었다는 말은 논리적으로도 설득력이 떨어진다. 주변 국가들이 모두 매우 정교하고 짜임새 있는 종교 예식을 갖추고 있던 상황에서 이스라엘만 유독 간결하고 짜임새 없는 예배를 드렸다는 생각이 오히려 더 이상하다. 더구나 사회와 종교는 시간이 지나면서 점점 더 세속화되기 마련인데, 이스라엘 종교만이 시간이 지날수록 더 정교해지고 제의화되었다는 것은 납득이 되지 않는다.

둘째, 만일 레위기를 포함한 소위 '제사장 문서'(P)가 포로기에 제작된 것이라면, 왜 역대기, 에스라, 느헤미야, 에스더와 같은 포로기 이후 문서들과 잘 어울리지 않는 것일까? 포로기 이후 문서들에도 제사와 예식에 대한 언급이 많다. 그러므로 만일 레위기가 포로기에 만들어졌다면 다른 문서들이 레위기의 용어와 개념들을 도입하여 사용함이 당연했을 것이다(cf. Bergsma). 그런데 포로기 이후 문서들이 사용하는 용어들을 보면 레위기의 것과 유사점이 별로 없다. 또한 비평학자들은 레위기가 에스겔서의 영향을 많이 받았다고 하는데(Gardiner, Hurvitz, Paton) 그 반대로 에스겔서가 오히려 레위기를 인용하고 있음이 확실하다(Wenham).

셋째, 예배가 중요한 주제라는 점에서 레위기가 열왕기보다는 역대기에 가깝다는 벨하우젠의 주장에 동의한다. 그러나 중심 주제가 비슷하다고 해서 같은 시대 것으로 보는 것은 논리적이지 않다. 예를 들어, 역사서의 첫 책인 여호수아서는 가나안 정복 이야기를 담고 있지만 중심 주제는 공동체의 성결과 순종이다. 가나안 정복은 하나님의 성전(聖戰)이며, 이스라엘이 성전에 성공적으로 참여할 수 있는 유일한 길은 적절한 성결 예식과 예배 그리고 하나님의 말씀에 대한 절대적인 순종을 통해서라고 말한다. 여리고 성 정복의 성공과 아이 성 전투의 실패는 여호수아서의 중심 주제를 확고히 뒷받침하는 한 쌍의 사건이다. 이러한 관점에서 여호수아서와 역대기는 매우 유사하다. 그러나 대부분의 비평학자는 여호수아서가 역대기보다 훨씬 더 오래된 책이라는 사실에 동의한다. 테마적으로 같다고 해서 동시대에 쓰였을 것이라는 주장은 설득력이 없다. 일부 학자들은 숫자와 세세한 것에 주력하는 역대기가 제사장 문서(P)로서의 레위기와 흡사하다고 주장하지만(Harrison), 묘사법과 관심사가 비슷하다고 해서 같은 시대를 반영한

다는 주장 또한 논리적이지 않다.[1]

레위기를 포함한 문서설 전반에 대한 비평학계의 혼돈이 현재 어디까지 와 있는지 한 가지 예를 보며 생각해 보자. 19세기 말에 클로스테르만(Klosterman)이 처음으로 17–26장을 따로 분리하여 '성결 법전'(Holiness Code, H)으로 부른 이후, 학자들은 한결같이 P문서 저자가 H를 편집했다고 말했다(Archer, Harrison). 그러나 최근 들어 H의 저자가 P를 편집했다고 주장하는 학자들이 많아졌다(Knohl, Eissfeldt, cf. Milgrom). 더 나아가 상당수의 학자는 H가 히스기야 시대(주전 716–687년, cf. Thiele)에 저작되었으며, P는 사사 시대(삼상 1장)에 실로에 있던 성막에서 유래한 것이라고 주장한다(Milgrom). 레위기를 여러 문서로 분리하는 것 자체에 문제를 제기하는 학자들도 점차 늘어나고 있다(Warning, Hess, cf. Wenham, Kiuchi). 비평학계는 문서설에 대하여 자체적으로 상당한 진통을 겪고 있다.

반면에 보수적인 성향의 학자들은 아직도 지난 2000여 년 동안 교회가 고수해 왔던 것처럼 모세가 오경의 기본 골격을 갖추었으며 대부분 집필한 것으로 간주한다. 더 나아가 벨하우젠의 방식대로 레위기의 저작 연대를 당시 주변 문화권에서 발견된 문서들과 비교해서 논할 경우, 대부분의 학자는 주전 2000년대에 쓰였다고 결론짓는다. 그 증거로 다음 사항들을 제시한다.

첫째, 레위기에 묘사된 성막과 촛대와 같은 도구들이 주전 2000년대에 꽃피운 우가리트(Ugarit), 히타이트(Hittites), 이집트 유물들과 매우 비슷하다(Milgrom). 이후 유물들은 성막의 유물들과 유사점이 많지 않기 때문에, 만일 성막과 도구들이 주변 문명에서 영향을 받았다면 분명 그 시기가 주전 2000년대일 것이다. 언약궤, 우림과 둠밈, 기름 부음 등에 대한 언급은 포로기 이전 문헌들에서나 찾을 수 있고, 포로기 이

1 오늘날 대부분 학자는 제사장 문서(P)가 벨하우젠이 주장한 것보다 훨씬 오래전에 저작되었다고 주장한다(Kaufmann, Milgrom, Weinfeld, Hurvitz).

후 문헌들에서는 아예 보이지 않는다(Milgrom).

둘째, 레위기에서 쓰인 단어나 문구 중에 포로기 이후에는 사용되지 않는 것들이 많다. 실제로 레위기에서 사용된 단어들이 포로기 이후 문헌들에서 새로운 것들로 대체되는 성향을 보인다(Hurvitz, cf. Milgrom).

셋째, 레위기는 고대 근동의 여러 법률 문헌(Ugarit, Nuzi, Egypt, Middle Assyria)과 비슷하거나 유사점을 보이는데, 이 문헌들은 모두 주전 1550-1200년대 청동기시대 말(Late Bronze Age)의 것들이다(Hess). 그러므로 만일 레위기가 주변국의 법전에서 영향을 받았다면 이때 저작되었을 가능성이 크다.

넷째, 주전 13세기 서 셈족(West Semitic)의 도시였던 에마르(Emar)에서 발굴된 문헌들과 레위기 사이에 매우 밀접한 연관성이 보인다. 레위기와 유사한 내용을 고대 근동의 다른 문화권에서는 찾아볼 수 없는데, 에마르에서 발굴된 문헌들에서는 발견되기 때문이다. 예를 들면, 제사장에게 기름을 붓고 피를 뿌리는 것(8:30-35), 7일 동안 진행되는 제사장 임직식(9장), 제사장 임직식 마지막 날에 불을 사용하는 것(10:1), 각종 절기들(23장), 7년 주기 안식년(25:3-4) 등은 고대 근동 문화권에서 레위기와 에마르 문헌들에서만 발견된다(Fleming, Klingbeil, Hess). 이 같은 사실 또한 레위기가 고대 근동의 어느 문화권보다 에마르의 영향을 많이 받았음을 암시한다.

위에 언급된 역사적 증거를 바탕으로, 학자들은 세월이 흐르면서 레위기의 히브리어 문법과 단어들이 편집된 것은 사실이지만, 초판은 주전 14-13세기경에 저작되었을 것이라고 한다(Hess). 레위기는 벨하우젠이 주장한 것처럼 주전 6-5세기 작품이 아니며, 이스라엘이 단일 국가로서 출범할 때부터 그들과 함께했다.

성경의 내부 증거들도 이 같은 결론을 뒷받침한다. 오경을 살펴보면, 하나님이 모세에게 계속 말씀하실 뿐만 아니라(레 1:1; 4:1 등등) 율법을 기록하라고 명령하시고(출 17:14; 34:27), 심지어 모세가 이미 기록된 책을 읽는 모습까지 보인다(출 24:7). 모세는 하나님의 명령을 따라 광야 생활의 여정을 순서대로 자세하게 기록했으며(민 33:2), 이스라엘 백성들에게 이미 문서화된 율법을 준수하라고 권면하기도 했다(신 28:58, 61; 29:20, 21, 27; 30:10; 31:9, 24, 26; 31:30).

특히 레위기의 마지막 문장은 앞서 기록된 모든 내용의 역사적 정황을 이스라엘이 이집트를 떠나 시내 산에 머문 때라고 밝힌다. "이것은 여호와께서 시내 산에서 이스라엘 자손을 위하여 모세에게 명령하신 계명이니라"(27:34). 레위기가 이스라엘의 광야 시절을 역사적 배경으로 하고 있다는 것은 책의 다른 곳에서 자세히 드러난다.

레위기의 이야기가 진행되는 동안에 이스라엘은 광야에서 진(camp)을 치고 살았다(4:12; 9:11; 10:4–5; 14:3; 17:3; 24:10 등등). 그들의 진 밖에는 광야(16:21–22)가 도사리고 있으며, 가나안 입성은 미래에 있을 일이었다(14:34; 18:3; 19:23; 20:22; 25:2). 이때 이스라엘의 성소는 '회막'(tent of meeting)으로 불렸다(1:1; 3:2; 4:4; 6:16; 8:4; 9:5; 10:7; 15:14; 16:7; 19:21; 24:3 등등).

그로부터 한 세대가 지난 시대를 배경으로 하는 여호수아서는 "모세의 율법책" 혹은 "모세를 통해 주신 율법"이란 표현을 사용한다(수 1:7–8; 8:31; 23:6). 그 외에도 "[모세의] 율법책"을 가리키는 말이 구약성경에 자주 등장한다(왕상 2:3; 왕하 18:6; 23:2; 스 6:18; 느 8:1, 18; 13:1; 대하 25:4). 훗날 예수님이 레위기에 기록된 내용을 종종 인용할 때마다 모세를 저자로 언급하심으로써 보수적인 학자들이 모세의 저작권을 주장하는 데 근거가 되었다(눅 2:22[레 12장]; 마 8:4; 막 1:44; 눅 5:14[레 13–14장]; 막 7:10[레 20:9]).

3. 다른 책들과의 관계

출애굽기—레위기—민수기는 12개의 '여행 기록'(journeying texts)으로 구성되어 있는데, 이 기록은 책들의 구조(framework)와 통일성을 이해하는 데 매우 중요한 단서를 제공한다(Cross). 출애굽기는 이스라엘이 시내 산에 도착했던 일을 기록하고 있다(출 19:2). 민수기는 이스라엘이 약 1년 동안 시내 산에 머문 후 떠난 일을 수록한다(민 10:11). 내용상 이 사이에 끼어 있는 레위기는 이스라엘이 시내 산에서 머물렀던 1년 동안에 하나님이 모세를 통해 주신 율법과 그곳에서 있었던 일을 회고한다.

이러한 관점에서 출애굽기와 민수기는 레위기를 감싸고 있는 일종의 북엔드(bookends) 역할을 하고 있다. 민수기는 출애굽기의 '속편'이며, 레위기는 전편과 속편 사이에 끼인 특별한 문서이다. 크로스(Cross)가 지적한 출애굽기—민수기의 12개의 여행 기록은 다음과 같다(이외에도 민수기 33장의 여행 기록을 참조하라).

성구	내용
출 12:37	이스라엘 자손이 라암셋을 떠나서 숙곳에 이르니 유아 외에 보행하는 장정이 육십만 가량이요
출 13:20	그들이 숙곳을 떠나서 광야 끝 에담에 장막을 치니
출 14:1–2	여호와께서 모세에게 말씀하여 이르시되 이스라엘 자손에게 명령하여 돌이켜 바다와 믹돌 사이의 비하히롯 앞 곧 바알스본 맞은편 바닷가에 장막을 치게 하라
출 15:22	모세가 홍해에서 이스라엘을 인도하매 그들이 나와서 수르 광야로 들어가서 거기서 사흘길을 걸었으나 물을 얻지 못하고
출 16:1	이스라엘 자손의 온 회중이 엘림에서 떠나 엘림과 시내 산 사이에 있는 신 광야에 이르니 애굽에서 나온 후 둘째 달 십오일이라
출 17:1	이스라엘 자손의 온 회중이 여호와의 명령대로 신 광야에서 떠나 그 노정대로 행하여 르비딤에 장막을 쳤으나 백성이 마실 물이 없는지라
출 19:2	그들이 르비딤을 떠나 시내 광야에 이르러 그 광야에 장막을 치되 이스라엘이 거기 산 앞에 장막을 치니라
민 10:12	이스라엘 자손이 시내 광야에서 출발하여 자기 길을 가더니 바란 광야에 구름이 머무니라

성구	내용
민 20:1	첫째 달에 이스라엘 자손 곧 온 회중이 신 광야에 이르러 백성이 가데스에 이르더니 미리암이 거기서 죽으매 거기에 장사되니라
민 20:22	이스라엘자손곧온회중이가데스를떠나호르산에이르렀더니
민 21:10-11	이스라엘 자손이 그 곳을 떠나 오봇에 진을 쳤고 오봇을 떠나 모압 앞쪽 해 돋는 쪽 광야 이예아바림에 진을 쳤고
민 22:1	이스라엘 자손이 또 길을 떠나 모압 평지에 진을 쳤으니 요단 건너편 곧 여리고 맞은편이더라

또한, 창세기 12장에서 시작된 선조들의 이야기는 출애굽기—민수기를 거치면서 이스라엘의 '청소년기'(adolescence)를 묘사한다(Whybray). 이어 신명기는 성인이 된 이스라엘을, 그리고 여호수아서는 자신의 기업을 찾아 정착하는 이스라엘을 묘사한다. 이러한 관점에서 레위기가 여호수아서와도 연결성을 지니고 있다고 할 수 있다. 더 나아가 창세기 12장에서 시작된 이스라엘의 이야기는 다음과 같은 과정을 통해 여호수아서에서 당당히 한 나라가 된다(Clines).

주제	성경
민족	창 12:10 – 출 19장
법	출 20장 – 민 10:10
영토	민 10:11 – 수 24장

레위기와 출애굽기는 주제와 내용 면에서 서로 연계성을 지니고 있다. 출애굽기 28-29장은 제사장직에 대한 규례를 제시하는데, 제사장들은 이 율법에 따라 정식으로 임직한다(레 8장). 또한 하나님이 현현하시는 시간이 출애굽기—레위기를 지나며 점차 길어진다. 맨 처음 하나님이 모습을 보이신 것은 호렙 산에서 모세를 부르셨을 때인데 아주 잠시뿐이었다(출 3장). 그 후 시내 산에서 이스라엘과 언약을 맺으실 때

에는 7일간 그곳에 머물며 번개와 천둥 등을 통해 모습을 보여주셨다(출 24장).

레위기 8장에서 제사장들이 사역을 시작하자 9장에서 하나님이 이스라엘과 영원히 함께하기 위해 오신다. 출애굽기는 예배의 하드웨어, 즉 성막과 도구들을 제작하는 것으로 마무리되며, 레위기는 소프트웨어라고 할 수 있는 제사장들의 사역으로 연결되고 있는 것이다. 다르게 표현하자면, 출애굽기가 어디서(viz., 성막) 예배를 드려야 하는가를 정의한다면 레위기는 어떻게 예배를 드려야 하는가를 정의하고 있다(Rooker).

레위기와 출애굽기를 비교해 보면 제법 내용이 중복된다. 이것은 레위기만 아니라 출애굽기도 상당한 부분을, 특히 이스라엘이 시내 산에 도착한 이후 내용을 율법에 많이 할애하고 있기 때문에 당연한 현상이라고 할 수 있다. 레위기는 출애굽기에서 언급한 율법을 좀 더 자세히 설명하고 세세한 부분까지 제시하는 성향을 보인다. 예를 들어, 출애굽기 28-29장은 제사장과 백성들이 성막에서 드릴 예물에 대하여 간략하게 언급하는데, 레위기는 이 주제에 대해 1-7장에 걸쳐 자세하게 소개한다.

레위기는 출애굽기에 기록된 율법과 사건들을 전제로 쓰인 것이 분명하다. 예를 들자면, 출애굽기는 성막과 그곳에서 사용되는 물건들에 대한 규례를 소개하며, 오홀리압과 브살렐이 성물들을 어떻게 완성하였는가에 대해 많은 부분을 할애해 묘사한다. 그런데 레위기는 이것들이 이미 완성되었음을 전제하고 이야기를 진행해 나간다. 이처럼 출애굽기와 레위기가 일맥상통하는 동시에 레위기는 출애굽기의 내용 중 일부를 심화하는 역할을 한다(Auld).

레위기와 출애굽기 사이에 존재하는 유기적인 관계는 뒤이은 책들(민수기—신명기)과의 사이에서도 감지된다. 이미 언급한 것처럼 레위기는 출애굽기와 민수기를 관통하는 여정 사이에 있다. 그러므로 레위기와 민수기의 관계는 레위기와 출애굽기의 관계만큼이나 유기적이라 할 수 있다.

모세가 가나안 입성을 앞둔 이스라엘 백성들을 모압 평지에 모아 놓고, 출애굽 사건과 40년 광야 여정을 다시 한번 회고하며 권면하는 설교로 구성된 신명기도 레위기와 밀접한 관계가 있다. 모세는 하나님이 시내 산에서 주신 율법을 이스라엘 백성들에게 끊임없이 상기시키며 권면하는데, 이 율법의 상당 부분이 레위기에 기록되어 있기 때문이다. 마치 이미 문서화된 레위기를 모세가 읽어 내려가며 강론하는 듯한 느낌까지 자아낸다.

언뜻 보면 레위기는 바로 앞뒤 책인 출애굽기와 민수기와는 깊은 관계가 있지만 창세기와는 별로 연관성이 없어 보인다. 그러나 자세히 살펴보면 레위기에도 창세기에 등장하는 이미지와 사상을 배경으로 하는 것들이 많다. 예를 들자면, 가인과 아벨(창 4:3-4), 노아(창 8:20-21), 아브라함(창 22:2, 9) 등이 하나님께 제물을 드린 이야기는 레위기의 제물에 관한 율법의 배경이 된다(Kiuchi). 안식일 법은 천지창조 이야기의 7번째 날을(창 2:1-3), 십일조 법은 아브라함이 멜기세덱에게 십일조를 준 일을(창 14: 18-20), 정결한 짐승과 부정한 짐승에 대한 규례는 노아가 정결한 짐승은 7쌍씩, 부정한 짐승은 2마리씩 방주에 태운 일을 연상시킨다(창 7:1-3).

레위기는 '언약'(בְּרִית)이라는 단어를 10차례 사용하고 있다. 그중 5차례가 창세기에 등장하는 선조들(아브라함, 이삭, 야곱)과 연관되어 사용되었다(레 26:42-45). 이것은 레위기를 창세기의 연장선상에서 읽어야 함을 암시한다. 그러므로 학자들은 "창세기가 [레위기에 기록된] 율법의 도착을 기대하는 책"이라고 말한다(Sailhamer).

더 나아가 창세기 3장의 이야기는 레위기 율법과 상당한 연관성이 있다(Keil, Wenham, Sailhamer, Parry). 에덴동산에서 쫓겨난 인간들이 다시 들어가지 못하도록 천사들이 지키는 이야기는 레위기 4:2-12과

16:1-22의 배경이 되고 있다. 천사들이 지성소를 지키고 있음을 전제한 것이다. 이것은 또한 지성소, 더 구체적으로 법궤 뒤쪽 어디엔가 에덴동산을 상징하는 공간이 있음을 암시한다(Parry).

지성소(Holy Place)에 비치되는 등잔대는 7개 가지가 뻗은 나무의 형태를 지니고 있는데, 이것은 에덴동산의 생명나무와 연관이 있다(Meyers, Parry). 레위기가 묘사하는 성막은 여러 면에서 에덴동산을 연상시킨다. 또한 출산한 산모가 부정한 것은 창세기 3장에 기록된 아담과 하와의 죄와 심판 이야기와 연관이 있다(Kiuchi). 짐승들의 부정함 또한 이 일로 인하여 벌을 받은 뱀과 연관이 있어 보인다.

4. 메시지와 이슈

레위기는 거룩하신 하나님의 선택을 받아 거룩하게 된 백성이 하나님께 나아갈 때 어떻게 해야 하며, 공동체를 형성하며 살아갈 때 서로를 어떻게 대해야 하는가에 대한 지침서(manual)이다. 오경의 중심에 있으며 유대인들이 가장 소중하게 여겼던 율법 책 레위기는 여러 가지 다양한 메시지와 이슈를 지니고 있다.

그중 다음 몇 가지를 생각해 보고자 한다. (1) 성결 법전, (2) 정결과 부정, (3) 하나님의 임재, (4) 예배, (5) 거룩한 백성, (6) 죄. 이 여섯 가지는 레위기의 핵심 주제인 '성결/거룩' 하나로 모두 묶을 수 있다.

(1) 성결 법전

레위기 내의 성결 법전(Holiness Code)의 위치는 책의 통일성과 직접적으로 연관되어 있다.[2] 1866년 그라프(Graf)가 레위기에서 18-23장과

2 성결 법전(Holiness Code) 연구의 역사적 흐름에 대하여는 해리슨(Harrison)과 아처(Archer)를 참조하라.

25–26장을 따로 떼어 독립적으로 취급하며, 이 섹션이 에스겔서와 유사점이 많은 것을 들어 에스겔이 저자일 것이라고 주장했다. 몇 년 후 카이저(Kayser)가 에스겔서와 레위기의 공통점을 추가로 찾아내어 그라프의 주장을 지지하면서 17장도 에스겔의 저작일 것으로 추정했다. 이어 1877년에 클로스테르만(Klosterman)이 17–26장을 처음으로 '성결 법전'이라 명명하며 에스겔서와의 연관성을 더욱 강력히 주장했다. 그로부터 약 12년 후, 벨하우젠은 성결 법전이 제사장 문서 중에서도 독특한 위치를 차지하며 포로기 시대의 마지막 때, 즉 주전 540년대에 완성되었다고 주장했다. 그의 주장은 학계에 큰 영향을 끼쳤다. 이후 많은 학자가 성결 법전 안에서 여러 편집자의 손길을 찾는 데 주력했다. 특히 패톤(Paton)은 여러 편의 논문을 통해 성결 법전이 최소한 4단계의 편집 과정을 거쳐 완성되었다고 결론지었다.

그러나 1912년 어드맨스(Eerdmans)가 레위기에서 17–26장을 분리하여 독립적인 문서로 취급하는 것에 대해 반대 의견을 제시했다. 그의 주장에 의하면, 이 섹션을 하나로 묶을 만한 구조가 없을뿐더러 오경의 다른 텍스트들도 성결 법전처럼 거룩/성결을 요구하고 있으므로 (출 19:6; 22:31; 레 11:44–45; 신 7:6; 14:2, 21; 26:19; 28:9), 거룩함의 요구가 성결 법전만의 특징은 아니라는 것이다. 그뿐만 아니라 위 학자들이 성결 법전에서만 사용되었다고 주장했던 히브리어 단어들이 구약의 다른 곳에서도 사용된 점이 이의 제기의 근거가 되었다. 그의 반론은 몇몇 학자들의 지지를 받았으나 이미 벨하우젠의 학설에 설득된 학계의 반응은 대체로 냉담했다.

폰라트(von Rad)의 『신명기 연구』(1947년)는 성결 법전에 대한 연구 방향을 바꾸어 놓았다. 그는 이 섹션이 "나는 여호와이니라"라는 말을 반복하고 있다는 점에서 제사장 문서(P)가 아닌 야훼 문서(J)로 구분되어야 한다고 주장했다. 그의 영향으로 학자들이 "만일 야훼 문서와 제사장 문서가 섞여 성결 법전이 되었다면 과연 어떤 과정을 통하여 오늘에 이르렀는가"라는 질문을 던지게 되었다. 그의 주장에 자극을 받은 학계가 성결 법전의 성장과 발달(growth and development)을 밝히는 데 초점을 맞추기 시작했던 것이다.

성결 법전을 낱낱이 연구한 레벤트로브(H. G. Reventlow)는 1961년 저서에서 이 법전은 아주 오랜 옛날 매년 행해졌던 언약 축제에서 비롯된 것이며, 이스라엘이 시내 산에 도착했을 때의 전승을 포함하고 있다고 결론지었다. 더불어 광야 생활 전승도 포함된 이 법전을 이스라엘에 가르친 사람은 모세의 후계자였을 것이라고 주장하기도 했다. 성결 법전이 레위기보다 훨씬 오래된 자료에서 비롯되었다는 결론에 도달한 것이다.

이후에도 성결 법전을 레위기에서 분류하여 독립적으로 취급하려는 시도가 여러 번 있었다. 그러나 엘리거(Elliger)는 1966년 주석에서 성결 법전의 독립성을 전적으로 부인했다. 그는 이 섹션의 내용이 처음부터 두 단계를 거쳐 제사장 문서에 접목되었다고 주장했다. 또 어떤 학자는 성결 법전이 제사장주의적 편집을 광범위하게 거치지 않았으며, 신명기적 사관을 지닌 제사장에 의해 저작되었을 것이라고 주장했다(Cholewiński). 시간이 지날수록 많은 학자가 성결 법전은 독립적으로 존재하지 않으며 처음부터 레위기의 일부였다고 주장하고 있다(Hartley, Kaiser, Gane, Sherwood).

(2) 정결과 부정

레위기는 이스라엘에게 정결한 것과 부정한 것을 구분하도록 지시한다. 그 목적은 10:10에 잘 표현되어 있다. "너희가 거룩하고 속된 것을 분별하며 부정하고 정한 것을 분별하라." 성경의 여러 책 중에서 정결과 부정을 가장 많이 언급하고 있는 책이 바로 레위기이다. 저자는 '부정'(טָמֵא)을 무려 132차례, '정결'(טָהוֹר)을 74차례나 사용한다(Kaiser). 레위기가 이스라엘에게 정결한 것과 부정한 것의 구분을 이처럼 강력하게 요구하는 이유가 무엇인가?

레위기는 인간이 하나님께 나아오는 것을 제한하는 것에는 죄뿐 아니라 부정함(ritual uncleanness)도 포함되기 때문이라고 말한다. 여호와께서 자기 백성에게 요구하시는 거룩함은 윤리적 기준을 제시하는 동시에 의식적인(ritual) 성결도 전제하고 있다. 도덕적으로 청렴하게 살며 예식적으로도 순결하게 사는 사람만이 하나님께 나아갈 수 있다는 것이다.

율법을 읽을 때 항상 마음에 두어야 할 한 가지 중요한 사실은, 정결은 위생적으로 깨끗한 상태를 뜻하는 게 아니며 부정함은 불결하고 비위생적인 것을 의미하는 게 아니라는 것이다. 율법의 정결함과 부정함은 근본적으로 성막/성전 출입과 연관되어 있다. 정결한 사람은 하나님께 예배드리기 위하여 성막에 들어갈 수 있지만, 부정한 사람은 정결하게 될 때까지 들어갈 수 없다. 하나님께 예배를 드릴 수 있느냐 없느냐가 정결과 부정을 정의한다.

그동안 많은 사람이 레위기가 짐승, 곤충, 새 그리고 물건들을 정결한 것과 부정한 것으로 구분하는 기준과 논리를 찾아내려고 노력해 왔지만, 아무도 만족할 만한 결과를 내놓지 못했다. 주요 해석 중 몇 가지를 살펴보자.

첫째, 위생학적인 해석이다(Harrison). 가장 널리 알려진 주장으로 부정한 짐승은 병이나 병균을 옮길 수 있기 때문에 안심하고 먹을 수 없다는 것이다. 따라서 위생상 문제가 없는 것들이 정한 짐승이다.

예를 들어, 부정한 것으로 분류되는 돼지고기는 사람에게 선모충을 옮길 수 있으며, 지느러미가 없는 물고기는 대개 얕은 물이나 바닥에 서식하며 아무거나 먹어 대므로 사체나 썩은 것들을 주로 먹는 새들처럼 위험한 박테리아를 지녔을 가능성이 크다는 것이다. 그러나 사실 정한 짐승들도 여러 가지 균을 지닐 수 있으므로 사람의 건강을 위협할 수 있다. 또한 부정한 짐승이나 생선도 익혀 먹으면 병균 문제를 해결할 수 있지 않은가. 게다가 율법은 부정한 짐승을 금하는 이유로 건강에 해로워서라는 말을 하지 않는다. 심지어 예수님은 부정함의 의미를 전복시키기까지 하셨다(막 7:17-18). 오순절 이후에는 부정한 짐승에 대한 금지령이 완전히 사라진다(Rooker). 만일 사람의 건강에 좋지 않다는 이유로 부정한 짐승을 구분한 것이라면 왜 오순절 이후로 그 구분이 없어졌는가? 따라서 이 해석은 설득력이 없다.

둘째, 신학적 혹은 제의적인 해석이다(Noth, von Rad, Eichrodt). 이방 종교나 우상숭배와 연관 있는 짐승들이 부정하다는 것이다. 여호와와 언약을 맺은 이스라엘은 이방 종교와 연관된 짐승을 피해야 한다. 실제로 율법이 부정하다고 분류한 돼지의 뼈가 이방 종교의 예배터에서 발굴된 적이 있다(cf. 사 65:4-5). 그러나 가나안을 포함한 고대 근동 문화권에서 소는 신성시되거나 우상숭배의 제물로 쓰이기도 했는데 왜 부정한 짐승으로 분류되지 않았는가? 그러므로 이 해석 또한 한계가 있다(Wenham).

셋째, 풍유적 혹은 상징적 해석이다(Bonar). 필로(Philo)가 발전시킨 해석으로, 우리에게 영적 교훈을 주기 위해 정결한 짐승과 부정한 짐승이 나뉘었다는 것이다(Houston). 되새김질하는 정결한 짐승의 경우, 하나님의 백성이라면 말씀을 되새김질해야 함을 상징한다는 것이다. 같은 맥락에서 정결한 물고기의 지느러미가 위로 솟은 이유는 하나님의 백성은 하늘을 바라보며 살아가야 함을 보여 주는 것이다. 반면에 돼지는 자기 배설물 위에서 뒹구는 불결한 습관을 가지고 있기 때문에 하나님의 백성의 정결한 삶과 어울리지 않으므로 부정한 짐승으로 분류되었다고 주장한다. 또한, 부정한 짐승은 죽음을 상징한다는 풍유적 해석도 있다(Wenham, Kiuchi). 그러나 정결한 짐승도 관리하지 않으면 정도의 차이가 있을 뿐 더럽기는 마찬가지이다. 게다가 부정한 짐승으로 분류된 것 중에는 오히려 더 깨끗하고 깔끔한 짐승도 많다.

넷째, 윤리적인 해석이다(Schwartz). 성경이 피를 먹는 것을 금하는 것에서 생명 경외 사상을 찾아볼 수 있듯이 레위기의 음식법 또한 생명 경외를 바탕으로 하고 있다는 주장이다(Milgrom). 하나님이 정결한 짐승만을 먹을 수 있도록 제한하신 것은 생명을 함부로 죽여서는 안 된다는 교훈을 가르치기 위해서이다. 그러나 "하나님께 매일 드리는 제사에서 희생되는 수많은 짐승의 생명은 무엇인가"라는 의문이 들 수밖에 없다. 이 논리대로라면 하나님은 동물이 아닌 곡물이나 기름 제물을 선호하실 것 같은데 말이다. 그러므로 이 해석 또한 정결한 짐승과 부정한 짐승의 차이를 명쾌하게 설명해 주지 못한다.

다섯째, 스캐빈저(scavenger, 죽은 동물을 먹는 동물) 해석이다(Moskala). 부정한 짐승들은 짐승의 사체를 먹을 뿐만 아니라 그 피까지 먹기 때문에 부정하다는 것이다. 또한, 사람이나 동물을 물어 상하게 하여 생명과 번성을 지향하는 자연 세계에 형성된 문화[질서]에 역행하는(destroy the products of culture) 벌레나 짐승도 부정하며, 생김새에 흠이나 결함이 있는 짐승과 벌레 또한 부정하다(Douglas). 이 해석 또한 부정한 짐승 중 일부에 대해 어느 정도 설명하기는 하지만 모두를 설명하지는 못한다.

여섯째, 생김새 해석이다(Eichrodt). 정결한 짐승은 대체적으로 보기에도 좋은데, 부정한 짐승은 혐오감을 안겨 준다는 것이다. 혐오감을 자아내는 짐승이 이스라엘의 식탁에 올라오는 것이 바람직하지 않으니 부정하다고 하는 것이다. 설득력이 떨어지는 해석이다. 잘생겼건 못생겼던 모두 하나님이 창조하신 아름다운 피조물이다. 게다가 어떤 사람에게는 못생겨 보여도 누군가에게는 잘생겨 보일 수도 있다. 미(美)의 기준은 저마다 다르기 때문이다.

주석가들이 가장 많이 지지하는 해석은 더글러스(Douglas)와 크로스(Cross)의 주장이다. 이들은 창세기 1장에 대한 관찰에서부터 이야기를 시작한다. 창세기 1장은 하나님이 하늘을 나는 새와 땅을 걷는 짐승과

물을 헤엄치는 물고기를 창조하셨다고 기록했다. 짐승이 자기가 속한 종(種)의 공통적인 성향을 정상적으로(normal) 온전하게(wholesome) 지니고 있을 때 정결하다고 말할 수 있다. 반면에 공통적인 성향을 정상적으로 지니지 못했을 경우에는 부정하게 되는 것이다. 즉 정한 짐승은 정상적이며, 부정한 짐승은 비정상적이라는 뜻이다.

새는 두 날개와 걸어 다닐 수 있는 두 발을 가지고 있어야 하고, 동물은 뛰어다닐 수 있는 갈라진 굽이 있어야 한다. 그러므로 다리가 많이 달린 나는 곤충은 부정하지만, 날개가 있고 짧은 다리 두 쌍과 펄쩍 뛸 수 있는 다리 두 개를 가진 메뚜기는 새에 가까운 만큼 정결하다. 한편 문어는 물속에 살면서도 다리를 가지고 있기 때문에 부정하다. 이 해석 또한 곧 한계를 드러낸다. 예를 들어, 굽이 갈라진 돼지는 부정한데 되새김질하지 않는 토끼는 왜 정결한가? 그럼에도 불구하고 상당한 설득력을 지녔다고 해서 현재까지 많은 학자의 지지를 받고 있다.

더글러스는 더 나아가 이 원리를 사람에게까지 적용한다. 동물 세계가 인간 세계를 반영하고 있다고 생각한 것이다. 그녀는 모든 짐승과 사람을 세 종류로 분류한다. 동물은 모든 짐승—정한 짐승—희생 제물로, 사람은 모든 사람—이스라엘 백성—제사장으로 나눈다. 각각 거룩의 세 단계인 부정한 영역—정한 영역—거룩한 영역으로 구분한 것이다. 땅도 같은 기준으로 나눌 수 있다. 한 학자(Milgrom)가 그녀의 주장을 정리하여 다음의 다이어그램을 완성했다.

사람 : 모든 사람(A)—이스라엘 백성(B)—제사장(C)
동물 : 모든 짐승(A′)—정한 짐승(B′)—희생 제물(C′)
장소: 모든 땅(A″)—진(B″)—성막(C″)

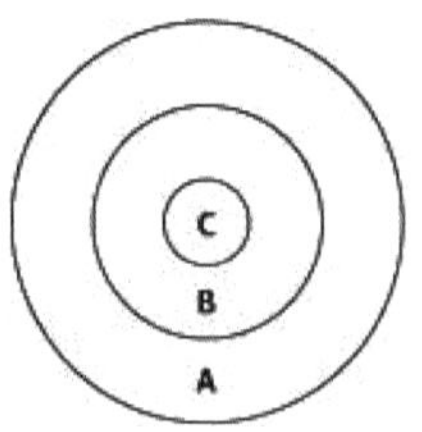

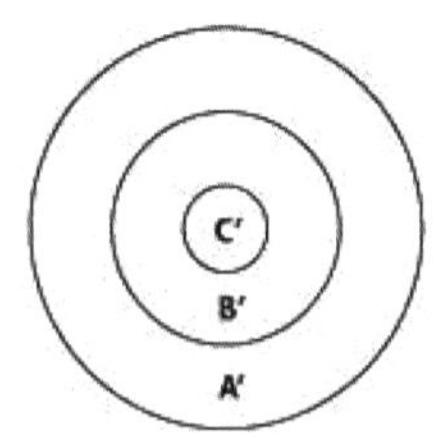

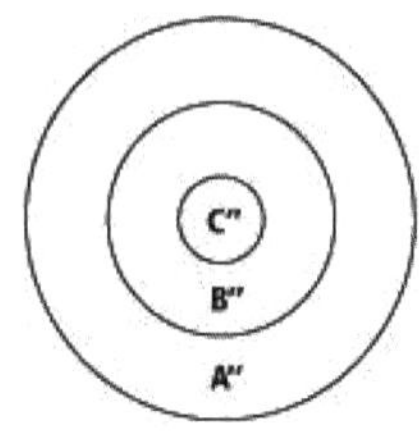

이 해석에 따르면 이스라엘 백성은 정한 짐승과 의미적으로 연결되어 있다. 그렇기 때문에 이스라엘 사람들은 정한 짐승을 먹어야 한다. 더글러스는 이스라엘의 음식법 배후에는 정함—부정함과 연결된 이스라엘의 가치 체계(value system)가 자리 잡고 있다고 주장한다.

더글러스의 모델은 레위기의 세계관과 가장 잘 어울린다. 더 나아가 이스라엘의 율법과 깊은 연관성이 있는 헷 사람들(Hittites)의 법에도 정결한 짐승과 부정한 짐승에 대한 규례가 있는데, 헷 사람들은 자신들이 평소에 가까이하여 익숙한 짐승들(domesticated animal)을 정한 짐승으로, 익숙하지 않거나 낯선 짐승들을 부정하다고 했다(Hoffner). 율법이 말하는 정한 짐승과 부정한 짐승을 보면 이러한 원칙이 상당히 적용된 듯하다.

그렇다면 돼지는 왜 부정한 것일까? 돼지는 유목민이 키우는 짐승이 아니다. 원래 유목민이었던 이스라엘에 돼지가 유입된 시기가 소나 양과 같은 가축들에 비해 상대적으로 늦었기 때문이라고 한다(Hoffner). 말과 낙타 또한 이스라엘의 일상에 소개된 때가 매우 늦기 때문에 부정하다.

더글러스와 크로스의 해석과 위 기준을 함께 생각한다면 현재까지 이론 중에서 가장 설득력 있는 기준이 될 것이다. 그러나 모든 것을 완벽하게 설명해 주지는 못한다. 그러므로 대부분의 주석가가 주장하는 것처럼 레위기의 정함과 부정함에 대한 지침과 구분이 어느 정도는 임의적(arbitrary)이라는 사실을 인정해야 한다.

레위기의 정함과 부정함의 구분이 상당 부분 임의적이라는 해석은 성경에 기록된 사건들도 뒷받침해 주는 듯하다. 모세가 호렙 산에서 하나님을 처음 만났을 때, 하나님은 그에게 거룩한 땅이니 발에서 신을 벗으라고 하셨다(출 3:1-6). 그러나 사실 그곳은 모세가 평소에 양떼를 몰고 다니던 곳이었다. 또한 그 일이 있은 후에도 다른 목동들이 양떼를 이끌고 그곳을 수없이 지나다녔을 것이다.

그러므로 모세가 신을 벗어야 했던 거룩한 땅은 하나님의 임재가 있는 동안만 잠시 거룩했음을 알 수 있다. 모세가 이스라엘을 대표해서 시내 산에서 하나님을 만났을 때에도 하나님은 이스라엘 사람들의 접근을 막기 위하여 산 주위에 경계를 정하라고 하셨다(출 19장). 백성들이 자칫 거룩한 산에 올랐다가는 죽게 될 것이기 때문이다. 이 사건에서도 시내 산이 거룩했던 것은 그곳에 하나님이 임재하시는 동안만이었다는 것을 알 수 있다.

(3) 하나님의 임재

레위기가 무엇을 먹고, 무엇을 입고, 예배를 어떻게 드려야 하는가 등 온갖 것에 대해 율법을 정한 것은 이스라엘이 하나님의 임재를 마음껏 누리며 살 수 있도록 준비시키기 위해서이다. 출애굽기가 끝날 무렵 성막이 완성되었고, 하나님의 영광이 성막에 임했다(출 40:34-35). 하나님이 이스라엘과 함께 살기 시작하신 것이다.

그래서 레위기는 회막에서 말씀하시는 하나님으로 시작되었고(1:1), 하나님은 백성들이 드리는 회막 예배에 임하셨다(레 9:23). 하나님의 영광이 이스라엘의 예배 중에 임하신 것은, 그때까지 레위기를 통해 말씀해 주신 예배 율법이 잘 준수되고 있음을 의미한다. 앞으로도 이스라엘이 율법을 잘 준행하면 그들 예배에 하나님의 임재가 항상 있게 될 것이다.

더 나아가 레위기는 이스라엘 공동체와 각 개인이 삶 속에서 하나님의 함께하심을 누릴 수 있는 비결을 제시한다. 이스라엘이 기록된 규례에 따라 성결한 삶을 추구하면, 하나님이 그들 예배 중에 임하신 것처럼 그들의 삶 속에도 임하실 것이라고 말한다. 하나님의 함께하심은 예배로 제한될 필요가 없으며, 거룩한 사람은 언제든지 하나님과 동행할 수 있다는 것이다.

어떻게 해야 거룩한 삶을 살 수 있는가? 이 질문에 대한 답이 바로 레위기의 율법이다. 다시 말해 레위기는 주의 백성이 예배뿐만 아니라 일상에서도 하나님의 임재를 누릴 수 있는 방법을 제시한 책인 것이다.

(4) 예배

레위기에는 오늘날 크리스천들이 마음에 두어야 할 가르침들이 많이 들어 있기는 하지만, 가장 중요한 것은 하나님의 거룩하심과 거룩하신 하나님께 드리는 예배에 초점을 맞추는 것이다. 즉 레위기의 핵심은 여호와께 드리는 예배를 주의 백성들이 어떻게 준비하고, 어떤 절차를 통해 드려야 하는가에 대한 정의이다.

따라서 이 책은 이스라엘 백성들이 드리는 여러 가지 제사와 제물들, 종교적 절기들 그리고 제사장의 제사법 등에 내용을 많이 할애한다. 한 가지 중요한 것은 성전에서 드리는 예배와 제사에서 제물은 예배자의 형편에 따라 결정된다는 사실이다. 가난한 사람들이 소외되는 것을 막기 위해서이다. 하나님의 백성이 예배에서 소외되는 것은 결코 옳지 않기 때문이다. 또한, 예배자가 드리는 제물보다 마음이 더 중요하다는 것을 강조한다.

이스라엘은 왜 여호와께 드리는 예배가 경건하고 거룩하도록 신경써야 하는가? 무엇보다도 그들의 하나님이 거룩하시기 때문이다. 레위기에서 하나님의 거룩하심을 직접적으로 언급하는 횟수가 152차례나 된다(Kaiser). 하나님의 거룩하심이 이스라엘에게 어떤 의미인지는 20:26이 잘 표현하고 있다. "너희는 나에게 거룩할지어다 이는 나 여호와가 거룩하고 내가 또 너희를 나의 소유로 삼으려고 너희를 만민 중에서 구별하였음이니라." 이미 언급한 것처럼 '거룩'(קָדוֹשׁ)이란 분별/구분/차별화를 바탕으로 한 개념이다.

우리는 20:26 말씀에서 '거룩'이 내포하는 두 가지 의미를 알게 된다. 첫째, 주의 백성이 거룩하다는 것은 세상으로부터 구분/차별화된다는 뜻이다. 하나님이 이스라엘을 부르셨을 때, 그들은 세상 모든 백성으로부터 따로 구분되었다. 그러므로 주의 백성은 세상 사람들과는 다른 가치관과 원칙에 따라 살아야 한다.

둘째, 주의 백성이 거룩하다는 것은 하나님께 구분/분별되었다는 뜻이다. 하나님을 향한 마음 자세와 열정이 세상 사람들과는 달라야 한다는 것이다. 거룩한 백성은 온 마음을 다하여 온전히 하나님을 섬기고 사랑해야 한다. 거룩하신 하나님이 거룩하게 하신[구분하신] 백성인 이스라엘이 주님에게 거룩한[구분된] 예배를 드리는 것은 당연한 일이다. 또한, 이스라엘의 예배는 개인적인 차원과 공동체적인 차원에서 거룩하게 드려져야 한다.

저자는 여호와께 드리는 거룩한 예배가 어떤 것인가를 설명하기 위해 회막에서 행해지는 예식과 드려지는 제물에 많은 부분을 할애한다. 또한 하나님이 우리에게 요구하시는 예배는, 성전/성막에서 진행되는 예식과 예배자의 경건하고 정의로운 삶이 결합된 것이어야 함을 강조한다. 이스라엘이 하나님께 드리는 예배에는 수직적인 차원뿐 아니라 수평적인 차원도 포함되어야 한다는 것이다. 그런 뜻에서 저자는 이스라엘 사람들의 종교 행위에 대한 규례만 선포하는 게 아니라 일상생활에 적용할 원리들까지도 제시하고 있다. 모세는 백성들이 일상생활에서 서로 관계를 어떻게 유지해야 하는가에 대하여 다음과 같이 구체적으로 말한다. "네 이웃 사랑하기를 네 자신과 같이 사랑하라"(19:18b).

이 말씀을 '황금률'(golden rule)이라고 하는데(눅 6:31), 힐렐이라는 랍비는 이것이 율법 전체의 요약이라고 말했다(Milgrom). 주의 백성의 예배는 성전 제단에서 제물을 드리는 일로 끝나는 것이 아니라 이웃을 보살피고 자비를 베푸는 일로 이어져야 한다. 하나님의 백성은 예배와 삶을 이분화시켜서는 안 되며 경건하고 자비로운 생활의 바탕 위에 예배의 제단을 쌓아야 한다는 것이다.

만일 주의 백성이 하나님의 거룩한 백성으로서 살아가는 일에 신실하지 못했을 때는 어떻게 해야 하는가? 하나님은 이러한 문제를 해결하기 위하여 여러 가지 제사법을 주셨다. 주변 국가들도 신들에게 동물을 제물로 바치는 풍습을 가지고 있었다. 그러나 레위기가 언급하는 5가지 제사는 피에 대한 이해와 피의 대속 효과에 있어서 이웃 나라들의 제사와 비교할 때 상당히 독특하다(IDB, McCarthy). 이스라엘의 제사는 본의 아닌 실수나 과실로 빚어진 죄를 속죄하는 것이지 의도적이고 계획적인 죄에 대해서는 사함을 받기가 쉽지 않았다. 그만큼 이스라엘에서는 평상시 공평과 의를 추구하는 마음 자세를 중요시했다.

(5) 거룩한 백성

레위기에 자주 등장하는 "나는 여호와 너희의 하나님이라 내가 거룩하니 너희도 거룩하라"(11:44)라는 메시지는 이스라엘의 정체성을 확고히 하며 열방으로부터의 차별성을 분명히 선포한다. 이 말씀은 또한 하나님이 아브라함을 맨 처음 불렀을 때 그에게 주셨던 명령과 일맥상통한다. 하나님이 아브라함에게 "땅의 모든 족속이 너로 말미암아 복을 얻을 것이라"(창 12:3)라고 말씀하신 때부터 그의 후손들은 열방에게 하나님의 축복의 통로가 될 사명을 받은 것이다.

레위기는 수백 년이 지난 후 드디어 한 국가/민족으로 출범하는 이스라엘에게 열방을 향한 복의 근원이 되는 길을 제시한다. 이스라엘이 하나님처럼 거룩하게 된다면 그들은 참으로 복의 근원이 될 것이다. 온갖 율법과 규범들로 가득 찬 레위기는 이스라엘이 거룩한 삶을 추구하는 데 필요한 지침서(manual)이다. 거룩한 백성이 서로 가르치고 권면할 법과 규례를 제시하고 있다. 이러한 차원에서 레위기는 이스라엘의 열방 선교(world mission) 준비에 목적을 두고 있다고 할 수 있다(Kaiser).

이스라엘은 거룩하신 하나님의 축복의 통로이므로 다른 민족들하고는 비교할 수 없을 정도로 높은 수준의 성결을 유지해야 한다. 거룩하신 하나님이 정결하지 않은 통로를 통해 열방을 축복하실 수는 없기 때문이다. 레위기는 주의 백성이 하나님을 어떻게 예배하고(1-16장), 서로를 어떻게 대해야 하는가(17-27장)에 대해 정의한다. 또한 내용 중에 '거룩/거룩하다'(קדשׁ)라는 단어가 150차례 이상 사용되었다. 레위기가 구약의 어느 책들보다 '거룩'을 많이 언급한 것은 당연한 일이며 이 책의 성격을 암시한다고 할 수 있다(Rooker).

레위기는 자칫 사소해 보일 수 있는 일에 대해서도 절대적인 순결과 경건을 요구한다. 하나님은 그 기준을 어긴 사람들에게 징계를 내리셨다. 이스라엘이 최고 수준의 성결과 순수성을 유지해야만 열방이 그들로 인해 복을 받을 뿐 아니라 그들이 받은 사명을 완수할 수 있기 때문이다. 그러므로 성결한 삶이 무엇인가를 정의하는 레위기는 이스라엘의 열방 선교를 위한 매뉴얼이라고 할 수 있다(Kaiser).

이스라엘이 거룩해야 하는 또 한 가지 이유가 있다. 이스라엘은 거룩하신 여호와께서 세상의 많은 백성 중에서 택하신 백성이다(20:26; cf. 출 19:6). 보이지 않는 하나님의 선택을 받은 이스라엘은 자신의 삶에서 하나님이 어떤 분이신가를 세상에 보여 주어야 한다. 세상 사람들이 여호와 하나님에 대하여 알 수 있는 유일한 길은 그분의 백성이 지향하는 삶의 방식과 방향을 통해서 찾을 수 있기 때문이다.

만일 이스라엘이 열방과 다른 가치관과 다른 삶의 방식으로 살아간다면, 여호와가 매우 특별한 하나님이시라는 사실을 세상이 알게 될 것이다. 그러나 만일 세상 사람들과 구별되지 못한 채 똑같이 살아간다면, 세상은 여호와에 대하여 큰 매력을 느끼지 못할 것이다. 그러므로 이스라엘은 자신과 열방뿐 아니라 하나님을 위해서라도 거룩하게 살아야 한다.

이스라엘은 하나님의 선민(選民)으로서 세상 사람들에게 철저하게 구별된 삶을 보여 주어야 할 사명을 받았다. 레위기가 그들 삶에서 가장 사소하고 사적인 부분이라고 할 수 있는 영역들에 대해서까지도 규제를 선포한 이유가 이것이다. 주의 백성들은 예배, 연보 등 종교 생활뿐 아니라 먹는 것, 입는 것, 심지어는 성관계를 포함한 부부 생활에서도 세상 사람과 달라야 한다. 더 나아가 거룩한 백성은 육안으로 구분할 수 없는 상황에서도 거룩함을 유지해야 한다. 예를 들어, 주검을 만졌을 경우에는 저녁까지 부정한 상태가 된다(11:24). 만졌는지 안 만졌는지 눈에 흔적이 보이는 것은 아니지만 규례를 지켜야 한다. 이것이 레위기의 가르침이다.

(6) 죄

레위기는 인간의 죄 문제에 대한 해결책을 제시한다. 죄의 영역은 하나님이 주신 율법을 어기는 행동으로만 제한되지 않고 생각까지도 포함한다(Kiuchi). 레위기가 가장 많이 사용하는 개념 중 하나가 '속죄'(כפר)이다. 저자는 이 단어를 45회나 사용하고 있는데, "제사장이 그것으로 회중을 위하여 속죄한즉(כפר) 그들이 사함을 받으리라"와 같은 유형의 표현이 많다(4:20, 26, 31, 35 등등). 특히 16장은 1년에 한 번 대제사장을 비롯한 온 이스라엘이 죄를 용서받는 속죄일 규례를 통해 대속의 개념을 강조한다.

용서는 어떻게 가능한가? 레위기는 짐승의 피를 통한 대속이 가능하다고 말한다. 하나님 앞에 선 예배자는 자신의 죄에 대한 대가를 분명히 치러야 하는데, 짐승의 피가 그 대가를 대신할 수 있다(Wenham). 속죄(כפר)의 근본적인 뜻이 '덮다'(cover)라는 점도 이러한 해석을 지지한다(HALOT). 희생당한 짐승의 피가 사람의 죄를 덮는 것이다.

그런데 왜 피인가? 하나님은 "육체의 생명은 피에 있음이라 내가 이 피를 너희에게 주어 제단에 뿌려 너희의 생명을 위하여 속죄하게 하였나니 생명이 피에 있으므로 피가 죄를 속하느니라"(17:11)라고 말씀하신다. 피가 사람/짐승의 몸에 있을 때에는 생명의 원동력이 되지만, 몸 밖으로 흘러나오면 죽음을 뜻할 뿐이다. 그러나 피가 제단에 뿌려지면 한 생명이 다른 생명을 대신하여 죽었음을 상징하게 된다. 또한, 피의 붉은색은 자극적이다. 죄의 심각성을 자극적으로 강조하기 위해서도 피가 죄 사함과 연관되는 것은 당연하다.

다음은 레위기가 언급하고 있는 제물들이 드려지는 목적과 종류이다(Kaiser).

상황/이유	속죄제	속건제	번제	소제
하나님의 거룩한 물건을 범했을 때(5:14-19)		흠 없는 숫양 + 범한 물건 값 + 20%		
남의 재산권을 침해했을 때(6:1-7)		흠 없는 숫양 + 끼친 손해 + 20%		
피부병 환자가 정결하게 되었을 때(14:4ff)	어린 숫양(14:19)	어린 숫양 + 기름 한 록(요제)(14:12)	흠 없는 일년생 어린 암양	기름 섞은 고운 가루 3/10에바 + 기름 한 록
(가난한 경우)	산비둘기 또는 집비둘기 새끼	어린 숫양 + 기름 한 록(요제)	산비둘기 또는 집비둘기 새끼	기름 섞은 고운 가루 1/10에바 + 기름 한 록

상황/이유	속죄제	속건제	번제	소제
실수로 저지른 죄(4:3–5:10): 제사장 회중 족장 평민		수송아지 수송아지 숫염소 암염소/어린 암양		
(가난한 경우)	산비둘기 또는 집비둘기 새끼 고운 가루 1/10에바		산비둘기 또는 집비둘기 새끼	
출산 후 정결(12:6–8)	집비둘기 새끼 또는 산비둘기		일년생 어린 양	
(가난한 경우)	산비둘기 또는 집비둘기 새끼		산비둘기 또는 집비둘기 새끼	
유출병 환자가 정결하게 되었을 때(15:1–33)	집비둘기 새끼		집비둘기 새끼	
자원하여 예물을 드릴 경우(1:3–17) (가난한 경우)			가축 중 수송아지, 숫양 또는 숫염소 산비둘기 또는 집비둘기 새끼	기름 부은 고운 가루 또는 무교병이나 무교전병(누룩이나 꿀 금지)
화목제(3:1–17) 감사(7:12–15) 서원(7:16–18) 자원			가축 중 흠 없는 소(수컷 암컷 상관없음)	기름 섞은 무교병, 기름 바른 무교전병, 구운 과자, 유교병

한 가지 기억해야 할 것은 제물을 드리는 것도 중요하지만, 제물을 드리는 사람의 마음 자세가 더 중요하다는 사실이다. 자신의 죄에 대하여 회개할 생각이 없는 사람이나 제사 제도를 이용해서 더 많은 죄를 생각하는 사람의 제물은 하나님이 받으실 수 없다(cf. 사 1:11–15). 그래서 레위기는 제물을 바칠 때 예배자의 고백(회개)을 요구한다(5:5; 16:21).

잠언 21:27은 "악인의 제물은 본래 가증하거든 하물며 악한 뜻으로 드리는 것이랴"라고 하여 이 같은 사실을 확인한다. 또한, 잠언 15:8도 하나님이 악인의 제물을 미워하신다고 말한다. 하나님의 율법에 따라 살려고 노력하지 않으면서 바치는 제물은 "우매한 자들의 제물" (전 5:1)이 되며 하나님은 우매한 자들을 미워하시기 때문이다.

대속 개념에 있어서 가장 중요한 이벤트는 속죄일에 하는 일들이다(16장). 이날 대제사장은 예식을 통해 먼저 자신과 가족들을 위하여(11절), 그다음 온 이스라엘 회중을 위하여(17, 24절) 죄를 대속해야 한다. 여기서 사용되는 히브리어 단어(בְּעַד)를 문자적으로 해석하면 '대신하여'(on behalf of)라는 뜻을 지녔다(HALOT). 성결 의식을 통해 정결하게 된 대제사장이 특별한 의복으로 갈아입고 미리 준비해 둔 염소 두 마리 중 선택된 한 마리를 죽여 그 피를 지성소에 있는 법궤의 뚜껑, 속죄소(כַּפֹּרֶת)에 뿌리고 나온다.

그다음 남은 염소 머리 위에 두 손을 얹어 안수한 다음 광야로 데리고 가서 풀어 준다. '아사셀(עֲזָאזֵל)' 혹은 '아사셀을 위한 염소'(16:8)라고 알려진 두 번째 염소에게 이스라엘의 모든 죄를 지워 광야로 끌고 가 풀어 주는 행위에서 비롯된 영어 단어가 '희생양'으로 번역되는 'scapegoat'(속죄의 염소)이다. 모든 죄/책임을 이 염소에게 지운다는 뜻이다.

대속의 개념에서 볼 때 두 번째 염소의 역할이 더 크다는 것이 학자들의 일반적인 견해이다. 세례 요한도 대속의 관점에서 예수님을 보고 "보라 세상 죄를 지고 가는 하나님의 어린 양이로다"(요 1:29) 하고 외쳤다. 원래 속죄일에 쓰인 것은 염소였지만, 이사야 53장의 대속 개념이 양과 연결되어 있기 때문에 "어린 양"이라고 한다.

속죄일에 두 염소를 제물로 삼아 행해졌던 예식은 하나님이 백성들의 죄를 용서하심에 두 가지 의미가 있음을 시사한다. 첫째, 하나님은 제물이 흘린 피를 통해 백성들을 용서하신다. 둘째, 하나님은 이미 용서한 죄를 백성들에게서 제거하고 다시는 기억하지 않고 잊으신다(시 103:12).

5. 구조와 개요

레위기는 10:1-7과 24:10-16을 제외한 나머지의 거의 모든 부분이 율법과 규례로 구성되어 있다. 특히 하나님의 택하심을 입은 거룩한 백성이 거룩하신 하나님께 예배를 어떻게 드려야 하는가가 중심 주제이다. 1장부터 7장까지는 제물에 대한 가르침인데, 그중 1-3장은 자발적으로 드리는 제물에 관한 규례들이다.

자원제에 속하는 제물은 번제(עֹלָה), 소제(곡물제)(מִנְחָה), 화목제(שְׁלָמִים) 등 세 가지가 있다. 이 중 번제와 소제의 제물은 거룩한 것들로 여겨져 지정된 장소에서 오직 제사장들만이 먹을 수 있었다. 세 번째 제사인 화목제(שְׁלָמִים)는 희생(זֶבַח) 예물에 속하며, 일부는 번제단에서 태우지만 나머지는 제사장들과 예물 드리는 사람이 함께 먹는다. 희생 제물은 성소 밖에서 먹을 수도 있기 때문에 덜 거룩한 것으로 여겨졌다(Levine).

4-5장은 속죄제에 할애되었다. 속죄제(חַטָּאת)와 속건제(אָשָׁם)가 여기에 속한다. 이 두 가지는 각 개인이나 가족 혹은 이스라엘 공동체가 본의 아니게 하나님께 죄를 범했을 때 드리는 제사로 사용된 제물의 일부가 제사장들에게 주어졌다. 6-7장은 1-5장에서 언급된 다섯 가지 제물을 하나님께 드릴 때 제사장들의 역할에 대한 내용이다.

두 번째 주요 섹션인 8-10장은 제사장직에 초점을 맞추고 있다. 아론과 그의 아들들은 8장에서 제사장으로 임직한 다음, 9장에서부터 영광스러운 제사장 사역을 시작한다. 이때 모세가 회막과 제단을 성결하게 했다. 그러나 기쁨도 잠시, 아론의 아들 중 나답과 아비후가 잘못하여 죽는 사건이 10장에 기록되었다. 특권에는 많은 책임과 더 엄격한 기준이 따르는 법이다.

저자는 11-15장에서 주제를 바꾸어 하나님의 백성으로서의 정결한 삶에 초점을 맞춘다. 먼저 정결한 짐승과 부정한 짐승을 구분하여 나열함으로써 거룩한 백성은 먹는 것부터 달라져야 함을 강조한다. 아이를 낳은 산모도 일정 기간 동안 부정하게 되는데 어떻게 다시 정결하게 될 수 있는가에 대한 내용이 12장에 기록되어 있다.

13-14장은 여러 종류의 피부병과 곰팡이로 부정하게 된 사람과 집이 어떻게 정결해질 수 있는가를 가르쳐 준다. 15장은 남녀간 성관계에도 정결과 부정의 원칙이 있음을 강조하며 원칙 준수를 요구한다. 모세는 이러한 규제들을 통해 백성들의 공중위생뿐 아니라 종교적인 헌신 또한 강조한다.

속죄일에 대한 규례를 담고 있는 16장은 책의 가장 중요한 부분이다(Levine, Kaiser, Gane). 오늘날도 속죄일이 되면 유대인들은 회당에 모여서 레위기 16장을 낭독하고 묵상한다. 이날만은 평소에 아무도 출입할 수 없는 지성소에 대제사장이 평상시와 다른 의복을 입고 제물로 잡은 염소의 피를 들고 들어가 법궤를 덮고 있는 속죄소에 피를 뿌리고 나온다. 그다음에는 미리 준비해 두었던 다른 염소에 두 손을 얹어 자신과 이스라엘 온 백성의 죄를 전가시킨 후 광야로 데려가 풀어 주도록 했다.

클로스테르만(Klosterman)이 17-26장을 '성결 법전'(Holiness Code, H)으로 부른 이후 이 섹션의 이름이 되어 버렸다(Harrison). 서문(17장)으로 시작해서 말문(26:3-46)으로 끝맺는데, 서문인 17장은 예배를 어떻게 드려야 하는지를 가르쳐 준다. 그다음 18-20장은 가족 안에서의 성결, 특히 성적(性的) 주제와 연관하여 가족 간의 거룩에 대해 논한다. 21-25장은 공동체의 예배 의식에 대한 여러 규례를 담고 있으며, 제사장 임직, 결혼, 장례식, 거룩한 절기와 날들에 대한 주제들을 언급한다. 마무리 역할을 하는 26장은 이스라엘 앞에 축복의 길과 저주의 길을 제시하여 복된 순종의 삶과 고역스러운 불순종의 삶을 대조시키고 있다. 이처럼 순종과 불순종이 초래하는 언약적 축복과 저주에 대한 경고를 담고 있는 레위기 26장은 선지자들이 가장 많이 인용하곤 했던 율법(Torah) 섹션이다(Kaiser).

27장은 회막/성전을 운영하는 데 필요한 비용을 어떻게 충당할 것인가를 지시하면서 책을 마무리한다. 제사장들이 회막/성전을 잘 운영하기 위해서는 많은 돈이 필요했다. 매일 아침저녁으로 드리는 제물만 해도 만만치 않은 비용이 드니 백성들이 종종 드리는 제물로는 운영이 어려울 수 있으므로 비용 충당에 대한 내용이 필요했다.

레위기를 세분화하는 과정에서 학자들 간에 이견이 있지만, 거시적인 관점에서는 대체로 두 부분으로 나눈다. (1) 제사와 제사장직에 대한 규례(1-16장), (2) 백성들의 일상 생활에 대한 규례(17-27장)(Kaiser, Levine).[3] 혹은 제사장 임직식을 다루고 있는 8-10장과 속죄일에 관한 16장과 저자가 모든 것을 마치고 참조 부분으로 첨부한 듯한 느낌을 주는 27장을 각각 독립적인 섹션으로 취급하기도 한다(Childs). 후자에 따른 분석은 다음과 같다.

I. 제사에 관한 법(1-7장)
II. 장막에서 예배가 시작됨(8-10장)

---

3 해리슨(Harrison)은 1-16장을 "하나님께 나아가는 길", 17-27장을 "세상 속에서의 삶"이라고 부른다(cf. Kaiser). 웬함(Wenham)은 1-17장을 예배에 대한 규범으로, 18-26장을 삶에 대한 규범으로, 27장을 언약 준수 여부에 따른 축복과 저주로 구분한다.

III. 정결과 부정(11-15장)
IV. 속죄일(16장)
V. 성결 법전(17-26장)
VI. 에필로그(Epilogue)(27장)

최근에는 레위기에 대해 여러 가지 다양하고 흥미로운 구조들이 제시되고 있다. 가장 특이한 것은 더글러스(Douglas)가 제안한 원형 구조이다. 그리스 고전에서 종종 각 섹션의 끝에 그 시작을 회상케 하는 단어나 표현을 사용하여 책 전체의 통일성과 흐름을 유지하는 기법이 포착되는데, 여기서 힌트를 얻은 더글러스가 이것을 레위기와 민수기에 적용했다.

더글러스는 레위기가 19장과 26장을 축으로 한 불완전한 대칭 구조를 지니고 있다고 분석했다. 원을 완전히 연결하지 않고 윗부분을 비워 두어 구조의 불완전함을 암시한 대로 그녀가 제안한 구조는 17장과 26장의 역할이 석연치 않다는 문제가 있다. 또한, 더글러스의 논리를 따르기가 쉽지 않다는 것도 단점이다. 다음 도표를 참조하라.[4]

---

4 최근에 더글라스는 이 도표와 거의 비슷하지만 더 확고한 구조를 새롭게 제시했다. 다음 구조를 참조하라. 그러나 이 구조 또한 납득하기 어려운 부분이 많다. 예를 들면, 흠과 문둥병(11-15장; 21-22장)이 평행을 이루지 않고 각각 다른 섹션의 대칭으로 사용되고 있다.

여호와께 성별(聖別)된 물건과 사람(1-9장)
  거룩한 장소가 더럽혀짐(10장)
    흠, 문둥병(11-15장)
      성막 성결(16장)과 요약(17장)
        성, 몰렉(18장)
          전환(Mid-turn): 백성들 사이의 동등한 가치(equity)(19장)
        성, 몰렉(20장)
      흠, 문둥병(21-22장)
    거룩한 때(절기들), 속죄일(23장)
  거룩한 이름이 더럽혀짐(24장)
여호와께 속한 물건과 사람(25장)
끝(Ending): 하나님과 백성 사이의 동등한 가치(equity)(26장; cf. 19장)
연결 고리(Latch): 여호와께 속한 사람이나 물건의 속량(27장)

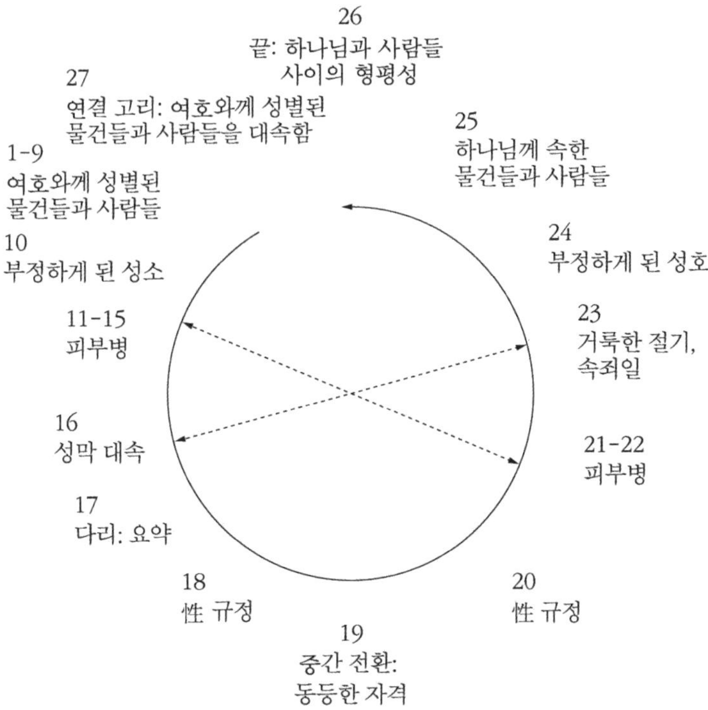

한편 속죄일에 관한 규례가 담긴 16장을 중심으로 1–25장이 교차대구법적 구조를 지니고 있다는 분석도 있다(Shea). 이 구조에 의하면 26–27장은 결론으로 첨부되어 있다. 속죄일이 책의 중심에 있는 것이 매력적이기는 한데, 24장 10–23절이 구조에서 제외되는 것과 26–27장이 서론 없는 결론으로 취급되는 것이 아쉽다.

A. 예식 법(cultic legislation)(1–7장)
 B. 제사장직에 관한 역사(8–10장)
  C. 개인적인 차원의 부정에 관한 법(11–15장)
   D. 속죄일(16장)
  C′. 개인적인 차원의 도덕에 관한 법(17–20장)

B′. 제사장직에 관한 법(21-22장)
A′. 예식 법(cultic legislation)(23-25장; 24:10-23은 제외)
결론(26-27장)

한 학자는 레위기가 율법(laws)과 설화(narrative)가 교차하는 7섹션으로 구성되었다고 주장한다(Smith). 민수기도 비슷한 구조를 지녔다는 점을 감안할 때(cf. Douglas) 매우 인상적인 분석이다. 그러나 이 구조의 취약점은 속죄일에 대한 규례를 담고 있는 16장을 율법으로 분류하지 않고 설화로 취급한다는 점이다.

A. 법(1-7장): 예제적 예물(ritual offerings)
B. 설화(8-10장): 정결과 부정 구분
A′. 법(11-15장): 정결해질 수 있는 부정(reparable uncleanness)
B′. 설화(16장): 속죄일
A″. 법(17:1-24:9): 거룩/성결
B″. 설화(24:10-23): 신성 모독한 자
A‴. 법(25-27장): 대속(redemption)

일부 학자들은 회막/성전의 공간적 구조에 근거하여 레위기의 구조를 이해하기도 한다(Milgrom). 하나님의 임재가 있는 지성소를 중심으로 회막을 바라보면 지성소에서 멀어질수록 거룩함의 수준이 점점 낮아진다. 이것을 다음과 같이 표현할 수 있다.

지성소 → 성소 → 뜰 → 진(camp) → 진 바깥(outside the camp)
(가장 거룩함) (거룩하지 않음)

레위기는 각기 다른 공간과 시간(절기)에서 균형(equilibrium)을 어떻게 유지할 것인가에 대한 책이라는 것이다. 월튼(Walton)의 경우, 1-23장은 하나님과의 관계에서 균형을 이루는 것에 대한 지침(viz., 지성소, 성소, 뜰에서 이루어지는 일)이며, 24-27장은 이스라엘이 서로의 관계에서 균형을 이루는 것에 대한 지침(viz., 진과 진 바깥에서 이루어지는 일)으로 구분하여 책을 두 섹션으로 나눈다.

이 구조의 매력은 일명 성결 법전에 속한 17장을 앞부분에 속하게 한 것과 전반부에서 중·후반부로 넘어가는 전환(transition)이 전통적인 견해처럼 갑작스럽거나 돌발적이지 않고 상당히 점진적이라는 점이다. 단점은 다른 구조들에 비해 상대적으로 복잡하며, 각 섹션에 대한 요약이 논란의 대상이 될 수 있다는 것이다.

다음 구조를 참조하라(Walton).

I. 신적 균형(Divine Equilibrium)
- A. 거룩한 공간에서의 균형: 관리 절차와 조건
  - 가장 거룩한 공간을 유지하는 제물(1-7장)
  - 회막 관리를 위하여 제사장들이 임명됨(8-10장)
  - 이스라엘이 진을 치고 있는 공간을 정결하게 유지하기 위한 규례(11-15장)
  - 속죄일: 모든 거룩한 공간을 처음처럼 정결하게 하는 날(16장)
  - 진 밖에서 성결을 유지하는 법(17장)
- B. 거룩한 공간에서의 균형: 공간으로부터 퇴출
  - 이스라엘 진에서 퇴출(18-20장)
  - 회막에서 제사장 퇴출(21-22a장)
  - 중심 공간에서 제물 퇴출(22b장)
- C. 거룩한 시간에서의 균형
  - 거룩한 절기들(23장)

II. 인간적 균형(Human Equilibrium)
   A. 회막 공간에서의 인간적 균형(24a장)
   B. 이스라엘 진에서의 인간적 균형(24b장)
   C. 진 밖에서의 인간적 균형(25장)
   D. 각 공간의 균형 유지 혹은 방해(26장)
   E. 하나님께 서원된 것들(모든 공간을 망라함)(27장)

레위기는 속죄일에 대하여 언급하고 있는 16장을 중심으로 이전과 이후, 크게 세 부분으로 구분하는 것이 바람직하다. 책의 전반부인 1-15장은 주의 백성들이 평상시에 하나님께 드리는 일상적인 제사들에 대한 규례를 담고 있다. 16장에 기록된 내용에 비하면, 1-15장은 하나님을 만나기 위한 이스라엘 백성들의 준비 작업인 것이다. 16장은 이스라엘의 절기 중 가장 중요한, 온 백성의 죄를 용서하시는 날에 대한 규례이다. 이날 하나님은 매우 특별한 차원에서 백성들을 만나 주신다. 이날 1년 내내 아무도 출입할 수 없던 지성소의 휘장을 대제사장이 열고 들어가 염소의 피를 속죄소에 뿌린다. 그는 이 특별한 예식을 위하여 특별한 예복을 입고 지성소에 들어간다. 속죄일에 대한 규례를 담고 있는 16장은 하나님이 인간을 만나 주시는 임재의 극적 하이라이트인 것이다. 이후 17-27장은 임재하신 하나님이 이스라엘 백성들에게 요구하시는 도덕적 기준이다.

책의 구조를 정리하자면, 16장을 중심축으로 1-15장은 하나님을 만나기 위한 예식이며 17-26장은 하나님을 만난 후의 삶의 기준이라고 할 수 있다. 마지막 장인 27장은 축복과 저주의 말씀으로 구성되어 있는데, 이는 레위기가 하나님과 이스라엘 사이에 체결된 언약임을 암시할 뿐만 아니라(Wenham), 이스라엘이 언약에 어떻게 반응하느냐에 따라 축복을 내리시는 하나님을 만나거나 아니면 저주를 내리시는 하나님을 만날 수 있음을 경고하는 것이다. 이러한 차원에서 27장은 속죄일에 하나님을 만나는 일을 기록하고 있는 16장과 평행을 이룬다고 할 수 있다.

그렇다면 레위기를 다음과 같이 섹션화할 수 있다.

A. 하나님 앞에서의 거룩(1–15장)
B. 하나님과 사람의 만남(16장)
A′. 공동체 안에서의 거룩(17–26장)
B′. 하나님과 사람의 만남: 축복과 저주(27장)

이 같은 이해를 바탕으로 레위기를 다음과 같이 구분하여 주해해 나가고자 한다.

I. 제사에 관한 율법(1:1–7:38)
A. 백성을 위한 제사 규례(1:1–6:7)
B. 제사장을 위한 제사 지침(6:8–7:38)
II. 성막에서 예배가 시작됨(8:1–10:20)
A. 아론과 아들들의 제사장 임직(8:1–36)
B. 성막에서 예배가 시작됨(9:1–24)
C. 나답과 아비후의 죽음(10:1–20)
III. 정결과 부정(11:1–15:33)
A. 정한 짐승과 부정한 짐승(11:1–47)
B. 출산으로 인한 유출(12:1–8)
C. 피부병 진단(13:1–59)
D. 피부병 완치와 정결(14:1–57)
E. 유출병(15:1–33)
IV. 속죄일(16:1–34)
A. 서론(16:1–2)

B. 제물과 예복 준비(16:3-5)
C. 속죄일 절차 요약(16:6-10)
D. 속죄일 제사(16:11-28)
E. 결론(16:29-34)
V. 성결 법전(17:1-26:46)
A. 거룩한 예배(17:1-9)
B. 거룩한 식생활(17:10-16)
C. 거룩한 성생활(18:1-30)
D. 거룩한 사회 윤리(19:1-37)
E. 거룩한 예배(20:1-8)
F. 거룩한 가족 관계(20:9-21)
G. 거룩한 땅의 소유(20:22-27)
H. 거룩한 제사장직(21:1-22:16)
I. 거룩한 제물(22:17-33)
J. 거룩한 절기(23:1-44)
K. 거룩한 불과 떡(24:1-9)
L. 거룩한 이름(24:10-23)
M. 거룩한 땅의 경작(25:1-38)
N. 거룩한 주-종 관계(25:39-55)
O. 거룩한 언약(26:1-46)
VI. 하나님과의 만남: 축복과 저주(27:1-34)

엑스포지멘터리

모세오경 개론

민수기

EXPOSItory comMENTARY

민수기

24 여호와는 네게 복을 주시고
너를 지키시기를 원하며
25 여호와는 그의 얼굴을 네게 비추사
은혜 베푸시기를 원하며
26 여호와는 그 얼굴을 네게로 향하여 드사
평강 주시기를 원하노라 할지니라 하라
(6:24-26)

37 여호와께서 모세에게 말씀하여 이르시되 38 이스라엘 자손에게 명령하여 대
대로 그들의 옷단 귀에 술을 만들고 청색 끈을 그 귀의 술에 더하라 39 이 술은
너희가 보고 여호와의 모든 계명을 기억하여 준행하고 너희를 방종하게 하는
자신의 마음과 눈의 욕심을 따라 음행하지 않게 하기 위함이라 40 그리하여 너
희가 내 모든 계명을 기억하고 행하면 너희의 하나님 앞에 거룩하리라 41 나는
여호와 너희 하나님이라 나는 너희의 하나님이 되려고 너희를 애굽 땅에서 인
도해 내었느니라 나는 여호와 너희의 하나님이니라(15:37-41)

소개

민수기의 히브리어 이름은 '광야에서'(בְּמִדְבַּר)이다. 처음에는 오경의 다른 책들처럼 책의 첫 단어를 따서 '그[여호와]가 말씀하셨다'(וַיְדַבֵּר)라고 불리었지만(Rashi, cf. Allen), 다섯 번째 단어인 '광야에서'(בְּמִדְבַּר)가 더 적절하다 하여 이 이름으로 불리게 된 것이다(Milgrom). 이 책이 오늘날 우리말로 '민수기' 혹은 영어로 'Book of Numbers'(숫자들의 책)라고 불리게 된 것은 칠십인역(LXX)이 이 책을 Αριθμοι(lit., '숫자들')이라고 명한 것을 근거로 라틴어 번역본(Vulgate)이 책의 이름을 '*Numeri*'(숫자들)로 칭한 데서 유래되었다. 사실 민수기가 오경의 다른 책들보다 숫자를 많이 언급하기는 하지만, 율법이나 광야에서의 일에 비해 그렇게 큰 비중을 차지하는 것은 아니므로 이 이름이 책의 내용을 잘 반영하고 있다고 말할 수는 없다. 유대인의 '광야에서' 혹은 '광야 여정' 등이 오히려 책의 내용과 더 잘 어울린다.

기독교 저자들은 오래전부터 민수기는 성도가 결코 흥미진진하게 읽을만한 책은 결코 아니라는 사실을 깨닫고 있었다. 그래서 교부들의 주석이나 설교 중에서 민수기에 관한 자료를 찾기는 쉽지 않다. 민수기는 우리의 영적 삶을 위한 매우 중요한 지혜와 가르침을 담고 있다고 확신하며 책에 대하여 시리즈 설교를 남긴 오리겐(Origen)마저도 민수기에 대하여 다음과 같이 회고했다.

> 복음서나 사도들의 서신, 혹은 시편을 낭독하면 사람들은 즐거워하며 환영한다…그러나 민수기를 읽을 때는 이 책이 자신들에게 별로 도움을 주지 못하는 것으로 판단한다. 민수기에는 자신들의 연약함을 치료하거나 자신들의 영혼 구원에 도움이 될만한 것이 없다고 생각하는 것이다. 또한 사람들은 민수기를 자신들이 소화하기에 매우 부담스럽고 어려운 음식으로 생각하여 삼키지 않고 자꾸 내뱉는다.

성도가 민수기를 부담스럽게 생각하는 이유는 이 책이 출애굽 당시 이스라엘의 각 지파와 부족별 성인 남자의 수가 얼마나 되었으며, 가나안 입성을 눈앞에 둔 시점에는 몇 명이나 되었는가를 기록하는 데 상당한 공간을 할애하고 있기 때문이다. 즉, 책에 제시되는 지파별 인구수는 독자의 집중력을 흩뜨려 놓기에 충분할 뿐만 아니라 잠 못 이루는 밤 읽기에 적합한 '거룩한 수면제'라고 할 수도 있다.

그렇다면 민수기처럼 부담스럽고 지루할 수도 있는 책이 오늘을 살아가는 그리스도인에게 주는 실용적 의미는 무엇인가? 즉, 민수기가 저작된 지 수천 년이 지난 오늘날 우리는 무엇을 깨닫고자 이 책을 읽는가? 민수기는 무엇보다도 하나님의 신실하심을 증언하는 책이다. 아브라함은 "너를 큰 민족이 되게 하겠다"라는 하나님의 말씀을 믿고 노년에 가나안 땅으로 이주했다(창 12:1-3). 그러나 수년이 흘러도 아브라함 부부에게는 아이가 없었다. 하나님은 초조해하는 아브라함을 찾아와 다시 한 번 그의 자손이 하늘의 별처럼 그 숫자가 많아질 것이라고 약속하셨고, 아브라함은 하나님의 약속을 믿었다(창 15:5-6). 이 약속은 그의 일생 동안은 고사하고 아들 이삭, 손주 야곱의 시대에도 성취될 기미가 별로 보이지 않았다. 그러나 하나님은 야곱의 자손이 이집트에 머무는 동안 아브라함과의 약속을 지키셨다.

민수기는 광야 공동체를 형성하는 이스라엘 사람 중 레위 지파를 제외한 인구수가 20세 넘은 장정만 무려 60만 3,550명에 달했다고 한다(1:46). 가나안 정복을 앞둔 출애굽 2세의 수도 1세의 수와 거의 비슷한 수준인 60만 1,730명에 달했다(26:51). 이 숫자에 여자, 아이, 노인을 더하면 당시 이스라엘 인구가 200만 명이 넘었을 것을 쉽게 짐작할 수 있다. 민수기는 이처럼 400여 년 만에 이집트를 떠나온 이스라엘 백성과 각 지파에 속한 사람의 수를 기록함으로써 하나님이 아브라함에게 약속하신 대로 이스라엘이 하늘의 별과 같이 숫자가 많은 민족이 되었다는 것을 증언한다. 즉, 민수기는 하나님의 신실하심을 숫자로 뒷받침하는 책이다.

민수기는 또한 창조주 하나님이 한 인간에 불과한 아브라함에게 하신 약속을 수백 년 동안 잊지 않으시고, 가장 적절한 때, 곧 하나님의 때에 이 약속을 지키신 것을 입증하는 책이다. 민수기가 각 지파와 족장에 속한 인구수를 천(千)이나 백(百) 단위에 그치지 않고 일(一) 단위에 이르기까지 세부적이고 구체적인 숫자를 제시하는 것은 이 책 안에 기록된 숫자들이 신빙성이 있고 정확한 것임을 강조하고자 하기 때문이다.

오늘 우리가 섬기는 하나님이 이러한 분이라는 것, 곧 약속하신 것은 확실하고 구체적으로 이루시는 분이라는 사실이 우리에게 시사하는 바는 무엇인가? 우리는 성경 말씀과 묵상을 통해 하나님께로부터 많은 약속을 받으며 살아간다. 그러나 우리는 종종 하나님의 약속이 말씀하신 대로 모두 이루어질 것인가에 대해 의구심을 갖기도 한다. 우리 생각에 이 순간이 하나님의 약속이 이루어지기에 가장 적절한 시기인 것 같지만 전혀 성취될 기미가 보이지 않을 때에는 더욱더 그렇다. 이럴 때에는 민수기를 펼쳐 수백 년이 지난 후 하나님이 아브라함과 약속을 어떻게 지키셨는가를 묵상하며 확신을 얻으라. 전능하신 하나님이 약속하신 것은 반드시 이루실 것이다.

그리스도인이 민수기를 매우 유익한 책으로 읽을 수 있는 또 한 가지 이유가 있다. 민수기의 시사성 때문이다. 이미 언급한 것처럼 민수기는 주의 백성이 이집트를 떠나 가나안에 이르게 되는 광야 여정을 정리한다. 이런 점에서 볼 때 책의 히브리어 이름 '광야에서'(בְּמִדְבַּר)는 민수기의 내용을 매우 적절하게 반영하고 있다. 주님의 백성인 우리의 이 세상에서의 삶을 생각해보자. "십자가 그늘 밑에"라는 찬송가처럼 하늘나라에 입성하기 전까지 우리의 삶은 "이 광야 같은 세상에서 늘 방황하는 것"이 아니겠는가? 즉, 예수님을 구주로 영접하여 사탄이 지배하는 나라를 떠나온 우리지만 천국 입성을 앞두고 아직도 광야를 걷고 있다. 마치 노예로 생활하던 땅을 떠나온 이스라엘이 가나안 입성을 앞두고 광야를 걸었던 것처럼 말이다. 민수기는 바로 이 광야생활에 관한 이야기다. 그러므로 민수기는 3,000여 년 전 이집트를 떠나 가나안에 입성하기까지 40년 동안 광야생활을 했던 이스라엘의 이야기일 뿐만 아니라, 오늘을 살아가는 우리의 이야기인 것이다(Ashley). 또한 한 세대(출애굽 1세)의 끝맺음과 다음 세대(출애굽 2세)의 시작에 관한 이야기인 민수기는 언제 어디서든 세대교체가 진행되거나 필요한 주의 백성의 이야기이기도 하다(Olson). 다만 민수기에 기록된 이스라엘의 반역 이야기가 교훈과 자극이 되어 우리가 그들처럼 살게 되지 않기를 바랄 뿐이다. 민수기에는 주의 백성의 삶에서 일어나지 않았으면 좋았을 뻔한 이야기로 가득하기 때문이다(Philip).

1. 저자와 저작 시기

전통적으로 민수기는 창세기, 출애굽기, 레위기, 신명기와 더불어 모세가 저작한 책으로 전해져 내려왔다. 민수기 33:2의 "모세가 여호와의 명령대로 그 노정을 따라 그들이 행진한 것을 기록하였으니"라는 말씀도 이러한 결론을 뒷받침한다(cf. 출 17:14; 24:4; 34:27; 신 31:9, 22). 모세 오경 전체에서는 물론이고 민수기 안에서도 모세가 하나님께로부터 말씀을 받았다는 사실을 60여 차례나 기록하고 있는 점도 모세가 저자일 가능성을 유력시한다(1:1; 2:1; 3:1, 5, 11, 14, 40, 44; 4:1, 17, 21). 또한 많은 학자들이 민수기 내용과 정황이 비평학자의 주장처럼 포로기 이후보다는 민수기가 전제하는 것처럼 출애굽 시대와 더 잘 어울리고 맞아떨어진다는 결론을 내린 점도 전통적인 견해에 힘을 실어주는 듯하다(Harrison).

그러나 이미 서론에서 언급한 것처럼 계몽주의 시대를 기점으로 고등 비평학이 활성화되면서 민수기를 포함한 오경의 저작권에 대한 논쟁이 학계를 뜨겁게 달구었다. 우리에게 문서설(Documentary Hypothesis)로 더 잘 알려진 그라프-벨하우젠 가설(Graf-Wellhausen Hypothesis)이 1876년에 체계화되면서 진보 성향과 보수 성향의 학자들이 매우 상반되는 주장을 펼치며 오늘에 이르렀다. 진보 입장을 취하는 사람은 오경이 주전 9세기에서 6세기 동안 서로 다른 시대와 지역에 살던 저자들이 여러 가지 신학적 관점과 관심사를 염두에 두고 저작한 4개의 문서—야훼 문서(J), 엘로힘 문서(E), 신명기 문서(D), 제사장 문서(P)—를 하나로 편집해 놓은 것이라고 한다.[1]

비평학자들은 민수기가 일부 J(10:29-32; 11:4-15, 18-24a, 31-35)와 E(11:16, 17a, 24b-30; 12:1-15; 20:14-21; 21:21-24a, 22-24장)문서도 포함하고 있지만 주로 제사장 문서(P)로 구성되어 있다고 했다. 또한 P문서가 민수기를 시작하고(1-10장), 끝을 맺는 것(26-36장)으로 생각했다(Gray). 세부적인 제사법과 숫자에 관한 기록은 모두 P문서에 속한다고 믿었기 때문이다. 이러한 학설을 제일 먼저 체계화시킨 벨하우젠에 의하면 이스라엘의 예배는 원래 간결하고 즉흥적이었으며 이렇다 할 짜임새가 없는 형태였다. 그는 사무엘 시대 이스라엘이 특정한 장소에 대한 제한 없이 아무 곳에서나 상대적으로 자유로운 예배를 드렸던 것을 증거로 들었다(삼상 16:2).

그러다가 제사장들은 요시야의 종교개혁(621 BC)을 계기로 예배는 예루살렘 성전 한 곳에서만 드려야 한다는 입장을 주장하게 되었다고 한다(왕하 23장). 민수기는 이러한 제사장의 입장을 반영하고 있다는 것이다. 제사장은 바빌론 포로생활을 거치면서 자신들의 입장을 온 이스라엘 사회에 반영하게 되었다. 또한 비평학자들은 민수기 1-9; 15, 17-19; 26-31; 33-36장이 P문서에서 비롯된 것이라고 결론지었다. 여기에 버드(Budd)는 10; 13-14; 16; 20; 25; 32장을 추가했다. 민수기의

1 문서설에 대한 자세한 설명과 이 학설이 지니는 문제점에 대해서는 필자의 『엑스포지멘터리 창세기』의 서론 섹션을 참고하라.

대부분이 제사장 문서라는 것이다.

벨하우젠이 문서설을 제시한 이후 많은 학자들이 그의 주장을 더 발전시키거나 그의 주장을 입증할 수 있는 추가적인 증거를 확보하려고 노력했다. 이들은 민수기를 포함한 제사장 문서(P)가 포로기 이후 시대에 저작된 것이라는 증거로서 열왕기와 역대기에서 발견되는 차이점을 들기도 한다. 바빌론 포로 시대에 쓰인 것으로 추측되는 열왕기는 예배에 대하여 많은 공간을 할애하지 않는다. 반면에 포로기 이후 시대 쓰인 역대기는 예배가 어떤 것인가와 이스라엘 각 지파의 계보를 정의하는 데 많은 공간을 할애한다. 이스라엘 지파의 계보에 따라 인구수를 기록하고 있는 민수기의 성향은 당연히 열왕기보다는 역대기에 훨씬 더 가깝다는 것이다.

벨하우젠과 그 외 학자들의 주장이 표면적으로는 상당히 설득력 있어 보이지만 실제로는 그렇지 않다. 첫째, 오늘날에 이르러서는 비평학자들마저 심각한 견해 차이를 보이기 때문이다. 많은 학자가 야훼 문서(J)와 엘로힘 문서(E)를 더 이상 구분할 수 없다며 두 문서를 합하여 야훼-엘로힘 문서(JE)를 논한다. 야훼 문서와 엘로힘 문서는 주전 9세기부터 4-500년을 지나며 서로 융합되었으며, 신명기 1-4장을 대표적인 작품으로 탄생시켰다는 것이다(Gray, Levine). 그렇다면 신명기 문서(D)와 야훼-엘로힘 문서(JE)의 차이도 한때 벨하우젠이 주장했던 것처럼 명확하지가 않게 된다. 그리고 이 학자들에 의하면 민수기는 JE문서와 P문서가 융합된 결과라는 것이다. 반면에 민수기 안에서도 D문서의 흔적을 발견하는 사람들도 많이 있다(Weinfeld).

이외 다른 이유들로 한때는 최고의 학설로 자리매김했던 문서설의 위치가 많이 흔들리고 있다. 문서화된 것보다는 구전(口傳)과 전승에 더 큰 비중을 두는 '전승-역사비평'(traditio-historical criticism)학자인 렌토르프(Rendtorff)는 자신이 추구하는 방법론과 문서설이 결코 융화될 수 없고 대립한다는 것을 의식하여 문서설의 타당성을 부인한다(Knierim

& Coats). 문서설을 정설(正設)로 수용하는 학자 중에도 제사장 문서(P)가 포로기 이후에 저작된 것이 아니라 포로기 이전에 이미 존재했다고 주장하는 사람들의 수도 나날이 늘어가고 있다(Kaufamann, Weinfeld, Hurvitz, Milgrom). 문서설은 D문서가 주전 7세기에 저작된 것이라고 주장하는데, 이 학자들은 D문서가 P문서를 인용하는 예는 있지만 P문서가 D문서를 인용하는 예는 없다고 결론짓는다. 즉, P문서가 D문서보다 더 오래된 것임을 암시한다는 것이다(Brueggemann). 문서설에 의하면 D문서는 주전 7세기에 저작된 것이다.

오경을 살펴보면 하나님이 모세에게 계속 말씀하실 뿐만 아니라(레 1:1; 4:1), 율법을 기록하라고 명령하시며(출 17:14; 34:27), 심지어 모세가 이미 기록된 책을 읽고 있는 모습도 보인다(출 24:7). 모세는 하나님의 명령에 따라 광야생활의 여정을 자세하게 순서대로 기록하고 있기도 하고(민 33:2), 이스라엘에게 이미 문서화된 율법을 준수하라는 권면도 한다(신 28:58, 61; 29:20, 21, 27; 30:10; 31:9, 24, 26; 31:30).

또한 한 세대가 지나간 후의 시대를 배경으로 하는 여호수아서는 '모세의 율법책' 혹은 '모세를 통해 주신 율법'이란 말을 사용하고 있다(수 1:7-8; 8:31; 23:6). 그 외에도 '[모세의] 율법책'이란 말이 구약성경에는 자주 등장한다(왕상 2:3; 왕하 18:6; 23:2; 스 6:18; 느 8:12, 17; 13:1; 대하 25:4). 신약에서 민수기를 포함한 오경이 모세의 작품이라고 증언하는 점도 보수적인 입장을 취하는 학자에게는 중요한 단서가 된다(눅 16:29; 24:27; 요 1:17; 5:46; 고후 3:15).

모세가 민수기를 포함한 오경의 골격을 기록했다는 사실이 그가 하나님이 불러주신 것을 받아 적은 것이라는 의미는 아니다. 이미 언급한 것처럼 민수기 안에는 이스라엘의 광야 여정 이야기와 인구조사 목록뿐만 아니라 그 외 여러 가지 다양한 장르의 글이 포함되어 있다. 모세와 편집자(들)가 이미 존재하던 출처를 충분히 사용했던 것으로 짐작할 수 있다.

참고로 민수기의 내용을 담고 있는 가장 오래된 유물은 예루살렘에서 발굴된 작은 은 두루마리(silver scroll)이며 제사장의 축도(민 6:24-26) 내용을 담고 있다. 이 두루마리는 유대인이 아침에 기도하기 위해 몸에 지녔던 작은 성구함에 넣고 다녔던 것으로 추정되며 성전이 파괴된 주전 586년 전후 것으로 추정된다(Cole). 사해 사본으로는 넷째 동굴에서 두 개의 민수기 사본이 발견되었다. 이 중 첫 번째 것(4Q paleoLev-Num)은 포로기 이전에 사용되었던 알파벳으로 기록된 것이고, 두 번째 사본(4Q Numb)은 하스모니안 시대(Hasmonean) 혹은 헤로디안 시대(Herodian)(30 BC-20 AD)의 것으로 추정된다(Jastram).

그래서 보수적인 성향의 학자는 아직도 지난 2000여 년 동안 교회가 고수해왔던 대로 오경의 기본 골격은 모세가 갖추어 주었으며 내용도 대부분 모세가 집필한 것으로 간주해도 별 문제가 없다고 생각한다. 성경이 제시하는 증거를 종합해볼 때 가장 설득력 있는 결론이라고 생각하고 있기 때문이다.

2. 역사적 정황

오경의 순서대로 역사를 정리하자면, 천지창조에서부터 이스라엘의 선조들이 가나안에 임한 혹독한 기근을 피해 이집트에 내려가게 된 일까지는 창세기에 기록되어 있다. 이집트로 내려간 야곱의 후손이 기하급수적으로 번성한 일, 이스라엘의 번성에 위협을 느낀 이집트 사람이 그들을 노예로 삼은 일과 이집트 생활 430년 만에 야곱의 후손이 속박의 땅 이집트를 떠나게 된 일 등의 과정은 출애굽기 전반부에 정리되어 있다.

이스라엘이 이집트를 떠나 시내 산에서 약 1년 동안 머물면서 하나님께로부터 받은 율법은 출애굽기 후반부와 레위기에 자세히 기록되어 있다. 모세 오경의 네 번째 책으로서 레위기의 뒤를 따르는 민수기는 이스라엘이 시내 산을 떠난 후 가나안 입성을 눈앞에 두게 될 때까지 있었던 일을 회고한다. 이스라엘의 40년 광야생활 중 39년 동안 있었던 일이 이 책에 기록되어 있는 것이다. 뒤따르는 신명기는 가나안 입성을 앞둔 모압 평지에서 모세가 두 달에 걸쳐 이스라엘에게 율법을 강론하고 하나님을 섬길 것을 권면한 내용을 담고 있다.

그러므로 출애굽기에서 신명기에 이르는 네 권의 책 중 가장 긴 기간의 이스라엘 역사를 정리하고 있는 책이 바로 민수기다. 유감스럽게도 민수기에 기록된 일을 바탕으로 이스라엘의 39년 광야생활을 요약한다면 한마디로 대실패(fiasco)다. 모세가 하나님의 명령에 따라 이집트에서 종살이하던 그들을 찾아갔을 때부터 이스라엘 사람의 하나님에 대한 불신과 불손한 태도가 불안했건만, 이러한 불신과 불손은 전체 출애굽 이야기에 만연해 있다. 이스라엘은 이집트에서의 혹독한 노예생활이 너무 고통스러워 하나님께 부르짖었고, 하나님은 이스라엘의 부르짖음을 들으시고 모세를 구원자로 보내셨다. 하나님은 약 1년 동안 모세를 통해서 이스라엘 구원을 위한 사역을 진행하셨는데, 그들은 이 역사적인 과정을 지켜볼 만한 인내심이나 믿음이 없었다. 그래서 그들은 구원 사역이 진행되는 동안에도 하나님과 모세에게 많은 원망과 불신을 쏟아부었다.

다행히 하나님은 이스라엘 백성의 언행과 상관없이 긍휼을 베풀고 그들을 구원하여 시내 산으로 인도하셨다. 여호와께서는 남편이 되어 부끄러운 과거를 지닌 여인과 다름없는 이스라엘을 사랑하고자 하셨다. 하나님의 산으로 알려진 시내 산에서 그들과 언약을 맺음으로써 그들의 부끄러운 지난 일은 모두 이집트에 묻어버리고 새로운 관계의 출발을 기대하셨던 것이다.

그러나 시내 산에서도 이스라엘은 하나님께 신실하지 못했다. 모세가 잠시 자리를 비운 틈을 타서 금송아지를 만들어 하나님의 진노를 샀던 것이다. 마치 결혼식을 치르던 여인이 돌연 남편이 아닌 딴 남자에게 구애를 한 것과 같았다. 이스라엘은 눈앞에 펼쳐진 두렵고 놀라운 하나님의 기적과 임재를 목격하였지만, 하나님의 말씀에 순종하려는 마음이 없었다. 이집트에 임한 수많은 재앙과 그들을 위해 홍해를 가르신 하나님의 기적도 완악한 이스라엘의 마음을 변화시키기에는 역부족이었던 것이다. 하나님은 이들을 쓸어버리기 원하셨지만, 모세의 생명을 건 중보로 한 번 더 참으셨다. 그러나 이 일로 수많은 백성이 죽었다. 하나님이 이스라엘을 용서하셨지만, 죄인들로 죗값은 치르도록 하셨던 것이다.

하나님에 대한 이스라엘의 불신은 민수기에서 돌이킬 수 없는 위험수위에 도달한다. 가나안 입성을 앞둔 이스라엘은 하나님의 명령에 따라 지파별로 한 명씩 대표를 뽑아 40일 동안 약속의 땅을 정탐하게 했다(13장). 정탐꾼이 가지고 돌아온 포도 가지는 하나님의 말씀대로 가나안이 젖과 꿀이 흐르는 땅임을 증명했다. 40일 동안 땅을 돌아보고 온 정탐꾼들도 하나같이 입을 모아 그 땅의 비옥함을 찬양했다. 그러나 약속의 땅에 대한 정탐꾼들의 '보고서'에는 '불신의 각주'가 첨부되어 있었다. 땅이 비옥한 만큼 그 땅에 사는 사람도 막강해서 도저히 이스라엘이 상대할 만한 대상이 아니라는 주장이었다. 정탐꾼들의 보고를 들은 백성은 순식간에 하나님을 원망하며 모세를 돌로 치려 했다. 마치 결혼식을 올린 신부가 출입문이 마음에 들지 않는다며 안락하고 아름답게 꾸며진 신혼 방에 들어가기를 거부하는 것과 같은 이치였다.

하나님의 분노는 극에 달했고 모든 백성을 죽이겠다고 선언하셨다. 신혼부부의 사랑싸움이라고 하기에는 사태가 너무 심각했다. 그렇다면 바로 얼마 전에 시내 산에서 맺어진 이스라엘과 하나님의 언약은 어떻게 될 것인가? 모든 것이 최악에 달했고 미래가 불투명한 상황이었다. 모세는 다시 하나님의 자비에 호소했고, 여호와께서는 한 번 더 참으셨다. 그러나 이스라엘은 혹독한 대가를 치러야 했다. 이스라엘 백성 중 여호수아와 갈렙을 제외한 모든 성인은 광야에서 죽을 것이고 한 사람도 가나안에 입성할 수 없다고 선언하셨기 때문이다.

그렇다면 이스라엘의 운명은 광야에서 방황하다가 끝날 것인가? 다행히 출애굽 1세대는 자신들의 죄로 광야에서 죽을 것이지만, 그들의 2세대는 가나안 땅에 입성하게 될 것이라고 말씀하셨다. 백성의 죄에도 불구하고 하나님은 그들과 맺으신 언약을 파괴하지 않고 후세들과 이어가겠다는 의지를 보여주신 것이다. 민수기는 바로 이 과정을 그리고 있다. 그래서 책이 시작할 때에는 광야에서 죽어야 하는 출애굽 1세대의 인구조사가 이루어지고 책이 끝날 무렵에는 가나안 입성을 앞둔 출애굽 2세대의 인구조사가 이루어진다. 거의 40년을 사이에 두고 진행된 두 인구조사의 결과는 비슷했다. 세대는 바뀌었어도 하나님의 은혜로운 언약은 계속 유효하다는 것을 보여준 것이다. 이런 면에서 민수기는 인간의 죄에 개의치 않고 사람에게 자비를 베푸시는 하나님을 극적으로 묘사하는 책인 것이다.

물론 출애굽 2세대가 자동으로 가나안에 입성하게 된 것은 아니다. 출애굽 1세대에게 주신 기회를 2세대에게도 동일하게 주신 것이며, 반역한 1세대와 달리 2세대는 하나님께 충성함으로써 약속의 땅에 입성할 수 있었다. 만일 2세대가 주님 앞에 신실하지 못했다면, 그들도 광야에서 죽었을 것이다. 한 주석가의 표현을 빌린다면, “하나님께는 시간이 있고, 광야에는 모래가 있다”(God has time, the wilderness has sand)(Allen). 만일 출애굽 2세대가 가나안에 들어갈 만한 순종을 지니지 못했더라면, 하나님은 그 세대도 광야에서 방황하다 죽게 하고, 믿음을 지닌 세대가 올 때까지 이스라엘의 광야생활을 연장하실 수 있었다는 의미다.

학자들은 하나님이 시내 산에서 이스라엘과 언약을 맺은 일을 흔히 결혼에 비유한다(Gane). 시내 산 언약은 남편 되신 하나님이 아내인 이스라엘과 맺은 결혼 서약이라는 것이다. 오늘날 결혼식에서 가장 중요한 부분을 차지하는 것은 신랑신부의 혼인서약이다. 혼인서약을 통해 두 사람은 "평생토록 즐거우나 괴로우나 가난할 때나 부할 때나 병들거나 건강하거나 어떤 환경 중에서라도 서로를 귀중히 여기고 사랑하며 순종하며 죽음이 두 사람을 갈라놓을 때까지 하나님의 명령을 따라 살아가기로 하나님 앞과 여러 증인 앞에 굳게" 다짐한다. 하나님도 시내 산에서 이스라엘을 신부로 맞이하셨을 때, 이런 각오를 하셨다. 그래서 이스라엘이 남편 되신 하나님을 불신해도 버리지 않고 끝까지 사랑으로 대하며 이 형편없는 여자를 아내로 품으신 것이다. 이런 의미에서 민수기는 하나님이 이스라엘을 어떻게 끝까지 아내로 품으셨는가를 회고하는 책이다.

3. 다른 책들과의 관계

일부 주석가는 구속사(salvation history)적 관점에서 민수기의 가치를 인식한다. 민수기는 아담에서 시작하여 예수님에 이르는 하나님의 구속 역사에서 중간 다리 역할을 한다는 것이다(Goldberg). 아담이 심각한 죄를 지은 것처럼 주의 백성이 가데스 바네아에서 하나님께 반역하였는데, 훗날 하나님이 제2 아담이신 예수님을 통해 주의 백성을 구원하신 것처럼, 민수기에서도 그들을 버리지 않으심으로 장차 세상에 임할 메시아를 통한 구원을 예고하고 있기 때문이다(Allen). 이러한 차원에서 민수기는 신약과도 연관이 있다고 할 수 있다.

더 나아가 바울은 민수기를 근거로 이스라엘이 광야에서 하나님께 반역하여 죄를 범한 일을 예로 들며, 성도에게 불순종의 죄에 대해 강력하게 경고한다(롬 15:4; 고전 10:1-11). 히브리서 저자도 이스라엘의 광야생활 이야기를 통해 그리스도인을 권면한다(히 3:6-4:13). 신약 저자에게 민수기는 단순히 옛적 이야기를 기록하고 있는 책이 아니라, 시간과 장소를 초월하여 언제든지 주의 백성에게 시사성 있는 메시지를 주는 정경인 것이다.

그러나 민수기가 갖는 중요성은 오경에서 이 책 앞에 등장하는 출애굽기와 레위기와의 연관성 속에서 확실하게 드러난다. 출애굽기-레위기-민수기는 12개의 '여행 기록'(journeying texts)으로 구성되어 있는데 이 기록은 책의 구조(framework)를 이해하는 데서 매우 중요한 단서를 제시하고 있기 때문이다(Cross). 출애굽기는 이스라엘이 시내 산에 도착했던 일이 기록되어 있다(출 19:2). 민수기에는 이스라엘이 약 1년 동안 시내 산에 거한 후 떠나는 모습이 기록되어 있다(민 10:11). 이 사이에 끼어있는 레위기에는 이스라엘이 이곳에서 머물렀던 1년 동안 하나님이 모세를 통해 주신 율법과 이곳에서 있었던 일이 기록되어 있다. 이러한 차원에서 출애굽기와 민수기는 레위기를 감싸고 있는 일종의 책 받침대(bookends) 역할을 하고 있다고 할 수 있다. 민수기는 출애굽기의 '속편'이며, 레위기는 전편과 속편 사이에 끼어있는 법률 문서인 것이다.

민수기는 1년 동안 시내 산에 머물며 율법을 받은 이스라엘이 그 후 어떻게 했는가를 회고한다. 출애굽기에서 시작된 이스라엘의 드라마틱한 행진이 가나안을 향해 가던 도중 어떤 일들을 겪게 되었는지를 기록하고 있다. 민수기는 또한 이스라엘의 선조(cf. 창세기) 및 출애굽 세대(cf. 출애굽기)와 여호수아의 지휘하에 가나안에 입성하게 될 정복 세대(cf. 여호수아서) 사이에 매우 중요한 전환(transition) 역할을 한다. 크로스(Cross)가 지적한 출애굽기-민수기의 12개의 여행 기록은 다음과 같다(이 외에도 민 33장의 여행 기록을 참고).

본문	내용
출 12:37	이스라엘 자손이 라암셋을 떠나서 숙곳에 이르니 유아 외에 보행하는 장정이 육십만 가량이요
출 13:20	그들이 숙곳을 떠나서 광야 끝 에담에 장막을 치니
출 14:1-2	여호와께서 모세에게 말씀하여 이르시되 이스라엘 자손에게 명령하여 돌이켜 바다와 믹돌 사이의 비하히롯 앞 곧 바알스본 맞은편 바닷가에 장막을 치게 하라

본문	내용
출 15:22	모세가 홍해에서 이스라엘을 인도하매 그들이 나와서 수르 광야로 들어가서 거기서 사흘길을 걸었으나 물을 얻지 못하고
출 16:1	이스라엘 자손의 온 회중이 엘림에서 떠나 엘림과 시내 산 사이에 있는 신 광야에 이르니 애굽에서 나온 후 둘째 달 십오일이라
출 17:1	이스라엘 자손의 온 회중이 여호와의 명령대로 신 광야에서 떠나 그 노정대로 행하여 르비딤에 장막을 쳤으나 백성이 마실 물이 없는지라
출 19:2	그들이 르비딤을 떠나 시내 광야에 이르러 그 광야에 장막을 치되 이스라엘이 거기 산 앞에 장막을 치니라
민 10:12	이스라엘 자손이 시내 광야에서 출발하여 자기 길을 가더니 바란 광야에 구름이 머무니라
민 20:1	첫째 달에 이스라엘 자손 곧 온 회중이 신 광야에 이르러 백성이 가데스에 머물더니 미리암이 거기서 죽으매 거기에 장사되니라
민 20:22	이스라엘 자손 곧 온 회중이 가데스를 떠나 호르 산에 이르렀더니
민 21:10-11	이스라엘 자손이 그 곳을 떠나 오봇에 진을 쳤고 오봇을 떠나 모압 앞쪽 해 돋는 쪽 광야 이예아바림에 진을 쳤고
민 22:1	이스라엘 자손이 또 길을 떠나 모압 평지에 진을 쳤으니 요단 건너편 곧 여리고 맞은편이더라

일부 유대인 주석가들은 오래전부터 출애굽기와 민수기에 기록된 몇몇 사건이 흡사하다는 것을 깨달았다. 주후 12세기에 활동했던 쇼르(Bekhor Shor)는 반석에서 물이 나온 사건(20:2-13; 출 17:1-7)과 만나와 메추라기를 먹게 된 사건(11:4-9, 31-34; 출 16:1-15) 등을 집중적으로 연구했다. 그의 결론은 민수기에 기록된 사건과 출애굽기에 기록된 사건이 동일하다는 것이었다.

그가 증거로 든 것은 크게 두 가지였다. 만일 메추라기와 만나 사건이 서로 다른 사건이라면, 처음(출애굽기에 기록된 것) 사건을 통해 메추라기와 만나를 충분히 먹을 수 있었던 모세가 어찌하여 민수기 11:22에서는 "그들을 먹이려고 양 떼와 소 떼를 잡은들, 그들이 만족해 하겠습니까? 바다에 있는 고기를 모두 잡은들, 그들이 만족해 하겠습니까?"(새번역)라고 반문하며 메추라기와 만나가 충분하지 않을 것이라고 단정했느냐는 것이다. 모세가 민수기에서 이런 말을 한 것은 그가 이 때까지 한 번도 하나님이 메추라기와 만나로 이스라엘 백성을 먹이신 일을 경험해보지 못했기 때문이라는 것이다. 둘째 증거는, 민수기에서는 반석에서 물이 나온 곳을 므리바(20:13)라고 하고, 출애굽기는 맛사(17:7)라고 하는데, 성경은 두 이름이 같은 곳을 칭하는 것임을 전제한다는 것이다(신 33:8; cf. 시 78:15-31; 95:8-9; 출 17:7).

그러나 같은 장소에서 비슷한 일이 두 번 일어날 수 없다고 단정하는 것은 옳지 않다. 게다가 민수기에 기록된 사건은 출애굽기의 것과 한 가지 중요한 차이점을 지니고 있다. 출애굽기에 기록된 사건에서 하나님은 이스라엘의 불만을 듣고 해소해 주시기는 하나 벌하지는 않으신다. 반면에 민수기에 기록된 사건에서는 이스라엘의 불신에 대해 가차없이 처벌하신다. 무엇이 이러한 차이를 가져왔는가? 시내 산에서 맺은 언약이 전환점이 되는 것으로 생각된다. 시내 산 언약이 체결되기 전에 토로한 불만은 용서하시지만, 그 후에 표현된 불신은 용납하지 않으신 것이다. 왜냐하면 이스라엘은 시내 산 언약을 통해 어떻게 살아야 하는가를 알게 되었으므로, 그 이전에 있었던 일은 무지에서 비롯된 것으로 넘어갈 수 있으나 언약이 체결된 후에는 더 이상 변명이 통할 수 없게 되었기 때문이다. 이런 면에서 민수기는 출애굽기의 반전이라 할 수 있다.

4. 메시지

여느 정경과 마찬가지로 민수기에는 하나님의 사역, 이스라엘 공동체, 신앙의 여정, 반역, 영토와 백성, 약속과 성취, 제사장과 레위 사람, 정결 예식, 예배, 광야생활, 자손 번성 등 매우 다양한 주제와 신학적 메시지가 담겨 있다. 이 중 주요 테마는 광야, 약속의 땅, 하나님의 임재이다.

(1) 광야

민수기는 39년의 광야생활을 배경으로 진행된다. 책이 시작될 때 이스라엘은 시내 광야에 있었으며(1:1), 책이 끝날 무렵에는 모압 광야/평지에 머물고 있다. 출애굽에서 가나안 정복에 이르는 이스라엘의 여정을 돌아볼 때, 야곱의 후손이 하나님의 백성으로 태어나는 것은 광야에서 있었던 일이다. 즉, 광야는 이스라엘이 민족으로 출범하는 장소이다. 이러한 차원에서 이스라엘 진영과 리더십 구조에 대해 묘사하는 1-10장은 민족으로 발돋움하는 이스라엘의 모습을 긍정적으로 표현한다. 그뿐만 아니라 선지자는 광야생활을 이스라엘의 유소년 시절로 묘사한다(호 2:16-17; 9:10).

광야는 이스라엘이 노예의 신분에서 약속의 땅의 주인으로 변화하는 과정의 전환점에 있다. 마치 우리가 예수님을 구주로 영접하면서 사탄이 지배하는 나라를 떠나 하나님 나라를 향하여 가는 것처럼 말이다. 이러한 차원에서 광야 테마는 민수기를 우리에게 더욱더 시사성 있는 책으로 다가오게 해준다(Olson). 그러나 광야는 결코 이스라엘이 정착할 땅이 아니며, 잠시 머물 수밖에 없는 험하기 이를 데 없는 땅이다. 광야는 하나님이 약속하신 안전하고 풍요로운 땅 바깥에 존재한다. 이스라엘은 이 전환점을 지나며 시험을 치렀다. 환경과 생활 여건이 매우 열악하여 생존을 위협받는 광야에서 그들이 하나님을 의지하며 살아갈 수 있는가에 대한 시험이었다. 그들이 약속의 땅에서도 여호와에 대한 신앙을 지키며 살 수 있을 것인가를 테스트해 보는 기간이었던 것이다. 이 시험에서 이스라엘은 반역과 불신을 거듭하며 낙제했다. 이스라엘이 약속의 땅에서도 신앙을 지키며 살아가기가 쉽지 않을 것을 암시하는 대목이다.

광야는 또한 새로운 창조/탄생을 예고하는 곳이다. 하나님이 태초에 모든 것을 창조하시고 안식일을 지정하신(창 1장) 이후, 처음으로 안식일이 언급되는 곳이 광야인데 이 일은 하나님이 다시 창조 사역을 시작하실 것을 암시하는 것으로 이해된다. 광야에서 온 이스라엘에게 먹을 것과 마실 것을 주시는 일 역시 온 피조물의 구원을 상징한다(Dozeman). 세례 요한이 사역을 시작하기 전에 광야로 나아간 일, 예수님이 40일 금식을 하신 후 광야에서 시험을 받으신 일, 이스라엘의 거짓 메시아들이 광야에서 활동을 시작한 일(행 21:38) 등도 광야에 대한 이러한 이해와 무관하지 않다.

(2) 약속의 땅

민수기에서 사람의 생존을 위협하는 광야에 대조를 이루는 것은 약속의 땅의 풍요로움과 평안이다. 비록 서로 근접해 있기는 하지만 두 땅은 완전히 다르다. 하나는 마음 놓고 휴식을 취할 수 없는 땅이고, 다른 하나는 진정한 안식을 누릴 수 있는 땅이다. 그러나 이스라엘이 약속의 땅의 풍요로움과 안식을 누리기 위해서는 먼저 위협과 위기의 땅을 지나야만 한다. 이스라엘은 지금 이 안식의 땅인 가나안을 향해 가고 있다.

가나안 땅은 그들이 현재 거하고 있는 광야와는 전혀 다른, 곧 안식, 평안, 풍요로움을 예고하는 땅이다. 하나님을 불신한 그들은 불행하게도 이 땅을 누릴 수 있는 첫 번째 기회를 스스로 포기했다. 그들이 더 이상 그 땅에 갈 수 없게 되었을 때에야 비로소 자신들의 과오를 깨달았지만 때는 이미 늦었다. 아무리 가나안 땅이 선조 아브라함에게 이미 약속된 땅이라 해도 하나님께 불순종하는 한 들어갈 수 없다. 오직 순종할 때만 그 땅에 들어갈 수 있다.

다행히 하나님은 순종하는 출애굽 2세대에게 이 땅을 약속하셨으며, 민수기는 이스라엘 민족이 그 약속의 성취를 바라며 가나안을 향해 가는 동안 있었던 일을 기록한다. 하나님을 믿지 못한 1세대의 죗값이 어떠했는가를 직접 체험했던 새 세대는 약속의 땅에 입성할 날만을 열망하며 믿음과 순종으로 광야생활을 이겨냈다.

(3) 하나님의 임재

민수기에서 가장 돋보이는 것은 하나님이 꾸준히 이스라엘과 함께하신다는 사실이다. 이스라엘은 광야에서 조금이라도 의식주에 문제가 생기거나 불편하면 하나님을 원망했다. 이러한 이스라엘의 행동을 이해하는 것은 쉽지 않다. 만일 이 민족이 영원히 광야에서만 살아야 한다면 그들이 불편한 생활 여건에 대하여 불만을 토로하는 것에 대해 어느 정도는 이해할 수 있다. 그러나 그들의 광야생활은 젖과 꿀이 흐르는 약속의 땅으로 가기 위하여 잠시 거쳐야 할 단계일 뿐이었다. 그런데도 그들은 거침없이 불만을 토했다. 마치 광야에서 영원히 살라고 한 것처럼 말이다.

이스라엘의 불만은 여기에서 그치지 않았다. 그들은 이집트를 떠나 근본적인 목적인 약속의 땅, 젖과 꿀이 흐르는 가나안 땅 입성을 눈앞에 두고도 하나님을 원망했다. 그들 앞에 펼쳐진 땅이 나빠서가 아니라, 하나님을 믿지 못해서였다. 이러한 정황을 고려하면 하나님은 얼마든지 이 백성을 버리실 수 있었으며, 그들로부터 떠나가신다 할지라도 어느 누구도 하나님이 잘못했다 말할 수 없는 상황이었다. 하나님의 거룩하심은 당연히 죄 많은 백성을 떠나시는 것을 전제한다. 그런데도 하나님은 끝까지 이들을 떠나지 않고 함께하며 보살펴주셨다. 죄와 함께할 수 없는 하나님의 거룩하심과 함께하면서 보살펴주시겠다던 이스라엘과 언약이 대립을 이루지만, 결국 언약이 거룩하심을 능가한 것이다.

하나님의 임재는 이스라엘이 언제든지 하나님과 교통할 수 있는 특권을 누리고 있음을 암시했다. 이는 근동의 종교적 개념과 정서에서는 파격적인 일이었다. 대부분의 종교가 까다로운 절차와 예식에 따라 제사를 치른 후에야 겨우 신들에게 접근하거나 계시를 받을 수 있다고 가르쳤는데, 이스라엘은 언제든지 제한 없이 하나님을 만날 수 있었다. 발람은 이러한 이스라엘의 특권을 부러워하며 이렇게 말한다. "야곱에게는 마술이 없다. 이스라엘에는 술법도 없다. 이제는 사람들이 야곱과 이스라엘에게 물을 것이다. '하나님이 하신 일이 어찌 그리 크냐?'고."[2] 이스라엘이 하나님과 누리는 이 특별한 관계는 여호와의 종 모세를 통한 계시로 극대화되었다.

하나님은 자신이 이스라엘과 함께하신다는 사실을 물리적인 현상으로도 보여주셨다. 이스라엘이 어디를 가든 앞세우고 갔던 언약궤는 곧 하나님이 그들 중에 거하심을 상징했다. 또한 하나님의 임재는 낮에는 구름 기둥, 밤에는 불기둥으로 이스라엘을 보호하고 위로하셨다. 이스라엘은 민수기 안에서도 많은 죄를 지었다. 하나님은 얼마든지 이들을 버리실 명분이 있었다. 그러나 이스라엘이 하나님과 맺은 언약 때문에 그 어떠한 죄도 하나님의 임재에 영향을 미치지 못했다. 이게 바로 은혜가 아니겠는가! 이 점에서 볼 때 민수기는 변함없고, 무조건적으로 성도와 함께하시는 하나님의 약속에 관하여 증언하는 책인 것이다.

5. 신학적 이슈들

민수기는 여러 가지 이유로 쉽게 해석될 수 있는 책이 아니다. 책을 연구하는 학자들이 이 책에 대하여 제기하는 이슈 중에 중요한 것 두

2 우리말 번역본과 대부분 영어 번역본이 이 구절의 처음 두 문장을 "야곱을 해할 점술이 없고 이스라엘을 해할 복술이 없도다"(כִּי לֹא־נַחַשׁ בְּיַעֲקֹב וְלֹא־קֶסֶם בְּיִשְׂרָאֵל)는 의미로 번역한다(개정, 공동, 새번역, NIV, NAS, NRS). 그러나 이 번역은 히브리어 전치사 בְּ의 사용 범위에 없는 의미 '대항하여'(against)로 해석해서 빚어진 일이다(HALOT). 본문을 문자적으로 해석하면 "야곱에게는 마술이 없다. 이스라엘에는 술법도 없다"가 옳다(TNK, LXX). 발람은 이스라엘이 자신들의 신에게 다가가는 일에 있어서 마술이나 술법을 사용할 필요가 없음을 부러워하고 있는 것이다(Milgrom).

가지를 생각해보자. (1) 광야생활 38년에 대한 침묵, (2) 이스라엘의 인구수.

(1) 광야생활 38년에 대한 침묵

민수기가 언급하는 날짜를 살펴보면 다음과 같다.

본문	언급된 날짜
1:1	"둘째 해 둘째 달 첫째 날" — 이스라엘이 이집트를 탈출한 지 2년째 되던 해이며, 성막이 완성된 지 1달이 지난 후다(출 40:2, 17).
7:1	"모세가 장막 세우기를 끝내고 그것에 기름을 발라 거룩히 구별하고 또 그 모든 기구와 제단과 그 모든 기물에 기름을 발라 거룩히 구별한 날" — 이스라엘이 이집트를 탈출한 지 2년째 되던 해 1월 1일이다(출 40:2, 17).
9:1	"애굽 땅에서 나온 다음 해 첫째 달" — 이스라엘이 이집트를 탈출한 지 2년째 되던 해 1월이며, 1:1이 언급하는 때(같은 해 2월)를 앞서고 있다.
9:15	"성막을 세운 날" — 장막을 세운 날로 기록된 출애굽 2년째 되던 해 1월 1일이며 7:1이 언급하는 날과 같은 날이다.
10:11	"둘째 해 둘째 달 스무날" — 민수기가 이때까지 제공하는 날짜들 중 유일하게 1:1이 언급하는 날짜 이후의 날이다.
20:1	"첫째 달에 이스라엘 자손 곧 온 회중이 신 광야에 이르러 백성이 가데스에 머물더니 미리암이 거기서 죽으매" — 구체적인 년도가 주어지지 않지만, 20:22-29와 33:38을 감안하면, 이 해는 이스라엘이 이집트를 탈출한 지 40년째 되던 해다.

이집트를 떠나 시내 산에 도착한 이스라엘은 그곳에서 1년을 보내며 하나님과 언약을 맺고 율법을 받았다. 1년 동안 그들이 경험한 일과 받은 율법은 출애굽기 19장-민수기 10:10에 기록되어 있다. 이어 이스라엘은 시내 산 밑에서의 삶을 마무리하고 이집트를 떠난 지 2년째 되던 해 2월 20일에 시내 산을 떠났다(민 10:11). 얼마 후 그들은 가데스 바네아에 도착하여 약속의 땅에 정탐꾼을 보냈고, 정탐꾼들의 부정적인 보고에 동요되어 하나님께 큰 죄를 저질렀다. 하나님은 반역의 책임을 물어 이스라엘의 성인 중에서는 갈렙과 여호수아 외에 아무

도 약속의 땅에 들어가지 못할 것이며 결국 출애굽 1세대는 40년 동안 광야를 방황하다가 죽을 것이라고 선포하셨다. 이러한 내용은 민수기 13-14장에 기록되어 있다.

세월이 지나 어느덧 출애굽 1세대는 거의 모두 죽고 2세대가 가나안에 입성하기 위해 모여 있다(20:1). 이때는 하나님의 이스라엘 구원 사역이 이집트에서 시작된 지 40년째 되던 해 1월이며, 민수기가 가데스 바네아 반역을 언급한 지 38년이 지난 시점이다. 책의 나머지 부분(20-36장)은 이스라엘이 광야에서 보낸 마지막 해에 있었던 일을 정리하고 있다. 그렇다면 민수기는 출애굽 2년째 되던 해와 40년째 되던 해에 대부분의 공간을 할애하고 있으며, 출애굽 1세대가 하나님의 심판을 받아 광야에서 방황하다가 죽어간 출애굽 3년째부터 39년째까지 38년 동안에 있었던 일은 겨우 다섯 장(15-19장)에 기록되어 있을 뿐이다. 이 기간에 대한 정보는 다른 때에 비하여 매우 빈약하다.

이러한 현상에 대하여 비평학자들이 가만히 있을 리 만무했다. 벨하우젠 이후 많은 사람이 민수기가 이런 현상을 보이는 것은 저자/편집자가 이스라엘의 38년 광야생활에 대하여 아는 바가 없기 때문이라며 문서설을 더욱 뒷받침하는 증거로 사용했다. 만일 광야생활을 직접 경험한 사람이 민수기를 집필했다면, 이 시대에 대하여 훨씬 더 세세하게 기록했을 것인데, 먼 훗날 이 시대에 대하여 이렇다 할 정보를 얻지 못한 사람이 책을 저작하다 보니 이런 일이 발생했다고 주장한 것이다(Noordtzij, Allen).

그러나 이들의 주장은 두 가지 사실을 간과했다. 첫째는 구약에 대한 전반적인 이해다. 이들이 전제하는 것처럼 구약은 분명 하나님의 백성인 이스라엘 역사를 담고 있다. 그러나 구약을 이스라엘의 역사에 관한 책으로만 보는 것은 옳지 않다. 구약은 이스라엘 역사에 관한 책이기에 앞서 하나님의 계시에 관한 책이다(Noordtzij, Allen). 구약의 관심사는 이스라엘의 역사보다는 하나님의 계시 역사에 있는 것이다. 그러므로 비록 38년이 이스라엘 역사에서, 특히 출애굽 이후 광야생활 이야기에서 매우 길고 중요한 시기이기는 하지만, 민수기 저자가 이 시대에 대하여 자세히 묘사하지 않는 것은 이때에는 성경에 기록할만한 것(viz., 하나님의 계시)이 없었음을 암시한다. 비평학자들이 주장하는 것처럼 저자가 이 시대에 있었던 일에 대한 정보가 없어서 침묵하는 것이 아니다.

한 가지 추가로 생각해 보아야 할 것은 저자가 이 기간에 대한 정보가 부족하지 않았다는 것이다. 이스라엘은 가데스 바네아의 반역으로 출애굽 1세대는 모두 광야에서 죽을 것이라는 선고를 받았다. 하나님 말씀에 따라 이스라엘은 그 후 38년 동안 가나안에 입성하지 못하고 광야에서 방황하다가 죽어가며 세대교체를 이루었다. 이 기간에 매일 모세에게 보고된 일이 무엇이었을지 상상해보라. 전혀 새로울 것이 없다. 그저 전날에는 몇 명이 죽었다는 소식뿐이었을 것이다. 또한 이스라엘은 그다지 넓지도 않은 광야에서 38년을 지냈다. 그러다 보니 거처를 자주 이동할 필요도 없었다. 따라서 남길만한 여정 기록도 없었다. 결과적으로 저자가 이 시대 이스라엘의 삶과 그들의 여정에 대하여 기록하고 싶어도 기록으로 남길만한 특별한 일이 없었다.

(2) 인구수

민수기 연구에서 가장 격렬한 논쟁을 불러일으키는 것은 출애굽 당시 이스라엘의 인구가 몇 명에 달했는가 하는 것이다. 민수기는 광야에서 두 차례 시행된 인구조사 결과를 1장과 26장에 기록한다. 출애굽 1세대 중 전쟁에 투입될 수 있는 20세 이상된 남자의 수는 60만 3,550명에 달했다(1:46). 이후 거의 40년이 지나 가나안에 입성할 준비를 하던 출애굽 2세대 중 20세 이상의 성인 남자의 수는 60만 1,730명이었다(26:51). 이 장정 숫자를 바탕으로 여자와 아이들을 포함한 전체 인구를 추정해보면 최소한 250만 명에서 300만 명에 달했을 것을 짐작할 수 있다. 또한 당시 60만 명의 군대를 유지할 수 있는 나라가 되려면 전체 인구가 최소한 500만 명이 되어야 한다는 추측도 있다(Allen). 문제는 이스라엘이 처한 여건과 당시 근동의 정황을 고려할 때 그들의 인구수가 지나치게 많다는 것이다.

야곱이 이집트로 내려갈 때, 남자 자손들은 이미 이집트에 살고 있던 요셉과 아들들을 포함하여 70명이었다. 이 적은 숫자가 400여 년 만에 2-300만 명 규모의 민족이 되었다.[3] 기하급수적으로 번성한 야곱의 자손은 안타깝게도 이집트 사람의 노예가 되었다. 드디어 이스라엘은 하나님의 도움을 받아 이집트에서의 노예생활을 청산하고 홍해를 건너 시내 산으로 이동했다. 그 후 그들은 40년의 광야생활을 거쳐 드디어 가나안에 입성하였고 그 땅에 정착했다. 이 모든 일은 이론적인 수학 계산으로는 가능한 일이며, 하나님의 기적으로 설명한다면 더욱더 확신할 수 있게 된다(Keil). 그러나 현실에서는 불가능하거나 가능성이 거의 없는 일이라는 것이 진보 진영의 학자들뿐만 아니라 보수적인 입장을 고수하는 학자의 공통적인 생각이다(Brueggemann, Allen, Harrison).

이스라엘은 매우 작은 나라였다. 이스라엘의 영토가 가장 넓었던 때로 생각되는 다윗과 솔로몬의 시대에도 겨우 2만 ㎢ 정도였다. 오늘날처럼 아파트 등의 고층 건물들이 밀집한 상황에서도 이스라엘의 인구수는 550만 명에 불과하다. 이러한 정황을 당시와 비교해보면 당시 이스라엘은 수백만 명이 살기에는 너무 비좁고 생수 등 사람이 살아가기에 필수적인 자원도 턱없이 부족한 곳이었다(Zorn).[4]

고고학적인 자료도 이스라엘이 가나안에 입성할 때 그들의 수가 수

3 최근 학자들 사이에서는 이집트로 간 야곱의 자손 수가 400년 동안 10,000명 정도로 불어났을 것이라는 추측이 지배적이다(Davies).

4 물론 이런 논리를 전적으로 부인하는 학자들도 있다(cf. Archer).

백만 명에 달했을 가능성을 배제하는 듯하다. 고고학자들은 지금까지 진행된 갖가지 발굴에서 얻은 증거를 근거로 주전 8세기 북 왕국 이스라엘과 남 왕국 유다의 인구를 합하더라도 90만 명을 넘지 않았다고 결론짓는다(Shiloh). 이때 이스라엘과 유다의 인구가 50만 명에도 미치지 못했다는 주장도 있다(McCown, Broshi & Finkelstein). 그렇다면 이스라엘이 가나안에 정착한 때로 생각되는 주전 15세기에는 인구수가 이보다 훨씬 더 적었을 것이다(Allen).

구약도 이집트를 탈출한 이스라엘의 인구가 우리가 생각하는 것처럼 많지 않았음을 곳곳에서 암시하는 듯하다. 오경은 하나님이 이스라엘을 택하신 것은 그들의 수가 다른 민족보다 더 많아서가 아니며 오히려 다른 민족에 비해 월등히 적다는 사실을 후렴처럼 반복한다(신 4:38; 7:7). 만일 이집트를 탈출한 이스라엘 사람의 수가 수백만 명에 달했다면, 가데스 바네아에서의 반역은 어떻게 설명할 것인가? 약속의 땅을 40일 동안 정탐하고 온 정탐꾼들은 이스라엘이 결코 가나안 족속을 이길 수 없다고 단언한다(민 13:26-33). 이때 이스라엘의 인구가 수백만에 달했다면 그들은 결코 이런 말을 하지 않았을 것이다(Allen, cf. Brueggemann). 압도적인 규모의 군대를 앞세우고 밀어붙이면 되기 때문이다. 또한 사사기를 보면 이 시대 각 지파의 수는 민수기가 기록하고 있는 인구수보다 훨씬 더 적어 보인다(삿 5:8; 18:11, 16).

이집트를 탈출한 이스라엘 인구수와 연관하여 민수기에서 가장 설명하기 어려운 숫자는 이스라엘의 장자 수로 기록되어 있는 2만 2,273명이다(3:43). 민수기는 20세가 넘은 남자의 수를 60만 3,550명으로 기록하고 있는데, 이들 중 장자가 2만 2,273명이 있었다는 것은 장자 한 명당 평균 26명의 비(非) 장자 성인 남자가 있었음을 의미한다. 한 가정에는 장자가 한 사람밖에 있을 수 없으므로, 이 같은 통계는 당시 이스라엘 가정에 평균 27명의 성인 남자가 있었음을 뜻한다(Brueggemann). 게다가 이 27명은 통계 안에 계수 되지 않은 20세 이하의 미성년 남자

아이들을 포함하지 않는다. 또한 당시 남자와 여자의 비율이 비슷했다고 가정한다면 성인 남자 27명에 성인 여자 27명 정도가 있었을 것으로 보아야 한다. 그렇다면 이스라엘은 각 가정당 성인 54명과 수십 명의 아이들로 구성되었다는 결론에 다다르게 된다. 이 같은 현상을 아무리 일부다처제(一夫多妻制)로 설명한다 해도 결코 쉽지 않은 일이다. 게다가 당시 문헌에 의하면 일부다처제는 소수 부자만 행할 수 있는 제도였지, 일반인 중에 여러 아내를 거느린 사람은 그리 많지 않았다.

그러므로 이집트를 떠나온 이스라엘 사람의 수에 대한 문제 제기는 단순히 신학적인 관점이 진보적이어서 빚어진 일이 아니라, 성경 자체가 이런 빌미를 제공하기 때문이다. 이스라엘의 인구 문제에 대해 학자들은 다양한 해석을 내놓았다. 그중 중요한 것 몇 가지를 살펴보고자 한다. 첫 번째는, 성경이 필사를 통해 전수되는 과정에서 오류가 스며들었다는 것이다. 구약성경이 얼마나 정확하게 보존되어 오늘날 우리에게 전수되었는가는 신비로울 정도이다(Soderlund). 그러나 인간이 손으로 복사하여 전수하다 보니 오류가 스며들었다는 것이다. 특히 숫자는 더욱더 쉽게 혼선을 빚을 수 있다. 예를 들면, 마소라 사본(MT)의 사무엘상 13:1은 사울이 왕위에 올랐을 때의 나이를 말하면서 "사울은 ____ 살에 왕이 되었다"라며 숫자를 빠뜨렸다. 그래서 번역본에 따라 그가 30세였다고 하기도 하고, 40세였다고 하기도 한다. 심지어 정경 안에서도 같은 일을 회고하며 서로 다른 숫자를 기록하는 경우도 있다. 사무엘하 10:18은 다윗이 전쟁에서 아람 사람의 병거 700승의 사람을 죽였다고 하는데, 같은 사건을 회고하고 있는 역대상 19:18은 그가 병거 7,000승의 군사를 죽였다며, 숫자를 10배로 부풀리고 있다. 민수기에 기록된 마지막 재앙에서 죽은 사람은 2만 4,000명이었다(25:9). 훗날 바울은 이 사건을 언급하면서 2만 3,000명이 죽었다고 했다(고전 10:8). 성경 안에서도 이러한 현상이 있다는 사실을 근거로 필사 과정에서 민수기 1장과 26장에 기록된 숫자에 오류가 스며들었다고 주장하는 것이다. 그러나 이 숫자들이 오류에서 비롯된 것으로 간주하기에는 매우 체계적이고 동일한 유형을 지니고 있다. 만일 오류가 스며들었다면, 일부 숫자에서만 단위(100 혹은 1,000단위 등)가 문제가 되어야 하는데, 1장과 26장에 기록된 숫자들은 이러한 양상을 전혀 보이지 않는다.

두 번째는, 이 숫자들이 훗날 다윗 시대 때 본문에 삽입된 것이라는 주장이다(Dillman, Albright). 그러나 이미 앞에서 언급한 것처럼, 민수기 1장과 26장에 기록된 이스라엘 인구수는 다윗 시대에도 너무 많은 숫자다(Harrison). 그러므로 문제를 해결하는 데 별로 도움이 되지 않는다. 그래서 대부분의 비평학자는 이 숫자들은 민수기 저자/편집자가 임의적으로 만들어낸 것이며 어떠한 역사성도 없다고 한다(Gray, Budd). 그렇다면 역사성이 전혀 없는 숫자들이 어떻게 하여 민수기에 도입된 것일까? 버드(Budd)는 20세가 넘은 이스라엘 장정의 수인 60만 3,550명(1:46)의 근원을 출애굽기에서 찾는다. 출애굽기 38:25-28은 이스라엘이 성막에 들여놓은 세금이 30만 1,755세겔이었다고 한다. 율법은 한 사람당 2분의 1세겔을 성막에 들여놓을 것을 요구했다. 그러므로 30만 1,755세겔은 60만 3,550명 분이 된다. 누군가가 이 율법에 근거하여 이스라엘 인구수를 추론하여 본문에 삽입했다는 것이다. 1장에서는 그렇다 하더라도 26장의 숫자는 어떻게 설명할 것인가? 또한 민수기 저자는 매우 구체적으로, 또한 세부적으로 각 지파별 인구수를 회고하고 있다. 저자가 임의적으로, 혹은 어떤 율법에 근거하여 이 숫자들을 고안해낸 것이라고 보기에는 너무 일관적이고 구체적이다(Kaiser, Allen).

세 번째는, 이 숫자 단위로 사용되는 용어를 다른 의미를 지닌 단어로 해석해야 한다고 하는 주장이다. 히브리어로 1,000을 뜻하는 단어(אֶלֶף)는 때로 구체적인 숫자라기보다는 단순히 '수많은'이라는 의미일 수 있고, 다양한 규모의 군대를 뜻하거나 구체적인 숫자와의 연관성 없이 '군대/부대'를 뜻할 수도 있다(Allen). 이러한 이해를 5만 9,300명

(תִּשְׁעָה וַחֲמִשִּׁים אֶלֶף וּשְׁלֹשׁ מֵאוֹת)이라고(1:23) 기록된 시므온 지파 사람의 수에 적용하여 해석하면 실제 그들의 수는 59개 부대(אֶלֶף)로 구성된 300명이 된다. 이런 방법으로 1장에 기록된 지파별 군대를 모두 재해석하면 이스라엘 12지파는 60만 대군이 아니라, 총 598개의 부대(אֶלֶף)로 구성된 5,550명의 군인을 지니고 있었다(Noth). 이 해석은 나름대로 매력 있는 추측이지만, 이스라엘 12지파의 모든 군인 수를 60만 3,550명으로 기록하고 있는 1:44-46를 결코 흡족하게 설명할 수 없다. 이 해석에 따르면 60만 3,550명은 '603개의 부대(אֶלֶף)로 구성된 550명'이다. 한 부대당 군인이 한 명도 안 되는 것이며, 그들이 12지파의 군대라고 한 5,550명의 10분의 1밖에 되지 않는다!

이와 비슷한 맥락에서 1,000을 뜻하는 단어(אֶלֶף)를 '추장/족장'을 뜻하는 단어(אַלּוּף)로 간주하여 해석해야 한다는 주장도 있다(NIDOTTE).[5] 한 예로 5만 3,400명에 달한 아셀 지파의 군대를(26:47) 이렇게 해석하면, 아셀은 53명의 족장(אַלּוּף)이 이끄는 400명의 군대를 지녔다. 이렇게 해석하면 바로 위의 예처럼 이스라엘 군대는 598명의 족장이 이끄는 5,550명이라는 훨씬 더 현실감 있는 숫자가 되게 하는 장점이 있지만(Kitchen),[6] 위의 견해와 똑같은 문제를 안고 있다. 12지파가 총 60만 3,550명의 군대를 지녔다고 하는 말을 설명할 수가 없다(1:44-46). 이스라엘은 603명의 족장이 지휘하던 550명의 군대를 가졌던 것이다! 문제가 되고 있는 이 히브리어 단어(אֶלֶף)를 '1,000'으로, 혹은 '족장' 혹은 '군대' 등 상황에 따라 세 가지 의미로 해석해야 한다는 주장도 있다(Humphreys, Rendesburg). 세 가지 의미로 이 단어를 해석하여 그는 이스라엘 군대의 규모가 5,550명의 군인을 지닌 598부대(단위, 한 부대/단위

5 Sir Flinders Petrie가 1923년에 처음으로 제시한 견해이며, 멘덴홀(Mendenhall)과 고트발트(Gottwalt)의 전폭적인 지지를 받았다.

6 이렇게 해석할 경우 이집트를 탈출한 이스라엘 사람의 수는 1만 5,000에서 2만 명 정도가 된다.

는 평균 9.8명)로 구성되었다는 추측을 내놓았다(Humphreys).[7]

한 주석가는 1,000으로 해석된 히브리어 단어(אֶלֶף)를 우리가 더 이상 알 수 없는 규모의 단위(unit)로 이해해야 한다고 한다(Noordtzij). 그러므로 그는 이스라엘 군대의 총계로 주어진 60만 3,550명을 603×(규모를 알 수 없는 단위)+550명으로 해석한다. 이 해석도 위의 것과 비슷한 문제를 안고 있다.

네 번째는, 논쟁의 핵심이 되는 히브리어 단어(אֶלֶף)가 본문에서 두 가지의 의미를 지니고 사용되고 있다고 하는 것이다(J. Wenham). 이 주장에 의하면 이 히브리어 단어(אֶלֶף)는 본문에서 1,000을 뜻하기도 하지만, '무장한 사람'이라는 의미로 사용되고 있다. 그래서 시므온 지파의 5만 9,300명(1:23)은 원래 '무장한 57명과 2,300명의 군인'을 뜻했다. 이런 방식으로 1장에 기록된 이스라엘의 군인 수를 해석하여 그는 당시 군대가 1만 8,000명에 달했으며, 이집트에서 탈출한 이스라엘 사람의 수가 7만 2,000명이었다고 한다(Wenham). 출애굽 당시 이스라엘 백성이 10만 명 이하였다는 그의 주장은 어느 정도 매력 있는 주장이지만, 역시 1:46과 2:32 등에 기록된 총인구수가 오류에서 비롯된 것이라는 결론을 내리게 한다. 그것도 매우 복잡한 상황을 가정해야만 이해가 가는 오류이다(Keddie). 또한 만일 이스라엘의 인구수가 이처럼 적었다면, 바알브올에서 재앙으로 인해 죽은 것으로 기록된 2만 4,000명(25:9) 등 여러 재앙으로 죽은 엄청난 규모의 사람 수도 새로이 해석되어야 한다(Ashley, Harrison).

다섯 번째는, 숫자의 상징적 의미다. 이 주장에는 여러 가지 변형이 있는데 몇 가지만 간단하게 생각해보자. 가장 간단한 해석은 히브리어 알파벳을 숫자로 바꾸어 의미를 찾는 게마트리아(Gematria) 접근법이다(Holzinger). 히브리 사람은 아라비아 숫자를 사용하지 않았다. 히브리어 알파벳으로 숫자를 대신한 것이 구약의 일부 숫자를 게마트리아 방식

---

7 험프리스(Humphreys)의 제안에 대한 비판은 매킨타이어(McEntire)의 글을 참고하라.

으로 풀어가는 근거가 되었다. 실제로 구약에서도 종종 의미 있는 게마트리아 해석이 가능할 때가 있다(Romero). 예를 들면 잠언 저자는 두 번째 주요 섹션인 10:1–22:16을 시작하면서 이 섹션에 '솔로몬의 잠언'이라는 명칭을 주었다. 이 섹션은 정확히 375개의 잠언으로 구성되어 있는데, 이것은 솔로몬의 히브리어 이름(שְׁלֹמֹה)에 동원된 알파벳이 상징하는 숫자를 더한 것과 같다(ש=300, ל=30, מ=40, ה=5). 같은 방식으로 민수기에 이스라엘의 인구수로 기록된 60만 3,550명을 풀어보면 처음 세 자리 숫자인 603은 '이스라엘의 자손들'(בְּנֵי יִשְׂרָאֵל)을 상징하는 숫자로 풀이될 수 있다(ב=2, נ=50, י=10, י=10, ש=300, ר=200, א=1, ל=30). 그러나 문제는 나머지 세 자리 숫자인 550에 대하여는 공감할 해석이 없다는 사실이다(Budd, cf. Holzinger). 더 나아가 26장에서 총계로 제시되는 숫자 60만 1,730명은 어떠한 형태의 게마트리아로도 설명될 수 없다(Noordtzij). 물론 홀징어(Holzinger)는 나름대로 이 숫자에 대해서도 게마트리아식 해석을 제시하지만, 너무 복잡하고 타당성이 결여되었다는 것이 전반적인 견해다(Davies, Brueggemann). 또한 이 방법으로는 지파별 인구수도 설명할 수 없다(Allen, Brueggemann).

한 학자는 민수기 1장과 26장이 제시하는 이스라엘의 장정 수가 60만 명에 근접해 있다는 사실을 근거로 이 숫자를 상징적으로 읽기를 제안한다(Olson). 60만은 12×5만이다. 이스라엘에는 12지파가 있었으며, 1장과 26장의 지파별 숫자를 보면 12지파 중 6지파는 5만 명보다 많은, 그리고 나머지 6지파는 5만 명보다 적은 규모의 군대를 거느리고 있었다. 이러한 정황을 고려하여 그는 이 숫자들을 문자적으로 읽을 것이 아니라, "하나님이 이스라엘 자손이 크게 번성하고 강하게 되도록 축복하셨다"는 메시지를 뜻하는 상징으로 보아야 한다고 주장한다(Olson). 상당히 매력적인 제안이다. 그러나 이 견해를 따르자면 실제로 이집트를 탈출한 이스라엘 사람이 몇 명이나 되었는지를 알 수 없고, 그 숫자 또한 중요하지도 않다. 본문이 전하고 있는 유일한 메시지는 이스라엘이 "하나님의 큰 축복을 누려 번성했다"는 것뿐이기 때문이다(Davies).

민수기에 기록된 숫자를 달과 별 등 천체의 움직임과 연결하여 풀이하는 학자도 있다(Barnouin, cf. Milgrom). 예를 들면 베냐민 지파에 속한 장정의 수가 3만 5,400명인데(1:37), 이 숫자는 음력으로 가장 짧은 1년(viz., 윤달이 끼지 않은)인 354일에 100을 곱한 것이라고 주장한다. 이들은 나머지 숫자도 금성, 토성 등 여러 천체의 주기와 이 주기들을 복합적으로 더하거나 뺀 것들로 풀이하지만, 역시 모든 숫자가 설명되지 않는다. 게다가 이런 복잡한 방법으로 산출된 숫자가 어떤 의미를 지녔는가에 대하여 공감할만한 설명이 없다(Davies).[8]

여섯 번째는, 숫자를 과장법(hyperbole)으로 간주하는 것이다(Allen, cf. Rendesburg). 민수기에 기록된 이스라엘의 인구수는 실제 수에 10을 곱한 것이라는 주장이다. 숫자 10은 만수이기 때문에 저자는 실제 수에 10을 곱함으로써 이스라엘 인구는 '참으로 많았다'는 사실을 강조한다. 이렇게 해석할 경우 이스라엘 군대의 실제 수는 6만 명 정도에 총인구는 25만–30만 명 정도였다는 결론이 나온다. 당시 사회적 정황과 가나안의 지리적 상황을 고려하면 가장 설득력 있는 규모다(Brueggemann). 그러나 문제는 만일 이 숫자들이 수사학적인 효과(viz., '이스라엘 백성이 하나님의 축복으로 참으로 번성하였다')를 유도하는 과장법이었다면, 왜 60만 3,550명(1:46), 60만 1,730명(26:51), 2만 2,273명(3:43) 등 세부적이고 구체적인 숫자도 함께 등장하는 것일까? 쉽게 이해되지 않는 부분이다(Humphreys).

우리는 당시 정황과 여건을 고려할 때 민수기가 기록하고 있는 이스라엘의 군인 수와 지파별 인구수가 지나치게 많다는 것을 인정해야

---

8 바르누인(Barnouin)은 이 숫자들이 '여호와의 천체적 군대'를 뜻하는 것으로 해석하지만, 하나님의 천체적 군대와 이스라엘의 인구수의 관계에 대해 만족할만한 설명을 내놓지 못했다(Davies, Milgrom).

한다. 그러나 위에서 본 것처럼 이 같은 상황을 이해되도록 설명하는 학설이나 제안은 아직 없다. 그러므로 비록 민수기에 기록된 숫자가 어느 정도 과장된 것으로 보이지만, 납득할만한 합리적 대안이 없으므로 아직까지는 이 숫자들을 문자적으로 받아들이는 것이 좋을 듯하다. 이집트를 탈출한 이스라엘 군대는 60만 명 정도 되었고 총인구는 200만 명 정도 되었던 것으로 간주하는 것이다. 이스라엘은 하나님의 특별한 축복을 경험하면서 매우 큰 민족으로 성장해 있었다.

6. 통일성과 구조

책의 통일성을 논할 때 두드러지는 중요한 이슈는 민수기에 포함되어 있는 다양한 장르의 글이다. 노래(21:17-18), 예언(24:3-9), 승전가(21:27-30), 기도(12:13), 축도(6:24-26), 풍자(22:22-35), 외교 서신(21:14-19), 사회법(27:1-11), 예식법(15:17-21), 신탁(15:32-36), 성전 기록(7:10-88) 등 매우 다양한 문서가 융합되어 있다(Dozeman, Gane). 실제로 민수기는 성경의 그 어느 책보다도 다양한 종류의 글 양식을 담고 있다(Milgrom).

그래서 비평학적인 주석가들은 한 저자가 이렇게 다양한 양식의 글을 저작할 수 없다는 전제하에 민수기는 여러 개의 독립적인 전통에서 존재하던 문서들이 편집자에 의해 하나로 모아진 책이라고 한다(Noth, Knierim & Coats). 그러나 성경 저자가 이미 존재하던 문서를 출처로 인용하기도 했다는 사실을 인정하기에(민 21:14는 저자가 21장에 기록된 사건을 회고하면서 '여호와의 전쟁기'라는 책을 인용하고 있음을 암시함),[9] 민수기가 다양한 양식의 글을 담고 있다는 사실은 우리에게 별 어려움이 되지

9 이 외에도 학자들은 민수기 저자가 아모리의 노래(21:27-30), 발람 신탁(23-24장), 모세를 세상에서 가장 겸손한 사람으로 평가하는 12:3 등은 다른 출처를 사용하여 저작한 것으로 이해한다.

못한다. 그러므로 많은 학자는 민수기가 활용하고 있는 다양한 장르는 큰 문제가 되지 않으며, 책의 통일성과 일관성을 규정짓는 시대 정보와 장소적 배경의 증거를 퇴색시킬 만큼 중요한 단서는 못 된다고 생각한다. 또한 민수기는 단어와 개념의 사용에 있어서 견실한 통일성과 일관성을 지니고 있다(Milgrom).

학자들은 다양한 관점과 방향에서 민수기의 구조에 접근한다. 그러나 대체로 최근까지 책을 세 섹션으로 나누는 것이 일반화되어 있다. 책의 구조를 3등분하는 관점은 이스라엘 백성의 이동 경로와 물리적 위치에 근거한다. 주석가에 의해 제시된 여러 가지 구조 중 몇 가지만 예로 들어보자.

민수기에 기록된 이야기가 전개되는 장소의 변화에 근거하여 그레이(Gray)는 다음과 같이 책을 세 섹션으로 구분했다.[10] 그러나 이 관점에서 민수기의 구조를 파악하는 학자들마저 현저한 견해 차이를 보인다(Olson).[11]

1. 1:1–10:10(이 섹션에 10:29–32를 더함)
   장소: 시내 광야
   기간: 19일
2. 10:11–21:9
   장소: 시내 광야 북쪽, 아라바 서쪽
   기간: 37(혹은 반올림하여 40)년
3. 21:10–36:13
   장소: 아라바 동쪽(요단 계곡)

---

10 모세 오경을 장소적 배경을 중심으로 재정비할 필요가 있다고 주장한 그레이(Gray)는 출애굽기–민수기에 대하여 다음과 같이 나눌 것을 제안하기도 했다(Noordtzij).
  1. 이집트에서 시내 산으로(출 1–18장)
  2. 시내 산에서(출 19장–레–민 10:10)
  3. 시내 산에서 요단 강까지(민 10:11–36:13)

11 비슷한 맥락에서 엉거(Unger)도 책을 세 파트로 구분한다. (1) 시내 산 출발(1:1–10:10), (2) 시내 산에서 모압으로(10:11–21:35), (3) 모압 평지에서(22:1–36:13).

기간: 5개월 미만

지리적 배경으로 책을 섹션화하는 관점 중 가장 매력적인 것은 다음과 같다(Allen, cf. LaSor et al.).

1. 시내 산에서: 출발 준비(1:1-10:10)
   - 시내 산에서 가데스로(10:11-12:16)
2. 가데스에서: 바란 광야(13:1-20:13)
   - 가데스에서 모압 평지로(20:14-22:1)
3. 모압 평지에서(22:2-32:42)
   - 그 외 여러 사건들(33:1-36:13)

버드(Budd)는 이스라엘 공동체의 형성과 진로에 초점을 맞추어 다음과 같은 구조를 제시했다. 그는 36장을 구조 분석에 포함하지 않고 27:1-11을 뒷받침하는 추가 부분(supplement)으로 간주했다.

1. 시내 산 공동체 형성(1:1-9:14)
2. 여정-실패와 성공(9:15-25:18)
3. 정착을 위한 마지막 준비(26:1-35:34)

책을 접근하는 방법은 위의 것과 비슷하지만, 각 섹션의 장과 절 구분에 현저한 차이를 보이는 견해도 있다(de Vaulx, cf. Dozeman).

1. 하나님의 백성 구성(1:1-10:10)
2. 시내 광야에서 모압 평지까지의 여정(10:11-22:1)
3. 모압 평지에서 약속의 땅 입성 준비(22:2-36:13)

애쉴리(Ashley)도 민수기를 세 주요 섹션으로 구분한다. 그가 각 섹션을 장과 절로 구분하는 것은 바로 위의 것과 흡사하지만, 이스라엘 공동체의 목표 지향에 초점을 맞춘다. 그는 주요 섹션의 일부를 구성하는 이스라엘의 이동 경로를 기록하고 있는 두 여정 이야기(10:11-12:16; 20:1-22:1)는 전환(transitions)으로 간주했다.

1. 목표 설정(Orientation)(1:1-10:10)
2. 방황(Disorientation)(10:11-22:1)
3. 새 목표 설정(New Orientation)(22:2-36:13)

가장 흥미 있는 구조는 더글라스(Douglas)가 제시한 것이다. 그녀는 민수기가 율법 섹션과 이야기 섹션을 차례로 섞어가며 하나의 원을 형성하고 있다고 주장한다. 민수기가 이야기 섹션과 율법 섹션을 차례로 섞어가며 리듬감 있게 배합하고 있다는 점은 이미 여러 학자가 지적했다(Milgrom). 더글라스의 기여는 무엇보다도 고등비평이 갈기갈기 찢어 놓은 민수기가 확실한 통일성과 응집력이 있는 하나의 밀착된 책이라는 사실을 보여주었다는 점이다.

민수기의 순환구조

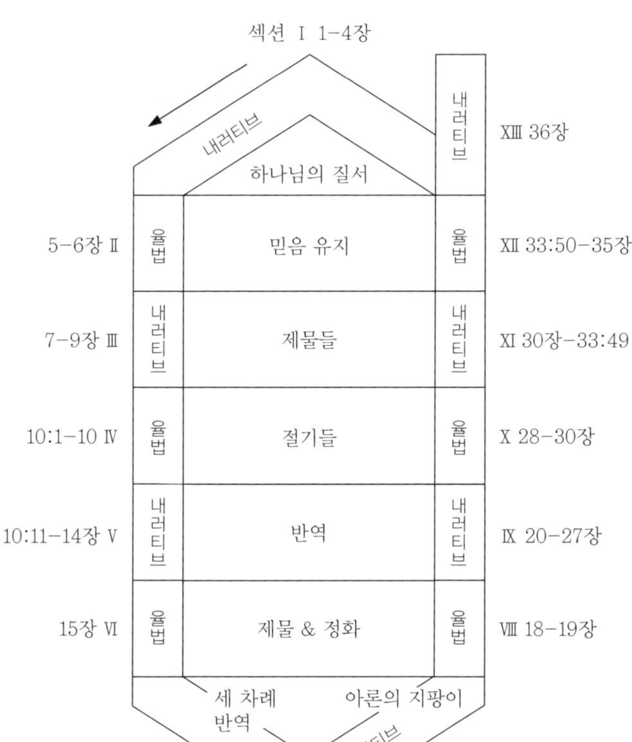

최근 들어 많은 학자들이 민수기를 1-25장, 26-36장 등 두 부분으로 구분한다(Olson, Cole, Gane, cf. Allen). 1장과 26장에서 시작되는 두 개의 인구조사가 책의 구조에 매우 큰 영향을 미친다는 생각에서다. 학자들의 입장 변화에 가장 큰 영향력을 행사한 사람은 올슨(Olson)이다. 그의 민수기 구조에 대한 논문과 저서가 학계에 매우 설득력 있게 다가왔던 것이다. 그는 1-25장과 26-36장에서 다음과 같은 공통점을 발견했다.

반역적인 옛 세대(1-25장)	소망적인 새 세대(26-36장)
1장 – 12지파 인구조사	26장 – 12지파 인구조사
3장 – 레위 지파 인구조사	26장 – 레위 지파 인구조사
5장 – 여자들에 대한 법 규정	27장 – 여자들에 대한 법 규정
6장 – 서원에 대한 율법	30장 – 서원에 대한 율법
7, 15장 – 예물에 대한 규정	28, 29장 – 예물에 대한 규정
9장 – 유월절 축제	28:16-25 – 유월절 축제에 대한 지시
10:8-9 – 제사장의 성전(聖戰)을 알리는 트럼펫 규례	31:6 – 제사장이 미디안과의 성전을 알리기 위하여 트럼펫을 붐
13장 – 정탐꾼 12명 목록	34장 – 각 지파의 우두머리 12명 목록
13-14장 – 옛 세대의 죽음을 초래한 정탐꾼 이야기	32:6-15 – 죽음을 초래했던 옛 정탐꾼 이야기가 교훈으로 주어짐
10-25장 – 이스라엘이 지나간 지역 이름들	33장 – 이스라엘이 광야에서 지나간 지역 이름들의 요약
18:21-32 – 레위 사람을 위한 규례	35장 – 레위 성읍에 대한 규례
21:21-35 – 시혼과 옥을 이기고 요단 강 동편 점령	32장 – 요단 강 동편 땅을 르우벤, 갓, 므낫세 지파에게 줌
25장 – 미디안 사람이 이스라엘로 하여금 죄를 짓게 함	31장 – 미디안 사람을 상대로 한 보복성 성전(聖戰)

위에 근거하여 민수기의 구조를 다음과 같이 제시했다(Olson).

I. 옛 시대의 끝: 하나님 백성 1세대(1:1-25:18)
   A. 거룩한 백성 이스라엘의 행군 준비와 시작
   B. 거룩한 백성 이스라엘의 반역, 죽음, 구원 사이클: 소망적인 요소가 있지만 최종적인 실패 예고

II. 새 시대의 탄생: 하나님 백성 2세대가 약속의 땅에 들어갈 채비를 함(26:1-36:13)
   A. 거룩한 새 백성 준비와 조직
   B. 새 세대는 신실해서 약속의 땅에 입성할 것인가(약속), 혹은 반역하여 1세대처럼 실패할 것인가?(경고)

민수기가 하나님께 범죄하여 광야에서 죽게 된 출애굽 1세대와 모압 광야에 이르러 가나안 입성을 앞둔 2세대의 세대교체 과정 이야기를 중심적으로 다루고 있다는 점이, 이 책을 1-25장과 26-33장으로 구분하는 또 하나의 설득력 있는 증거가 될 수 있다. 모든 것을 종합해볼 때 현재로써는 민수기를 이처럼 두 파트로 구분하는 것이 가장 큰 설득력을 지닌 것으로 생각된다. 본 주석에서도 민수기를 크게 두 섹션으로 구분하여 다음과 같은 구조를 바탕으로 본문을 주해해 나가고자 한다.

I. 출애굽 1세대 이야기(1:1-25:18)
  1장. 산뜻한 시작: 시내 산 출발 준비(1:1-10:10)
    1. 병력 조사(1:1-54)
    2. 지파별 진과 행진 순서(2:1-34)
    3. 레위 지파의 수와 의무(3:1-4:49)
    4. 정결한 공동체에 관한 규례(5:1-6:27)
    5. 장막과 절기(7:1-10:10)

  2장. 반역과 죽음(10:11-25:18)
    1. 시내 산 출발(10:11-36)
    2. 반역 시리즈 1(11:1-14:45)
    3. 충성과 불충에 대한 규례와 이야기(15:1-41)
    4. 반역 시리즈 2(16:1-18:32)
    5. 시체 오염에 관한 규례(19:1-22)
    6. 반역 시리즈 3(20:1-25:19)

II. 출애굽 2세대 이야기(26:1-36:13)
  1장. 새로운 시작(26:1-30:16)

1. 인구조사(26:1-65)
2. 세대교체(27:1-23)
3. 제물과 거룩한 날들(28:1-29:40)
4. 서약에 관한 규례(30:1-16)

2장. 가나안을 향한 진군과 전쟁(31:1-36:13)
1. 미디안 전쟁(31:1-54)
2. 요단 강 동편 땅 분배(32:1-42)
3. 이스라엘의 광야 여정 요약(33:1-49)
4. 가나안 정복 전략과 땅 분배(33:50-35:34)
5. 땅 유산에 대한 규례(36:1-13)

엑스포지멘터리

모세오경 개론

신명기

EXPOSItory comMENTARY

신명기

[4] 이스라엘아 들으라 우리 하나님 여호와는 오직 유일한 여호와이시니 [5] 너는
마음을 다하고 뜻을 다하고 힘을 다하여 네 하나님 여호와를 사랑하라 [6] 오늘
내가 네게 명하는 이 말씀을 너는 마음에 새기고 [7] 네 자녀에게 부지런히 가르
치며 집에 앉았을 때에든지 길을 갈 때에든지 누워 있을 때에든지 일어날 때
에든지 이 말씀을 강론할 것이며 [8] 너는 또 그것을 네 손목에 매어 기호를 삼
으며 네 미간에 붙여 표로 삼고 [9] 또 네 집 문설주와 바깥 문에 기록할지니라
(6:4-9)

[26] 여수룬이여 하나님 같은 이가 없도다
그가 너를 도우시려고 하늘을 타고
궁창에서 위엄을 나타내시는도다
[27] 영원하신 하나님이 네 처소가 되시니
그의 영원하신 팔이 네 아래에 있도다
그가 네 앞에서 대적을 쫓으시며 멸하라 하시도다
[28] 이스라엘이 안전히 거하며
야곱의 샘은 곡식과 새 포도주의 땅에 홀로 있나니

곧 그의 하늘이 이슬을 내리는 곳에로다
29 이스라엘이여 너는 행복한 사람이로다
여호와의 구원을 너 같이 얻은 백성이 누구냐
그는 너를 돕는 방패시요 네 영광의 칼이시로다
네 대적이 네게 복종하리니
네가 그들의 높은 곳을 밟으리로다(33:26-29)

소개

우리에게 신명기(申命記)라는 이름으로 전해져 온 구약 성경의 다섯 번째 책의 영어 이름은 Deuteronomy(lit., "두 번째 법"; second law)이며, 신명기라는 이름은 칠십인역(LXX)이 신명기 17:18에 등장하는 "이 율법서의 등사본"(מִשְׁנֵה הַתּוֹרָה הַזֹּאת; "a copy of this law"; cf. 수 8:32)이라는 히브리어 문구를 "두 번째 율법"으로 잘못 이해하여 "τὸ δευτερονόμιον τοῦ το"(lit., "this second law")로 번역하고 책의 이름으로 사용한 데서 비롯되었다(cf. Lundbom; Tigay).

신명기의 히브리어 이름은 이 책을 시작하는 두 단어에서 유래되어 "엘레 하드바림"(אֵלֶּה הַדְּבָרִים; lit., "이는 선포한 말씀이니라"; these are the words)이라고 불려왔다(Craigie). 이 타이틀은 신명기의 전반적인 성향을 잘 드러낸다. 즉 이 문구는 훗날 선지자들이 하나님께로부터 받은 말씀을 이스라엘 백성들에게 선포할 때 자주 사용했던 표현이다. 신명기가 예언서적인 성향을 띠고 있음을 암시해 주는 것이다(Wright; cf. Craigie). 오늘날 유대인들은 이 책을 보통 "세페르 드바림"(סֵפֶר דְּבָרִים; lit., "말씀의 책"; book of words)이라고 부른다(Tigay).

신명기가 이따금 출애굽기-민수기에 기록되지 않은 율법과 규례를 언급하는 독창성을 지니고 있기는 하지만, 이런 이유로 이 책이 마치 오경의 다른 책들의 내용과는 무관한 제2 율법(viz., 새로운 율법)을 제시하고 있다고 간주하는 것은 설득력이 없다(McConville). 오경의 다른 책들에 대한 신명기의 의존도가 매우 높기 때문이다. 신명기의 독특함과 매력이 바로 이 점에 있기도 하다. 모세는 신명기를 통해 지금까지 자신이 출애굽기-민수기에서 선포했던 내용을 무시하지 않으면서, 동시에 새로운 내용과 설명을 더하여 반복으로 야기될 수 있는 지루함을 최소화하고 있다. 또한 신명기는 출애굽기-민수기에 기록되지 않은 율법을 추가하여 매우 포괄적인 프레젠테이션을 한다. 이처럼 신명기는 구약의 책들 중 율법의 정신과 취지를 가장 체계적으로, 그리고 적절하게 강조하고 있어 "구약의 맥박"(heartbeat of the Old Testament)이라는 별명을 얻기도 하였다(Wright).

구약은 하나님의 백성 이스라엘 민족의 과거에 대해 많은 정보와 교훈을 제공한다. 그러나 성경은 그들의 역사를 정리하는 것에서 끝나지 않는다. 과거의 일을 거울삼아 현재를 조명할 뿐만 아니라 심지어 미래를 예고하기도 한다. 이 책도 예외는 아니다. 신명기는 이스라엘의 과거와 현재뿐만 아니라 그들의 미래에 관한 책이기도 한 것이다.

신명기는 이미 모세가 출애굽기-민수기를 통해 선포한 율법과 규례를 재차 정리하고 확인한다는 차원에서 볼 때 과거에 대한 책이라 할 수 있다. 이스라엘은 이집트를 떠난 직후 시내 산에서 하나님과 언약을 맺었을 때뿐만 아니라 이후 40년 동안의 광야 생활 중에서도 간간이 모세를 통해 다양한 율법과 규례를 받았다. 그리고 이스라엘이 드디어 40년의 광야 생활을 마치고 모압 평지에 모여 가나안 정복을 준비하고 있는 시점에서 모세가 지난날의 역사, 특히 지난 40년 동안의 실패한 역사를 회고하며 이스라엘을 권면하고 그 내용을 기록한 책이 바로 신명기다. 책 안에는 이스라엘의 실패한 지난날과 가나안에 입성한 지 오래되지 않아 하나님을 배신할 것이라는 어두운 기대감이 배어 있어(cf. 32장) 독자들을 안타깝게 하기도 한다.

모세가 출애굽 사건과 광야 생활을 회상하며 신명기를 진행하는 것은 가나안 입성을 앞둔 이스라엘 백성에게 자신들의 과거에 대하여 알려 주기 위함이다. 그러나 이 일에 단순히 이스라엘에게 그들의 역사에 대한 지식을 전달하기 위한 목적만 있는 것은 아니다. 어떤 면에서 보면 현재는 과거의 산물이다. 오늘을 사는 우리가 누구인가는 우리는 어디서 왔는가 하는 문제, 곧 우리의 뿌리의 문제와 직접적으로 연관된다. 그러므로 모세가 이 책에서 심혈을 기울여 이스라엘의 역사와 하나님이 그들의 선조들에게 주신 약속과 말씀을 회상하고 강조하는 것은 가나안 정복을 앞두고 있는 이스라엘의 현재와 미래에 영향을 끼치기 위함인 것이다.

모세가 이스라엘의 실패한 역사를 회고함으로써 강조하고자 하는 가장 기본적인 점은 이스라엘이 가나안 입성을 앞둔 시점까지 온 것은 전적으로 여호와 하나님의 은혜와 긍휼 덕분이라는 것이다. 그들의 선조는 하나님께로부터 큰 축복을 약속 받고도 그 축복을 위험에 빠뜨리기 일쑤였으며, 특히 지난 40년은 이러한 인간의 한계를 다시 한 번 적나라하게 드러냈던 시간이었다. 모세는 신명기에서 이스라엘 백성이 곧 가나안 땅을 정복하게 될 것임을 기정사실화하고 말씀을 선포한다. 그러나 인간의 죄와 불순종은 상식과 합리성을 초월하기 때문에 완전히 마음을 놓을 수 없는 상황이다. 가나안 입성을 눈앞에 둔 마지막 순간에도 이스라엘이 또다시 가나안 정복에 실패할 가능성은 도사리고 있었기 때문이다.

이스라엘은 어떻게 성공적으로 가나안을 정복할 수 있을 것인가? 조상들의 연이은 실패가 하나님의 말씀에 대한 불순종에서 비롯되었던 점을 감안할 때, 그들이 가나안 정복을 성공적으로 마칠 수 있는 유일한 길은 자신들의 능력과 결정에 따라 진군하지 않고 전적으로 하나님께 의존하며 그분의 명령에 따르는 것이다. 모압 평지에 모여 있는 새 세대는 지난 세대의 실패를 거울삼아 자신들에게 맡겨진 사명을 성공적으로 감당해야 하는데 그들의 유일한 성공 비결은 여호와께 전적으로 순종하는 것이다.

하나님을 향한 무조건적이고 절대적인 순종은, 이스라엘이 당면한 과제들을 성공적으로 해결할 수 있도록 할 뿐만 아니라 가나안 땅에서의 미래를 보장할 수 있게 한다. 이스라엘이 가나안 땅을 얻기 위해 수많은 전쟁을 해야 하는 것은 사실이지만, 여호수아를 포함한 성경 저자들은 가나안 정복을 회고하며 이스라엘이 가나안 땅을 스스로 싸워 쟁취한 것이 아니라 하나님께로부터 선물로 받았다는 점을 거듭 강조한다. 하나님은 성전(聖戰)을 통해 가나안 사람들을 물리치시고 그들이 거하던 땅을 이스라엘에게 내려주실 것이다. 이스라엘은 이 과정에서 하나님의 성전에 동참하는 영광을 누리게 될 것이나, 궁극적으로 이스라엘에게 가나안 땅을 주실 분은 하나님이시다. 그렇다면 이스라엘이 지속적으로 가나안 땅에 거하며 땅의 열매를 즐길 수 있는 길은 그 땅을 그들에게 선물로 주시는 하나님께 순종하는 것 외에는 방법이 없다.

그래서 모세는 신명기를 통해 거듭 순종을 권면한다. 출애굽 이후 이스라엘의 지난 40년간의 광야 생활은 이스라엘의 미래에 대한 모세의 불안감을 가중시키기에 충분했다. 특히 이방인들과의 접촉이 거의 없었던 상태에서 이스라엘이 스스로 망하는 반역의 길을 선택했던 점을 생각하면, 앞으로 가나안에 입성하여 많은 이방인들을 접하게 될 이스라엘의 미래는 그리 밝다고 볼 수 없기 때문이었다. 그래서 모세는 심혈을 기울여 다시는 반역의 길을 가지 않도록 이스라엘을 설득한다. 이스라엘에게 순종의 길을 가도록 설득하는 모세의 노력은 그가 신명기에서 사용하고 있는 스피치의 스타일이 설득과 호소를 바탕으로 하고 있는 설교라는 점에서도 역력히 드러난다(McConville). 이스라엘의 미래는 그들이 하나님께 순종하는가, 하지 않는가로 결정되기 때문이다.

그렇다면 이스라엘이 어떻게 사는 것이 하나님께 순종하는 것인가? 모세는 신명기 안에서 이 문제를 세세히 논한다. 신명기는 이스라엘의 하나님 여호와가 누구고, 어떤 분이신가를 정의하는 계시적 기능에서 멈추지 않는다. 이 책은 더 나아가 이스라엘이 이 세상에서 하나님의 백성으로 살아가는 것이 무엇을 의미하는가를 정의해 주는 규범들을 제시한다. 모세는 "이것 혹은 저것"(either/or) 유형의 가르침을 통해 이스라엘에게 생명의 길과 죽음의 길을 제시한다.

문제는 이스라엘이 앞으로 이 언약 헌장을 지키며 살아갈 수 있느냐는 것이다. 이 질문에 대한 저자의 답은 상당히 부정적이다. 물론 언약 백성은 최선을 다하여 순종하며 살려고 노력해야 한다(6:4-9). 저자는 하나님의 말씀을 마음에 새기고 골수에 새기라고까지 한다(11:18-20). 그럼에도 불구하고 그는 인간 스스로의 노력으로는 이러한 순종을 지속할 수 없다는 것을 잘 알고 있다. 그래서 그는 아주 먼 훗날, 이스라엘이 순종에 실패하여 타국으로 끌려간 후에야 하나님이 백성들에게 마음의 할례를 행하실 것을 기대한다(30:6). 하나님이 이 할례를 행하신 후에야 비로소 사람들은 마음을 다하고 정성을 다하여 하나님을 사랑할 수 있게 될 것이다(30:7).

신명기가 이스라엘 백성이 준수하려고 노력했던 언약 헌장이라는 점은 오늘을 살아가는 우리에게도 시사하는 바가 크다. 이미 수천 년의 세월이 흘렀고, 우리가 처한 역사적, 사회적 정황이 모압 평지에서 모세의 강론을 듣던 이스라엘 백성과는 사뭇 다르지만, 신명기에 기록된 율법의 정신과 원리 대부분은 아직도 유효할 뿐만 아니라 각 성도의 삶과 그가 속한 믿음 공동체가 어떠해야 하는가에 대하여 많은 교훈을 제시한다. 이러한 관점에서 신명기는 우리에게 이스라엘 역사를 연구하는 데 도움이 되는 고전(古典)의 차원을 넘어 삶의 방향과 태도를 좌우하는 규범적인 하나님의 말씀이라 할 수 있다.

1. 저자

유대인의 전승인 탈무드는 모세의 죽음을 언급하는 책의 마지막 8절을 제외하고는 모두 모세가 저작한 것이라 한다(B. Bat. 14b-15a).[1] 전통적으로 기독교와 유대교 학자들 대부분도 모세가 이 책 전부 혹은 대부분(viz., 그의 죽음에 대한 언급을 제외한 대부분)을 문서로 남겼다고 주장했다(Harrison; Dillard & Longman; cf. Tigay).[2] 그러나 비평학이 활성화되면서 모세의 저작권에 대해 많은 문제가 제기되었고 대부분의 진보 성향의 학자들이 더 이상 전통적인 견해를 받아들이지 않게 되었다. 전통적인 견해가 무너지자 여러 가지 추측이 제시되었으며, 학자들은 한 사람이 아닌 여러 사람으로 형성된 그룹이 신명기를 제작한 것이라는 주장을 내놓았다. 저작권에 대한 다양한 학설 중 학자들의 지지를 가장 많이 받은 학설 네 가지는 다음과 같다.

첫째, 신명기는 선지자들(특히 북 왕국 이스라엘에서 활동하던 선지자들)이 저작한 것이다(cf. Welch). 이 학설을 대표하는 사람은 니콜슨(E. W. Nicholson)이며 그는 신명기의 내용이 선지자들의 가르침과 매우 비슷한 부분이 많다는 사실을 근거로 이 학설을 제시했다(cf. Wright; Fohrer). 니콜슨은 특히 호세아서와 신명기는 매우 밀접하게 연결되었다고 하여 "신명기 저자는 이 북 왕국 선지자[호세아]의 영적 후예였다"라고까지 했다. 만일 신명기와 호세아서가 서로 밀접한 관계가 있다면, 학자들은 왜 신명기가 호세아서에 영향을 끼친 것이 아니라, 오히려 호세아서가 신명기에 영향력을 행사했다는 결론을 내린 것일까? 비평학자들 대부분이 선지자 시대에는 오경이 존재하지 않았으며, 오경은 훗날 저작된 것이라고 믿었기 때문이다. 그러나 이들의 입장을 입증할 만한

---

1 이후 랍비들은 모세의 죽음을 언급하고 있는 마지막 8절은 여호수아가 저작한 것이라고 주장했다(cf. Lundbom).

2 오경의 저작권과 모세의 역할에 대하여는 필자의 『엑스포지멘터리 창세기』의 서론 혹은 『엑스포지멘터리 모세오경 개론』을 참조하라.

어떠한 역사적 증거는 없다. 그들의 논리를 살펴보면 많은 경우에 순환논리법이 적용되고 있음을 알 수 있다.

둘째, 레위계 제사장들이 신명기를 저작했다. 이 학설은 폰라트(von Rad)가 대표한다. 그는 신명기가 레위 지파들을 자주 언급한다는 점에 근거하여(cf. 18:1-8; 27:9-26; 31:9-13, 24-29) 이 학설을 제시했다. 폰라트는 또한 신명기가 오래된 전승을 보존하고 있으며, 이러한 전승을 포로 후기 이스라엘 사회에서 권위 있게 해석하여 제시할 수 있는 사람들도 레위 사람들뿐이라는 점을 근거로 삼았다(cf. 느 8:7-8). 그는 신명기가 지니고 있는 '설득적/설교적 성향'이 바로 레위 사람들이 자신들이 물려받은 전승을 새로이 해석하여 청중들을 설득하려고 한 노력의 결과라고 했다. 그러나 문제는 역시 첫 번째 설과 같이 신명기가 모세 시대부터 존재한 문서가 아니라 포로기 이후에 저작된 것이라는 전제다. 또한 오경이 모세 시대에 함께 집필된 작품이기에 신명기가 오경의 다른 책들과 밀접한 연관성이 있고, 모세가 가나안 정복을 앞둔 시점에서 지난 40년간 하나님이 주신 율법을 다시 한 번 체계적으로 정리하여 백성들이 이 율법을 잘 지키도록 권면하는 노력의 결과라고 보아도 별 문제가 없다.

셋째, 신명기는 남 왕국 유다의 지혜자들과 서기관들에 의하여 저작되었다. 바인펠트(M. Weinfeld)가 이 학설의 대표적인 학자다(cf. Lohfink). 신명기가 고대 근동의 계약서와 동일한 양식을 취하는 것은 이 책을 집필한 사람들이 법적 문서들을 접하는 서기관들이었기 때문이다. 학자들은 군주 국가가 속국들과 관계를 맺을 때 사용했던 계약 양식이 대부분 그대로 신명기에 반영되어 있다고 한다. 그러나 이 책에 반영된 계약 양식과 사용된 용어가 어느 시대에 어느 민족이 사용하던 것과 가장 비슷한가에 대해서는 다소 이견이 있다. 신명기와 연관성이 있는 고대 근동 계약은 주전 7-8세기에 아시리아 제국이 속국들과 맺은 정치적 조약(political treaty)이라는 주장이 있으며(Frankena; Weinfeld;

Brueggemann), 주전 13-14세기의 헷 족속 계약이라는 주장도 있다(Kline; Kitchen; Craigie; Grisanti; cf. Baltzer).

만일 신명기가 고대 근동에서 사용되었던 정치적 조약 양식을 답습하고 있다면, 이 두 계약 중 어느 쪽을 답습하고 있는가에 대한 결론은 곧 책의 저작 연대를 가늠하는 데 직접적인 영향을 미친다. 만일 아시리아 제국의 계약을 반영하고 있다면, 신명기의 저작 혹은 최종 편집 연대가 주전 7세기 이전이 될 수 없다. 반면에 헷 족속 계약을 반영하고 있다면, 이 책이 우리가 전통적으로 이해하고 있는 모세 시대에 저작되었다고 결론지을 수 있다. 만일 모세가 이집트 왕궁에서 40년을 거하며 법 문서 활용과 작성법을 포함한 다양한 훈련을 받았다는 사실을 인정한다면 이 같은 결론은 더욱더 설득력을 얻는다.

신명기가 주전 7세기의 아시리아와 아람 사람들의 계약 양식을 반영하고 있다고 주장하는 사람들이 제시하는 가장 큰 증거는 헷 족속 계약에는 축복과 저주가 매우 간략하게 나오는 반면, 신명기에 기록된 축복과 저주는 매우 세부적이고 장엄하게 펼쳐져 있다는 점이다(Weinfeld). 그러나 헷 족속 계약과 신명기는 차이점보다는 공통점이 훨씬 더 많으며, 헷 족속 계약과 아시리아 제국이 사용했던 계약 양식이 서로 차별화될 만큼 많은 차이를 지니고 있는가에 대하여 상당수의 학자들의 반응은 부정적이다(cf. Craigie; Kitchen; Grisanti). 그뿐만 아니라 성경이 고대의 계약 양식을 사용했다 하더라도 그 양식을 기계적으로 따를 필요는 없다. 경우에 따라서는 창의적으로 적절한 변화를 주어 사용할 수 있었다는 점을 인정해야 한다. 그러므로 어느 계약 양식에 가까우냐에 따라 저작 연도를 추측하는 것에는 한계가 있는 것이다.

넷째, 신명기는 '신명기적 사가'(Deuteronomistic historian)에 의하여 주전 6-7세기경 최종적으로 저작/편집되었다. 신명기적 사가와 연관된 '신명기적 역사'(Deuternomistic History)가 무엇을 뜻하는지를 먼저 생각해 보

자. 이 학설은 노트(Martin Noth)가 1943년에 처음으로 제시했다.[3] 그는 정경 중 신명기부터 열왕기하까지가 문체적-신학적으로 통일성을 지니고 있다고 했다. 노트는 그 이유를 이 책들(신-왕하)이 한 사람에 의해서 550년경에 바빌론에서 집필되었기 때문이라고 했다(cf. Whybray). 포로기 시대에 바빌론에서 신명기를 집필했다는 이 저자가 '신명기적 사가'로 불리는 것은 그가 신명기로부터 많은 신학적 영향을 받았기 때문이다. 그는 이스라엘의 멸망은 여호와의 무능력 때문에 일어난 일이 아니라 이스라엘의 죄 때문에 초래된 결과라는 사실을 밝히기 위하여, 이미 오래전부터 전수되어 오던 광범위한 자료들을 토대로 '신명기-여호수아-사사기-사무엘서-열왕기'를 저작했다. 노트의 후예들은 그의 학설을 한 단계 더 발전시켜 신명기적 역사/전통(DH)은 문서설의 E(하나님주의 문서; 주전 850년경에 북 왕국에서 시작되었다고 주장함)가 저작될 즈음에 시작된 전통이라고 한다.

노트가 증거로 제시한 것들은 다음과 같다. 첫째, 신명기적 전통(DH)은 중요한 자리에 성경의 주요 인물들의 입을 빌려 연설들과 논평을 삽입함으로써 자신의 주장을 발전시켜 간다. 여호수아의 연설(수 22장), 여호수아의 고별 설교(수 23장), 사무엘의 설교(삼상 12장), 솔로몬의 기도(왕상 8장)등이 바로 그 예다. 저자는 이러한 인물들의 설교를 직접 작성함으로써 이스라엘의 역사를 회고하는 동시에 이 백성이 어떻게 살아가야 하는가를 가르친다. 저자는 가끔 자신의 논평도 삽입한다. 가나안 정복이 일단락된 시점에서 종합적인 평가를 한 것(수 12장)과, 왕정 시대의 비극적인 결말에 대하여 언급하고 있는 열왕기하 17:7-23은 모두 그의 설교며, 수사학적이고 교훈적인 틀(rhetorical parenthetic framework)을 제공해 준다. 이처럼 설교와 논평을 중간 중간에 삽입하는 현상은 신명기적 사가의 역사 자료의 범위를 벗어나서는 찾아보기 힘

3 여기에 제시된 내용은 Martin Noth, *The Deuternomistic History*. 2nd English Edition. JSOTSS (Sheffield: Sheffield Academic Press, 2002)를 바탕으로 한 것이다.

들다. 둘째, 신명기부터 열왕기하에 이르는 신명기적 전통(DH)의 저서들은 놀라운 언어적 통일성(linguistic uniformity)을 갖고 있다. 셋째, 신명기적 사가의 역사에 일관된 연대기(consistent chronological sequence)가 있다. 넷째, 신명기적 사가의 역사 안에 일관된 역사 신학을 볼 수 있다.

그렇다면 신명기적 사가는 무엇 때문에 이 장엄한 작품을 집필하게 되었을까? 그는 주전 722년에 있었던 사마리아 함락, 주전 586년에 있었던 예루살렘 함락에 대하여 신학적인 답을 찾으려고 노력했다. 하나님의 선민이 살고 여호와의 임재의 상징인 성전이 있는 예루살렘이 왜 적군에 의하여 파괴되었는가? 여호와의 처소인 시온 성은 결코 망하지 않는다고 주장했던 시온 사상은 어떻게 된 것인가? 노트(Noth)는 신명기적 사가가 찾은 답은 이스라엘이 하나님 앞에서 계속 마음을 강퍅하게 하여 이방 신들을 좇았던 데에 있다고 했다. 신명기적 사가의 전통은 요단 강 저편에서 모세가 이스라엘 민족에게 마지막으로 전하는 '율법 복습'에서 시작하여 가나안 정복으로 이어지며 훗날 통일 왕국, 분열 왕국 시대로 연결된다.

이 사가에 의하여 최종적으로 기록된 사건은 주전 597년에 바빌론으로 끌려가 37년 동안 감옥에서 생활하다가 주전 561년에 자유인이 된 여호야긴의 이야기다. 이 때가 주전 560년이다. 그러므로 빨라도 주전 550년경에 신명기적 사가가 이 작품들을 집필했을 것이라고 추정하는 것이다. 저자는 이스라엘의 역사를 조명하는 과정에서 왕들의 죄에 특별한 관심을 쏟았다. 노트의 후예들은 한 걸음 더 나아가 신명기적 전통은 북 왕국이 함락되자 남 왕국 사람들 중 이 사상에 동조하는 자들에 의하여 이어졌다고 주장했다. 그리고 이 전통은 100년 후인 주전 621년(요시야의 지시에 의하여 성전 보수 공사 중 힐기야 제사장이 성전에서 여호와의 율법을 발견하였던 때)에 있었던 요시야 왕의 대대적인 종교개혁에 신학적 발판을 마련해 주었다고 한다. 이러한 관점에서 신명기 12-26장의 역할이 강조된다.

노트에 의하면 이 신명기적 사가의 신학은 다음과 같은 요소를 포함한다. 첫째, 여호와 언약의 은혜로움이다. 신명기적 사가는 이스라엘이 여호와와의 언약에 순종함으로써 누릴 수 있는 축복을 매우 강조했다. 그러므로 매우 강도 높은 윤리적 생활과 종교적 순종을 요구하는 설교와 권면을 했던 것이다. 둘째, 우상숭배의 사악함과 분산화 된 종교(decentralized religion)다. 신명기적 사가는 이스라엘 종교의 분산화와 우상숭배를 매우 강하게 비판했기 때문에 정치인들과 큰 갈등을 빚었으며 결국 완전히 대립하는 결과를 초래했다. 셋째, 불가피한 상과 벌이다. 순종은 축복, 불순종은 저주와 심판을 자초한다. 요시야의 종교개혁이 실패하자 이 사상은 많은 전통들을 종합해서 언약에의 순종과 불순종에서 오는 축복과 저주의 관점에서 북 왕국의 왕들을 평가하는데 사용되었다. 이러한 노력이 신명기-열왕기에 기재되었다. 넷째, 근본적으로 모세를 통해서 받은 언약준수의 중요성이다. 하나님과의 언약을 잘 이행하는 것만이 이스라엘의 살길이라는 것이 신명기적 사가의 주장이다. 그러므로 신명기적 사가의 역사가 바빌론 포로 생활 중에 최종적으로 개정, 정리된 것으로 생각된다.

노트의 이러한 학설에 대해 우리는 어떠한 평가를 내릴 수 있는가? 첫째, 노트의 학설은 모세오경에서 신명기를 분리시키는 것을 전제로 한다. 그래서 그의 학설을 따르는 자들은 대체로 모세오(5)경이 아니라 모세사(4)경을 주장한다. 신명기는 창세기-민수기와 관련 없는 책이라는 것이다. 그러나 모세오경에서 신명기를 떼어내면 오경은 미완성품에 불과하다. 이미 출애굽기-레위기를 통해 선포된 율법을 강론하는 신명기는 여호수아-열왕기하보다는 오경에 더 어울리는 책이다. 둘째, 노트가 주장한 것처럼 신명기적 성향이 여호수아서-열왕기하에서 발견되는 것이 사실이다. 그러나 이 역사가의 손길이 어디서나 동일하게 나타나는 것은 아니다(Childs). 여호수아서-열왕기하를 한 사람의 작품으로 보기에는 너무나도 많은 다양성이 존재한다는 것이 대부분

학자들의 평가다. 셋째, 노트는 신명기적 사가의 매우 비관적인 생각('왜 여호와의 선민이 바빌론으로 끌려와야만 했는가?')이 이 책들을 저작하게 한 동기라고 한다. 그러나 그의 주장은 큰 지지를 받지 못했다. 신명기적 사가의 역사에 대한 '비관'이 이처럼 장엄한 책들을 저작하게 한 동기로는 너무 빈약하다는 것이 학자들의 결론이다.

넷째, 대부분의 비평학자들은 노트의 주장을 수용하면서도 현저한 견해 차이를 유지한다. 독일의 스멘드 학파(Smend School)는 신명기적 전승 안에 신명기적 사가(DtrH), 선지자적 성격이 강한 편집자(DtrP), 율법적 성격이 강한 편집자(DtrN) 등 최소한 삼중 편집을 주장한다. 반면에 미국의 크로스 학파(Cross School)는 신명기적 전승의 이중 편집(Dtr1, Dtr2)을 주장한다. 즉, 노트의 주장을 전반적으로 수용하는 비평학계마저도 세부 사항에 대하여는 심각한 견해 차이를 보이고 있는 것이다. 이러한 대립은 그의 학설에 무언가 석연치 않은 문제가 있음을 암시한다. 다섯째, 노트가 증거로 제시한 '일관된 연대'는 사실상 매우 선택적이고 자의적이라는 것이 보편화된 평가다. 예를 들면 성경의 연대를 모두 합치면 출애굽부터 성전 건축까지 540년이지 그의 주장처럼 480년이 아니다. 모든 것을 감안할 때 우리가 노트의 학설에 대하여 내릴 수 있는 잠정적인 결론은 그의 학설이 하나의 설득력 있는 가정(假定)으로는 가능하지만 사실로 받아들여지기에는 아직도 많은 문제들을 지니고 있다는 것이다.

전통적으로 교회는 신명기 전체가 이스라엘을 이집트에서 인도해 냈던 모세에 의하여 저작된 것이고 저작 시기는 대략 주전 15 혹은 13세기였다는 입장을 고수해왔다. 우리는 이러한 관점을 그대로 유지하기에는 어려움이 많다는 점을 인정해야 한다. 예를 들면 신명기의 마지막 부분에 기록되어 있는 모세의 죽음과 장례에 관한 이야기 등 일부 내용은 훗날 누군가에 의하여 추가되거나 편집되었던 것이 확실하다. 특히 모세의 시신이 대략 어느 지역에 안치되었는지는 알지만, 정확히 어디에 묻혔는지에 대하여 "오늘까지 그의 묻힌 곳을 아는 자가 없느니라"(신 34:6)라는 말씀은 모세 사후 상당한 세월이 흐른 다음에 이 말씀이 첨부되었다는 점을 시사한다.

책이 종종 언급하는 "오늘/이 날"(הַיּוֹם הַזֶּה), 즉 신명기의 최종적 편집 시기를 추측하는 일은 매우 어렵다. 이처럼 신명기의 개정 시기를 논하는 것은 매우 어려운 일이나, 책의 기본적인 골격과 내용은 모세에게서 유래된 것으로 보아도 별 문제가 없다(Block; Shea; Grisanti; Dillard & Longman; Harrison: cf. Polzin; McConville). 이러한 전통적인 입장을 수정하기 위해서는 학자들의 추측이 아니라 결정적이고 설득력 있는 증거와 논리가 제시되어야 한다. 그러한 증거와 자료가 제시되지 않는 한 신명기의 저작 시기에 대해 보수적인 견해를 고수하는 것은 당연하다.

2. 역사적 정황

책의 저자와 저작 시기가 지속적으로 논란이 되고 있지만, 책이 전제하고 있는 시대적 배경은 가나안 입성을 눈앞에 둔 시점이라는 것은 논란의 여지없이 쉽게 알 수 있다. 이스라엘은 하나님의 도우심으로 430년의 노예 생활을 마치고 이집트를 극적으로 탈출했다. 그 후 시내 산에 1년을 머물면서 하나님과 언약을 맺어 그의 백성이 되었고, 하나님은 율법을 언약 조항으로 그의 백성에게 주셨다.

이스라엘은 1년 만에 시내 산을 떠나 가나안을 향해 힘찬 행진을 시작했다. 드디어 약속의 땅에서 그리 멀지 않은 가데스 바네아에 진을 치고 가나안 땅이 어떠한가 알아보기 위하여 각 지파를 대표하는 12명의 정탐꾼을 40일 동안 보내 약속의 땅을 두루 살펴보도록 했다. 이들의 보고는 가나안이 정말로 "젖과 꿀이 흐르는 땅"이라는 것이었다. 그러나 정탐꾼들은 그 땅 거주민들은 거인 족이라 이스라엘이 절대 이길 수 없다며 탄식했다. 여호수아와 갈렙이 여호와를 의지하면 그들은

"우리의 밥"이라고 호소해 보았지만, 정탐꾼들의 보고에 이미 동요된 백성들은 들으려 하지 않고 하나님을 원망하는 죄를 저질렀다.

이스라엘에 대하여 분노하시고 실망하신 하나님은 그들의 가나안 입성을 거부하셨다. 그리고 12정탐꾼이 가나안을 탐사하느라 보낸 40일을, 하루에 1년으로 계산하여 40년 동안 광야를 떠돌게 하셨다. 이스라엘이 광야에서 방황하는 동안 출애굽 1세대는 모두 죽었다. 이 때 이스라엘이 어떤 경로에 따라 이동했으며, 그들의 40년 광야 생활이 어떠했는가에 대하여 우리는 별로 아는 바가 없다. 이 시대를 회고하고 있는 민수기가 이 때 일어났던 사건들 몇 건만 언급할 뿐 자세한 정보를 제공하지 않기 때문이다.

광야 생활 40년이 끝나갈 무렵에 아론과 미리암도 죽었고 이스라엘은 광야에서 태어난 출애굽 2세대들이 중심이 된 새 백성이 되어 있었다. 그들은 가나안에 입성하기 위하여 모압 평지 싯딤(lit, 아카시아 숲)에 도착했다. 이들은 전(前) 세대가 이집트를 떠나온 이유가 가나안 입성을 위해서였지만, 불순종으로 인해 입성을 거부당했으며, 자신들이 드디어 전 세대의 꿈을 이루게 되었다는 사실에 대하여 매우 고무되어 있었다. 그러나 그들은 또한 '우리는 과연 잘 할 수 있을까?'라는 생각으로 다소 불안해 하고 있다. 이런 역사적 상황에서 모세는 이 출애굽 2세대들이 요단 강을 건너기 전에 다시 한 번 율법 순종의 중요성을 강조한다.

3. 목적

모세는 가나안에 입성하지 못하고 곧 죽게 된다. 이러한 상황에서 그는 요단 강을 건너 가나안으로 입성할 백성에게 마지막으로 율법을 강론하며 순종을 호소한다. 신명기는 모세의 마지막 권면이자 고별 설교인 것이다. 모세는 설교에서 백성들에게 그들의 삶을 율법 묵상과 실천으로 채울 것을 중점적으로 권면한다. 그러나 모세는 이스라엘에게 맹목적이고 기계적인 순종을 요구하지 않는다. 그는 무엇보다도 율법의 취지와 정신을 생각하며 순종할 것을 강조한다.

하나님이 시내 산에서 율법을 주신 지 어느덧 40년이 되었다. 지난 세월 동안 백성들이 율법을 어떤 자세로 대했는가를 생각해 보니 그들에게 율법은 하나님이 지어주신 짐이 되어 있었다. 율법대로 사는 삶이 하나님 백성이 준수해야 할 의무감에서 비롯된 것이지 결코 행복해지기 위해서 기쁜 마음으로 자원해서 하는 것이 아니었던 것이다. 이스라엘은 율법을 받은 지 불과 40년 만에 어느새 율법주의에 빠져 버렸다. 모세는 이스라엘의 이 같은 현실을 감지하고는 위기감을 느낀다. 주의 백성이 이런 식으로 율법을 준수하면 그들은 결코 행복해질 수 없을 뿐만 아니라, 하나님도 기뻐하실 리 없기 때문이다. 그래서 그는 깊은 묵상 끝에 가나안 입성을 앞둔 세대에게 율법을 강론한다. 마치 사도 요한이 예수님의 죽음과 부활에 대하여 많은 세월 동안 묵상한 끝에 요한복음을 저작한 것처럼 말이다(Block).

모세는 새로운 율법과 이미 주신 율법에 어떻게 순종해야 할 것인가에 대한 강론을 통해 율법의 근본적인 취지를 다시 한 번 상기시킨다. 율법은 백성들의 삶을 행복하고 윤택하게 하기 위해서 주어진 것이지 그들을 억압하고 그들에게 짐을 지우기 위하여 주신 것이 아니기 때문이다. 만일 이 율법 정신을 망각하게 되면 율법이 사람을 위해 있게 되는 것이 아니라, 사람이 율법을 위해 있게 된다. 이것이 율법주의다. 하나님은 백성들이 율법에 순종하는 삶을 살길 원하시지만, 그의 백성이 율법주의의 늪에 빠지는 것은 기뻐하지 않으시기 때문이다.

율법은 하나님의 백성으로 이 세상을 살아가는 것이 무엇을 뜻하는가를 정의할 뿐만 아니라 이스라엘 공동체와 그 공동체에 속한 사람들의 삶과 죽음을 결정한다. 공동체와 각 개인의 운명이 율법에 의하여 결정된다는 것은 이스라엘 공동체와 공동체에 속한 각 개인의 운명이 필연적으로 하나로 묶여 있다는 것을 뜻한다. 각 개인이 건전할 때 공동체도 건전하게 될 것이며, 공동체가 건강하지 못하면 각 개인도 대가를 치러야 한다. 개인적인 경건과 윤리에 관한 율법들은 하늘나라의 시민으로서 각 개인이 준수해야 할 사항들이며, 대인관계와 공동체에 관한 규정들은 개인들의 연합으로 이루어진 공동체의 경건과 순수성을 보존하기 위하여 주어진 것들이다. 그래서 신명기는 공동체의 신앙과 질서를 좀먹거나 오염시킬 수 있는 자들을 과감하게 처단하라고 한다. 설령 이적과 징조를 행하는 예언자라 할지라도 공동체에 속한 사람들을 하나님께로부터 멀어지게 하면 처형해야 하며(13:1-5), 가장 친한 친척이라 할지라도 우상을 숭배하자고 유혹하면 재판에 회부하여 사형에 처하도록 하여야 한다(13:6-9). 경우에 따라서는 자신이 낳은 아들까지 죽이라고 한다(21:18-21).

이와 같이 잔인하다고 생각될 수 있을 만큼 강력한 규정을 담고 있는 신명기의 율법은 이스라엘이 준수해야 할 언약 헌장이며(cf. Wright), 이 헌장에 따라 살아가는 것이 바로 하나님께 순종하는 것이다. 신명기는 언약 헌장인 율법에 따라 살면 삶이 풍요로워지고 행복하게 살 것이라고 한다. 실제로 시편 119편은 율법은 꿀송이보다 달고 율법을 따라 살아가는 것은 어두운 밤에 길을 비추어 주는 등불을 따라가는 것과 같이 복된 것이라고 한다. 그러나 현실은 그렇지 않은 것 같다. 때로 율법 대로 사는 것이 우리를 매우 불편하게 하기 때문이다. 그래서 율법이 우리의 발목에 채워진 족쇄처럼 느껴지기도 하고, 우리를 짓누르는 짐으로 여겨지게도 된다.

모세는 그 이유에 대하여 율법의 취지/정신을 망각하고 율법을 지키려 하기 때문이라고 한다. 하나님은 이스라엘이 이집트를 출발하기 전부터 율법을 주셨고, 시내 산에서는 참으로 다양하고 많은 율법을 주셨다. 하나님이 이스라엘에게 많은 율법을 주신 것은 백성들의 자유를 제한하는 족쇄를 채우거나 갖가지 책임과 의무를 짐으로 지우기 위해서가 아니다. 오히려 건강한 풍요로움과 누림을 주기 위해서 율법을 주셨다. 그러나 이스라엘이 율법의 취지는 생각하지 않은 채 율법이 요구하는 강령을 기계적으로 실천하려고 하다 보니 율법은 그들에게 짐이 되고 족쇄가 되어 갔던 것이다.

신명기는 율법의 정신과 취지를 강조함으로써 이 같은 문제를 해결하고자 한다. 몇 가지 예를 들어 생각해 보자. 첫째, 모세는 모든 수확의 십일조는 하나님께 거룩한 것이라며 하나님께 드리라고 했다(레 27:30-32). 그 외에는 어떠한 지시나 규례가 없다. 그러므로 레위기에 기록된 십일조 규례는 성도의 의무를 법률적으로 정의하고 있을 뿐이다. 반면 신명기는 십일조를 주님께 바칠 때면 친지들을 데리고 와서 주님 앞에서 함께 먹으라고 한다. 만일 먼 곳에 살면 돈으로 환산하여 성소 근처에 와서 그곳에서 본인이 원하는 짐승 등으로 바꾸어 하나님 앞에서 사랑하는 자들과 함께 먹으라고 한다. 또한 매 3년에는 십일조를 성소에 들여놓지 말고 자기가 사는 성읍에 들여놓아 가난한 자들과 레위 사람들을 먹이라고 한다(신 14:22-29). 신명기는 십일조 율법의 근본적인 취지는 하나님이 축복해 주신 풍요로움에 대하여 친지들과 함께 감사하며 누리는 것에 있음을 알려 준다. 더 나아가 신명기는 이 기쁨과 풍요로움을 주변에 있는 가난한 자들과 함께 나누라는 것이다. 이렇게 함으로써 십일조는 우리 주변에 있는 모든 사람들에게도 창조주의 축복이 임하게 하는 데 목적이 있는 것이다.

둘째, 출애굽기 34:19은 모든 짐승의 첫배는 하나님께 속한 것이므로 하나님께 바쳐야 한다고 한다(cf. 출 13:2, 12, 15). 이 규정에는 어떠한 부연 설명도 없다. 그러므로 우리는 제사장들과 레위 사람들만이 이 짐승을 먹을 수 있을 것으로 추측한다. 이에 대해 신명기는 짐승의 첫배를 드리는 자가 이 짐승을 하나님 앞에서(viz., 성전/성막에서) 먹을 것과, 만일 짐승에 흠이 있으면 그냥 사는 곳에서 잡아먹으라고 한다(신 12:6-21; 14:23). 흠이 있는 짐승을 온전한 것으로 대체하여 바칠 필요도 없다. 역시 이 율법의 취지는 하나님의 축복으로 태어난 첫 짐승을 누리고 즐기는 것에 있음을 강조한다. 창조주께서 주신 축복을 누리고 기뻐하는 것이 이 율법의 정신인 것이다.

셋째, 율법은 남자들 중 20세 이상인 사람들을 모두 징병하도록 한다(cf. 레 27장; 민 1장). 그러나 신명기는 이에 대하여 수많은 예외 규정을 둔다. 신명기 20장은 군대에 징집하면 새집을 건축하고 낙성식을 거행하지 못한 사람(5절), 포도원을 만들고 그 과실을 먹지 못한 사람(6절), 약혼만 하고 아직 결혼을 하지 못한 사람(7절) 등을 모두 집으로 돌려 보내라고 한다. 이 같은 예외 규정에서 다시 한 번 강조되는 것 역시 "누림/즐김"이다. 율법을 지키는 일이 주의 백성의 행복권을 침해해서는 안 된다는 것이다. 왜냐하면 율법은 주의 백성의 행복을 보장하고 증대시키는 것을 목적으로 하고 있기 때문에, 만일 율법 적용에 있어 그들의 행복권을 침해하는 일이 생긴다면 주의 백성들을 행복과 평안의 누림으로 축복하시고자 하는 하나님의 목적에 위배되는 일이기 때문이다. 율법은 이처럼 백성들이 삶을 누리고 즐기도록 주어진 것이다.

안타깝게도 이스라엘은 율법을 자신들이 지고 가야 할 멍에로 만들어 버렸다. 그래서 죽음을 앞둔 모세는 가나안 입성을 앞둔 시점에서 출애굽 2세대들을 모아 놓고 잊혀져 버린 율법의 정신과 취지에 대해 강론한다. 그는 신명기를 통해 율법의 목적과 정신을 강조하며 법의 취지를 상기시키고자 했다. 모세의 율법의 취지에 대한 이해를 간략히 요약하면 율법이 사람을 위해서 있는 것이지, 사람이 율법을 위해서 있는 것이 아니라는 것이다. 율법은 사람들이 행복해질 수 있는 길을 안내하는 것이지, 그들의 삶을 억압하는 것이 아니다. 또한 율법은 문자적인 해석과 적용보다는 인간미와 융통성을 바탕으로 한 순종을 요구한다.[4] 예수님이 "안식일이 사람을 위하여 있는 것이요 사람이 안식

4 구약을 살펴보면 모세 율법은 절대적이고 영구적인, 곧 '돌에 새겨진 영구불변한' 것이 아

일을 위하여 있는 것이 아니다"(막 2:27)라고 하신 말씀도 신명기의 메시지와 맥을 같이한다. 그래서 일부 학자들은 신명기를 신약의 복음서에 빗대어 말한다(cf. Block).

4. 신명기와 오경

신명기는 분명 오경의 다른 책들과 매우 다른 성향을 보인다. 출애굽기-레위기가 모세가 시내 산에서 받은 율법을 기록하고 있는 법전이라면, 신명기는 이 책들 안에 기록되어 있는 율법들을 설교식으로 강론하는 성향을 갖고 있기 때문이다(Grisanti). 그럼에도 불구하고 신명기는 이 책들과 유기적이고 역동적인 관계를 유지한다. 무엇보다도 이 책의 역사적-율법적 배경이 되고 있는 출애굽 사건과 40년의 광야 생활이 출애굽기-민수기에 기록되어 있기 때문이다. 이집트에서 있었던 일과 그곳을 떠나 시내 산에서 머무는 동안 있었던 일은 출애굽기-레위기에 모두 기록되어 있다. 민수기는 시내 산을 떠난 후 이스라엘의 40년 여정을 회고한다. 민수기가 끝나갈 무렵, 이스라엘은 드디어 요단 강 건너로 여리고 성이 보이는 모압 평지에 도착했다.

신명기의 지리적 배경이 되는 곳이 바로 이 모압 평지다. 모세는 가나안에 입성하기 위하여 이곳에 모인 이스라엘 백성들에게 그들이 이곳까지 오게 된 역사적 정황을 설명한다. 이어서 그는 지금까지 하나님이 주신 율법을 회고하며, 새로 정착하게 될 땅에서 하나님의 말씀에 순종하며 신실하게 살 것을 권면한다. 권면이 끝나자 모세는 여호

니다. 이스라엘이 처한 상황에 따라 어느 정도의 융통성과 개정을 허락한다. 그래서 역대기를 살펴보면 다윗이 레위 사람들에 대한 율법을 대폭 수정하는 것을 보게 된다. 모세가 율법을 통해 규정한 레위 사람들의 역할이 법궤와 성막 기구들을 운반하는 일이었는데, 법궤가 영구적으로 성전에 안치됨으로 인하여 더 이상 레위 사람들이 할 일이 없어진 것에 대한 대처 방안이었다. 다윗은 이 레위 사람들을 찬양대, 성전 문지기, 창고 관리인 등으로 재배치하는 율법을 제정했다.

수아를 후계자로 세우고 죽음을 맞이한다. 그의 죽음은 그와 출애굽 1세대의 시대가 막을 내리고 있음을 상징하기도 한다. 드디어 출애굽기에서 시작되었던 여정에 마침표를 찍게 된 것이다.

이와 같이 신명기는 모세 오경의 여러 책들에 기록된 율법의 일부와 다른 책들에 기록되지 않은 것들을 추가하기도 하여 재차 이스라엘에 제시한다. 이 과정에서 신명기는 다음과 같은 독자성을 보인다. 첫째, 출애굽기-민수기에 기록된 율법들 중 상당 부분이 신명기에서는 언급되지 않는다. 예를 들면 아이를 출산한 산모에 대한 규례(레 12장), 문둥병 및 각종 피부병과 곰팡이(레 13-14장), 부정한 남자와 여자(레 15장), 희년(레 25:8-13), 붉은 암송아지의 재(민 19장), 남자가 딸만 남기고 죽었을 때 상속 문제(민 36장) 등은 아예 신명기에서 언급되지도 않는다. 신명기에 다시 언급되지 않는 규례들은 다른 율법책에서 상대적으로 자세하게 기록된 것들이다. 다른 책들에서 이미 상세하게 기록된 것들에 대하여는 모세가 더 이상 더할 것이 없었기 때문일 것이다.

둘째, 신명기는 출애굽기-민수기에 언급되지 않은 율법을 추가하고 있다. 전쟁(20장; 23:9-14), 왕권(17:14-20), 이혼과 재혼(24:1-4), 예배처소(12:1-28) 등에 관한 율법은 다른 율법책에 등장하지 않는 것들이다. 오직 하나님이 선택하신 한 곳에서만 예배를 드리라는 규례는 신명기 율법이 지니고 있는 매우 독특한 면모 중 하나다. 솔로몬이 예루살렘 성전을 건축한 후에는 그 성전이 유일한 예배 처소가 되었지만, 신명기는 예루살렘을 지명하지 않는다. 이스라엘의 역사를 살펴보면 하나님의 처소인 장막 혹은 법궤가 예루살렘 성전이 완성될 때까지 세겜, 실로, 벧엘, 기브온 등에 있었던 것으로 추정된다.

이 규정은 정기적인 예배를 드리는 곳을 제한하는 것이지, 특별한 상황에서 한시적으로 혹은 한 번 드리는 예배의 장소를 제한하는 것은 아니다. 신명기 자체도 이스라엘에게 가나안에 입성하면 곧장 에발 산으로 올라가 그곳에 제단을 세우라고 한다(27:4-6). 바알 선지자들과 싸웠던 엘리야는 이미 오래 전에 이스라엘 사람들이 그곳에 쌓았던 허물어진 제단을 정비하여 그곳에서 하나님께 예물을 드렸다. 이러한 역사적 사실들이 한 곳에서만 예배를 드리라고 하는 신명기의 규례는 정기적으로 예배를 드리는 장소에 관한 것임을 시사한다.

셋째, 신명기는 이미 다른 율법책에 기록된 사건이나 율법에 대하여 추가 설명한다. 민수기 20장에 의하면 모세와 아론은 므리바에서 바위에게 명령하여 물을 내게 하라는 하나님의 말씀을 따르지 않고 지팡이로 바위를 내리친 죄로 인하여 가나안 땅에 들어갈 수 없는 심판을 받았다(민 20:12). 신명기도 이 사실을 확인한다(신 32:51). 동시에 신명기는 더욱이 모세가 가데스 바네아에서 백성들의 요구를 받아들여 가나안에 정탐꾼을 보낸 일 때문에도 가나안에 들어갈 수 없었다는 설명을 더한다(1:37). 신명기 저자는 정탐꾼을 보낸 일이 이스라엘의 불신에서 비롯된 것이며, 하나님은 백성들의 이러한 불신을 허용한 모세에게도 책임을 물어 그로 가나안 땅에 들어가지 못하게 하셨다고 말한다.

반면 민수기에는 마치 하나님이 정탐꾼을 보내신 것처럼 묘사되어 있다(민 13:1). 신명기와 민수기를 종합해 볼 때 아마도 다음과 같은 일이 있었던 것으로 추정된다. 가데스 바네아에 도착한 이스라엘에게 모세는 곧장 가나안 땅으로 올라가 취할 것을 주문했고, 이에 대해 백성들은 먼저 정탐꾼을 보내 상황을 파악해 보자고 했다. 모세는 이러한 백성들의 요청이 불신에서 비롯된 것이 아니라 호기심과 궁금증에서 비롯된 것으로 간주하여 좋게 여겼고, 하나님께 백성들의 요구를 아뢰었다. 백성들의 심중을 잘 아시는 하나님은 그냥 허락하셨다. 허락하신 후에도 약속의 땅으로 올라가지 않을 사람들이기에, 허락하지 않으면 더욱더 올라가기를 꺼려할 것임을 아셨기 때문이다. 그래서 하나님은 불신하는 이스라엘에게 마지막으로—혹시 젖과 꿀이 흐르는 땅을 직접 보면 마음이 바뀌어 가나안으로 입성하고자 하는 마음이 생기지 않을까 하는 마음에서— 기회를 주신 것이다.

민수기는 이러한 절차를 생략하고 단순히 정탐꾼을 보내라는 하나님의 지시를 기록하고 있을 뿐이다. 반면 신명기는 민수기에 기록된 정탐꾼 사건에 어떤 경위로 그들을 보내게 되었는가를 추가 설명한다. 율법에 대하여 추가적으로 설명하는 예로는 십일조와 첫 소산 예물에 대한 규례를 들 수 있다. 다른 율법책들은 예배자들이 이 예물을 성소에 들여 놓을 것만을 전제한다(레 27:30-31; 민 18:21-26). 반면 신명기는 첫 소산 예물과 매 3년마다 드리는 십일조를 성소에 들여 놓는 예배자들은 먼저 제사장에게(26:3), 그 다음 제단 앞에 서서 하나님께 직접 드릴 고백(26:5-10)과 기도(26:13-15)를 드릴 것을 제시한다.

넷째, 신명기는 다른 율법책에 기록된 내용을 확대하여 설명한다. 대표적인 예가 십일조와 첫 소산에 대한 규례다. 다른 율법책들은 예배자가 이 예물들을 먹을 수 있다는 말을 하지 않는다. 반면 신명기 저자는 예배자들에게 이 예물들을 성소에 가서 온 친지들과 사회적으로 소외된 자들을 초청해서 하나님 앞에서 함께 먹으라고 한다(14:22-27; 15:19-20). 첫 소산 예물의 경우 짐승에게 흠이 있어 제물로 사용할 수 없는 경우 그 짐승을 사는 곳에서 그냥 잡아 먹으라고 한다. 좋은 짐승으로 대체하여 성소에 들여 놓을 필요도 없다(15:21-22). 십일조의 경우 다른 율법책에 기록되지 않은 사항을 추가한다. 매 3년째 되는 해의 십일조는 성소로 가져오지 말고 자신이 사는 성안의 가난하고 소외된 이웃을 위한 구제헌금으로 사용하라고 한다(14:28-29).

그렇다면 신명기 안에서 보이는 이러한 융통성은 다른 율법책에 기록된 것들과 긴장 관계를 형성하는 것인가? 그렇게 볼 필요는 없다. 각 가정이 드리는 일 년 치 십일조를 간단하게 계산하더라도 온 가족이 한달 동안 먹을 수 있는 양식보다 많다. 친지들을 초청한다 해도 이 많은 양의 곡식을 하루 사이에 먹는다는 것은 불가능하다. 그러므로 십일조의 대부분은 다른 율법책들이 전제하는 것처럼 제사장들과 레위 사람들의 몫이었다. 다만 신명기가 강조하고자 하는 것은 이런 예물을 드릴 때, 드리는 자에게도 하나님께로부터 받은 풍성함을 온 가족들과 함께 하나님 앞에서 누릴 수 있는 기회를 주어야 한다는 것이다.

신명기가 확대 해석하는 현상의 또 다른 예로 레위 사람과 제사장을 들 수 있다. 신명기는 분명 이 둘을 구분한다. 그래서 햇곡식 예물은 제사장에게 가져가라고 한다(26:1-10). 모세는 자신이 선포한 율법을 기록한 책을 레위 사람들에게 주면서 법궤 옆에 두라고 한다(31:24-26). 그러나 일반적으로는 제사장과 레위 사람을 구분하지 않고 하나로 취급하여 "레위 자손 제사장"(הַכֹּהֲנִים בְּנֵי לֵוִי)이라는 말을 사용한다. 원래는 레위 사람들 중에서도 아론의 자손들만 제사장이 될 수 있었는데, 신명기 저자는 이 둘을 하나로 간주함으로써(cf. 31:9, 25) 차이를 최소화하고 있다. 아론의 자손들만 제사장이 될 수 있다는 규례(출 29:9)가 확대되어 모든 레위 사람이 제사장이 될 수 있다고 하는 것이다(Tigay; McConville; Craigie). 그래서 모든 레위 사람이 제사장으로 간주된다.

신명기는 다른 책들에서 시작된 몇몇 이야기에 종지부를 찍는 역할을 한다. 예를 들면 출애굽과 광야 생활 40년 동안 이스라엘을 인도했던 모세가 신명기에서 죽음을 맞는다(신 34장). 또한 이미 민수기에서 예고되었던 여호수아의 리더십 승계가 신명기에 와서야 실현된다(신 31:1-8). 그러므로 오경에서 신명기를 제외시킨다면 오경은 완전할 수 없으며, 출애굽기에서 시작된 이스라엘의 이야기가 이렇다 할 결말도 없이 곧장 여호수아서로 건너뛰게 된다. 신명기는 이스라엘 이야기의 다음 단계(viz., 가나안 정복)가 시작되기 전에 지금까지 오경 안에서 전개, 진행되어왔던 여러 사건과 이야기의 결말을 짓고 있다. 그러므로 신명기가 민수기와 여호수아서 사이의 두 달의 공백 기간을 배경으로 하고 있어 시간적으로 큰 공백을 메우는 것은 아니지만, 신명기는 여러 사건들의 전개와 신학적 전개 차원에서 모세오경과 이스라엘의 역사서들 사이에 꼭 필요한 다리 역할을 하고 있는 중간 단계로 간주되어야 한다.

5. 신명기와 그 외 정경

신명기를 포함한 율법책이 이스라엘 역사를 평가하는 잣대가 됨은 당연한 일이다. 하나님이 자신의 백성에게 요구하시는 것은 그분을 향한 믿음이요 주신 계명과 말씀에 대한 순종이기 때문이다. 그러므로 구약의 역사서들은 이스라엘이 얼마나 오경을 통해 주어진 하나님의 말씀대로 살았는가를 평가하는 책들이다. 신명기가 역사서들 중에서도 열왕기에 미친 영향은 실로 대단하다. 열왕기가 이스라엘의 역사에서 가장 길고 결정적이었던 시기를 정리하면서 이스라엘의 운명을 백성들의 율법을 준수하려는 노력 여부와 연관짓다 보니 초래된 자연스러운 결과라고 할 수 있다.

그러나 다른 율법책들보다도 유독 신명기가 열왕기에 큰 영향을 주었던 것으로 생각되는 이유는 다른 율법책들에서는 그다지 강조되지 않았지만, 신명기에서 매우 강조되는 지침들이 열왕기에서도 역시 강조되고 있기 때문이다. 예를 들면 예배는 꼭 한 곳에서만 드리라는 신명기 12장의 가르침은 열왕기 전체에 매우 큰 영향을 미쳤을 뿐만 아니라 심지어 유다의 모든 왕들을 평가하는 기준이 되었다. 열왕기 저자는 여호사밧처럼 매우 훌륭한 업적을 남긴 왕마저 "그러나 산당은 제거하지 않았더라"(viz., "한 곳에서만 예배를 드리라는 하나님의 명령을 따르지 않았더라")라는 오점을 남겼다고 평가한다(왕상 22:43). 예루살렘을 기점으로 여호와 종교의 중앙화를 이루는 일에 실패했다는 뜻이다. 그러나 신명기가 이스라엘이 예배를 중앙화하는 작업에서 제거해야 할 산당 그리고 세워야 할 성전, 또는 성전의 터전이 될 예루살렘에 대하여 한 번도 언급하지 않았다는 점은 이 이슈에 대하여 신중한 결론을 내릴 것을 요구한다(Grisanti).

이스라엘이 남 왕국 유다와 북 왕국 이스라엘로 분열된 후 북 왕국 이스라엘의 첫 왕이었던 여로보암이 지은 죄 역시 예배는 한 곳에서만 드리라는 신명기의 명령을 거역한 행위다. 여로보암은 왕이 되자마자 벧엘과 단에 금송아지를 세워놓고 백성들로 하여금 그곳에서 여호와께 예배를 드리도록 했다. 이유는 자신이 통치하고 있는 북 왕국 백성들이 솔로몬이 예루살렘에 성전을 세운 후로는 모든 일상의 예배가 예루살렘에서만 드려져야 한다는 신명기의 명령을 따르기 위해서는 남 왕국 유다의 수도인 예루살렘에 드나들어야 하는데, 만약 백성들의 예루살렘 출입을 금하지 않으면 자신이 엄청난 정치적 대가를 치르게 될 것이라는 불안감 때문이었다(왕상 12:25–30).

북 왕국 이스라엘에 시므리라는 왕이 있었다. 그는 겨우 1주일 동안 나라를 통치했던 사람이었다. 그런데도 열왕기 저자는 그가 "여호와 보시기에 악을 행하였다"고 평가한다(왕상 16:19). 아합이 속했던 북 왕국의 오므리 왕조의 창시자 오므리는 이스라엘의 왕들 중 주변 국가들에 가장 잘 알려졌던 사람이었으며, 그에 대한 고고학적인 자료도 그 어느 왕보다 많이 남아 있다. 이스라엘의 왕들 중 가장 많은 정치적 업적을 남겼던 유능한 사람이었던 것이다. 그러나 열왕기 저자는 그를 매우 간략하게, 그리고 부정적인 관점에서 묘사한다(왕상 16:25–26). 열왕기 저자는 왕들의 정치적 혹은 경제적 업적에는 별 관심이 없었던 것이다. 저자가 왕들을 평가하면서 사용하는 유일한 기준은 여호와를 향한 믿음과 순종이다. 대부분 학자들은 열왕기 저자의 이러한 관점이 신명기 17:14–20에 기록된 왕에 대한 규례에서 비롯된 것이라고 결론짓는다.

신명기 28장에는 이스라엘의 순종과 불순종이 초래할 축복과 저주가 나열되어 있다. 열왕기를 살펴보면 신명기 28장이 언급하는 모든 저주가 이스라엘에 임했음을 알 수 있다. 질병(신 28:21–22; 왕하 6장; cf. 삼하 24장), 가뭄(신 28:23–24; 왕상 17–18장), 인육을 먹음(신 28:53–57; 왕하 6:24–30), 약속의 땅에서의 추방과 패배(신 28:36–37; 왕하 17:24–32; 25:18–24). 열왕기 저자에게 이스라엘이 아시리아로 끌려가고 유다가 바빌론으로 잡혀간 것은 이미 오래 전에 신명기가 경고한 것의 성취일 뿐이었다. 이 외에도 신명기 18:9-22에 기록되어 있는 선지자에 대한 규례가 열왕기에 묘사된 선지자들의 행보와 직접적인 연관이 있다고 많은 학자들은 결론을 내린다(cf. 왕상 13:1-2, 5, 21, 26, 32; 15:29; 왕하 1:17; 7:1; 9:26, 36; 10:17).

이와 같이 신명기는 열왕기의 신학과 통찰력에 지대한 영향을 미쳤다. 그렇다면 열왕기 저자가 율법책들 중 유독 신명기의 가르침을 자신의 책에 많이 반영한 이유는 무엇일까? 많은 사람들은 그 이유를 열왕기하 22:8-23:25에 기록된 요시야의 종교개혁에서 찾으려 한다. 요시야는 어렸을 때부터 하나님을 사모한 사람으로서, 유다의 왕이 된 후 성전 보수와 종교개혁을 단행했다. 성전을 보수하던 중 힐기야 제사장이 오랫동안 잊혀졌던 율법책을 발견했는데 이 책이 바로 신명기라는 것이다. 이때가 주전 621년쯤 된다.[5] 진보적 학자들은 한 걸음 더 나아가 이 율법책은 성전에 소장되었던 것을 힐기야 제사장이 발견한 것이 아니라 그가 요시야의 종교개혁을 돕기 위하여 당시에 조작한 것이라고 주장한다.[6] 일종의 '거룩한 사기극'이라는 것이다(Wellhausen; cf. Driver; Harrison). 이 일이 있은 후로 신명기는 이스라엘의 역사를 판가름하는 기준이 되었으며, 이러한 현상이 이스라엘이 포로로 끌려간 이야기를 담고 있는 열왕기에 다분히 반영되었다는 것이다.

재미있는 가설이기는 하지만, 이러한 가설을 뒷받침할 만한 역사적 증거는 없다. 힐기야가 발견한 책이 그가 조작한 것이라는 그 어떠한 역사적 자료나 증거도 없을 뿐만 아니라 그가 발견한 책이 신명기라는 것도 추측일 뿐이다. 열왕기가 신명기 28장에 선포된 언약적 저주

---

5 신명기가 요시야 시대에 성전에서 발견된 율법책이라는 주장은 1805년에 데베테(de Wette)에 의하여 처음 제시되었다(Lundbom).

6 벨하우젠(Wellhausen)은 처음 신명기 12-26장이 저작되었으며, 주전 622경에 요시야의 종교개혁을 돕고자 한 선지자가 집필한 것이라고 했다. 일부 학자들은 예레미야가 이 부분을 저작했다고 주장한다(cf. Harrison; Block).

가 이스라엘에 임했다고 기록하고 있지만, 언약적 저주는 단지 신명기 28장뿐만 아니라 레위기 26장에도 상세히 기록되어 있다. 게다가 요시야가 단행한 종교개혁뿐만 아니라, 이미 그보다 앞서서 종교개혁을 단행했던 여호사밧(왕상 22:42-49), 아마샤(왕하 14:6), 히스기야(왕하 18:3-8) 등이 모두 신명기를 의식하고 있음을 암시하는 듯하다. 또한 요시야가 단행하는 개혁 중에는 신명기가 언급하지 않은 요소들도 반영하고 있다(Grisanti). 그러므로 열왕기가 신명기의 영향을 많이 받았다는 것은 부인할 수 없는 사실이지만, 마치 신명기만 열왕기에 영향을 미친 것으로 단정하는 것은 바람직하지 않다. 율법책 모두가 열왕기에 지대한 영향을 미쳤기 때문이다. 율법, 특히 신명기가 열왕기 같은 역사서와 밀접하게 연관되어 있는 것은 당연하다. 왜냐하면 율법이 선포된 후 율법은 이스라엘의 역사를 조명하고 평가하는 잣대가 되었기 때문이다. 이스라엘 남 · 북 왕국의 종말을 다루고 있는 열왕기는 이 자매 국가들의 멸망 이유를 설명하면서 이들이 율법대로 살지 않았으므로 그렇게 된 것이라고 회고한다.

신명기는 신약에서도 자주 인용되는 책이며 예수님이 특별히 자주 인용하신 구약 책이다(Block). 신약 저자들은 최소한 80회 이상 신명기를 직접 인용하거나 간접적으로 언급한다. 실제로 신약에서 요한복음, 골로새서, 데살로니가전서, 디모데후서, 베드로전 · 후서를 제외하고는 모든 책들이 신명기를 인용한다. 여호와께서 명령하신 것에 더하거나 빼서는 안 된다는 말씀(신 4:2)과 계시록을 통해 선포된 예언에서 빼거나 더하면 안 된다는 말씀은 거의 흡사하다(계 22:18-19). "너희는 그[하나님]의 음성이나 모습을 본적이 없다"는 요한복음 5:37 말씀은 "너희가 그[하나님의] 말소리만 듣고 형상은 보지 못하였느니라"(신 4:12)를 연상케 한다. 사람을 나무에 매달아 처형하는 일은(신 21:22) 사도행전 5:30에서 예수님의 죽음과 연관된다. 이 외에도 신약이 신명기를 인용하거나 가르침의 바탕으로 삼는 곳이 매우 많지만, 그 중 가장 인상적인 것은 예수님이 신명기 6:4-5의 쉐마(shema)를 지적하면서 이것이 율법의 골자라고 선언하신 일이다(마 22:37). 신명기는 예수님의 가르침은 물론이고 신약의 가르침과 밀접하게 연관되어 있는 것이다.

6. 메시지와 이슈

신명기는 매우 다양한 신학적 메시지와 주제를 전개하여 발전시키고 있는 신학적 보고(寶庫)이다(Craigie). 신명기의 주요 신학적 주제에는 합당한 예배, 정의로운 경제제도, 합리적인 공권력, 신실한 전쟁, 가정생활에서의 질서 등이 포함되며(Brueggemann), 이 모든 주제는 '언약적 윤리'(covenantal ethics)라는 테마로 묶일 수 있다. 세상에서 유일하게 여호와 하나님과 언약을 맺은 이스라엘은 그들이 하나님과 맺은 언약에 따라 이 모든 사항을 준수할 의무가 있다. 신명기는 이스라엘이 언약의 조항인 율법을 문자적으로 준수하는 것만큼이나 중요시할 것이 율법의 정신을 존중하며 살아가는 것이라고 선언한다. 그래서 신명기는 율법에 추가 설명을 더할 뿐만 아니라 설교 양식을 사용하여 율법의 정신/의도를 부각시키는 것이다. 하나님이 이스라엘과 언약을 맺으시고 율법을 주신 목적은 무엇인가? 이스라엘이 하나된 마음으로 오직 한 분이신 여호와를 한 믿음을 가지고 섬기는 것이다. 그뿐만 아니라 신명기는 하나 됨이 이스라엘의 정체성과 사역의 중심이라는 점도 강조한다(Hawk).

(1) 한 분이신 하나님(One God)

성경의 모든 책이 다신주의(多神主義)를 배척하고 오직 이스라엘의 하나님 여호와만이 유일한 신이라는 점을 선언하지만, 신명기는 이 주제를 특별히 더 확고히 선포한다(Tigay). 여호와는 "신의 신이시며 주의 주"이실 뿐만 아니라(10:17), 유일한 참 신이시다(5:23). 이스라엘의 하나님은 정의로우시고 자비로우시며, 공평한 법을 주신 분이시다(4:8). 그분은 신실하시며 약속하신 것을 지키시는 분이시다(7:8–9; 32:4). 여호와는 또한 오직 참 신만이 할 수 있는 일들을 행하셨다(4:32–40). 그러므로 신명기는 유일신주의를 여러 대안 중 하나라고 하지 않는다. 그래서 첫 계명에서 하나님은 "너희는 여러 신들 중 한 신만 섬겨야 한다"라고 하지 않고 "나는 너희를 구원한 여호와다. 너희는 나 외에 어떠한 신도 두지 말라"라고 명령하신다(5:6–7; cf. 6:4). 한 분이신 하나님이 가장 심각하게 생각하시는 죄는 우상숭배와 이러한 종교들과 연관된 예식들이다(7:25; 27:15; 12:31; 16:22; 18:9–12; 23:18).

신명기는 여호와만을 섬기는 유일신주의만이 유일한 참(眞)종교라고 선언하기에 다른 신(들)을 숭배하는 타종교인들에게는 안된 말이지만, 그들은 신이 아닌 것들의 농간에 놀아나고 있는 것이다(cf. 4:19). 그들이 주장하는 것처럼 여러 신들 중 하나를 숭배한다면 그래도 조금은 낫겠지만, 신명기는 오직 여호와를 섬기는 것만이 합당하고 유일한 종교라고 선언한다. 세상에 존재하는 나머지 '신들'은 모두 생명도, 능력도 없는 물체들에 불과하다. 신명기가 다른 율법책들보다 더 많이 하나님의 초월성을 강조하고자 함에는(cf. Tigay) 이와 같이 이방신들과의 차별성을 드러내고자 함도 한몫 한다.

유일하신 하나님이 이스라엘을 택하신 가장 기본적인 이유는 그들을 축복하시기 위해서다. 신명기에서는 '선택하다'는 뜻을 가진 동사들이 31차례 사용되는데 이중 상당수가 하나님이 이스라엘을 특별히 택하셨다는 의미로 사용된다(cf. Sherwood). 신명기는 이스라엘을 택하신 하나님이 그들을 축복하시고 율법을 주실 뿐만 아니라 그들이 살 만한 땅과 성읍도 주실 것이라고 선언한다. 이러한 메시지는 책에서 사용되는 단어들의 높은 빈도수에서도 역력히 드러난다. "언약"(בְּרִית)(27회); "땅"(אֶרֶץ)(197회); "성읍"(עִיר)(57회); "축복하다"(ברך)(39회); "주다"(נתן)(176

회)(cf. Sherwood).

그러나 하나님이 복을 내리시기 위하여 이스라엘을 택하시고 그들과 언약을 맺으셨다는 것이 이스라엘의 앞길이 항상 순조롭고 풍요로울 것이라는 의미는 아니다. 관계를 맺는다는 것은 양면성을 지닌다. 이스라엘이 하나님을 잘 섬기고 말씀에 순종하면 많은 복을 누리겠지만 (7:13-14; 8:18; 12:7; 14:24, 29; 16:10, 15; 23:20; 26:19; 28:9, 12; 29:13 등), 불순종하면 그들의 형편은 아예 하나님과 언약을 맺지 않은 사람들보다 더 큰 어려움을 당하게 된다(4:27; 6:15; 7:4; 11:17; 12:30; 28:20, 24, 45, 48, 51, 59, 61, 64; 30:3 등). 이스라엘이 하나님과 맺은 언약에 의하면 하나님께는 그들이 순종하면 축복을 내리셔야 하고, 그들이 불순종하면 저주를 내리셔야 할 의무가 있기 때문이다.

그러므로 한 분이신 하나님 여호와께서 이스라엘을 자신의 백성으로 취하셨다는 것은, 이스라엘은 그분의 부르심에 합당한 삶을 살아야 한다는 것을 의미한다. 하나님이 자신의 백성들에게 내려주신 율법을 살펴보면 도덕과 윤리적인 요구가 매우 높은 삶임을 알 수 있다. 유일하신 하나님을 믿는 자들에게는 그분의 요구에 부합하는 매우 도덕적이고 윤리적인 삶을 살아야 하는 의무가 있는 것이다. 그래서 쉐마는 유일하신 하나님을 믿는 자가 온 마음과 정성과 힘을 다하여 그 유일하신 하나님만을 사랑하는 것은 매우 자연스러운 반응이라고 선언한다 (6:5).

(2) 한 백성(One People)

하나님이 이스라엘을 자신의 백성으로 택하신 일은 이미 오래 전부터 계획된 일이었다. 하나님이 만민 중에 유일하게 이스라엘을 택하셨다는 사실은 그들을 감동시키기에 충분했다. 특별히 선택 받을 만한 일을 한 적도 없고, 고작 이집트의 노예들에 불과했는데(cf. 5:6), 하나님이 일방적인 은혜를 베푸셔서 이들을 세상 다른 민족들로부터 구분하셨으니 얼마나 감격했겠는가! 그러나 이러한 감격은 새로운 책임과 의무를 의미했다. 이스라엘은 더 이상 옛날 방식에 따라 살 수는 없다. 선택 받은 순간부터는 완전히 새로운 질서와 가치관에 따라 선민(選民)답게 살아감으로써 하나님의 선택이 잘못되지 않았음을 세상에 보여주어야 했다(cf. 5:6-15). 선민 헌장으로서 신명기는 이스라엘에게 이 새로운 질서와 가치관을 정의해 주고 있다. 그러므로 신명기에서 열방은 이스라엘을 괴롭히고 대적하는 나라들일 뿐만 아니라 이스라엘의 변화된 삶을 지켜보는 증인 역할도 감당해야 했다.

여호와의 특별한 선택을 받은 이스라엘은 열방에 모범이 될 뿐만 아니라 복의 통로가 되어야 했다(cf. 창 12:1-3). 어떻게 열방에게 축복의 통로가 될 수 있단 말인가? 출애굽기 19:4-6은 이스라엘이 세상 가운데 제사장의 나라로 우뚝 서야 한다고 한다. 즉, 이스라엘이 제사장의 나라가 되어 열방을 하나님께 인도해 올 때 축복의 통로가 되는 것이다. 이 일을 위하여 이스라엘은 세상의 빛이 되어야 한다(cf. 사 42:6). 하나님의 백성이 된다는 것은 세상을 향한 여러 가지 책임과 사명을 동반했던 것이다.

이스라엘은 이 사명을 다하기 위하여 하나님 앞에 서 있다. 유일하신 하나님의 유일한 백성인 이스라엘은 열방과 차별화되는 삶을 살아야 한다. 신명기는 바로 이 하나님의 백성에게 세상에서 유일하게 사는 법을 제시하는 언약 헌장이다. 세상에서 하나님과 언약을 맺은 백성으로는 이스라엘이 유일하다. 온 이스라엘은 한 마음이 되어 하나님의 언약 헌장을 받들어야 한다.

(3) 한 믿음(One Faith)

유일하신 하나님이 이스라엘에게 원하시는 것은 그분에 대한 절대적인 충성과 믿음이다(6:4-5). 이스라엘이 하나님과 시내 산에서 언약을 맺은 일은 이러한 충성을 약속한 것을 뜻한다. 그러므로 이스라엘은 우상들을 숭배해서는 안 된다. 이런 것들은 하나님이 이방인들에게 숭배하라고 주신 것들이기에(4:19) 하나님의 언약 백성들은 오직 그분만 신뢰하고 의지해야 한다. 이스라엘은 여호와 외에는 그 어떤 것에게도 마음을 주어서는 안 되며 이때까지 주신 하나님의 모든 계명에 따라 살아가야 한다.

누구든지 우상을 숭배하거나 다른 사람에게 우상을 숭배하도록 권유하는 자는 죽임을 당할 수도 있다. 심지어 종교 지도자들뿐만 아니라(13:1-5) 가장 가까운 친족이나 가장 친한 친구가 비밀리 유혹하더라도 그 비밀을 폭로하고 그를 법정에 회부하여 처형하라고 한다(13:6-9). 만일 이스라엘 공동체가 우상을 숭배한다면, 그들은 망할 것은 물론이요 인질이 되어 타국으로 끌려갈 것을 감수해야 한다(4:25-28; 7:1-4; 11:16-17; 20:16-18; 28:15-68). 이처럼 신명기는 구약의 그 어느 책보다도 가장 강력한 말로 우상숭배를 금하고 있다(Tigay). 그들에게는 오직 여호와만이 있을 뿐이다.

그렇다면 여호와가 어떤 분이시기에 이스라엘은 그분만 섬기고 그의 말씀대로 살아가야 하는가? 신명기에 묘사된 하나님은 이스라엘의 역사에 갑자기 개입하신 분이 아니다. 그들에게 믿음을 요구하시는 여호와는 오래 전부터 이스라엘과 깊은 연관을 짓고 있었던 분이시다. 하나님은 이미 오래 전에 이스라엘의 조상들에게 땅을 약속하셨으며(1:11, 21; 4:31; 6:3, 10, 18, 23; 7:8, 12, 13; 8:1, 18; 9:5 등), 이 백성에게 마음을 두신 분이시다(7:7; 10:15). 하나님은 이스라엘의 조상을 사랑하셨으며(4:37; 10:15), 그들의 자손들을 택하셨다(4:37; 7:6, 7; 10:15; 12:5; 14:2). 그래서 하나님은 이스라엘을 이집트에서 끌어 내셨으며(4:37; 5:6, 15; 6:12, 21, 23 등), 이들을 위하여 기적을 베푸시고 행하셨다(4:34; 6:22; 7:19; 8:3, 16; 11:3, 4; 26:8; 29:3). 여호와께서는 이 모든 일들을 통해 이스라엘을 대속하시고 구원하셨다(7:8; 9:26; 13:5; 15:15; 21:8; 24:18). 이러한 점을 감안하면 이스라엘이 다른 신들에게 한눈 팔지 않고 오직 여호와만 믿는 것은 별로 어려운 일이 아니다. 이와 같은 역사적 정황에서 하나님이 이들에게 충성을 요구하시는 것은 당연하기 때문이다.

하나님이 이스라엘에 기대하시는 믿음은 새로운 것이 아니다. 이미 시내 산에서 시작된 요구의 연속선상에 있다. 신명기에 기록된 율법은 대부분 6-26장에서 발견되는데 이 섹션에 포함된 율법 중에는 오경 다른 곳에서는 언급되지 않은 새로운 것들도 있다. 이러한 상황에서 백성들이 이때까지 선포된 모든 율법을 잘 준수하겠다고 맹세하는 것은(26:16-19), 신명기가 시내 산에서 시작된 하나님과 이스라엘 사이의 언약 체결을 완성하고 있음을 뜻한다(Mann). 그렇다면 하나님이 백성에게 요구하시는 믿음은 어떤 것인가? 하나님은 이스라엘이 오직 여호와만을 두려워하여, 그분의 길만을 걸으며, 몸과 마음을 바쳐 오직 그분만을 사랑하기를 원하신다(6:5; 10:12). 하나님이 요구하시는 믿음은 곧 순종이기에 하나님을 믿는다는 것은 곧 삶의 자세와 방식에서 실천적인 열매를 맺어야 한다.

아울러 신명기 저자는 여호와 종교의 가장 핵심 중 하나가 기쁜 마음으로 신앙생활에 임하여 하나님의 축복을 온 공동체가 함께 누리는 것이라고 한다. 그래서 그는 십일조와 첫 소산 예물을 여러 사람들을 초청하여 하나님 앞에서 기쁜 마음으로 함께 먹으라고 한다(14:22-29; 15:19-23). 신명기에 기록된 여러 가지 율법이 이웃에 대한 사랑과 인도적인 차원에서 비롯된 배려로 가득하다는 점도 하나님의 축복을 이웃과 함께 누려야 한다는 율법의 정신을 반영하고 있다. 예를 들면 전쟁에 내보내는 사람들 중에 새로 집을 지은 사람, 과수원을 새로이 시작한 사람, 결혼을 앞두고 있거나 새로 결혼한 사람 등은 제외시키라고 한다(20:5-7).

종을 부리고 내보낼 때에는 빈손으로 내보내지 말고 그 사람이 자립할 수 있도록 충분한 물질을 주어서 내보내라고 한다(15:12-14). 전쟁 노예라 할지라도 함부로 취급해서는 안 되며 여자 노예를 아내로 맞이할 경우, 만일 여자가 싫어지면 자유인으로 내보낼 수는 있지만, 그 여자를 노예로 팔 수 없다고 하는 규례 역시 이런 점을 고려한 것이라 할 수 있다(21:10-14). 종교생활에서 하나님을 향한 마음과 이웃을 향한 심적 배려가 가장 중요하다는 점을 강조하기 위하여 신명기는 그 어떤 율법책보다도 '마음'이라는 단어를 가장 많이 사용한다. 출애굽기는 32차례, 레위기는 2차례, 민수기는 단 1차례 사용하는 단어를 신명기는 무려 46차례나 사용하고 있다. 출애굽기-민수기를 합한 것보다 훨씬 더 많은 횟수다.

7. 통일성과 구조

신명기에 대한 가장 기본적인 견해는 이 책은 모세가 선포한 스피치 혹은 설교문 몇 개로 구성되어 있다는 주장이다. 신명기가 설교문으로 이해되는 것에는 다음과 같은 근거들이 제시된다(Miller). (1) "오늘날/이날"이라는 표현이 자주 사용된다는 점, (2) 고백과 선언에서 "우리"라는 표현이 자주 사용된다는 점, (3) 2인칭 "너희"라는 말이 강조형으로 자주 사용된다는 점, (4) 귀담아 들으라는 권면이 반복된다는 점, (5) 호격형이 많이 사용된다는 점, (6) 순간적인 결단을 강요하기 위하여 과거를 회상하도록 자주 권면하고 있다는 점, (7) 적절한 반응을 유도하기 위하여 경고와 약속이 지속적으로 선포된다는 점, (8) 마음과 생각에 호소한다는 점, (9) 예화를 사용하여 포인트를 제시한다는 점(cf. 19:5와 출 21:12-14).

만일 신명기가 모세가 선포한 설교 혹은 스피치들로 구성되어 있다면, 우리는 과연 몇 개의 스피치를 신명기 안에서 발견하여야 하는가?

대부분 주석가들이 신명기는 세 개의 스피치(1:1-4:40; 4:44-29:1; 29:2-32:47)와 모세의 죽음, 여호수아에게 전수된 리더십을 주제로 하고 있는 결론 부분으로 구성되어 있다고 결론 짓는다(Brueggemann). 학자들이 신명기에서 세 개의 스피치를 보는 것에는 책 안에서 1:1-5; 4:44-49; 29:1; 33:1 등 네 개의 유사한 편집적 서문(editorial superscription)을 관찰했기 때문이다(Miller). 물론 마지막 서문(33:1)은 모세의 스피치와 상관이 없기 때문에 세 개의 스피치를 논하게 된 것이다. 이 네 서문은 각자 뒤따르는 섹션의 주요 내용과 성향을 요약적으로 제시한다(McBride). 특히 이 세 스피치 중 율법을 다루고 있는 두 번째 것(4:44-29:1)이 가장 중요한 것으로 여겨져 학자들의 집중적인 조명을 받아왔다. 폰라트(von Rad)는 이 섹션을 고대 근동 언약의 구조와 비교하여 다음과 같은 공통점을 제시하였다.

이스라엘을 향한 여호와의 선행(善行)에 대한 역사적 서론(5-11장)
이스라엘을 위한 여호와의 규례와 율례(12-25장)
서로에 대한 충성 확인/맹세(26:16-19)
언약적 축복과 저주(27-28장)

이와 같은 내용을 더 발전시켜 신명기를 고대 근동의 계약 구조와 더 밀접하게 연관시키는 것이 많은 학자들의 연구 과제가 되었다(Baltzer; McCarthy; Weinfeld; cf. Grisanti). 이 중 바인펠트는 신명기에서 다음과 같은 세부적인 고대 근동 계약 요소들을 발견했다.

서문	1:1-6a; 5:6a
역사적 서론	1:6b-3:29; 5; 9:7-10:11
충성 맹세	4:1-23; 6:4-7:20; 10:12-22
언약 조항	12-26장
증인 부름	4:26; 30:19; 31:28

축복과 저주	28장
저주 선언	29:9-28
문서 저장	10:1-5; 31:24-26
정기적 읽기	31:9-13
복사본과 사본	17:18-19; 31:25-26

비록 신명기가 고대 근동의 계약과 유사한 점을 많이 갖고 있는 것은 사실이지만, 책 전체의 통일성과 짜임새를 더하는 구조를 파악하는 것은 별개 문제다. 왜냐하면 바로 위에 제시된 바인펠트의 연구에서 보듯이 계약 요소들이 체계적이고 순서적으로 등장하는 것이 아니라 책의 여러 부분에 산발적으로 흩어져 있기 때문이다. 학자들이 제시한 책의 구조들 중 몇 가지 예를 살펴보자.

일부 학자들은 주제에 따라 신명기 본문 순서를 재정리하여 주석을 써 나간다. 대표적인 예가 밀러(Miller)다. 그는 자신의 주석에서 5:1-5, 22-33; 6:1-3을 하나로, 12:1-32; 14:22-29; 15:19-16:17을 하나로, 20; 21:10-14; 23:9-14; 24:5를 또 하나로 묶어 주해함으로 신명기가 제시한 본문의 순서를 현저히 바꾸어 버렸다. 이러한 행위는 신명기가 어떠한 일관성을 두고 저작되거나 편집되었다는 것을 부인하는 것이며, 책의 흐름과 통일성을 무시하기 때문에 바람직한 방법이 못 된다.

클레멘츠(Clements)는 신명기의 구조를 다음과 같이 제시한다. 이 제안을 수용하는 데 가장 큰 문제는 자연스러운 모세의 세 스피치들의 범위와 한계를(1:1-4:40; 4:44-29:1; 29:2-32:47) 무시해 버렸다는 점이다. 책의 구조를 파악할 때 부득이한 이유가 없다면 이와 같은 표시들은 존중되어야 한다.

Ⅰ. 이스라엘 이야기의 시작(1:1-3:29)

Ⅱ. 하나님의 계명(4:1-11:32)
Ⅲ. 신명기적 율법(12:1-26:19)
Ⅳ. 맺는 말(27:1-30:20)
Ⅴ. 부록(31:1-34:12)

신명기를 하나의 노래로 간주하는 크리스텐슨(Christensen)은 신명기의 구조를 다음과 같이 제시한다. 그뿐만 아니라 그는 거의 모든 섹션에서 교차대구법적 구조를 제시한다. 문제는 그의 제안이 항상 설득력이 있어 보이지 않는다는 점이다. 그가 책 전체의 구조에 대하여 제시한 것에서도 안쪽 프레임들이 논리적인 대칭을 이루고 있다고 생각되지 않는다. 그뿐만 아니라 클레멘츠의 제안처럼 모세의 스피치들의 범위를 무시하고 있다.

A. 바깥쪽 프레임: 과거를 돌아보며(1-3장)
　B. 안쪽 프레임: 열렬한 설교(4-11장)
　　C. 중심부: 언약의 세부 사항(12-26장)
　B′. 안쪽 프레임: 언약 체결식(27-30장)
A′. 바깥쪽 프레임: 미래를 향하여(31-34장)

신명기의 주요 섹션의 구조를 십계명에 연관시키려는 노력도 있다. 대표적인 예가 카프만(Kaufmann), 브라우릭(Braulik), 맥콘빌(McConville)이며, 월톤(Walton)도 그와 비슷한 제안을 내놓았다. 다음 도표를 살펴보라. 괄호 밖에 있는 성구는 10계명을 언급하는 것들이며 괄호 안에 표기된 성구들은 실제로 이 계명들이 강해된/설명된 신명기 섹션들이라는 것이다.

주제	하나님	인간
권위	제 1계명 5:7 (6-11장)	제 5계명 5:16 (16:18-17:13)
위엄	제 2계명 5:8-10 (12:1-32)	제 6-8계명 5:17-19 6th : (19:1-21:23) 7th : (22:1-23:14) 8th : (23:15-24:7)
헌신	제 3계명 5:11 (13:1-14:21)	제 9계명 5:20 (24:8-16)
권리와 특권	제 4계명 5:12-15 (14:22-16:17)	제 10계명 5:21 (24:17-26:15)

더 나아가 런드봄(Lundbom)은 다음과 같이 상세한 분석을 제시했다.

십계명	신명기
1계명: 여호와 앞에 다른 신을 두지 말라(5:7) 2계명: 여호와의 우상을 만들지 말라(5:8-10) 3계명: 하나님의 이름을 망령되게 일컫지 말라(5:11)	다른 신을 좇지 말라(13:2-19[1-18])
4계명: 안식일을 거룩하게 지키라(5:12-15)	거룩한 백성을 위한 정한 음식과 부정한 음식(14:1-21) 십일조와 예물(14:22-15:23) 종교 절기들(16:1-17)
5계명: 부모를 공경하라(5:16)	재판관, 재판 등에 관한 금지사항(16:18-17:13)
6계명: 살인하지 말라(5:17)	살인과 도피성(19:1-13) 위증(19:15-21) 전쟁규범(20:1-20) 범인을 알 수 없는 살인(21:1-9) 전쟁에서 끌려온 여자(21:10-14) 패륜아(21:18-21) 매달린 시체(21:22-23) 잃어버린 물건(21:1-3) 곤경에 처한 짐승(22:4) 성과 의복(22:5) 어미 새와 알(22:6-7) 지붕과 난간(22:8) 섞임(22:9-12)
7계명: 간음하지 말라(5:18)	정숙하지 못한 신부(22:13-21) 결혼한 여자와의 성관계(22:22) 약혼한 여자와의 성관계(22:23-27) 처녀와의 성관계(22:28-29) 아버지의 아내와의 성관계(23:1[22:30]) 정결과 깨끗함(23:2-25[1-14]) 도망친 노예(23:16-27[24-25]) 신전 매춘(23:18-19[17-18])

십계명	신명기
8계명: 도적질하지 말라(5:19)	이자(23:20-21[19-20]) 서원(23:22-24[21-23]) 곡식 훔침(23:25-26[24-25]) 재혼(24:1-4) 저당/담보(24:6; 10-13) 인신매매/유괴(24:7) 유급 종(24:14-15) 가난한 자의 담보(24:17-18) 가난한 자의 추수(24:19-22)
9계명: 거짓 증언하지 말라(5:20)	법정의 결정과 징벌(25:1-3)
10계명: 이웃의 물건을 탐하지 말라(5:21)	계대 결혼(25:5-10) 싸움을 말리는 아내(25:11-12) 바른 저울과 되(25:13-16)

신명기의 전체적인 구조를 십계명과 연관시켜 마치 신명기가 십계명을 강해하는 책으로 이해하는 것이 신선하며 매우 큰 가능성을 지니고 있다. 신명기의 높은 윤리적 요구를 이해하는 데 많은 도움을 준다. 그러나 위 도표에서 보듯이 일부 주제들은 십계명의 순서와 별로 상관이 없는 듯 보인다. 그러므로 저자가 이와 같은 구조를 마음에 두고 신명기를 저작했는지에 대해서는 더욱더 심도 있게 연구가 되어야 할 것이다. 또한 책의 구조를 제시함에 있어서 모세의 세 스피치의 범위와 한계를(1:1-4:43; 4:44-28:69[29:1]; 29:1[29:2]-32:47) 최대한으로 존중하는 것이 바람직하다(cf. Craigie; Tigay). 반면에 십계명과 연관시키면 각 스피치의 범위가 쉽게 무너져 내린다. 각 스피치가 자체적인 통일성과 응집력을 지니고 있는 독립적인 설교이기 때문에 이들의 범위와 한계선은 존중되어야 한다.

Ⅰ. 첫 번째 스피치: 하나님과 역사(1:1-4:43)

1장. 서문(1:1-5)

2장. 보호: 시내 산에서 모압 평지까지(1:6-3:29)

1. 호렙 산에서(1:6-18)
2. 가데스 바네아에서(1:19-46)
3. 에돔, 모압, 암몬을 지나(2:1-25)

4. 요단 동편 정복(2:26-3:11)
5. 요단 동편 땅 분배(3:12-20)
6. 요단 강 도하 준비(3:21-29)

3장. 율법: 하나님의 은혜(4:1-40)
1. 율법의 완전함(4:1-4)
2. 율법의 결과(4:5-8)
3. 율법의 근원(4:9-14)
4. 율법의 골자(4:15-24)
5. 율법의 양면성(4:25-31)
6. 율법의 목적(4:32-40)

4장. 말문(4:41-43)

Ⅱ. 두 번째 스피치: 여호와의 율법(4:44-28:69[29:1])

1장. 서문(4:44-49)

2장. 율법의 전반적인 내용(5:1-11:32)
1. 십계명(5:1-6:3)
2. 하나님 사랑과 삶(6:4-25)
3. 선택의 축복과 요구(7:1-26)
4. 온전히 하나님만 의지(8:1-20)
5. 자만과 반역에 대한 경고(9:1-10:11)
6. 오직 여호와께 충성(10:12-11:32)

3장. 구체적 율법(12:1-26:19)
1. 예배와 예배장소(12:1-16:17)
2. 리더십(16:18-18:22)
3. 생명을 존중하는 정의 실현(19:1-22:8)
4. 구분과 순결에 관한 율법(22:9-23:19[18])
5. 사회 질서에 관한 율법(23:20[19]-25:19)

6. 예식에 관한 율법(26:1-15)
7. 결론적인 권면(26:16-19)

4장. 축복과 저주(27:1-29:1[28:69])
1. 언약 갱신(27:1-26)
2. 언약적 축복과 저주(28:1-29:1[28:69])

Ⅲ. 세 번째 스피치: 마지막 권면(29:2[1]-30:20)

1장. 언약에 신실할 것(29:2-29[1-28])
1. 역사적 회고(29:2-9[1-8])
2. 언약 갱신의 범위와 중요성(29:10-15[9-14])
3. 언약 배신의 결과(29:16-28[15-27])
4. 신실한 삶에 대한 권면(29:29[28-29])

2장. 이스라엘 앞에 놓인 선택(30:1-20)
1. 회개와 회복(30:1-10)
2. 율법의 접근성(30:11-14)
3. 생명의 길과 죽음의 길(30:15-20)

Ⅳ. 맺는 말: 리더십 계승(31:1-34:12)

1장. 여호수아 임명과 율법 보존(31:1-29)
1. 여호수아의 리더십 계승(31:1-8)
2. 정기적인 율법 낭독(31:9-13)
3. 모세와 여호수아에 대한 마지막 지시(31:14-23)
4. 열방에 대한 경고 녹취록(31:24-29)

2장. 모세의 노래(31:30-32:44)
1. 서문(31:30)
2. 증인 부름(32:1-3)
3. 은혜와 배은망덕(32:4-6)

4. 언약 백성 보호(32:7–14)
5. 백성에 대한 여호와의 비난(32:15–18)
6. 백성에 대한 심판 결정(32:19–25)
7. 언약 백성에 대한 심판 재고(32:26–35)
8. 이스라엘과 여호와(32:36–44)

3장. 임박한 모세의 죽음(32:45–52)

4장. 모세의 축복(33:1–29)
1. 서문: 역사적 회고(33:1–5)
2. 지파별 축복(33:6–25)
3. 말문(33:26–29)

5장. 모세의 죽음과 여호수아의 리더십(34:1–9)

6장. 결론(34:10–12)

엑스포지멘터리
모세오경 개론

부록

EXPOSItory comMENTARY

유대인들이 오경에서 찾은 613개의 율법 [1]

유대인들이 오경에서 찾은 율법은 총 613개에 달하며, 이 중 248개가 긍정적("…하라")이며 365개가 부정적("…하지 말라")이다. 창세기에서 2개, 출애굽기에서 106개, 레위기에서 240개, 민수기에서 60개, 신명기에서 195개 등 총 603개이다. 여기에 두 권의 다른 책 말씀을 말씀을 근거로 한 율법이 10개이다. 그래서 총 613개가 되는 것이다. 이 율법들을 긍정적인 것과 부정적인 것으로 나누고, 주제별로 세분화하면 다음과 같다.

1. 긍정적인 율법 248개

(1) 여호와를 위한 예배

1. 여호와 하나님이 세상 유일하신 힘의 원천이심을 믿으라(출 20:2)

---

1 율법 조항 613개는 랍비에 따라 제시되는 내용이 다소 달라질 수 있다. 유대인들은 중세기까지 사람 몸의 마디가 248개로 이루어져 있다고 생각해 왔고(긍정적인 율법의 수), 또 1년이 365일로 이루어져 있다는 데 착안하여(부정적인 율법의 수) 온 몸과 마음을 다해 율법을 소중히 여기고 지킬 것을 강조하고자 했기 때문에, 내용보다는 613이라는 숫자 자체에 강조점을 두었던 것이다. 심지어 율법학자 마이모니데스(Maimonides)는 이 숫자를 맞추기 위해 본래 611개의 율법에 2개를 추가해 613개를 제시하였다.

2. 여호와 하나님과 연합하여 유일하신 최고의 신으로 섬기라(신 6:4)
3. 네 마음과 정성과 힘을 다해 여호와 하나님을 사랑하라(신 6:5)
4. 그의 율법을 지키며 여호와 하나님을 경외하라(신 6:12-13, 25)
5. 여호와 하나님을 섬기라(출 23:25)
6. 여호와 하나님을 온전히 붙잡으라(신 10:20)
7. 여호와 하나님의 이름으로 맹세하라(신 6:13)
8. 여호와 하나님의 길로 행하라(신 28:9)
9. 여호와 하나님의 이름을 거룩하게 여기라(레 22:32)
10. 율법책을 읽고 공부하고 묵상하라(신 6:7)
11. 자녀에게 율법책을 가르치라(신 6:7)
12. 율법의 말씀을 네 손목에 매어라(신 6:8)
13. 율법의 말씀을 네 마음에 새기라(신 6:8)
14. 옷단 귀에 술을 만들어라(민 15:38-40)
15. 여호와 하나님의 율법을 공포하고 설교하라(신 6:9)
16. 매 칠 년마다 함께 모여 여호와 하나님의 율법을 읽으라(신 31:10-13)
17. 왕은 여호와 하나님의 율법을 취하고 적용하라(신 17:18-20)
18. 율법책을 취하라(신 31:19)
19. 여호와 하나님께 기도와 찬양으로 깊이 감사하라(신 8:10)

(2) 성전과 제사장

20. 여호와 하나님의 거룩한 성소를 만들라(출 25:8-9)
21. 여호와의 성소에서 여호와 하나님을 경외하라(레 19:30)
22. 여호와 하나님의 성소를 언제나 지키라(민 18:2, 4)
23. 제사장과 레위인들은 여호와의 성소에서 정한 직무를 행하라(민 18:23, 6-7)
24. 제사장은 그의 손과 발을 씻으라(출 30:17-21)

25. 제사장은 일곱 등불을 밝히라(출 27:20–21)
26. 제사장은 여호와 하나님의 이름으로 백성들을 축복하라(민 6:23–27)
27. 제사장은 여호와의 상 앞에 진설병을 두어라(출 25:30)
28. 제사장은 아침과 저녁 사이에 금단 위에 향기로운 향을 사르라(출 30:7–8)
29. 제사장은 단의 불을 항상 피우도록 관리하라(레 6:12–13)
30. 제사장은 매일 제단에서 재를 제거하라(레 6:10–11)
31. 제사장은 여호와 하나님의 성소 안에서 부정한 것을 제거하라(민 5:2–3)
32. 제사장을 거룩하게 여기라(레 21:8)
33. 제사장은 특별하고 거룩한 옷을 입어라(출 28:2–43)
34. 제사장은 여호와 하나님의 성소에 관해 책임을 지라(민 18:1, 5)
35. 제사장은 규례대로 거룩한 기름(관유)을 준비하라(출 30:23–33)
36. 제사장은 정한 시간에 여호와 하나님의 성소에서 자신의 직무를 행하라(신 18:6–8)
37. 제사장은 가까운 친척들에 의해 더럽혀 속되게 하지 말라(레 21:1–4)
38. 대제사장은 오직 처녀와 결혼하라(레 21:13–14)

(3) 제물

39. 화제는 하루에 두 번 드려야 한다(민 28:2–6)
40. 소제와 전제는 하루에 두 번 드려야 한다(민 28:2–8)
41. 안식일마다 희생 제물을 드려라(민 28:9–10)
42. 월삭에는 희생 제물을 드려라(민 28:11–15)
43. 누룩을 넣지 않는 빵 축제일(유월절)에는 희생 제물을 드려라(민 28:18–24)
44. 곡물 추수한 첫 단은 유월절 첫 날에 드려야 하고, 두 번째 날 제사

장들은 그 예물을 흔들어 여호와 하나님께 드려라(레 23:10-14)
45. 오순절에 희생 제물을 드려라(민 28:26-30)
46. 소금을 넣어 만든 두 개의 빵을 오순절에 드려라(레 23:17)
47. 나팔절에 희생 제물을 드려라(민 29:1-6)
48. 속죄일에 희생 제물을 드려라(민 29:7-8)
49. 속죄 예식은 속죄일에 행하라(레 16:2-34)
50. 초막절에는 희생 제물을 드려라(민 29:12-34)
51. 거룩한 대회 마지막 날(The Last Great Day)에는 희생 제물을 드려라(민 29:35-40)
52. 일 년에 세 번은 여호와의 절기로 지키라: 유월절, 오순절, 초막절(출 23장)
53. 여호와의 절기는 여호와께서 선택한, 여호와의 성소에서 지켜라(신 12:5-7, 14)
54. 모든 식구가 여호와 앞에 나와 즐거이 절기를 지켜라(신 16:14)
55. 유월절 어린양은 아빕월(Abib) 십사일 저녁 사이에 죽이라(민 28:;15)
56. 유월절 양은 아빕월 십오일 저녁에 먹으라(출 12;8-11)
57. 시체로 인해 부정한 자 또는 여행 중에 있는 사람(잡혀있거나 구금, 구류된 자)은 둘째 달에 유월절 양을 죽이라(민 9:10-11)
58. 둘째 달에 유월절을 지킬 때는 이 모든 규례를 지켜라(민 9:11-12)
59. 은 나팔은 절기 때, 매 달 초하루에, 어려움에 처한 때(적들이 공격할 때), 회중이 함께 모일 때 불어라(민 10:2, 9-10)
60. 모든 희생 제물로 드릴 동물은 적어도 팔 일이 지난 것을 드려라(레 22:27)
61. 모든 희생 제물로 드릴 동물은 흠이 없도록 하라(레 22:21)
62. 모든 제물에 소금을 치라(레 2:13)
63. 번제의 규례(레 1:2-17)
64. 속죄제의 규례(레 6:25-30)

65. 속건제의 규례(레 7:1-2, 7)
66. 화목제의 규례(레 3:1-17)
67. 소제의 규례(레 2:1-16)
68. 회중이 부지중에 죄를 지었을 때는 속죄제를 드려라(레 4:13-21)
69. 부지중에 죄를 범한 사람이 자신의 죄를 깨달았을 때는 속죄제를 드려라(레 4:27-35)
70. 어떤 사람이 거룩한 물건과 관련한 죄를 가지고 있을 경우 속건제를 드려라(레 5:15-19)
71. 도둑질, 거짓 맹세 등의 죄를 지은 사람은 속죄제(속건제: 개역개정은 '속건죄'로 번역함)를 드려라(레 6:1-7)
72. 속죄제는 드리는 자의 형편에 따라 드려라(레 5:7-13)
73. 여호와 하나님께 우리 죄를 자백하고, 그들을 위해 회개하고, 여호와의 법을 지키고 따라라(민 5:6-7)
74. 유출병 있는 남자는 희생 제물을 드려라(레 15:13-15)
75. 유출병 있는 여자는 희생 제물을 드려라(레 15:28-30)
76. 아이를 출산한 여인은 희생 제물을 드려라(레 12:6-8)
77. 깨끗함을 받은 나병 환자는 희생 제물을 드려라(레 14:1-32)
78. 첫 번째 십일조는 거룩하며 여호와께 속한 것이다(레 27:30-33)
79. 정한 동물의 첫 번째 새끼는 거룩하며 여호와께 속한 것이다(출 13:2)
80. 장자는 여호와께 속한 것이나 대속할 수 있다(출 34:19-20)
81. 나귀의 첫 새끼는 대속할 수 있다(출 34:20)
82. 나귀의 첫 새끼가 대속되지 않으면 그 목이 부러진다(출 13:13)
83. 모든 십일조와 제물은 여호와의 성소에 드려라(신 12:5-6)
84. 여호와의 성소는 십일조와 희생 제물을 받으시기 위해 선택된 유일한 여호와의 장소다(신 12:13-14, 26)
85. 희생의 피는 우리의 속죄를 위해 여호와의 제단에 부어야 한다(신 12:27)

86. 흠 있는 희생 제물은 대속해야 한다(출 15:19–22)
87. 희생 제물을 드리기 위해 바꾼 동물 또한 거룩하다(레 27:10, 33)
88. 제사장은 성별된 제물의 고기를 먹을 수 있다(출 29:33)
89. 제사장은 소제의 나머지를 먹을 수 있다(레 10:12–13)
90. 희생 제물의 성별된 고기가 부정하게 되면 규례에 따라 태워라(레 7:19)
91. 희생 제물의 성별된 고기를 지정된 시간 내에 먹지 못했다면 태워라(레 7:17)

(4) 서약

92. 나실인은 그 정한 기간 동안 그의 머리를 자라게 해야 한다(민 6:5)
93. 나실인은 그 정한 기간이 끝나면 그의 머리를 자르고 희생 제물을 드려야 한다(민 6:13–18)
94. 서원과 여호와께 맹세한 것은 지켜야 한다(신 23:21, 23)
95. 서원의 이행과 무효의 규례(민 30:2–16)

(5) 정결

96. 부정한 동물의 시체를 먹거나 만진 사람은 부정하다(레 11:8)
97. 야생 동물에 의해 죽거나, 스스로 죽은 정한 동물의 시체를 먹거나 만진 사람은 부정하다(레 11:29–31)
98. 부정한 것에 접촉된 어떤 물건은 부정하다(레 11:31–38)
99. 월경 중에 있는 여인은 부정하다(레 15:19–24)
100. 출산한 여성은 부정하다(레 12:2)
101. 나병(확산되는 피부 질환)을 가진 사람은 부정하다(레 13:2–46)
102. 나병으로 오염된 모든 의복은 부정하다(레 13:47–59)

103. 나병에 의해 오염된 집은 부정하다(레 14:34–57)
104. 유출병 걸린 남자는 부정하다(레 15:2–15)
105. 설정한 자와 정액이 닿은 것은 부정하다(레 15:16–18)
106. 유출병 걸린 여자는 부정하다(레 15:19, 25–28)
107. 사람의 시체와 그것을 가까이에서 만진 사람은 부정하다(민 19:11–16)
108. 정결하게 하는 물로 뿌림을 받지 아니한 자는 부정하다(민 19:20)
109. 부정한 것은 물에 담가 그 옷을 빨고 정한 시기에 정결하게 해야 한다(레 15:27)
110. 부정한 나병 환자들은 지정된 정결 절차를 따라야 한다(레 14:2–32)
111. 부정한 나병 환자들은 이레 후에 모든 털을 다 밀어야 한다(레 14:9)
112. 부정한 나병 환자들은 쉽게 구별되어야 한다(입은 옷을 찢고, 머리를 풀고 "부정하다, 부정하다" 외쳐야 한다)(레 13:45)
113. 붉은 암송아지의 재는 정결 의식에 사용할 수 있다(민 19:2–9)

(6) 십일조와 헌물

114. 제사장은 여호와께 봉헌하는 사람의 값을 정해야 한다(레 27:2–8, 25)
115. 제사장은 여호와께 봉헌하는 동물의 값을 정해야 한다(레 27:9–13, 27)
116. 제사장은 여호와께 봉헌하는 집의 값을 정해야 한다(레 27:14–15)
117. 제사장은 여호와께 봉헌하는 밭의 값을 정해야 한다(레 27:16–24)
118. 만약 부지중에 여호와의 거룩한 제물에 관하여 죄를 범했을 경우, 그것의 오분의 일을 추가하여 완전한 배상을 해야 한다(레 22:14–16)
119. 네번째 해의 열매는 거룩하며, 제사장께 드려야 한다(레 19:23–25)
120. 밭 모퉁이의 것은 가난한 사람들을 위해 남겨 두라(레 19:9)

121. 곡물을 수확하는 밭의 이삭들은 가난한 사람들을 위해 남겨 두라(레 19:9)
122. 수확하는 밭의 잊어버린 볏단은 가난한 사람들을 위해 남겨 두라(신 24:19)
123. 남아 있는 감람나무와 포도 열매는 가난한 사람들을 위해 남겨 두라(신 24:20-21)
124. 떨어진 포도 열매는 가난한 사람들을 위해 남겨 두라(레 19:10)
125. 우리 노동의 첫 열매는 구분하여 여호와의 성소에 드려야 한다(출 23:19)
126. 모든 거룩한 제물은 여호와의 성소에 있는 제사장께 드려야 한다(민 18:8-14)
127. 우리의 첫 번째 십일조는 여호와의 성소에서 우리를 위해 일하는 레위인들에게 드려야 한다(민 18:21-6)
128. 두 번째 십일조는 여호와의 절기에 별도로 정해서 드려야 한다(신 14:23-26)
129. 제사장들과 레위인은 여호와의 일(The Work of Yahweh)에 십일조를 해야 한다(민 18:26)
130. 칠 년 주기의 삼 년과 육 년의 세 번째 십일조는 가난한 사람들을 위해 구별한 것이다(신 14:28-29)
131. 십일조와 희생 제물은 여호와께 기도하면서 드려야 한다(신 26:12-19)
132. 각 가정은 그들의 십일조와 희생 제물을 여호와의 성소(기독교인들이 모이는 장소가 아닌)로 가져오거나 보낼 수 있다(신 26:2-4, 10)
133. 소제의 첫 번째 부분은 여호와의 성소에 있는 제사장에게 드려야 한다(민 15:18-21)

(7) 안식년

134. 매 일곱째 해는 땅과 밭의 안식년이라. 밭에 파종하거나 경작하지 말라(레 25:2-7, 20-22)
135. 일곱째 해에 자란 모든 것은 모두 먹을 수 있다(레 25:2-7, 20-22)
136. 너희는 희년을 구별하고 선포하라(레 25:10-12)
137. 희년 속죄일에 뿔나팔을 불어라. 히브리 노예들은 자유롭게 될 것이다(레 25:9-10, 13)
138. 희년에 모든 땅은 원래의 주인에게로 돌아간다(레 25:23-28)
139. 성벽 있는 성 내의 가옥들을 판 경우에는 일 년 안에 다시 집을 살 수 있는(무를 수 있는) 권리가 있지만, 일 년이 지나면 그렇게 할 수 없다. 희년이 되어도 집은 본래의 주인에게 돌아가지 않는다(레 25:29-30)
140. 안식년을 일곱 번 계수해야 한다(레 25:8)
141. 일곱째 해는 면제의 해다(신 15:3)
142. 일곱째 해에 외국인에게는 지불해야 할 빚을 독촉할 수 있다(신 15:3)

(8) 정결한 짐승

143. 제물로 드린 모든 짐승의 몫은 제사장에게 주어야 한다(신 18:3)
144. 제물로 드린 처음 깎은 양털도 제사장에게 주어야 한다(신 18:4)
145. 여호와께 바친 모든 것은 여호와께 가장 거룩한 것이고, 여호와의 성소와 제사장에게 재산이 된다(레 27:28)
146. 성소가 멀어서 집 근처에서 제물을 잡을 때는 정한 동물을 잡아야 한다(스스로 죽거나, 야생 동물에 의해 살해된 것은 먹으면 안 된다)(신 12:21)
147. 정한 동물의 피를 바닥에 붓고 흙으로 덮어야 한다(레 17:10-16)

148. 둥지 또는 새끼를 취할 경우에, 어미 새는 놓아 주어야 한다(신 22:6–7)
149. 그 고기가 정결하여 취할 수 있는 것인지 확인해야 한다(레 11:2–8)
150. 그 새가 정결하여 취할 수 있는 것인지 확인해야 한다(레 11:13–19)
151. 그 메뚜기가 정결하여 취할 수 있는 것인지 확인해야 한다(레 11:20–23)
152. 그 물고기가 정결하여 취할 수 있는 것인지 확인해야 한다(레 11:9–12)

(9) 절기와 안식일

153. 정월(아빕월)은 여호와의 절기로 지켜야 한다(출 12:2; 신 16:1)
154. 매주의 일곱 번째 날은 여호와의 안식일이고 거룩한 성회다(출 23:12; 16:23)
155. 거룩한 안식일을 지키기 위해 미리 준비하라(출 20:8–11)
156. 아빕월 15일에는 모든 곳에서 누룩을 제거하라(출 12:15)
157. 아빕월 15일에 우리는 이집트에서 출애굽한 이야기를 우리 아이들에게 가르쳐야 한다(출 13:8)
158. 우리는 아빕월 15일부터 21일까지 무교병을 먹어야 한다(출 12:18)
159. 유월절 첫 날은 안식일이고 거룩한 성회다. 안식일 절기 날에는 음식을 만들 수 있지만 안식일 주간에는 만들지 못한다(출 12:16)
160. 유월절의 일곱 번째 날도 안식일이고 거룩한 성회다(출 12:16)
161. 우리는 유월절의 첫 번째 거룩한 안식일 이후부터 절기 주간까지 오십일을 계수해야 한다(레 23:15–16)
162. 오순절은 안식일이고 거룩한 성회다(레 23:21)
163. 나팔절은 안식일이고 거룩한 성회다(레 23:24)
164. 속죄의 날은 온전한 금식의 날이다(레 16:29–31)

165. 속죄의 날은 안식일이고 거룩한 성회다(레 23:27-32)
166. 초막절은 안식일이고 거룩한 성회다(레 23:34-35)
167. 거룩한 대회는 안식일이요 거룩한 성회다(레 23:36)
168. 초막절 기간 동안에는 초막(임시 거주지)에 거하라(레 23:42)
169. 초막은 초막절 전에 지어야 한다(레 23:40)
170. 나팔절에 뿔나팔을 불어라(민 29:1)

(10) 율법과 기름부음을 입은 자에 대한 공동체의 책임

171. 20살 이상 되는 모든 남자들은 여호와의 성소에 매년 반 세겔을 내야 한다(출 30:12-16)
172. 여호와의 성소의 감독관, 여호와께 기름부음을 받은 종의 말을 순종하고 들어야 한다(신 18:15-19)
173. 여호와께서 선택한 왕을 임명하라(신 17:15)
174. 여호와의 기름부음을 받은 제사장들(여호와의 성소의 감독관의 명령 아래 여호와의 성소의 장로)의 말을 순종하고 들어야 한다(신 17:8-13)
175. 우리가 소송 중에 증언할 때는 진실을 이야기 해야 한다(출 23:2)
176. 장로 또는 관리자들은 여호와께 선택되어야 한다(신 16:18)
177. 여호와께 선택된 여호와의 성소의 장로들은 여호와의 법률에 따라 공평하게 판단해야 한다(레 19:15)
178. 증거를 알게 된 경우에는 누구든지 증언해야 한다(레 5:1)
179. 증인의 증언은 장로에 의해 철저하게 검사돼야 한다(신 13:14)
180. 거짓 증인은 율법에 따라 심판을 받아야 한다(신 19:19)
181. 사람이 살해되었으나 살인자를 알지 못할 때는 규례대로 정한 의식을 행하라(신 21:1-9)
182. 이스라엘 땅에 도피성 여섯 개를 세워라(민 35:6-15)
183. 제사장과 레위인들에게 살 수 있는 기업을 주어라(민 35:2-5)

184. 주거 공간으로 사용하는 곳의 지붕에 난간을 만들어 위험을 제거하라(신 22:8)

(11) 거짓 신 숭배

185. 거짓 신을 숭배하는 제단과 주상을 파괴하라(신 12:2-4)
186. 거짓 신을 숭배하는 도시는 규례에 따라 처리하라(신 13:12-18)
187. 거짓 신을 숭배하는 민족은 파괴하라(신 20:17)
188. 거짓 신을 숭배하는 자들에 대한 기억을 지워버리라(신 25:19)
189. 거짓 신을 숭배하는 자들이 이스라엘에게 행했던 것을 기억하라(신 25:17-18)

(12) 환란과 핍박의 시기

190. 환란의 시기 동안에 우리는 여호와의 율법에 따라 행해야 한다(신 20:11-12)
191. 제사장은 고난의 때에(전쟁 시) 회중에게 설교해야 한다(신 20:2-4)
192. 여호와의 진은 깨끗한 상태로 유지하라(신 23:9)
193. 여호와의 진을 깨끗한 상태로 유지하기 위해서는 필요한 것을 갖추어야 하고 각자 자신의 역할을 해야 한다(신 23:12-14)

(13) 서로에 대한 책임과 의무

194. 도둑질한 재산은 소유자에게 돌려줘야 한다(레 6:2-5)
195. 가난한 사람은 여호와의 규례에 따라 보호해야 한다(신 15:8, 11)
196. 히브리 노예가 자유로워질 때, 그 주인은 그에게 선물을 주어야 한다(신 15:12-14, 18)

197. 형제에게 대출한 것은 이자를 받으면 안 된다(출 22:25)
198. 외국인에게 대출한 것은 이자를 받을 수 있다(신 23:21)
199. 대출을 위해 잡힌 저당물은 만일 그가 필요로 한다면, 주인에게 돌려주어야 한다(신 24:12-13)
200. 고용된 노동자의 임금은 정한 시간에 지불해야 한다(신 24:15)
201. 포도원의 열매와 곡식은 가난한 사람들이 먹을 수 있도록 허용하라(신 23:24-25)
202. 쓰러진 동물이 있는 낯선 사람을 도와 주라(출 23:5)
203. 쓰러진 동물이 있는 형제를 도와 주라(신 22:4)
204. 분실물은 주인에게 돌려 주어라(출 23:4; 신 22:1)
205. 죄는 정확하게 처벌하라(레 19:17)
206. 너의 이웃, 적, 형제를 너와 같이 사랑하라(레 19:18)
207. 낯선 사람과 새롭게 개종한 사람을 사랑하라(신 10:19)
208. 정직하게 도량형을 사용하라(레 19:36)

(14) 가족

209. 여호와께서 지정한 교사를 존경하고 공경하라(레 19:32)
210. 부모님을 존경하고 공경하라(출 20:12)
211. 여호와께서 거룩하신 것처럼 거룩하라(레 19:2)
212. 거룩한 씨가 나오도록, 아브라함에게 144,000명의 거룩한 제사장을 약속했다(창 1:28)
213. 결혼은 여호와의 법에 따라 하라(신 24:1)
214. 신랑은 그 신부와 함께 기뻐하라(신 24:5)
215. 모든 신생아 남자는 팔일째 되는 날 할례를 행하라(창 17:10-12, 14)
216. 자식이 없이 남자가 죽었을 경우, 그의 동생은 과부(형수)와 결혼해야 한다(신 25:5-6)

217. 죽은 형을 대신해서 형수와 결혼하기를 거절하는 사람에 대한 규정(신 25:7-10)
218. 처녀를 범한 남자는 신부의 값을 지불하고 그녀의 아버지가 허락하면 결혼을 하되, 이혼해서는 안 된다(신 22:29)
219. 장로는 혼전 성관계를 판단해야 한다(신 22:13-15)
220. 여자의 아버지는 신부의 값을 지불하더라도 자신의 딸을 시집 보내는 것을 거절할 수 있다(출 22:16-17)
221. 여성 포로는 특별한 회개 및 규례에 따라 처우해야 한다(신 21:11-14)
222. 이혼은 신부가 혼전에 간통한 경우에만 할 수 있다(신 24:1-4)
223. 간음 혐의가 있는 여자는 필요한 규례를 따라야 한다(민 5:12-15)

(15) 재판

224. 법률이 요구할 때, 심판자는 적절한 처벌을 해야 한다(신 25:2-3)
225. 부지중에 살인한 자에 대한 규례(민 35:22-29)
226. 살인에 관한 규례(신 19:11-13)
227. 이스라엘이나 이방인이나 동일한 규례를 적용한다(민 5:15-16)
228. 여호와의 규례를 바꾼 사람은 고의든 부지중이든 유죄다(레 5:17, 민 15:30)
229. 여호와의 규례를 어긴 사람의 죄 값은 죽음이다(민 15:30-31)
230. 속죄는 진정으로 죄를 회개하고 여호와의 규례를 온전히 순종한 사람이 대제사장을 통해 드릴 수 있다(레 16:16, 32-34)
231. 죽은 시체는 당일에 매장하라(신 21:23)

(16) 노예

232. 히브리 노예는 특별한 규례에 따라 처우한다(출 21:2-6)

233. 소유주나 그의 아들은 히브리 여종과 결혼할 수 있다(출 21:8-9)
234. 소유주나 그의 아들이 히브리 여종과 결혼하지 않는다면, 그녀의 아버지가 그녀를 자유롭게 풀어 주는 것을 허용해야 한다(출 21:8)
235. 외국 노예에 대한 규례(레 25:44-46)

(17) 소송

236. 재판장은 사람에 의해 부상한 경우 심판한다(출 21:18-25)
237. 재판장은 동물에 의해 부상한 경우 심판한다(출 21:28-32)
238. 재판장은 동물이 부상한 경우 심판한다(출 21:33-36)
239. 도둑은 모든 손해를 배상하거나 절도한 물건을 팔아야 한다(출 22:1-4)
240. 재판장은 동물에 의한 재산 피해의 경우 심판한다(출 22:5)
241. 재판장은 화재 피해의 경우 심판한다(출 22:6)
242. 재판장은 안전한 보관을 위해 수반하는 물품에 관하여 심판한다(출 22:7-8)
243. 재판장은 안전한 보관을 위해 수반하는 동물에 관하여 심판한다(출 22:10-13)
244. 재판장은 차용에 대한 청구에 관하여 심판한다(출 22:14-15)
245. 재판장은 판매와 관련된 분쟁에 관하여 심판한다(레 25:14-17)
246. 재판장은 재산 소유 논쟁에 관하여 심판한다(출 22:9)
247. 물질적 보상은 신체적 손상의 경우에 지급한다(신 25:11-12; 출 21:11-25)
248. 재판장은 상속과 관련된 분쟁에 관하여 심판한다(민 27:8-11; 신 21:5-17)

2. 부정적인 율법 365개

(1) 거짓 신 숭배

1. 여호와 외에 어떤 힘을 의지하지 말라(출 20:3)
2. 우상숭배를 위해 이미지를 만들지 말라(출 20:4)
3. 우상의 것을 취하지 말라(레 19:4)
4. 어떠한 것으로도 우상을 만들지 말라(출 20:23)
5. 우상에게 무릎꿇지 말라(출 20:5)
6. 우상숭배의 방법으로 예배, 순종, 봉사하지 말라(신 4:15-19)
7. 우상에게 어린이를 희생 제물로 바치지 말라(레 18:21)
8. 신접한 자를 찾지 말라(레 19:31)
9. 익숙한 신들(가족, 친척 등)을 찾지 말라(레 19:31)
10. 그들을 따르기 위해 우상숭배자들의 방법을 배우지 말라(신 12:30)
11. 우상숭배를 위해 여호와의 신성한 기둥을 예배에 사용하지 말라(신 16:21-22)
12. 조각된 돌로 우상을 만들지 말라(레 26:1)
13. 아세라, 하늘의 여신을 숭배하지 말라(신 16:21)
14. 우상의 이름으로 맹세하거나 예배하지 말라(출 23:13)
15. 우상숭배를 하도록 회중을 가르치거나 유도하지 말라(신 13:12-14)
16. 우상숭배를 하도록 개인을 가르치거나 유도하지 말라(신 13:6-8)
17. 우상숭배에 관한 가르침이나 방법들을 듣지 말라(신 13:8)
18. 우상숭배를 가르치는 사람을 포기하지 말라(신 13:8)
19. 우상숭배를 가르치는 사람을 동정하지 말라(신 13:8)
20. 우상숭배를 가르치는 사람을 용서하지 말라(신 13:8)
21. 누군가가 우상숭배를 가르치려는 사실을 은폐하지 말라(신 13:8)
22. 거짓 신들의 부를 본받아 욕망을 품지 말라(신 7:25)

23. 우상숭배에 빠져 있는 성읍을 재건하지 말라(신 13:16)
24. 우상숭배에 사용되는 소유물들을 사용하지 말라(신 13:17)
25. 여호와의 성소에 우상숭배를 들이지 말라(신 7:26)
26. 우상의 이름으로 가르치지 말라(신 18:20)
27. 여호와의 이름으로 거짓을 가르치거나 예언하지 말라(신 18:20)
28. 우상의 이름으로 가르치는 것을 듣지 말라(신 13:3-4)
29. 우상의 이름으로 가르치는 자를 경외하지 말라(신 18:22)
30. 우상숭배자들의 방법을 모방하거나 습관을 따르지 말라(레 20:23)
31. 우상숭배의 방법으로 미래를 예언하고 연습하지 말라(레 20:23)
32. 점술을 행하지 말라(레 19:26)
33. 징조를 해석하면서 미래를 예언하지 말라(신 18:10-11)
34. 마법을 행하지 말라(신 18:10-11)
35. 마술을 행하지 말라(신 18:10-11)
36. 주술을 행하지 말라(신 18:10-11)
37. 악마의 영혼에게 묻지 말라(신 18:10-11)
38. 죽은 사람과 접촉하려고 시도하지 말라, 그들은 아무것도 모른다(신 18:10-11)
39. 여자는 남자의 예복을 입지 말라(신 22:5)
40. 남자는 여자의 예복을 입지 말라(신 22:5)
41. 문신하지 말라(레 19:28)
42. 양털과 무명실을 섞어서 짠 예복을 착용하지 말라(신 22:11)
43. 머리 가를 둥글게 깎지 말라(레 19:27)
44. 수염 끝을 손상하지 말라(레 19:27)
45. 죽은 사람을 기린다고 너희 몸에 문신하지 말라(레 19:28)

(2) 우상을 숭배하는 나라와의 동맹

46. 우상숭배자들의 방법과 죄의 길로 되돌아 가지 말라(신 17:16)
47. 여호와의 성소에서 배운 율법 이외의 가르침을 따르지 말라(민 15:39)
48. 우상숭배하는 국가와 동맹하지 말라(출 34:15)
49. 우상숭배하는 국가를 용서하지 말라(신 20:16–18)
50. 우상숭배하는 국가에 자비를 베풀지 말라(신 7:2)
51. 여호와의 성소에 남아 회개하기를 거부하는 우상숭배자들은 허용하지 말라(출 23:32–33)
52. 우상숭배자들과 결혼하지 말라(신 7:3)
53. 우상숭배자가 회개하지 않은 채 여호와의 총회에 들어오는 것을 허락하지 말라(신 23:3–4)
54. 회개한 에돔인을 거부하지 말라(신 23:7)
55. 회개한 이집트인을 거부하지 말라(신 23:7)
56. 회개를 거부한 우상숭배자들과 교제하지 말라(신 23:6)
57. 과일나무를 파괴하지 말라(신 20:19)
58. 여호와의 적들을 두려워하지 말라(신 7:21)
59. 여호와의 대적자에 의해 행해진 악을 잊지 말라(신 25:19)

(3) 망언

60. 너희가 아직 죄 가운데 있으면서 여호와의 규례를 지킨다고 말하는 것은 거룩한 여호와의 이름을 모독하는 것이다(레 24:16)
61. 여호와의 이름으로 맹세한 선서와 서약을 어기지 말라(레 19:12)
62. 여호와의 이름을 망령되게 부르지 말라(출 20:7)
63. 여호와의 이름을 모독하지 말라(레 2:32)
64. 의심 또는 반항심으로 여호와를 시험하지 말라(신 6:16)

65. 우상 숭배자의 방법으로 여호와께 예배하지 말라(신 12:4)
66. 교수형 당한 시체를 하루 밤 이상 두지 말라(신 21:22-23)

(4) 성전/성막

67. 여호와의 성막을 지키는 의무를 게을리하지 말라(민 18:4-5)
68. 대제사장은 그에 타당한 희생 없이 지성소에 들어가지 말라(레 16:2)
69. 결함이나 흠 있는 제사장은 지성소에 들어가지 말라(레 21:21-23)
70. 결함이나 흠 있는 제사장은 여호와께 음식을 드리기 위해 가까이 오지 말라(레 21:17)
71. 결함이나 흠이 치유될 때까지 제사장은 직무에 참여하지 말라(레 21:18)
72. 제사장은 레위인과 조수(보조원)들과 직무를 바꿔서는 안 된다(민 18:2-3)
73. 제사장은 여호와의 율법을 가르치고, 여호와의 성막에서 직무를 행하기 전에 독주와 포도주를 마시지 말라(레 10:9-11)
74. 제사장 외에 어느 누구도 여호와께 가까이 오지 말라(민 18:4, 22)
75. 제사장은 부정할 경우 여호와의 성소 내부에 들어오면 안 된다(레 22:2-9)
76. 제사장은 부정한 동안에 거룩한 성물을 먹어서는 안된다(레 22:6-7)
77. 부정한 동안에는 여호와의 성소 안에 들어오면 안된다(민 5:3)
78. 부정한 후에는 세탁과 목욕으로 정결케 되는 정화 규례를 따르지 않으면 안된다(민 19:20; 레 17:16)
79. 다듬은 돌로 제단을 만들지 말라(출 20:25)
80. 제사장은 계단으로 제단에 오르면 안 된다(출 20:26)
81. 제사장은 제단의 불이 소멸되게 하면 안 된다(레 6:13)
82. 제사장은 제단에 정하지 않은 다른 향을 바치지 말라(출 30:9)

83. 개인적인 용도로 거룩한 관유를 만들어 사용하지 말라(출 30:31-33)
84. 거룩한 기름부음을 도용하지 말라(출 30:32)
85. 개인적인 용도로 거룩한 향을 만들어 사용하지 말라(출 30:37)
86. 언약궤로부터 채를 제거하지 말라(출 25:15)
87. 에봇에서 띠를 제거하지 말라(출 28:28)
88. 대제사장이 입을 옷은 찢어지지 않도록 튼튼하게 만들어라(출 28:32)

(5) 제물, 십일조, 헌물

89. 여호와의 성소 외에 십일조와 희생 제물을 드리지 말라(신 12:13-14)
90. 여호와의 성소 외에 구별된 동물을 제물로 드리지 말라(레 17:3-7)
91. 흠 있는 동물을 제물로 드리지 말라(레 22:20, 22, 24)
92. 여호와께 드릴 제물로서 흠 있는 동물은 도살하지 말라(레 22:20)
93. 여호와의 제단에 흠 있는 동물의 피를 뿌리지 말라(레 22:19-24)
94. 흠 있는 동물의 일부를 희생 제물로 태우지 말라(레 22:22)
95. 흠 있는 동물을 희생 제물로 드리지 말라(신 17:1)
96. 이방인의 흠 있는 제물을 용납하지 말라(레 22:25)
97. 제물로 드릴 거룩한 동물에 흠을 내지 말라(레 22:21)
98. 제단 위에 벌꿀이나 누룩 등을 드리지 말라(레 2:11)
99. 소금 없는 희생 제물을 드리지 말라(레 2:13)
100. 여호와의 성소에 우상숭배로부터 얻은 이익을 가져오지 말라(신 23:18)
101. 같은 날 어미와 새끼를 동시에 죽이지 말라(레 22:28)
102. 가난한 사람의 속죄제에 기름을 사용하지 말라(레 5:11)
103. 가난한 사람의 속죄제에 유향을 사용하지 말라(레 5:11)
104. 의심의 소제에는 기름을 사용하지 말라(민 5:15)
105. 의심의 소제에는 유향을 사용하지 말라(민 5:15)

106. 서원제를 다른 것으로 대체하지 말라(레 27:10)
107. 동물의 첫 번째 새끼는 이미 여호와께 속한 것이니 희생 제물로 드리지 말고 제사장에게 주어라(레 27:26)
108. 정한 동물의 첫 번째 새끼는 이미 여호와께 속한 것이니 사용하지 말고 제사장에게 주어라(민 18:17-18)
109. 십일조는 여호와께 속한 것이니 사용하지 말고 제사장에게 주어라(레 27:32-33)
110. 바쳐진 재산은 이미 여호와께 속한 것이니 팔지 말고 제사장에게 주어라(레 27:21, 28)
111. 정해진 시간 이후에 바쳐진 재산은 이미 여호와께 속한 것이니 팔지 말고 제사장에게 주어라(레 27:28)
112. 속죄제로 드리는 새의 머리는 자르지 말라(레 5:7-8)
113. 바쳐진 동물로 일을 시키지 말라(신 15:19)
114. 바쳐진 동물의 털을 깎지 말라(신 15:19)
115. 누룩과 함께 유월절 어린양을 함께 두지 말라(출 34:25)
116. 유월절 어린양의 기름을 밤새 두지 말라(출 23: 18)
117. 유월절 어린양의 고기를 밤새 두지 말라(출 12:10)
118. 추가로 드릴 희생 제물을 밤새 두지 말라(신 16:4)
119. 두 번째 어린양의 먹던 것을 밤새 두지 말라(민 9:12)
120. 아침이 될 때까지 바친 제물의 고기를 남겨 두지 말라(레 22:29-30)
121. 유월절 어린양의 뼈를 부러뜨리지 말라(출 12:46)
122. 두 번째 유월절의 어린양의 뼈를 부러뜨리지 말라(민 9:12)
123. 유월절의 어린양을 먹을 때 성소에서 제거하지 말라(출 12:46)
124. 누룩을 넣은 소제의 나머지를 두지 말라(레 6:17)
125. 유월절의 어린양을 날 것이나 삶아서 먹지 말라(출 12:9)
126. 유월절 어린양의 식탁에 외국인이나 하인과 함께하지 말라(출 12:45)
127. 유월절 어린양의 식탁에 할례를 받지 않은 자는 함께하지 말라(출

12:48)

128. 유월절 양을 먹을 때 외국인(멀리 떨어진 곳에 있는 사람)은 함께하지 말라(출 12:43)

129. 부정하게 되면 거룩한 제물을 먹지 말라(레 22:2-6)

130. 부정하게 되면 어떤 음식도 먹지 말라(레 7:19)

131. 세 번째 날에 희생 제물은 먹지 말고, 태워버리라(레 19:6-8)

132. 삼 일이 지난 희생 제물은 여호와께 열납되지 않는다(레 7:16-18)

133. 제사장의 가족 외에는 거룩한 성물을 먹을 수 없다(레 22:10-11)

134. 고용된 자는 거룩한 성물을 먹을 수 없다(레 22:10)

135. 할례받지 않은 자는 거룩한 성물을 먹을 수 없다(레 22:10)

136. 제사장은 부정하게 되면 성물을 먹을 수 없다(레 22:2-9)

137. 제사장의 딸이 제사장이 아닌 사람과 결혼했을 때에는 성물을 먹을 수 없다(레 22:12-13)

138. 제사장이 드린 소제는 먹지 말라(레 6:20-23)

139. 제단 안에 피가 뿌려진 속죄물은 먹지 말라(레 6:30)

140. 끔직한 것, 부정한 동물 또는 흠 있는 제물은 먹지 말라(신 14:3)

141. 여호와의 절기를 제외하고 여호와의 성소로 드려진 두 번째 곡식의 십일조는 먹지 말라(신 12:17-18)

142. 여호와의 절기를 제외하고 여호와의 성소로 드려진 포도주의 두 번째 십일조를 마시지 말라(신 12:17-18)

143. 여호와의 절기를 제외하고 여호와의 성소로 드려진 기름의 두 번째 십일조를 먹지 말라(신 12:17-18)

144. 여호와의 절기를 제외하고 여호와의 성소로 드려진 희생 제물은 먹지 말라(신 12:17-18)

145. 제사장은 여호와의 절기를 제외하고 여호와의 성소에 드려진 두 번째 십일조를 먹지 말라(신 12:17-18)

146. 제사장은 번제로 드린 고기를 절대 먹지 말라(레 1:9)

147. 희생 제물의 고기는 제단에 피를 뿌리기 전에 먹지 말라(신 12:17)
148. 제사장은 여호와의 성소를 제외하고 희생 제물을 먹을 수 없다(레 10:13-14)
149. 거룩한 제물에 이방 사람은 허용되지 않는다(출 29:33)
150. 십일조를 애곡하는 날에 먹어서는 안된다(신 26:14)
151. 부정한 상태에서 먹어서도 안된다(신 26:14)
152. 그것을 죽은 자를 위해 사용해서도 안된다(신 26:14)
153. 성물을 먹는 식탁에 어떤 부정한 사람은 허락하지 말라(레 22:14-16)
154. 여호와의 성소에 여호와께 드릴 십일조와 제물을 늦추지 마라(출 22:29)
155. 여호와의 성소에 여호와께 드릴 서원(맹세)을 늦추지 마라(신 23:21)
156. 여호와의 절기 때 빈손으로 여호와의 성소에 오지 말라(신 16:16-17)
157. 여호와께 드린 맹세와 서원을 깨지 말라(민 30:2)

(6) 제사장

158. 제사장은 매춘부와 결혼하지 말라(레 21:6-8)
159. 제사장은 회개하기를 거부하는 우상숭배하는 여자와 결혼하지 말라(레 21:7)
160. 제사장은 법적인 남편으로부터 이혼한 여자와 결혼하지 말라(레 21:7)
161. 대제사장은 과부와 결혼하지 말라(레 21:14)
162. 대제사장은 매춘이나 우상숭배자인 여자와 결혼하지 말라(레 21:14)
163. 제사장은 그의 머리를 풀면 안 된다(레 10:6)
164. 제사장에게 찢어진 성의를 주면 안 된다(레 10:6)
165. 제사장은 그들의 임무를 잊지 말라(레 10:7)
166. 제사장은 가족, 친척 외에 어떤 주검도 만져 자신을 부정하게 해

서는 안 된다(레 21:1-4)

167. 대제사장은 어떤 시체에도 가까이 갈 수 없다(레 21:11)
168. 대제사장은 어떤 시체로 인해 부정하게 될 수 없다(레 21:11)
169. 레위 지파는 이스라엘에서 기업이 없다(신 18:1)
170. 레위 지파는 여호와 기업 외에는 기업이 없다(민 18:20)
171. 죽은 사람을 애도한다고 머리를 면도하지 말라(신 14:1; 레 21:5)

(7) 음식

172. 부정한 동물을 먹지 말라(신 14:7-8)
173. 부정한 물고기나 해산물을 먹지 말라(레 11:10-12)
174. 부정한 새를 먹지 말라(레 11:13)
175. 부정한 곤충을 먹지 말라(레 11:20-23)
176. 지상에서 기는 곤충을 먹지 말라(레 11:41)
177. 파충류는 먹지 말라(레 11:44)
178. 과일이나 농산물에 발견되는 벌레는 먹지 말라(레 11:42)
179. 날개 달린 기어다니는 곤충을 먹지 말라(레 11:43; 신 14:19)
180. 이미 죽은 채 발견된 동물은 먹지 말라(신 14:21)
181. 찢어지거나 큰 상처가 난 동물은 먹지 말라(출 22:31)
182. 그 안에 아직 피가 있거나 완전히 조리되지 않은 고기는 먹지 말라. 오직 그 안에 붉거나 분홍색이 없이 흰색이 되었을 경우, 모든 피가 처리된 후에 먹으라(신 12:23)
183. 부정한 동물의 사체를 만지지 말라(레 11:8)
184. 피를 먹지 마라(레 7:26-27)
185. 희생 동물의 기름을 먹지 말라(레 7:23, 25)
186. 그 어미의 젖으로 새끼 염소를 삶지 말라, 이는 우상 숭배자들의 의식이니라(출 23:19)

187. 우상에게 드린 어떠한 것도 먹지 말라(레 17:7)
188. 사람을 들이받아 돌로 맞아 죽은 황소의 고기는 먹지 말라(출 21:28)
189. 아빕월 15일에 제사장에게 제물을 드리기 전까지 축제 절기에는 어떤 빵도 먹지 말라(레 23:14, 10)
190. 아빕월 15일에 제사장에게 제물을 드리기 전까지 축제 절기에는 어떤 마른 곡식(볶은 곡식)도 먹지 말라(레 23:14)
191. 아빕월 15일에 제사장에게 제물을 드리기 전까지 축제 절기에는 어떤 생 이삭도 먹지 말라(레 23:14)
192. 자라고 있는 삼 년 된 어린 과실나무는 먹지 말라(레 19:23)
193. 종자를 혼합 재배해서 먹지 말라(신 22:9)
194. 우상에게 제물 바치는 일에 참여하지 말라(신 32:38)
195. 술 취하지 말라(신 21:20)
196. 속죄일에는 어떤 것도 먹거나 마시지 말라(레 23:29, 32)
197. 무교절 기간에는 빵을 먹지 말라(출 13:3)
198. 무교절 기간에는 누룩을 넣어 만든 것을 먹지 말라(출 12:20)
199. 유월절 어린양과 함께 누룩을 넣은 빵을 먹지 말라(신 16:3)
200. 무교절 기간에는 우리의 모든 소유물에서 누룩을 넣은 빵을 제하라(출 13:7)
201. 무교절 기간에는 우리의 모든 소유물에서 모든 누룩을 제하라(출 12:9)

(8) 나실인

202. 나실인은 포도로 만들어진 어떤 음료도 마시지 말라(민 6:3)
203. 나실인은 신선한 포도를 먹지 말라(민 6:3)
204. 나실인은 건포도를 먹지 말라(민 6:3)
205. 나실인은 포도 씨앗을 먹지 말라(민 6:4)

206. 나실인은 포도의 껍질을 먹지 말라(민 6:4)
207. 나실인은 죽은 시체로 인해 더럽히지 말라(민 6:7)
208. 나실인은 시체 근처에 가지 말라(민 6:6)
209. 나실인은 그가 정한 기간 동안 그의 머리를 면도하지 말라(민 6:5)

(9) 농사

210. 밭의 모서리까지 수확하지 말라, 이는 가난한 사람을 위한 것이다(레 23:22)
211. 밭의 수확물을 모두 수확하지 말라, 이는 가난한 사람을 위한 것이다(레 23:22)
212. 나무의 모든 올리브를 수확하지 말라, 이는 가난한 사람을 위한 것이다(신 24:20)
213. 포도원에서 모든 포도를 수확하지 말라, 이는 가난한 사람을 위한 것이다(레 19:10)
214. 밭에서 두고 온 단을 가지러 가지 말라. 이는 가난한 사람을 위한 것이다(신 24:19)
215. 밭에 두 가지 종자의 식물을 심지 말라(레 19:19)
216. 포도원에 두 가지 종자의 식물을 심지 말라(신 22:9)
217. 동물에 다른 종을 교합하지 말라(레 19:19)
218. 다른 종의 두 동물을 함께 일하게 하지 말라(신 22:10)
219. 곡식을 떠는 소의 입에 망을 씌우지 말라(신 25:4)
220. 칠 년째에는 땅을 쉬게 하고 파종하지 말라(레 25:4)
221. 칠 년째에는 포도원의 포도나무를 파종하지 말라(레 25:4)
222. 칠 년째에는 수확물을 거두지 말라(레 25:5)
223. 칠 년째에는 가꾸지 않은 포도나무의 수확을 거두지 말라(레 25:5)
224. 희년에는 땅을 쉬게 하고 파종하지 말라(레 25:11)

225. 희년에는 수확을 거두지 말라(레 25:11)
226. 희년에는 포도나무 수확을 하지 말라(레 25:11)
227. 토지는 영구적으로 판매하지 말라(레 25:23)
228. 제사장과 레위 지파에 속한 토지는 판매하지 말라(레 25:34)
229. 제사장과 레위 지파를 방치하지 말라(신 12:19)

(10) 빚, 사업, 노예

230. 칠 년 면제년에는 대출 상환을 요구하지 말라(신 15:2)
231. 칠 년 면제년이 다가온다고 가난한 사람들의 요구를 거절하지 말라(신 15:9)
232. 가난한 사람들이 도움을 요청하는 것을 거절하지 말라(신 15:7)
233. 히브리 노예의 기간이 만료될 때 그를 빈손으로 돌려 보내지 말라(신 15:13)
234. 형제에게 대출한 이자를 요청하지 말라(출 22:25)
235. 이자를 위해 형제에게 대출하지 말라(레 25:37)
236. 형제에게 무언가를 빌려 줄 때는 이자를 받지 말라(신 23:19-20)
237. 이자를 위해 형제에게 대출하는 일에 참여하지 말라(출 22:25)
238. 약속한 시간을 넘길 때까지 고용자의 임금을 보류하지 말라(레 19:13)
239. 강제로 대출 담보물을 취하지 말라(신 24:10)
240. 그가 필요할 때 가난한 사람의 대출 담보물을 가지고 있지 말라(신 24:12-13)
241. 과부의 대출 담보물을 취하지 말라(신 24:17)
242. 대출 담보물로 사람의 생계와 관련된 것을 취하지 말라(신 24:6)
243. 형제를 납치하지 말라(출 21:16)
244. 도적질하지 말라(출 20:15)

245. 폭력으로 괴롭게 하지 말라(레 19:13)
246. 토지 지형물이나 경계를 변경하지 말라(신 19:14)
247. 사람을 속이지 말라(레 19:13)
248. 거짓으로 처리하지 말라(레 19:11)
249. 다른 사람의 재산에 관하여 거짓 맹세하지 말라(레 19:11)
250. 사업을 하는 데 있어 부당한 이익을 남기지 말라(레 25:14)
251. 서로를 이용하지 말라(레 25:17)
252. 낯선 사람을 학대하지 말라(출 22:21)
253. 이방 나그네를 억압하지 말라(출 22:21)
254. 우상숭배로부터 도망한 노예는 되돌려 주지 말라(신 23:15)
255. 우상숭배로부터 도망한 노예를 억압하거나 이용하지 말라(신 23:16)
256. 과부와 고아를 이용하지 말라(출 22:22)
257. 구원, 회복의 희망 없이 형제를 강제 노예로 취급하지 말라(레 25:39)
258. 이방인에게 형제를 노예로 팔지 말라(레 25:42)
259. 히브리 노예를 무자비하게 취급하지 말라(레 25:43)
260. 외국인이 히브리 노예를 학대하는 것은 허용하지 말라(레 25:47, 53)
261. 외국인에게 히브리 여종을 팔지 말라(출 21:8)
262. 부인, 가족, 의복, 자신의 피난처를 박탈하지 말라(출 21:10)
263. 강제 노예로 여성 포로를 팔지 말라(신 21:14)
264. 여성 포로를 강제 노예로 취급하지 말라(신 21:14)
265. 다른 사람의 소유물을 탐내지 말라(출 20:17)
266. 우상 숭배자들의 소유를 탐내지 말라(신 7:25)
267. 이웃 형제의 밭에 들어가 이삭을 손으로 잘라 먹는 것은 괜찮지만, 곡식에 낫을 대면 안된다(신 23:25)
268. 고용된 일꾼은 그가 먹는 것 보다 더 많이 수확하지 말라(신 23:24)
269. 주인에게 잃어버린 물건을 돌려 주라(신 22:1–3)

(11) 재판과 재판관

270. 쓰러져 있거나 넘어져 있는 사람과 동물을 돕는 것을 거절하지 말라(신 22:4; 출 23:5)
271. 정직하지 못한 도량형을 사용하지 말라(레 19:35)
272. 부정확한 도량형을 가지고 사용하지 말라(신 25:13-14)
273. 재판관은 자신의 의견에 따라 정의를 굽게하면 안 된다. 여호와의 규례에 따라 판단해야 한다(레 19:15)
274. 재판관은 뇌물을 받으면 안 된다(출 23:8)
275. 재판관은 부자에게 편견을 가지면 안 된다(레 19:15)
276. 재판관은 정당한 판단을 하고 두려워해서는 안 된다(신 1:17)
277. 재판관은 가난한 사람에게 편견을 가지면 안 된다(레 19:15)
278. 재판관은 자신의 판결에서 가난한 사람의 정의를 거부하면 안 된다(출 23:6)
279. 재판관은 유죄에 연민을 보이면 안 된다(신 19:11-13, 21)
280. 재판관은 이방인이나 고아들의 권리, 정의를 왜곡하면 안 된다(신 24:17)
281. 거짓 증거를 전하지 말라(출 23:1)
282. 죄를 증언하거나 조사하는 데 실패하지 마라(레 5:1)
283. 악한 일을 행하는 무리를 따르지 말라(출 23:2)
284. 여호와의 법을 모르는 재판관을 임명하지 말라(신 1:13)
285. 소송이나 조사에 거짓 증언하지 말라(출 20:16)
286. 재판관은 거짓 증인을 수락하지 말라(신 19:16-17)
287. 부모나 자녀의 행동 때문에 그 사람을 재판하지 말라(신 24:16)
288. 한 사람의 증언, 정황 증거만 가지고 재판하지 말라(신 19:15)
289. 살인하지 말라(출 20:13)
290. 재판관은 의인이나 결백한 사람을 판단하지 말라(출 23:7)

291. 문제가 완전히 조사될 때까지 판단하지 말라(신 19:18)
292. 재판관은 사건이 해결되기 전까지 살인자를 처형하지 말라(민 35:12)
293. 심판을 선고하고 실행 하는 데 실수하지 말라(신 17:11-12)
294. 범죄의 희생자를 처벌하지 말라(신 22:26)
295. 고의로 살해한 자는 몸값을 허용하지 말고 반드시 사형에 처한다(민 35:31)
296. 실수로 사람을 죽인 자는 몸값을 허용하지 않는다. 그는 도피처에 있어야 한다(민 35:32)
297. 사람의 생명을 위태롭게 하지 말라(레 19:16)
298. 위험으로부터 보호하는 것을 방치하지 말라(신 22:8)
299. 부정한 조언을 제공하여 다른 사람이 오해하게 하지 말라(레 19:14)
300. 법률에서 허용하는 것보다 더 많은 형벌을 집행하지 말라(신 25:2-3)
301. 사람에 관하여 중상모략하는 곳에 가지 말라(레 19:16)
302. 사람에 관하여 미워하는 마음을 갖지 말라(레 19:17)
303. 죄를 수정하지 않으면 다른 사람의 죄값을 나눠가질 수 없다(레 19:17)
304. 동료 남자에 대한 복수를 하지 말라(레 19:18)
305. 동료 인간에 대한 원한을 품지 말라(레 19:18)
306. 새끼를 잡을 때 어미새를 같이 잡지 말라(신 22:6)
307. 피부의 질병이 난 부분을 면도하지 말라(레 13:33)
308. 나병의 징후를 제거하지 말라(신 24:8)
309. 시체가 발견되면 제사장에게 알리는 것을 주저하지 말라(신 21:1-2)
310. 마녀를 허용하지 말라(출 22:18)
311. 결혼한 1년 동안 강제로 병역을 소집하지 말라(신 24:5)
312. 여호와의 기름부음 받은 종의 가르침에 대해 반항하지 말라(신 17:11)
313. 여호와의 규례에 어떠한 것도 추가하지 말라(신 4:2)

314. 여호와의 규례를 멀리하지 말라(신 4:2)
315. 여호와께 위임받은 재판관을 욕하거나 그에게 반역하거나 저주하지 말라(출 22:28)
316. 여호와께서 지정한 권한에 대해 욕하거나 반역하거나 저주하지 말라(출 22:28)
317. 귀머거리를 저주하지 말라(레 19:14)
318. 부모나 스승을 저주하지 말라(출 21:17)
319. 부모나 스승을 때리거나 폭력을 행하지 말라(출 21:15)
320. 안식일에 일하지 말라(출 20:10; 31:15)
321. 안식일에 개인적인 일을 하지 말라(출 16:29)
322. 안식일에 분노하지 말라(35:3; 신 32:22)
323. 무교절 첫 날은 일하지 말라(출 12:16)
324. 무교절 일곱째 날은 일하지 말라(출 12:16)
325. 오순절에는 일하지 말라(레 23:21)
326. 나팔절에는 일하지 말라(레 23:24-25)
327. 초막절의 첫 날에는 일하지 말라(레 23:35)
328. 대성회에는 일하지 말라(레 23:36)
329. 속죄일에는 일하지 말라(레 23:28)

(12) 죄악의 관계

330. 자기 어머니를 범하지 말라(레 18:7)
331. 자기 아버지가 데리고 사는 여자를 범하지 말라(레 18:8)
332. 자기 여동생을 범하지 말라(레 18:9)
333. 자기 이복동생을 범하지 말라(레 18:11)
334. 자기 손녀를 범하지 말라(레 18:10)
335. 자기 외손녀를 범하지 마라(레 18:10)

336. 자기 딸을 범하지 말라(레 18:10)
337. (데리고 사는)여자와 그 여자의 딸의 몸을 같이 범하지 말라(레 18:17)
338. (데리고 사는)여자와 그 여자의 손녀의 몸을 같이 범하지 말라(레 18:17)
339. (데리고 사는)여자와 그 여자의 외손녀의 몸을 같이 범하지 말라(레 18:17)
340. 자기 고모를 범하지 말라(레 18:12)
341. 자기 이모를 범하지 말라(레 18:13)
342. 아버지의 동생의 아내를 범하지 말라(레 18:14)
343. 자기 며느리를 범하지 말라(레 18:15)
344. 자기 동생의 아내를 범하지 말라(레 18:16)
345. 아내가 생존할 동안에 그의 자매를 데려다가 범하지 말라(레 18:18)
346. 생리 중에 있는 여인을 범하여 부정하게 하지 말라(레 18:19)
347. 간음하지 말라(레 18:20)
348. 남자는 짐승과 교접하지 말라(레 18:23)
349. 여자는 짐승과 교접하지 말라(레 18:23)
350. 남자는 다른 남자를 범하지 말라(레 18:22)
351. 다른 남자와 약혼한 여자를 범하지 말라(레 19:20)
352. 금지된 여인에 대해 욕망을 갖지 말라(레 18:16)
353. 합법적으로 결혼할 때까지 남자와 여자는 동침하지 말라(출 22:16-17)
354. 회개하기를 거부하는 우상 숭배자들과 아들, 딸의 결혼을 허락하지 말라(신 7:3; 23:2)
355. 딸이 간음하거나 매춘을 행하는 것을 허락하지 말라(레 19:29)
356. 이혼한 아내를 다시 아내로 맞아들이지 말라(신 24:4)
357. 자식이 없는 과부는 남편의 형제 이외의 사람과 결혼하지 말라(신 25:5)
358. 남자가 여자를 강간한 후 결혼하면, 이혼할 수 없다(신 22:29)

359. 아내가 처녀가 아니었다고 모략한 남자는 이혼할 수 없다(신 22:19)
360. 자기 스스로 거세하지 말라(신 23:1)
361. 아내가 혼전 간음을 한 것이 아니면 이혼할 수 없다(신 24:1)

(13) 왕

362. 왕의 궁전에 이방인을 두지 말라(신 17:15)
363. 왕은 자신의 군사력을 의지하지 말라(신 17:16)
364. 왕은 자신의 아내에 의해 지배되어서는 안 된다(신 17:17)
365. 왕은 욕망에 의해 지배당해서는 안 된다(신 17:17)